数字信息资源管理丛书

学术用户网络信息查寻行为研究

——行为生态学与认知科学整合视角

邓小昭等 著

科学出版社

北京

内 容 简 介

学术用户兼具信息获取者与知识创新者的双重角色，其网络信息查寻行为有着不同于一般用户信息查寻行为的独特性和重要性。本书从行为生态学与认知科学视角切入，综合运用质性研究与定量研究方法，从学术用户的网络信息查寻策略选择行为，信息查寻中的模仿行为、试错行为、信息偶遇行为、认知失调，以及学术用户群信息查寻生境6个方面，揭示了学术用户网络信息查寻行为的特征、规律与内在机理。

本书可作为高等院校情报学、图书馆学、科学学与科技管理、心理学、社会学、计算机应用技术等相关学科专业的学术研究参考读物与教学参考书，也可作为各类信息管理与服务机构工作人员的参考用书。

图书在版编目(CIP)数据

学术用户网络信息查寻行为研究：行为生态学与认知科学整合视角 / 邓小昭等著．—北京：科学出版社，2020. 6

（数字信息资源管理丛书）

ISBN 978-7-03-065189-1

Ⅰ. ①学… Ⅱ. ①邓… Ⅲ. ①科技情报-信息检索-研究 Ⅳ. ①G254. 9

中国版本图书馆 CIP 数据核字（2020）第 085492 号

责任编辑：李轶冰 / 责任校对：樊雅琼

责任印制：赵 博 / 封面设计：无极书装

科学出版社出版

北京东黄城根北街 16 号

邮政编码：100717

http://www.sciencep.com

北京厚诚则铭印刷科技有限公司印刷

科学出版社发行 各地新华书店经销

*

2020 年 6 月第 一 版 开本：720×1000 B5

2025 年 1 月第三次印刷 印张：23 1/2

字数：474 000

定价：198.00 元

（如有印装质量问题，我社负责调换）

本书撰写委员会

主　笔： 邓小昭

委　员： 胡　蓉　何晓阳　范　敏　张　倩
于晓蕾　陶　源　苏　帆　王秀明
于同奎　谢　佳　刘贤宁　吴锡平
阮建海　韩　毅　柯佳秀

前　言

信息查寻行为研究涉及的用户类型纷繁各异。学术用户兼具信息获取者与知识创新者的双重角色，其信息查寻行为有着不同于其他用户信息查寻行为的独特性和重要性，因而在学术界备受关注。在科学技术飞速发展的信息社会，关注学术用户网络信息查寻行为研究，更是与科技发展的内在需求、国家科技创新战略实施的现实要求，以及用户信息行为研究的学科使命息息相关。在此背景下，为深入探讨学术用户网络信息查寻行为理论与应用问题，本项目组受国家社会科学基金项目经费支持，开展了“行为生态学视角下的学术用户网络信息查寻行为研究”（11BTQ047），并在其最终成果的基础之上完成了本书的撰写。

在项目研究过程中，项目组成员深入全面地对国内外相关文献进行了检索与研读；为保证实证研究方案的效度与信度，所有访谈、问卷调查、观察与实验方案均经反复讨论或试测，部分实证方案修改多达20余次，力求客观准确地揭示学术用户网络信息查寻行为的基本特点与规律。

本书结合项目研究的重点内容，共分8章呈现了研究成果。分别为：绪论；基于觅食理论的学术用户网络信息查寻策略选择行为研究；合作情境下学术用户网络信息查寻中的模仿行为研究；学术用户网络信息查寻中的试错行为研究；学术用户网络信息查寻中的信息偶遇行为研究；学术用户网络信息查寻中的认知失调研究；学术用户群的信息查寻生境研究；研究总结与展望。

本书由邓小昭拟定大纲并负责撰写工作的组织与协调。各章撰写具体分工如下：第1章，邓小昭、何晓阳；第2章，陶源、柯佳秀；第3章，于晓蕾、阮建海、邓小昭；第4章，苏帆、韩毅；第5章，张倩、吴锡平、邓小昭；第6章，范敏、刘贤宁、邓小昭；第7章，王秀明、于同奎；第8章，胡蓉、谢佳。全书由邓小昭修改统稿。胡蓉、阮建海承担全书校核工作。

在本书出版之际，感谢全国哲学社会科学规划办公室、重庆市社会科学规划办公室、西南大学社会科学处给予的支持、关怀与指导；感谢对本项目成果提出宝贵意见的各位鉴定专家及其他同行专家；感谢参与本项目问卷调查、访谈、观察与实验研究的所有研究对象对项目数据搜集的配合与支持；感谢承担书中部分图件绘制、参考文献整理等工作的冯钰茹、王晓宁同学；感谢对本书成稿提供启迪的所有中外文文献资料的作者。

因能力与水平所限，书中尚存诸多不足，敬请各位专家、学者及广大读者批评指正。

本书撰写委员会

2020年2月

目　录

1 绪　论

[本章摘要] 介绍本书的选题背景、相关研究状况及存在的问题，提出了行为生态学与认知科学整合视角的研究构想，阐述了本书的主要内容与研究价值，并对核心概念进行了界定。

1.1 本书的研究选题背景

用户信息行为是信息用户为了满足信息需求而从事的信息活动，它是用户信息需求的外在化与延伸化。网络环境下的用户信息行为与传统文献信息服务背景下的同类行为有着较大差别，因此，对其进行系统深入的研究，有利于直接捕捉用户的显性信息需求，并间接推断与发掘用户的隐性信息需求，从而有效克服网络信息服务系统在建设中的盲目性，增强网络信息管理与服务的主动性与针对性，更好地满足用户的信息需求①。

用户信息行为主要包括信息需求认识与表达行为、信息查寻行为、信息交互行为、信息选择行为、信息吸收与利用行为等②。其中，信息查寻行为是用户为了填补自身知识差而获取信息的有意识的努力；作为用户信息行为的子概念，信息查寻行为主要包括检索与浏览在内的目标或半目标导向式信息获取方式③。

信息查寻行为研究涉及的用户类型纷繁各异。学术用户（academic user）兼具信息获取者与知识创新者的双重角色，其信息查寻行为有着不同于其他用户信息查寻行为的独特性和重要性，所以 1948 年以来因被学者作为信息用户研究的主要对象而倍受重视并兴盛至今④。在科学技术飞速发展的信息社会，关注学术用户网络信息查寻行为研究，更是与科技发展的内在需求、国家科技创新战略实

① 邓小昭．网络用户信息行为研究［M］．科学出版社，2010：1-2.

② 胡昌平，胡潜．信息服务与用户［M］．第 4 版．武汉：武汉大学出版社，2015：225.

邓小昭．网络用户信息行为研究［M］．科学出版社，2010：16.

③ Case D O，Given L M. Looking for Information：A Survey of Research on Information Seeking，Needs，Behavior［M］. 4th ed. Bingley：Emerald Group Publishing Limited，2016：105-109.

Wilson T D. Models in information behavior research［J］. Journal of Documentation，1999，55（3）：249-270.

④ Palmer C L，Teffeau L C，Pirmann C M. Scholarly information practices in the online environment［EB/OL］. OCLC Inc.，2009. http://www.oclc.org/programs/publications/reports/2009-02.pdf［2017-02-08］.

施的现实要求，以及用户信息行为研究的学科使命息息相关。

（1）推进学术进步与科学发展的内在需求

学术研究，从其本质意义上而言，就是一个信息查寻、信息处理、信息展示的过程①。学术研究人员在从事科学研究活动时，一方面要为自然和人类社会源源不断地产出信息与知识；另一方面，又需充分准确地占有相关信息才能完成其创造性的智力劳动。因此，对于学术研究人员（academic researcher/scholar）而言，作为其科研活动重要组成内容的信息查寻行为，必然会对学术研究范式、学术水平及成果质量产生直接的重要影响。正因为如此，自情报学产生以来，对学术用户信息查寻行为的研究便成为信息用户研究领域持续不衰的重要主题。诚如T. D. Wilson所说：在情报学领域，科研人员信息查寻行为问题一直以来就受到极大关注，以至于可以认为，信息查寻行为研究，就是对科研人员信息查寻行为的研究②。

在当今社会，随着人们对自然和社会的认识不断拓宽与加深，科学研究问题日渐复杂，学科分化、整合与渗透加剧，信息资源对学术活动的支撑作用更加凸显；与此同时，计算机网络技术的飞速发展又推动着学术交流机制的变革并深刻影响着学术用户的信息查寻行为。在此背景下，深入揭示与阐释学术用户网络信息查寻行为的特征与规律，从而为信息管理与服务提供相关对策参考，对于有效降低科研成本、拓展科研视野、加快研究进程的重要性自不待言。

（2）助力国家科技创新战略实施的现实之举

在中国，聚焦网络环境下的学术用户信息行为研究，还有其特定的社会现实意义。

科技创新是国家提高社会生产力和综合国力的战略支撑；科技创新能力是国家力量的核心支撑能力。《关于加快构建中国特色哲学社会科学的意见》《深化科技体制改革实施方案》《国家创新驱动发展战略纲要》等国家顶层创新驱动发展战略的发布，以及新一轮国家中长期科技发展规划和“十四五”国家科技创新规划战略研究工作的启动，标志着国家对科学技术工作的高度重视。

创新驱动是国家命运所系，而创新驱动的实质是人才驱动。在我国科技创新由跟跑向并跑乃至领跑转变的今天，只有在尊重科学研究灵感瞬间性、方式随意性、路径不确定性等科研自身规律的前提下，充分了解我国学术研究人员的信息

---

① 杨永林．何谓学术——学术研究的范式特征［J］．中国外语，2007，4（3）：18-23.

② Wilson T D. The cognitive approach to information seeking behavior and information use［J］. Social Science Information Studies，1984，4：197-204.

Case D O，Given L M. Looking for Information：A Survey of Research on Information Seeking，Needs，Behavior［M］. 4th ed. Bingley：Emerald Group Publishing Limited，2016：279.

查寻行为特征与规律，才能切实帮助科研管理部门准确把握科技创新人才的信息活动方式，完善符合科技创新规律的信息资源配置方案，营造良好学术环境，从而有效激发人才的创新活力与潜力，增强科技创新的内生动力，提升科技创新活动的效率。

（3）深化学术用户信息行为研究的学科驱动

经过70余年的持续研究，学术用户信息行为研究发展迅速，并产出了丰富的成果。

第一，从学术用户类型上看，世界范围内的学术用户信息行为研究经历了三个明显的发展阶段①：20世纪60年代之前，侧重对自然科学与工程领域用户的研究；70年代转向对社会科学用户的研究；80～90年代则对人文学科用户的研究较为关注。这一主题演进轨迹，在期刊 *Annual Review of Information Science and Technology* 中也留下了深深的历史印迹②。从用户所属学科类型上看，虽有部分研究针对数学、物理、天文、化学、生物、医学③、法学④、管理学与商学⑤、语言

① Bates M J. Learning about the information seeking of interdisciplinary scholars and students［J］. Library Trends，1996，45（2）：155-164.

② Case D O，Given L M. Looking for Information：A Survey of Research on Information Seeking，Needs，Behavior［M］. 4th ed. Bingley：Emerald Group Publishing Limited，2016：278-279.

③ Lazinger S S. Internet use by faculty members in various disciplines［J］. Journal of the American Society for Information Science，1997，48（6）：508-518.

Jamali H R，Asadi S. Google and the scholar：the role of Google in scientists' information-seeking behaviour［J］. Online Information Review，2010，34（2）：282-294.

Brown C M. Information seeking behavior of scientists in the electronic information age：astronomers，chemists，mathematicians，and physicists［J］. Journal of The American Society For Information Science，1999，50（10）：929-943.

张丽冰．化学研究者工作任务与信息检索任务的相关性关系探析［J］．新世纪图书馆，2019，（4）：55-59.

Hemminger B M，Lu D，Vaughan K T L，et al. Information seeking behavior of academic scientists［J］. Journal of the American Society for Information Science and Technology，2007，58（14）：2205-2225.

廖宇，刘敬仪．生物学领域学者信息行为分析［J］．图书馆理论与实践，2018，（7）：65-70.

李彭元．医学院校教师、医师和科研人员利用图书馆比较研究［J］．中华医学图书情报杂志，2008，17（5）：18-22.

张云秋，李玉玲，王洪媛．基于日志与认知分析的探索式医学搜索行为研究［J］．图书情报工作，2014，58（11）：36-42.

④ Makri S，Blandford A，Cox A L. Investigating the information-seeking behaviour of academic lawyers：from Ellis's model to design［J］. Information Processing & Management，2008，44（2）：613-634.

⑤ Wickramanayake L. Information-seeking behavior of management and commerce faculty in Sri Lankan universities［J］. Library Review，2010，59（8）：624-636.

Kadli J，Kumbar B D. Faculty information-seeking behaviour in the changing ICT environment：a study of Commerce Colleges in Mumbai［J］. Library Philosophy & Practice，2011：47-59.

文学①、历史②、美术③、音乐④等一级或二级学科⑤，或犹太学⑥、企业管理⑦等具体研究领域，或跨学科领域⑧的学术用户信息查寻行为而展开，但由于穷尽各个不同学科层次的用户具有较大的现实难度，故总体而言，该领域的研究趋向于在元学科（meta-discipline）层次上展开⑨，即分别对自然科学（sciences）、社会

---

① 邱子恒．中文系教师信息行为之研究：以辅仁大学为例［J］．中国图书馆学报，2011，37（2）：61-74.

② Rhee H L. Modelling historians' information-seeking behaviour with an interdisciplinary and comparative approach［J］. Information Research，2012，17（4）.

Nicholas D，Clark D，Rowlands I，et al. Online use and information seeking behaviour：institutional and subject comparisons of UK researchers［J］. Journal of Information Science，2009，35（6）：660-676.

③ Zijl C V，Gericke E M. Information-seeking patterns of artists and art scholars at the Vaal Triangle Technikon［J］. South African Journal of Library and Information Science，1998，66（1）：23.

刘汉琴，郑宏．国外美术院校教师信息查寻行为研究述评［J］．现代情报，2013，33（9）：166-170.

④ Brown C D. Straddling the humanities and social sciences：the research process of music scholars［J］. Library & Information Science Research，2002，24：73-94.

⑤ 邓胜利，向阳．基于学术社交网络的文献阅读及学科关注点差异研究［J］．图书情报工作，2017，61（6）：99-106.

⑥ Bronstein J，Baruchson-Arbib S. The application of cost-benefit and least effort theories in studies of information seeking behavior of humanities scholars［J］. Journal of Information Science，2008，34（2）：131-144.

⑦ Kim Y. Uncertainty study：information seeking behaviors of doctoral students in business management［J］. Journal of the Korean Biblia Society for Library and Information Science，2012，23（1）：65-89.

⑧ Bates M J. Learning about the information seeking of interdisciplinary scholars and students［J］. Library Trends，1996，45（2）：155-164.

Westbrook L. Interdisciplinary Information Seeking in Women's Studies［M］. Jefferson，NC：McFarland，1999：25-46.

Palmer C L，Neumann L J. The information work of interdisciplinary humanities scholars：exploration and translation［J］. Library Quarterly，2002，72：85-117.

Murphy J. Information-seeking habits of environmental scientists：a study of interdisciplinary scientists at the U. S. environmental protection agency［J］. Issues in Science and Technology Librarianship，2003，38（6）：1-41.

Jamali H R，Nicholas D. interdisciplinarity and information-seeking behavior of scientists［J］. Information Processing and Management，2010，46（2）：233-243.

马翠嫦，曹树金．信息分散下的信息行为——基于国外图书情报学领域跨学科研究的回顾［J］．中国图书馆学报，2014，40（1）：60-72.

代君，廖莹驰，郭世新．不同信息视域环境下的跨学科协同信息行为［J］．情报科学，2018，36（11）：132-137.

⑨ Case D O，Given L M. Looking for Information：A Survey of Research on Information Seeking，Needs，Behavior［M］. 4th ed. Bingley：Emerald Group Publishing Limited，2016：279-295.

科学（social sciences）、人文学科（humanities）三大部类的用户进行研究①。

第二，从理论与方法介入上看，早期研究偏重于对用户文献需求与利用状况的定量调查；20 世纪 70 年代之后引入认知科学与社会建构等理论，并将现象学、扎根理论等质性研究方法加以综合运用②。认知理论将用户个体的认知特征视作其产生信息行为的主要驱动力，社会视角提供了在社会情境中研究信息行为的理论框架，多元方法则启示研究者从认知、社会和组织情境的多个视角来分析信息行为③，由此

---

① Sheeja N K. Science vs social science: a study of information-seeking behavior and user perceptions of academic researchers [J]. Library Review, 2010, 59 (7): 522-531.

Walsh J P, Kucker S, Maloney N G, et al. Connecting minds: computer-mediated communication and scientific work [J]. Journal of the American Society for Information Science, 2000, 51 (14): 1295-1305.

甘利人，李恒．科技用户信息搜寻过程中的问题解决机制解释［J］．情报学报，2006，25（4）：441-450.

甘利人，岑咏华．科技用户信息搜索行为影响因素研究［J］．情报理论与实践，2007，30（2）：156-160.

沙勇忠，阎劲松，苏云．网络环境下科研人员的信息行为分析［J］．情报科学，2006，24（4）：485-491.

徐慧芳，贾苹，孟连生．数字环境下科研人员信息查询利用行为调查分析［J］．图书馆论坛，2012，32（6）：37-42.

邱均平，罗力．基于 JCR 社会科学版的科研人员学术交流行为的学科分布与变化规律的实证研究［J］．情报学报，2008，27（5）：748-754.

郭桑，李桂华．项目情境对社会科学研究者信息查寻行为的影响［J］．情报资料工作，2015，(2)：78-83.

林珊如．人文学者信息搜寻与使用行为之研究［Z］．1999：2011.

蒋颖，杨沛超．人文社会科学研究人员信息搜集的行为规则分析［J］．中国图书馆学报，2006，32（1）：81-84.

李文文，成颖．科研人员信息行为分析及其对图书馆个性化科研服务的启示［J］．情报科学，2017，35（1）：74-77，105.

② Wilson T D, Savolainen R. Social phenomenology [C] //Wilson T D. Theory in Information Behaviour Research. Sheffield, UK: Eiconics Ltd., 2014.

Julien H, Pecoskie J J L, Reed K. Trends in information behavior research, 1999-2008: a content analysis [J]. Library & Information Science Research, 2011, 33 (1): 19-24.

Dervin B, Nilan M. Information needs and uses [J]. Annual Review of Information Science and Technology, 1986, 21: 1-25.

Dervin B. Human studies and user studies: a call for methodological interisciplinarity [J]. Information Research, 2003, 9 (1): 111-123.

张新民，化柏林，罗卫东．认知信息检索研究的发展与展望［J］．图书情报工作，2007，51（10）：6-9.

乔欢，周舟．意义建构理论要义评析［J］．图书馆杂志，2007，26（5）：8-10.

迪莉娅．西方信息行为认知方法研究［J］．中国图书馆学报．2011，37（2）：97-104.

胡琳，Ralph B G，姚乐野．口语报告法在信息检索行为研究中的应用［J］．图书馆学研究，2017，(4)：56-61.

③ Pettigrew K, Fidel R, Bruce H. Conceptual frameworks in information behavior [J]. Annual Review of Information Science and Technology, 2001, 35: 43-78.

孙永强．基于构型视角的信息行为研究：研究主题、理论构建与分析方法［J］．信息资源管理学报，2019，(3)：4-17.

潘颖，郑建明．多学科视角下国外用户信息行为研究述评［J］．图书馆，2019，(9)：67-74.

有效促进了信息行为研究理论方法体系的初步形成①。

第三，从研究范式演变上看，早期用户研究（user study）所关注的主要是“物”，包括信息系统、信息渠道，或与信息行为相关的人工制品及场所（如图书、期刊、报纸、广播电视、图书馆、学校、专业会议），直到20世纪70年代初期才逐渐转向对“人”（即用户）的心理与行为进行研究。以Dervin等为代表的学者所倡导的认知观②，在观念上推动了用户信息行为研究从系统中心型（system-centered/system oriented）研究范式到用户中心型（user-centered/person-centered）研究范式的重大转变③，并以强劲不减的势头，有力驱动着网络环境下的学术用户信息行为研究在理论与应用上不断进行创新性的深入掘进，同时也直接引发了本书对学术用户信息行为研究的创新选题思考。

为深化该领域的研究，本书在已有认知研究成果的基础上，引入行为生态学理论与方法，在行为生态学与认知科学整合视角下，揭示学术用户网络信息查寻行为的内在规律与机制，力求创新与拓展现有信息查寻行为研究的理论与方法，并为改进学术信息交流服务系统提供可资参考或借鉴的依据。

1.2 学术用户信息查寻行为相关研究评述

1.2.1 认知科学视角下的学术用户信息查寻行为研究

社会视角、认知理论和多元方式共同推进了信息行为研究理论方法体系的初步形成④。然而，相比非学术用户信息行为研究（如日常生活信息行为研

---

① Palmer C L，Teffeau L C，Pirmann C M. Scholarly information practices in the online environment [EB/OL]. OCLC Inc.，2009. http：//www. oclc. org/programs/publications/reports/2009-02. pdf [2017-02-08].

叶凤云，孙建军，汪传雷. 网络学术信息行为理论框架构建与行为过程分析 [J]. 图书情报知识，2011，(5)：82-88.

王知津，韩正彪. 信息行为集成化研究框架初探 [J]. 中国图书馆学报，2012，38（1）：87-95.

② Dervin B. Strategies for dealing with human information needs：information or communication? [J]. Journal of Broadcasting，1976，20（3）：324-351.

③ Case D O，Given L M. Looking for Information：A Survey of Research on Information Seeking，Needs，Behavior [M]. 4th ed. Bingley：Emerald Group Publishing Limited，2016：7-9.

Choo C，Auster E. Environmental scanning：acquisition and use of information by managers [J]. Annual Review of Information Science and Technology，1993，28：279-314.

④ Pettigrew K，Fidel R，Bruce H. Conceptual frameworks in information behavior [J]. Annual Review of Information Science and Technology，2001，35：43-78.

究①）的社会视角特征，学术用户信息查寻行为研究领域的现有理论或模型构建更多来自对认知科学的借鉴与运用。

认知科学是以多学科研究信息加工认知活动规律的一组学科②。它以认知心理学为基础，融合认识论、语言学、社会学、信息论、计算机科学、人类学、神经科学等学科③，研究人类感知和思维信息处理过程④，包括感知觉、注意、记忆、学习、思维、认知过程及认知发展等⑤。

认知科学于20世纪70年代被引入情报学领域⑥，至90年代业已形成情报学研究的认知范式⑦。在用户信息行为研究中，以Taylor关于用户信息需求"不完整世界"描述的认知观⑧、Dervin意义建构理论⑨、Belkin"知识非常态"（anomalous state of knowledge，ASK）理论⑩等⑪为代表的研究成果，使信息行为研究在概念上有了质的飞跃"⑫，引领了认知科学在用户信息查寻行为研究领域的广泛运用。

学者运用认知科学理论，探索学术用户的内在认知加工过程和机制⑬，剖析

---

① Savolainen R. Everyday life information seeking：approaching information seeking in the context of "way of life"［J］. Library and Information Science Research，1995，17（3）：259-294.

Chatman E A，Pendleton V E M. Knowledge gap，information-seeking and the poor［J］. Reference Librarian，1995（49/50）：135-145.

Fisher K E. Information grounds［C］//Fisher K E，Erdelez S，McKechnie E F. Theories of Information Behavior. Medford，NJ：Information Today，Inc.，2005：185-190.

② 车文博．当代西方心理学新词典［M］．长春：吉林人民出版社，2001.

③ 杨治良．简明心理学辞典［M］．上海：上海辞书出版社，2007.

车文博．当代西方心理学新词典［M］．长春：吉林人民出版社，2001.

④ 陆伟，万维雅．基于认知观点的信息检索交互模型［J］．中国图书馆学报，2005，31（2）：54-57.

⑤ 甘利人，吴鹏，钱敏．用户信息搜索行为与认知的国内外文献统计分析研究［J］．现代情报，2010，30（9）：3-8.

⑥ 汪冰．试析情报科学研究的若干重点与发展方向［J］．情报科学，1998，16（4）：295-304.

⑦ 王琳．意义建构论——信息科学认知范式的代表性理论［J］．情报科学，2015，33（11）：14-22.

⑧ Taylor R S. Question-negotiation and information seeking in libraries［J］. College and Research Libraries，1968，29：178-194.

⑨ Dervin B. Strategies for dealing with human information needs：information or communication?［J］. Journal of Broadcasting，1976，20（3）：324-351.

Dervin B. Useful theory for librarianship：communication not information［J］. Drexel Library Quarterly，1977，13：16-32.

⑩ Belkin N J. Information concepts for information science［J］. Journal of Documentation，1978，34：55-85.

Belkin N J. Anomalous states of knowledge as a basis for information retrieval［J］. Canadian Journal of Information Science，1980，5：133-143.

⑪ Pettigrew K，Fidel R，Bruce H. Conceptual frameworks in information behavior［J］. Annual Review of Information Science and Technology，2001，35：43-78.

⑫ Dervin B，Nilan M. Information needs and uses［J］. Annual Review of Information Science and Technology，1986，21：1-25.

⑬ 邹永利．情报学认知学派评述［J］．图书馆论坛，2010，30（6）：96-100.

用户在认知思维支配下对外部条件做出的反应①，具体涉及网络信息查寻的不同环节（如信息需求认知与表达、查寻动机产生、查寻策略制定、检出结果的相关性判断）②、不同情境（如合作查寻情境③与社会化搜索情境④、移动搜索情

---

① 董绍杰，于爱君．用户信息认知行为分析［J］．中国图书馆学报，2001，27（2）：25-26，59.

② 赖茂生，屈鹏．网络用户的搜索入口与跳转行为研究［J］．情报理论与实践，2009，32（4）：100-103.

赖茂生，屈鹏．网络用户的查询与点击行为研究［J］．情报理论与实践，2009，32（3）：85-88.

李亚琴，孙建军，杨月全，等．基于信息检索用户的相关性行为研究进展［J］．情报科学，2014，32（5）：157-160.

成颖．面向学术新人的相关性判据研究［J］．情报学报，2011，30（9）：922-934.

邓小昭．网络用户信息行为研究［M］．北京：科学出版社，2010：215-255.

Yuan X，Belkin N J. Applying an information-seeking dialogue model in an interactive information retrieval system［J］．Journal of Documentation. 2014，70（5）：829-855.

柯青，王秀峰，成颖．任务复杂性与用户认知和 Web 导航行为关系探究［J］．情报学报．2016，35（11）：1208-1222.

王曰芬，李莉，曹艺．网络学术交流倾向与文献下载影响因素研究［C］//台湾信息管理学会．第18届海峡两岸资讯管理发展与策略学术研讨会暨2012两岸资讯发展高峰论坛论文集．2012：102-102.

刘冰，姜筱晗．科研用户网络学术信息选择评价关系模型构建研究［J］．图书情报工作，2019，63（12）：77-85.

③ Foster J. Collaborative information seeking and retrieval［J］．Annual Review of Information Science and Technology，2006，40（1）：329-356.

胡德华，张娟，车丹，等．师生团队模式下科研人员信息查询行为特征和差异研究［J］．图书情报工作，2014，58（4）：79-84.

吴丹．协同信息检索行为研究［M］．北京：国家图书馆出版社，2015.

韩毅，周畅．学术团队合作信息查寻与检索行为的影响因素实证研究［J］．情报学报，2015，34（4）：432-448.

李纲，刘先红．科研团队中学术带头人的合作特征及其对科研产出的影响［J］．情报理论与实践．2016，36（6）：70-75.

章小童．大学生数学建模团队信息行为研究［D］．重庆：西南大学硕士学位论文，2017.

严炜炜，赵杨．科研合作中的协同信息行为规范与控制体系构建［J］．情报杂志，2018，37（1）：140-144，104.

④ 王伟军，甘春梅，刘蕤．学术博客知识交流与共享心理诱因的实证研究［J］．情报学报，2012，31（10）：1026-1033.

查先进，张晋朝，严亚兰．微博环境下用户学术信息搜寻行为影响因素研究［J］．中国图书馆学报，2015，41（3）：71-86.

孙晓宁，朱庆华，赵宇翔，等．社会化搜索研究进展综述［J］．图书情报工作，2014，58（17）：5-13.

张晋朝，罗博，查先进．社会化媒体情境下用户学术信息搜寻感知差异比较研究［J］．图书馆学研究，2018，（20）：42-54.

境①)、信息查寻行为的认知心理影响因素（如注意与记忆②、学习③、先前知识④、认知风格⑤、人格特质⑥、心智模型⑦、自我效能感⑧、期望价值理论⑨、任

---

① Church K, Smyth B, Cotter P, et al. Mobile information access: a study of emerging search behavior on the mobile Internet [J]. ACM Transactions On the Web, 2007, 1 (1): 1-38.

王继民，李雷明子，孟凡，等．基于用户日志的移动搜索行为分析［J］．图书情报工作，2013，57（19）：102-106，120.

吴丹，梁少博，唐源．APP 交互视角下的大学生移动搜索行为研究［J］．中国图书馆学报，2017，43（3）：72-86.

朱庆华．大数据环境下数字资源移动视觉搜索机制［J］．情报资料工作，2016，(4)：5.

② 孙瑞英，蒋永福．基于用户认知心理过程规律的信息服务研究［J］．图书馆建设，2014，(2)：78-82.

③ 白晨，甘利人．信息检索决策中的学习规则量化分析［J］．情报学报，2011，30（1）：3-12.

甘利人，冯颖，白晨．榜样信息干预下用户检索方法决策的观察学习研究［J］．情报学报，2012，31（7）：770-783.

④ 马费成，朱婷．高次信息及其对人类行为的影响［J］．图书馆论坛，2010，30（6）：66-70.

⑤ 柯青，周海花．基于用户认知风格差异的信息检索交互行为研究［M］．北京：科学出版社，2017.

柯青，孙建军，成颖．场独立-场依存认知风格对信息搜寻绩效影响［J］．情报学报，2015，34（6）：646-661.

张路路，黄崑．基于认知风格的数字图书馆用户信息检索行为研究［J］．情报学报，2018，37（11）：1164-1174.

⑥ Al-Samarraie H, Eldenfria A, Dawoud H. The impact of personality traits on users' information-seeking behavior [J]. Information Processing & Management, 2017, 53 (1): 237-247.

郭颖，娄策群．人格特征对大学生微信用户信息交流行为的影响［J］．情报科学，2016，34（9）：49-54.

邓胜利，杨丽娜．用户个性特征对信息行为影响的研究进展［J］．情报理论与实践，2014，37（5）：119-123.

张晋朝，罗博，查先进．基于性格特征的社会化媒体用户学术信息搜寻行为感知差异研究［J］．信息资源管理学报，2018，8（4）：78-88.

⑦ 吴鹏，张佩佩，甘利人．网站用户信息获取中的心智模型研究［J］．情报学报，2011，30（9）：935-945.

韩正彪，罗瑞，赵杰．学术用户情感控制与心智模型对信息检索绩效影响的实验研究［J］．情报理论与实践，2017，37（1）：59-64.

⑧ 陈祖琴，葛继科，郑宏．自我效能感与用户信息查寻行为［J］．图书情报工作，2007，51（7）：54-56，119.

谈大军，任淑宁，张新兴．信息查寻行为中的自我效能研究综述［J］．情报理论与实践，2013，34（5）：124-128.

⑨ Savolainen R. Expectancy-value beliefs and information needs as motivators for task-based information seeking [J]. Journal of Documentation, 2012, 68 (4): 492-511.

Sigaard K T, Skov M. Applying an expectancy-value model to study motivators for work-task based information seeking [J]. Journal of Documentation, 2015, 71 (4): 709-732.

务感知①、认知与情感的相互作用②）等；产出了 Kuhlthau 信息查寻过程模型③、Ellis 信息查寻模型④、Wilson 信息行为模型⑤、Belkin 信息查寻片段模型⑥、Ingwersen 信息交互认知模型⑦、Marchionini 信息查寻过程模型⑧、Choo 网络信息查寻整合模型⑨、Erdelez 信息偶遇模型⑩等有代表性的研究成果。这些模型已在

① Xie I. Dimensions of tasks：influences on information-seeking and retrieving process［J］. Journal of Documentation，2009，65（3）：339-366.

李月琳，樊振佳，孙星明．探索式搜索任务属性与信息搜索行为的关系研究［J］．情报资料工作，2017，（1）：54-61.

刘冰，鲁庆碧．科研用户网络学术信息搜寻行为有限理性实验研究：基于任务情境分析视角［J］．图书情报工作，2017，61（19）：32-40.

② Savolainen R. The interplay of affective and cognitive factors in information seeking and use：comparing Kuhlthau's and Nahl's models［J］. Journal of Documentation. 2015，71（1）：175-197.

刘锦源，曹树金．心流理论视角下信息检索体验测量与分析［J］．图书情报工作，2017，61（8）：1-6.

查先进，曹芬芳，郭佳．认知转变和情感依恋视角下适应性学术信息搜寻行为研究［J］．情报科学，2019，37（12）：27-33.

③ Kuhlthau C C. Inside the search process：information seeking from the user's perspective［J］. Journal of the American Society for Information Science，1991，42（5）：361-371.

④ Ellis D. Ellis's model of information-seeking behavior［C］//Fisher K E，Erdelez S，McKechnie E F. Theories of Information Behavior. Medford，NJ：Information Today，Inc.，2005：138-140.

⑤ Wilson T D. Evolution in information behavior modeling：Wilson's models［C］//Fisher K E，Erdelez S，McKechnie E F. Theories of Information Behavior. Medford，NJ：Information Today，Inc.，2005：31-36.

⑥ Belkin N J. Intelligent information retrieval：whose intelligence?［C］//ISI. Proceedings of the fifth International Symposium for Information Science，1996：25-31.

⑦ Ingwersen P，Järvelin K. The Turn：Integration of Information Seeking and Retrieval in Context［M］. Dordrecht：Springer，2005.

⑧ Marchionini G. Information Seeking in Electronic Environments［M］. Cambridge：Cambridge University Press，1995.

⑨ Choo CW，Detlor B，Dan T. Information seeking on the web：an integrated model of browsing and searching［J］. First Monday，2000，5（2）：1-16.

⑩ Erdelez S. Information Encountering：An Exploration beyond Information Seeking［D］. Syracuse：Syracuse University，1995.

国内外获得广泛验证与应用①。其中，Wilson 信息行为模型虽然并未以“理论”命名，却已具备“理论”的基本特点，可被视为人类信息行为的一般理论②。

认知科学视角的相关成果积累颇丰，为本书进一步研究网络环境下的学术用户信息查寻行为提供了良好的基础与借鉴。但毋庸讳言，随着信息行为研究与认知科学本身的不断发展，对该领域的深入应用研究还有很大的提升空间。

第一，在研究的粒度上，现有研究偏重于对信息查寻宏观环节（如信息需求认知与表达、查寻动机产生、查寻策略制定、检出结果的相关性判断）的研究，对查寻环节中的模仿、试错、信息偶遇行为，以及查寻中的认知失调等微观研究主题的挖掘尚不充分。

第二，在成果属性上，较多研究成果属于描述性研究成果，侧重于对学术用户网络信息查寻行为特点的描述，回答了“是什么”，但对查寻行为的内在机理（“为什么”）的揭示还有进一步探索的空间。

第三，在研究方法上，尚需强化对多种方法的综合使用。一是需要针对实验法应用较明显③的特点，加强对真实环境中用户认知数据的测量④；二是在行为数据挖掘热潮下，需要理智地审视“非场景化的研究逻辑”在成果适用性与人

---

① Meho L I, Tibbo H R. Modeling the information-seeking behavior of social scientists: Ellis's studies revisited [J]. Journal of the American Society for Information Science and Technology, 2003, 54 (6): 570-587.

Foster A. A nonlinear model of information-seeking behavior [J]. Journal of the American Society for Information Science & Technology, 2004, 55 (3): 228-237.

Makri S, Blandford A, Cox A L. Investigating the information-seeking behaviour of academic lawyers: from Ellis's model to design [J]. Information Processing & Management, 2008, 44 (2): 613-634.

Chowdhury S, Gibb F, Landoni M. A model of uncertainty and its relation to information seeking and retrieval (IS&R) [J]. Journal of Documentation, 2014, 70 (4): 575-604.

Al-Wreikat A, Rafferty P, Foster A. Cross-language information seeking behaviour English vs Arabic [J]. Library Review, 2015, 64 (6/7): 446-467.

Savolainen R. The interplay of affective and cognitive factors in information seeking and use: Comparing Kuhlthau's and Nahl's models [J]. Journal of Documentation, 2015, 71 (1): 175-197.

顾立平. Web2.0 环境中的学术信息检索行为 [J]. 图书情报知识, 2008, (11): 69-74.

李贺, 沈旺, 国佳. 数字图书馆用户信息选择行为研究 [J]. 情报学报, 2011, 30 (6): 577-582.

丁韧. 网络信息搜索行为影响因素研究: 基于高校学生的实证 [J]. 图书情报工作, 2012, 56 (6): 42-45.

耿骞, 杨倩. 基于三维模型的网络信息浏览行为及认知影响因素研究 [J]. 图书情报工作, 2015, 59 (15): 87-93, 105.

Zha X, Wang W, Yan Y, et al. Understanding information seeking in digital libraries: antecedents and consequences [J]. Aslib Journal of Information Management, 2015, 67 (6): 715-734.

② Wilson T D. A general theory of human information behaviour [J]. Information Research, 2016, 21 (4).

③ 甘利人, 吴鹏, 钱敏. 用户信息搜索行为与认知的国内外文献统计分析研究 [J]. 现代情报, 2010, 30 (9): 3-8.

④ 吴鹏. 应用认知科学研究网络用户信息行为 [N]. 中国社会科学报, 2013-04-08 (A08).

文关怀方面的弊端①，克服引文数据稳健性带来的影响力维度、学科差异、行为动机等分析上的偏差与缺陷②。只有合理地将定量研究与质性研究加以有机结合，才能深度揭示信息查寻行为背后的认知过程及演变机理。

第四，在理论建构上，现有成果对认知心理学、认识论、社会学等理论的借鉴较为成熟，而在人类学、生物学视角下的研究显得较为单薄③。学术用户的信息行为是生物因素、社会因素和环境因素等动态交互作用于个体和群体的结果，因而有必要结合其生物学特征或生理机制进行挖掘④，以求从更为整合的视角来对学术用户网络信息查寻行为研究加以补充与完善。

1.2.2 行为生态学及其在信息行为领域的相关研究

人作为有生命的活体，要受到生物规律的制约，因此，将认知研究与生物学、生理学结合起来，能更有力地说明人脑的信息加工过程⑤，更全面地揭示人类行为的认知过程，而行为生态学的引入，能在一定程度上达成这一目标。

行为生态学（behavioral ecology）主要属于生物科学中行为学（ethology）和生态学（ecology）两个学科交叉的领域，在20世纪60年代初发展起来，主要研究生态学中的行为机制。它可细分为觅食行为生态学、防御行为生态学、生殖行为生态学、社会行为生态学、学习行为生态学、通讯行为生态学、时空行为生态学（如生境选择、定向和导航等）、最适行为预测等内容⑥。它融合行为学、生态学、生理学、进化论、心理学、经济学、博弈论和社会学等学科知识，不仅在动物及生物集群行为研究领域显示出强大的解释力，而且为研究人类及社会经济领域的集群行为提供了一种新视角、新理论和新方法⑦。

① 孙建军．大数据时代人文社会科学如何发展［N］．光明日报，2014-07-07（011）．

② 赵星．学术文献用量级数据Usager的测度特性研究［J］．中国图书馆学报．2017，43（5）：44-57.

杨广锋．基于文献计量的科研用户行为研究［J］．情报资料工作，2007，（2）：23-25.

③ 王知津，韩正彪．信息行为集成化研究框架初探［J］．中国图书馆学报，2012，38（1）：87-95.

④ 屠德雍，鲍健强．一种新的认知模型和信息加工规律［J］．自然辩证法研究，1998，（3）：14-18.

⑤ 方俊明．信息加工认知心理学的发展和面临的挑战［J］．心理科学，1998，21（6）：481-484，574.

⑥ 尚玉昌．行为生态学［M］．北京：北京大学出版社，1998.

余顺慧．行为生态学［M］．成都：西南交通大学出版社，2009.

⑦ 刘友金，罗发友．企业技术创新集群行为的行为生态学研究［J］．中国软科学，2004，（1）：68-72.

罗发友，刘友金．技术创新群落形成与演化的行为生态学研究［J］．科学学研究，2004，（1）：99-103.

廖飞．关于人类行为原因的整合［J］．学理论，2009，（32）：67-68.

吕汇慧．试论人类行为的生物学本质［J］．云南大学学报（自然科学版），2003，（S1）：63-66.

黄平槐，葛刚．试论人的社会化行为生态学的创建及其意义［J］．南昌大学学报（人社版），34（6）：36-39.

在信息行为研究领域，Bates 较早运用行为生态学理论对信息浏览行为进行研究并提出了“采莓模型”，认为用户的信息浏览行为是在好奇心驱使下的视觉搜索行为，与动物觅食、择偶、筑巢、逃逸时的探索性行为有很大的相似性，均是特定情况下在生理和心理因素共同约束下发生的行为①。20 世纪 90 年代开始，基于最优觅食理论的信息行为研究成果陆续产出，代表性成果如 Pirolli 团队②和 Sandstrom③ 关于信息觅食理论的开拓性研究，Mantovani④、杨阳和张新民⑤、Yang 和 Zheng⑥、Wu 和 Zhang⑦ 等对信息觅食理论的进展评述，以及杨阳与张新民⑧、侯文君团队⑨、孙建军团队⑩、柯青⑪等基于信息觅食理论的实证研究。Spink 融合演化生物学、演化心理学、认知考古学等学科领域的研究成果，指出人类信息行为具有本能性，呼吁学界关注对演化人类信息行为（evolutionary human information behavior）的研究，以更加整体地理解人类信息行为⑫。王琳对信息浏

---

① Bates M J. The design of browsing and berrypicking techniques for the online search interface [J]. Online Review, 1989, 13 (5): 407-424.

Bates M J. What is browsing-really? A model drawing from behavioural science research [J]. Information Research, 2007, 12 (4): 646-656.

② Pirolli P. Information Foraging Theory: Adaptive Interaction with Information [M]. Oxford: Oxford University Press, 2007.

③ Sandstrom P. An optimal foraging approach to information seeking and use [J]. The Library Quarterly, 1994, 64 (4): 414-449.

④ Mantovani G. The psychological construction of the internet: from information foraging to social gathering to cultural mediation [J]. Cyber Psychology & Behavior, 2001, 4 (1): 47-56.

⑤ 杨阳，张新民. 信息觅食理论的研究进展 [J]. 现代图书情报技术，2009，(1)：73-79.

⑥ Yang Y, Zheng Y. A review of information acquisition based on information foraging theory [C] // Proceedings of 2nd International Symposium on Knowledge Acquisition & Modeling-volume. IEEE Computer Society, 2009: 253-255.

⑦ Wu B, Zhang C Y. Advances in information foraging research [J]. Applied Mechanics and Materials, 2014, (701/702): 1376-1379.

⑧ 杨阳，张新民. 基于信息线索的认知分析模型 [J]. 情报理论与实践，2009，32 (5)：9-12.

杨阳，张新民. 基于觅食理论的网络信息环境实证分析 [J]. 情报学报，2010，29 (1)：169-176.

⑨ 单超. 基于社会网络群体觅食机制的 SNS 分析评估与设计 [D]. 北京：北京邮电大学硕士学位论文，2010.

杨晶晶. 基于用户隐形反馈的信息觅食模型研究 [D]. 北京：北京邮电大学硕士学位论文，2011.

崔宇. 群体信息觅食中的干扰效应作用研究 [D]. 北京：北京邮电大学硕士学位论文，2012.

张晶. 基于社会化信息觅食的社会化网络搜索研究 [D]. 北京：北京邮电大学硕士学位论文，2013.

张楠楠. 基于信息线索的用户行为研究 [D]. 北京：北京邮电大学硕士学位论文，2013.

⑩ 徐芳，孙建军. 信息觅食理论与学科导航网站性能优化 [J]. 情报资料工作，2015，(2)：46-51.

⑪ 柯青，王秀峰. Web 导航模型综述——信息觅食理论视角 [J]. 现代图书情报技术，2014，(2)：32-40.

⑫ Spink A, Currier J. Emerging evolutionary approach to human information [C] //Spink A, Cole C. New Directions in Human Information Behavior. Dordrecht: Springer, 2006: 13-31.

Spink A. Information Behavior: An Evolutionary Instinct [M]. Dordrecht: Springer, 2010.

览行为研究领域中的生物驱动说和理论导向观进行了实证研究，证实了信息浏览行为具有生物意义上的本能性①。

然而，总体上看，现有行为生态学视角下的信息行为研究，偏重信息浏览行为，且多在 Pirolli 团队提出的信息觅食理论的基础之上具体展开，而涵盖信息浏览与信息检索在内的信息查寻行为研究偏少。此外，对学习行为与可变性（如模仿、试错、偶遇、行为调节）、社会行为与合作行为、生境选择、进化稳定策略等相关主题的借鉴与移植研究尚未充分开展，还有较大的挖掘与拓展空间。

1.3 行为生态学与认知科学整合视角的研究构想

本书从行为生态学与认知科学的整合视角，对学术用户网络信息查寻行为进行探索。

1.3.1 行为生态学与认知科学整合视角的确立

将行为生态学与认知科学视角相整合来探索学术用户网络信息查寻行为问题，主要是基于以下思考。

（1）顺应认知科学"生态化"取向的学科发展要求

为了摆脱实验主义的倾向，认知科学领域的"生态化"研究取向逐渐凸显和成熟；这种研究范式反对把人的心理、行为研究与生理研究割裂开来，倡导整体主义和共生主义的生态学观点和主张，强调认知与环境的交互依存关系，主张把人的认知活动与人的现实活动环境密切联系起来，重视对人的生活认知的考察②。生态化研究取向为认知科学研究提供了方法论层面的重要改变，在此背景下，顺应当代认知科学研究中的生态化趋势，也应成为学术用户网络信息查寻行为研究的必然选择。

（2）行为生态学对于用户信息行为研究的适应性

行为生态学关注生物的行为机制，以及环境对个体行为的影响，其中的最优觅食、能量投资、学习行为、可变性、社会行为、合作与利他、生境选择、进化

① 王琳，郭梦雪．信息浏览行为是理论导向抑或生物驱动？——基于眼动仪实验的实证分析［J］．情报学报，2015，34（12）：1284-1295.

② 王勇慧，张莉琴，霍涌泉．认知科学研究取向的转换及其意义［J］．西北师大学报（社会科学版），2011，(5)：123-126.

葛鲁嘉．心理学研究的生态学方法论［J］．社会科学研究，2009，(2)：140-144.

兰文杰，唐青桃．20 世纪 80 年代以来发展心理学生态化研究进展［J］．贵州师范大学学报（社会科学版），2009，(4)：140-144.

朱丽．近 50 年来发展心理学生态化研究的回顾与前瞻［J］．心理科学，2005，28（4）：922-925.

稳定策略等理论，均对学术用户信息查寻行为研究具有重要的借鉴和可移植价值。而信息觅食等相关研究成果的产出，也在一定程度上印证了行为生态学对用户信息行为研究的良好适应性。

学术用户的信息查寻行为具有类似于生物种群的行为特征，而网络背景下的学术用户群体是一个具有生态学特征的社会生态系统，因此运用行为生态学的相关理论和方法来研究学术用户网络信息查寻行为，有望能在探讨其微观机理和内在机制方面带来突破。

（3）用户信息行为独特性和复杂性对研究视角多元化的呼唤

人类行为范畴之下的学术用户网络信息行为，是生物学因素、社会因素和环境因素等动态交互作用于用户个体和群体的综合反映；人类行为的独特性和复杂性决定了其研究方法与研究视角的多元化走向。引入非人类物种行为研究领域的成果，有助于本书从多方面加深对人类行为的理解①。为此，有必要在已有信息查寻行为研究成果的基础上，整合行为生态学与认知科学的研究理论，融合多种理论方法，增强解释性研究的力度，为学术用户网络信息查寻行为研究拓展新的研究路向和视域。

1.3.2　总体框架

（1）主要内容

从行为生态学、认知心理学及有限理性假设的视角切入，运用隐喻与类比，从查寻策略选择行为、模仿行为、试错行为、信息偶遇行为、认知失调及查寻生境六大问题入手，揭示学术用户网络信息查寻行为的内在规律与机制，构建一个行为生态学与认知科学整合视角下的学术用户网络信息查寻行为研究框架。具体围绕以下内容展开。

1）基于觅食理论的学术用户网络信息查寻策略选择行为研究

借鉴行为生态学的最优觅食理论、斑块模型和食谱模型，采用行为观察实验，结合问卷调查法、访谈法，从信息查寻技巧选择、离开斑块时机的把握、查寻食谱选择等方面分析学术用户的网络信息查寻策略选择行为，并从认知科学的认知图式理论与行为生态学的自然选择压力、种群差异等角度对学术用户网络信息查寻策略选择行为的机制进行解释。

2）合作情境下学术用户网络信息查寻中的模仿行为研究

运用行为生态学、社会认知论，遵循扎根理论，采用观察法、访谈法、出声

① Spink A. Information Behavior: An Evolutionary Instinct [M]. Dordrecht: Springer, 2010.
苏彦捷. 动物个体差异研究对人格心理学的贡献 [J]. 心理科学进展, 2007, 15 (2): 260-266.

思维法等质性研究方法，研究合作情境下学术用户网络信息查寻中的模仿行为；重点对模仿行为动机、模仿行为注意、模仿行为保持与再现以及模仿结果评价等过程进行分析与阐释。

3）学术用户网络信息查寻中的试错行为研究

采用混合研究方法，运用观察法、访谈法等搜集质性数据与量化数据，借鉴认知心理学、行为生态学中的相关理论与成果，对学术用户网络信息查寻中的试错行为进行实证研究并构建试错行为机制的理论模型。

4）学术用户网络信息查寻中的信息偶遇行为研究

采用实验法、访谈法、问卷调查法等方法，从多个维度探索学术用户网络信息查寻中的学术信息偶遇情况；构建学术用户网络信息查寻中的学术信息偶遇情况测量框架，重点分析人格特质和认知风格与学术信息偶遇行为的相关性。

5）学术用户网络信息查寻中的认知失调研究

借鉴认知失调理论，分析学术用户网络信息查寻中的认知失调表现特征并构建其测量框架；通过问卷调查法与深度访谈法，重点揭示用户个体背景特征、个体归因因素、信息系统因素、情境因素等对学术用户网络信息查寻中的认知失调的影响。

6）学术用户群的信息查寻生境研究

引入生境理论，结合生物进化论、进化博弈论、种群动力学、认知心理学等理论或方法，重点探索学术用户群信息查寻生境演化的驱动力、演化机理、演化过程与演化路径，并运用种群动力学对学术用户群内信息查寻的合作策略演化进行建模。

（2）逻辑架构

本书的逻辑架构源于这一基本假设：学术用户是有限理性的个体，其网络信息查寻行为在个体特征、信息系统与情境等多种因素的影响下，会表现出不同的行为方式及相应特征。具体而言，学术用户网络信息查寻行为受特定觅食的需求驱动，在查寻策略选择中会综合考虑信息查寻策略执行的成本与收益情况，形成一定的信息查寻认知图式；不仅学术研究新手的查寻行为往往始于“印随”学习式的模仿，学术团队中查寻行为的相互模仿也与集体效能密切相关；由于网络环境的变化性和研究任务的复杂性，用户需要通过不断地试错来改进查寻的效果；在查寻过程中，学术用户受个体背景特征、人格特质与认知风格影响，其目标导向查寻中的信息偶遇行为特征会呈现差异性；此外，学术用户在查寻中还会遭遇认知失调，产生欲求不满相关的心理反应与自我调节的行为表现；最终，学术用户会通过其所在生境的社会关系收益与信息收益的相关博弈来调整查寻策略，促成学术用户群信息查寻生境系统的不断生长与演化①。

---

① 胡蓉．行为生态学视角下的网络信息查寻行为研究画像［J］．图书馆，2018，（8）：80-84，102.

为验证上述假设，本书在总体上采用实证研究方法，深入揭示学术用户网络信息查寻中的策略选择、模仿、试错、信息偶遇、认知失调、查寻生境等的特征规律及影响因素，力求呈现学术用户作为社会的人和生物的人，在有限理性条件下所表现出来的网络信息查寻行为的生态图景。

1.3.3　主要价值

（1）学术价值

本书从行为生态学与认知科学整合视角切入，构建学术用户网络信息查寻行为的分析框架，有助于深化与拓展现有信息查寻行为研究的理论与方法。

（2）应用价值

本书揭示的学术用户网络信息查寻行为机理，可以为学术用户的网络信息查寻策略制订提供合理化解释与优化对策，同时为改进学术信息交流服务系统提供可资参考或借鉴的依据。

具体而言，本书研究成果中有关理论方面的内容可作为情报学、图书馆学、信息管理等专业学术研究或教学的参考资料；实证研究成果可为各类信息管理与服务机构的网络信息服务及其相关政策制定提供依据。

1.4　核心概念界定

1.4.1　学术用户

学术用户，简言之，即从事学术研究的信息用户。

这里的学术，是指有系统的、专门的学问①。学术研究则是借助已有的理论、知识、经验，对科学问题的假设、分析、探讨和推出结论，其结果应该是力求符合事物客观规律的，是对未知科学问题的某种程度的揭示②。

与学术研究同义的另一个概念是科学研究。二者均是人们有目的地探索自然、社会和思维运动、发展规律的一种社会实践活动；一般包括确定研究目标、搜集事实和获得经验材料、对经验材料的初步整理、加工、理论研究和建立体系等环节或阶段③。因此，学术研究与科学研究，尽管在字面上略有不同，但无论

---

① 辞海编辑委员会．辞海［M］．上海：上海辞书出版社，2009.

② 姜春林，张立伟，刘学．牛顿抑或奥尔特加？——一项来自高被引文献和获奖者视角的实证研究［J］．自然辩证法研究，2014，（11）：79-85.

③ 刘文英，祁芬中，曾祥礼，等．哲学百科小辞典［M］．兰州：甘肃人民出版社，1987.

在国内还是国外，通常都作为同义词使用①，未作特别辨析。因此，本书也不对它们进行严格区分。

从知识的客观性上考虑，学术或科学所涉及的知识领域，通常可被分为自然科学、社会科学和人文学科②三大元学科或部类。在信息行为研究领域，无论 Spink 等③、Ellis④，还是 Case 和 Given⑤、Palmer 等⑥，都是作此划分。鉴于此，本书在涉及不同学科类别的用户信息行为研究中，也主要将学术或科学划分为自然科学、社会科学和人文学科三大部类，并在必要情况下再依次划分出学科门类（如理学、管理学、文学等）、一级学科、二级学科或研究方向等。

学术研究或科学研究是由实践的主体及其形成的共同体、实践的客体对象、主体所持的信念背景、所使用的方法、所形成的理论成果、具体的运行机制等要素组成的复杂系统⑦。其中，学术研究或科学研究的主体即科学研究人员或学术研究人员。

学术研究人员，是从事系统、专门的学问的科学研究人员；从图书情报学视角来看，学术研究人员⑧即信息活动中的学术用户⑨。

与学术用户等义的概念科研用户、研究型用户，以及包含人文科学用户和社

---

① 何恩春．高阶英汉双解词典［M］．北京：商务印书馆，2007.

黑龙江大学英语辞书研究室．英汉科技大词库·第三卷［M］．哈尔滨：黑龙江人民出版社，1988.

赖茂生．社会转型中的学术和学术交流［C］//北京数字科普协会，中国科学院科学传播领导小组办公室，国家新媒体产业基地北京新媒体联合实验室．科学与艺术·数字时代的科学与文化传播——2012 科学与艺术研讨会论文集．2012：115-120.

Du J T，Evans N. Academic users' information searching on research topics：characteristics of research tasks and search strategies［J］．Journal of Academic Librarianship，2011，37（4）：299-306.

② 魏屹东，王保红．科学分类的维度分析［J］．科学学研究．2011，（9）：1291-1298.

李醒民．论科学的分类［J］．武汉理工大学学报（社会科学版），2008，（2）：149-157.

刘大椿．人文社会科学的学科定位与社会功能［J］．中国人民大学学报，2003，（3）：28-35.

③ Spink A，Wilson T D，Ford N，et al. Information-seeking and mediated searching-Part 1. Theoretical framework and research design［J］．Journal of the American Society for Information Science & Technology，2002，53（9）：695-703.

④ Ellis D. Modeling the information-seeking patterns of academic researchers：a grounded theory approach［J］．The Library Quarterly，1993，63：469-486.

⑤ Case D O，Given L M. Looking for Information：A survey of Research on Information Seeking，Needs，Behavior［M］．4th ed. Bingley：Emerald Group Publishing Limited，2016：279-294.

⑥ Palmer C L，Teffeau L C，Pirmann C M. Scholarly Information Practices in the Online Environment［EB/OL］．OCLC Inc.，2009. http://www.oclc.org/programs/publications/reports/2009-02.pdf［2017-02-08］.

⑦ 魏屹东，王保红．科学分类的维度分析［J］．科学学研究，2011，（9）：1291-1298.

⑧ Palmer C L，Teffeau L C，Pirmann C M. Scholarly Information Practices in the Online Environment［EB/OL］．OCLC Inc.，2009.［2017-02-08］．www.oclc.org/programs/publications/reports/2009-02.pdf.

⑨ Du J T，Evans N. Academic users' information searching on research topics：characteristics of research tasks and search strategies［J］．Journal of Academic Librarianship，2011，37（4）：299-306.

Ellis D. Modeling the information-seeking patterns of academic researchers：a grounded theory approach［J］．The Library Quarterly，1993，63：469-486.

会科学用户在内的广义科技用户等称谓在本书中均不进行严格区分，统称为学术用户。同时，在不影响理解的情况下，将其简称为用户。

参考甘利人和高依旻①对科技用户的定义，本书将学术用户定义为具有学术研究任务的、经常需要查寻与科研课题相关的学术性文献资料的信息用户。

学术用户借助其信息行为，在微观层面上完成信息的搜集、评估、分析、吸收及成果撰写，在宏观层面上促进其学术思想的演变、科研项目的推进乃至职业生涯的发展②。学术用户的学术研究任务具有探索性、不确定性、多面性、逻辑性、可变性、跟踪性，因而学术用户的信息查寻行为也具有自身的独特性。诸多研究表明，当今社会的学术用户对搜索引擎、学术数据库、图书馆网站和联机公共目录检索系统（online public access catalog，OPAC）等检索系统具有较强烈的依赖性③，网络信息查寻行为成为其最为重要的信息活动方式之一。

1.4.2　网络信息查寻行为

用户信息行为是信息用户为了满足信息需求而从事的信息活动，它主要包括信息需求认识与表达行为、信息查寻行为、信息交互行为、信息选择行为、信息吸收与利用行为等④。其中，信息查寻是用户为了填补自身知识差而获取信息的有意识的努力；它强调的是一种主动的、由问题驱动的信息行为⑤。作为信息行为的子概念，信息查寻行为主要包括检索与浏览在内的目标或半目标导向式信息获取方式⑥。

邓小昭认为，网络信息查寻行为主要通过信息检索与信息浏览来完成④。其中，信息检索是一种有明确目标、有计划、能清楚表达信息需求，并通过特定的网络信息检索工具来满足特定信息需求的行为，主要包括需求识别与表达、检索策略制订、检索实施、检索结果评估判断等；信息浏览指事先缺乏明确信息需求目标或难以清楚表达信息需求的网上信息查寻行为，主要表现为循超链接在不同

---

① 甘利人，高依旻．科技用户信息搜索行为特点研究［J］．情报学报，2005，24（1）：26-33.

② Palmer C L，Teffeau L C，Pirmann C M. Scholarly Information Practices in the Online Environment［EB/OL］．OCLC Inc.，2009. http://www.oclc.org/programs/publications/reports/2009-02.pdf［2017-02-08］.

③ Du J T，Evans N. Academic users' information searching on research topics：characteristics of research tasks and search strategies［J］．Journal of Academic Librarianship，2011，37（4）：299-306.

李文文，成颖．科研人员信息行为分析及其对图书馆个性化科研服务的启示［J］．情报科学，2017，35（1）：74-77.

④ 邓小昭．网络用户信息行为研究［M］．北京：科学出版社，2010：16.

⑤ Wilson，T. D. Human Information Behavior［J］．Information Science，2000，3（2）：49-55.

⑥ Case D O，Given L M. Looking for Information：A Survey of Research on Information Seeking，Needs，Behavior［M］．4th ed. Bingley：Emerald Group Publishing Limited，2016：105-109.

Wilson T D. Models in information behavior research［J］．Journal of Documentation，1999，55（3）：249-270.

结点间自由游移的网上信息查寻行为，包括点击相关超链接、网页浏览、阅读，以及与此相关的保存、收藏、复制等行为，还有对导航技巧、历史记录等功能的使用。

需要说明的是，学术社交网络/科研社交网络（academic social networking sites，ASNs）的兴起，为学术研究提供了更具开放性、共享性和协作性的新型学术交流形式①，也对学术用户的信息行为方式产生了重大影响。但是，学术社交网络在本质上是一种以促进知识交流和扩散为目的帮助学术用户建立与维护人际关系网络的在线服务或平台②，因此从信息行为类型上看，学术社交网络环境下的信息行为主要从属于信息交互行为（或信息交流行为③）的范畴。为突出学术信息查寻行为这一研究主题，本书不侧重于对学术社交网络信息行为进行专门研究。

---

① 张耀坤，张维嘉，胡方丹．中国高影响力学者对学术社交网站的使用行为调查——以教育部长江学者为例［J］．情报资料工作，2017，(3)：96-101.

② 贾新露，王曰芬．学术社交网络的概念、特点及研究热点［J］．图书馆学研究，2016，(5)：7-13.

邓胜利，向阳．基于学术社交网络的文献阅读及学科关注点差异研究［J］．图书情报工作，2017，61 (6)：99-106.

③ 胡昌平，胡潜．信息服务与用户第4版．［M］．武汉：武汉大学出版社，2015：146-154，225.

2 基于觅食理论的学术用户网络信息查寻策略选择行为研究

[本章摘要] 借鉴行为生态学的最优觅食理论的斑块模型和食谱模型，采用行为观察实验，结合问卷调查法、访谈法，从信息查寻技巧选择、离开斑块时机的把握、查寻食谱选择等方面分析了学术用户的网络信息查寻策略选择行为，并从认知科学的认知图式理论与行为生态学的自然选择压力、种群差异等角度对学术用户的网络信息查寻策略选择机制进行了解释。

随着互联网的迅猛发展，网络学术信息资源呈指数级增长。如何帮助学术用户选用合理的网络信息查寻策略，从而高效地从海量网络信息中查寻到相关信息以满足其学术信息需求，提高其科研绩效，是信息管理与服务领域亟待解决的关键问题之一。

已有相关研究中，对学术用户网络信息查寻策略选择行为的解释性与预测性研究偏少，这在一定程度上制约了对查寻策略选择优化路径的探索。为此，本章借鉴行为生态学中的觅食理论，探析学术用户网络信息查寻策略选择行为的内在机制，以期能为学术用户的网络信息查寻策略制定提供合理化解释与优化对策。

由于用户的信息查寻行为与动物的觅食行为存在一定程度的相似性，自20世纪90年代，基于觅食理论的信息行为研究成果陆续产出，代表性成果有Pirolli团队和Sandstrom关于信息觅食理论的开拓性研究①，以及杨阳与张新民②、侯文君团队③、

① Sandstrom P. An optimal foraging approach to information seeking and use [J]. The Library Quarterly, 1994, 64 (4): 414-449.

Pirolli P. Information Foraging Theory: Adaptive Interaction with Information [M]. Oxford: Oxford University Press, 2007.

② 杨阳，张新民．基于信息线索的认知分析模型 [J]．情报理论与实践，2009，32 (5)：9-12.

杨阳，张新民．基于觅食理论的网络信息环境实证分析 [J]．情报学报，2010，29 (1)：169-176.

③ 单超．基于社会网络群体觅食机制的SNS分析评估与设计 [D]．北京：北京邮电大学硕士学位论文，2010.

杨晶晶．基于用户隐形反馈的信息觅食模型研究 [D]．北京：北京邮电大学硕士学位论文，2011.

崔宇．群体信息觅食中的干扰效应作用研究 [D]．北京：北京邮电大学硕士学位论文，2012.

张晶．基于社会化信息觅食的社会化网络搜索研究 [D]．北京：北京邮电大学硕士学位论文，2013.

张楠楠．基于信息线索的用户行为研究 [D]．北京：北京邮电大学硕士学位论文，2013.

孙建军团队[①]、柯青[②]、其他学者[③]基于信息觅食理论的实证研究等。然而，已有成果主要偏重日常生活下的用户信息行为研究，涵盖学术用户信息浏览与信息检索的信息查寻行为研究较为缺乏。

鉴于此，本章在以下方面进行拓展性研究。

（1）基于觅食理论的学术用户网络信息查寻策略选择行为特征分析

借鉴行为生态学中觅食理论的相关成果，探索用户的信息查寻技巧选择、查寻中离开斑块时机的把握、查寻食谱选择等行为的特征。

（2）学术用户网络信息查寻策略选择行为机制探析

结合认知科学与行为生态学理论，对学术用户网络信息查寻策略选择行为机制进行探析。

（3）学术用户网络信息查寻策略选择优化对策分析

根据实证研究结果，提出学术用户网络信息查寻策略选择的优化建议。

2.1 觅食理论与信息查寻行为相关理论概述

2.1.1 觅食理论概述

2.1.1.1 觅食理论的研究对象

觅食理论主要涉及动物的食物摄取行为。

动物的生存与繁殖离不开觅食。觅食行为是动物最常见、最基本的行为。动物在进行觅食时面临着不同的选择：到哪里去觅食，猎取什么类型的食物，什么时候转移取食地点[④]？对上述动物觅食行为的研究便构成了行为生态学最为重要的研究内容之一。

觅食理论试图解释生物结构及行为对环境问题和动物觅食制约的适应性，即旨在分析表现在动物觅食中的诸多选择行为。它包含很多特定的模型，每个模型都有与之对应的模拟环境与条件的限制。在觅食理论中，影响较大的是最优觅食理论（optimal foraging theory，OFT）。

---

① 徐芳，孙建军．信息觅食理论与学科导航网站性能优化［J］．情报资料工作，2015，(2)：46-51.

② 柯青，王秀峰．Web 导航模型综述——信息觅食理论视角［J］．现代图书情报技术，2014，8（2）：32-40.

③ 朱红艳．基于信息觅食模型的大学生信息搜寻行为调研分析［J］．图书馆学刊，2018，(10)：67-72.
郝志超．基于信息觅食理论的研究生信息搜寻行为影响因素研究［D］．哈尔滨：黑龙江大学硕士学位论文，2018.

④ 尚玉昌．行为生态学［M］．北京：北京大学出版社，1998.

2.1.1.2 最优觅食理论及其经典模型

最优觅食理论源自 Charnov 于 1976 年提出的动物觅食中的边际效应递减模型①。该模型假设自然界中的食物分布是斑块状的，动物只有在斑块中才能遇到并获取食物；动物在斑块中觅食的能量收益呈现出边际递减的现象。最优觅食理论认为，动物在觅食时，存在一个合理的觅食策略，因为动物生存的适应性取决于动物的繁殖成功率，繁殖成功率在某种程度上又取决于动物所拥有的食物能量；动物为了避免走向灭亡的结局就需要合理地制定觅食策略、综合考虑觅食的投资与收益②。

借鉴 Charnov 的模型，在大量实验数据的基础之上，Stephens 与 Krebs 于 1986 年提出最优觅食理论的两个经典模型——斑块模型（patch model）与食谱模型（diet model），以进一步解释动物在觅食中的选择行为机制③。根据 Stephens 和 Krebs③、Pirolli④、尚玉昌⑤、杨晶晶⑥、张晶⑦、张楠楠⑧等的研究成果，在此对斑块模型与食谱模型进行如下描述。

（1）斑块模型

最优觅食理论假设：自然世界的食物是呈斑块状分布的、斑块被定义为食物均匀分布的、边界明显的觅食区域；在斑块的周边没有其他的食物存在，动物只有在斑块中进行觅食才能获得能量收益；在此环境下，动物的觅食行为被拆分为两类，即斑块间穿越与斑块内觅食。

如图 2-1 所示，假设一只小鸟在斑块 1 中进行觅食，觅食完毕后，小鸟需要穿越到斑块 2 中继续进行觅食。在由斑块 1 前往斑块 2 的路上，小鸟不会得到任何其他食物。

动物觅食的总时间可以拆分成两部分，即斑块间穿越时间（T_B）与斑块内觅食时间（T_W）。动物觅食所获得的能量收益全部来自斑块内觅食活动。假定动物觅食活动的总收益为 G，动物觅食的平均收益率为 R。收益率可以用来评价动物的觅食效率，平均收益率 R 可用总收益 G 除以动物觅食所花费的总时间得到。

---

① Charnov E L. Optimal foraging: the marginal value theorem [J]. Theoretical Population Biology, 1976, 9 (2): 129-136.

② Pirolli P. Information Foraging Theory: Adaptive Interaction with Information [M]. Oxford: Oxford University Press, 2007.

③ Stephens D W, Krebs J R. Foraging Theory [M]. Princeton, NJ: Princeton University Press. 1989.

④ Pirolli P. Information Foraging Theory: Adaptive Interaction with Information [M]. Oxford: Oxford University Press, 2007.

⑤ 尚玉昌．行为生态学［M］．北京：北京大学出版社，1998.

⑥ 杨晶晶．基于用户隐形反馈的信息觅食模型研究［D］．北京：北京邮电大学硕士学位论文，2011.

⑦ 张晶．基于社会化信息觅食的社会化网络搜索研究［D］．北京：北京邮电大学硕士学位论文，2013.

⑧ 张楠楠．基于信息线索的用户行为研究［D］．北京：北京邮电大学硕士学位论文，2013.

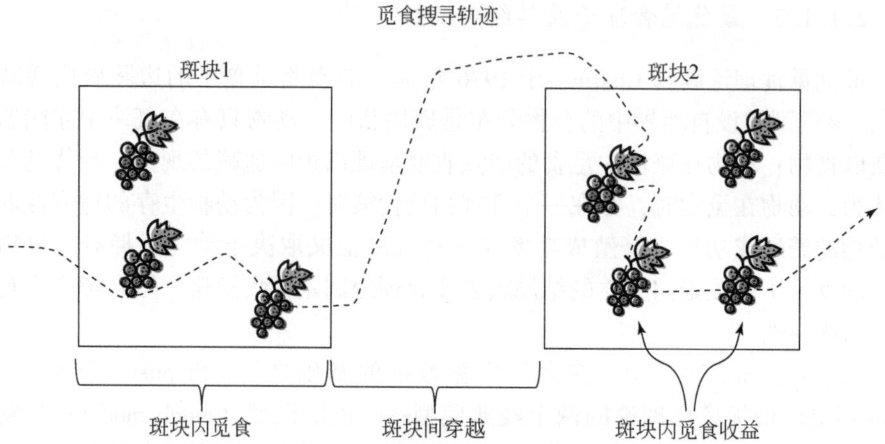

图 2-1　小鸟在斑块状的环境中觅食

$$R=\frac{G}{T_{\mathrm{B}}+T_{\mathrm{W}}} \tag{2-1}$$

由式（2-1）计算得来的平均收益率 R 只能在动物觅食完成后，对动物的觅食效率进行评价，不能用于动物行为的预测。为了能对动物的行为进行预测，需要进行如下假设限定：①动物觅食斑块的数量与斑块间穿越的时间呈线性关系；②为了寻找新斑块所花费的斑块间穿越的平均时间为 t_{B}，即平均每花费 t_{B} 的时间，动物会遇到一个新的食物斑块；③每个斑块的平均收益被定义为 g；④每个斑块的平均处理时间为 t_{W}。由于平均每 t_{B} 的时间，动物会遇到一个新的食物斑块，动物遇到斑块的概率 λ 被定义为 $1/t_{\mathrm{B}}$，即 $\lambda=1/t_{\mathrm{B}}$。

做出如此限定之后，动物的总收益 G 可被定义为

$$G=\lambda T_{\mathrm{B}}g \tag{2-2}$$

式中，λT_{B} 是动物在觅食中会遇到的食物斑块数量；食物斑块数量乘以斑块的平均收益 g 得到总收益 G。如此，总收益 G 与斑块间穿越时间 T_{B} 呈线性关系。与式（2-2）类似，斑块内觅食时间 T_{W} 亦可以得到重新计算，即遇到的食物斑块数量乘以每个斑块的平均处理时间 t_{W}，计算公式为

$$T_{\mathrm{W}}=\lambda T_{\mathrm{B}}t_{\mathrm{W}} \tag{2-3}$$

在对 G、T_{B} 与 T_{W} 重新计算的基础之上，平均收益率 R 也可以重新计算。将 G、T_{B} 与 T_{W} 的计算公式代入式（2-1），可以得到新的计算公式

$$R=\frac{G}{T_{\mathrm{B}}+T_{\mathrm{W}}}=\frac{\lambda T_{\mathrm{B}}g}{T_{\mathrm{B}}+\lambda T_{\mathrm{B}}t_{\mathrm{W}}}=\frac{\lambda g}{1+\lambda t_{\mathrm{W}}} \tag{2-4}$$

式（2-4）即著名的霍林圆盘方程①。式（2-1）中的 R 值计算需要知道动物

① 杨晶晶．基于用户隐形反馈的信息觅食模型研究［D］．北京：北京邮电大学硕士学位论文，2011.

觅食的总收益与总时间，而式（2-4）中的 R 值计算只需要知道一些较为容易测定的平均值。霍林圆盘方程是最优觅食理论模型的基础，Stephens 与 Charnov 的研究已证实：随着动物觅食时间的增长，在适当的假设条件下，实际的 R 值接近于 $\frac{\lambda g}{1+\lambda t_W}$。

若将一个斑块内觅食的收益率定义为 π，则 π 可以用斑块的平均收益除以斑块的平均处理时间得到，计算公式为

$$\pi=\frac{g}{t_W} \tag{2-5}$$

此时，R 值的计算公式可简化为

$$R=\frac{\lambda g}{1+\lambda t_W}=\frac{\lambda \frac{g}{t_W}}{\frac{1}{t_W}+\lambda}=\frac{\lambda \pi}{\frac{1}{t_W}+\lambda} \tag{2-6}$$

当动物在斑块内觅食时，随着动物在斑块内觅食的时间增加，其可捕获的食物在不断减少。因此，单位时间内动物觅食所取得能量收益也随着觅食时间的增加而减少，即动物觅食的边际收益递减。若只考虑动物在 1 个斑块内觅食的情况，动物觅食收益的变化情况如图 2-2 所示。坐标系的 Y 轴是收益，X 轴是时间。动物在 t_B 点离开上一个斑块，在原点处寻找到新的斑块，开始斑块内觅食活动，其觅食收益变化如曲线所示（图 2-2）。该斑块内觅食收益率 $r=\frac{g(t_W)}{t_B+t_W}$，反映在坐标系上，r 值为 t_B 点发出的射线的斜率。r 值在 t^* 点达到最大，这时动物在该斑块中觅食的收益率达到最大，其觅食策略是最优的。

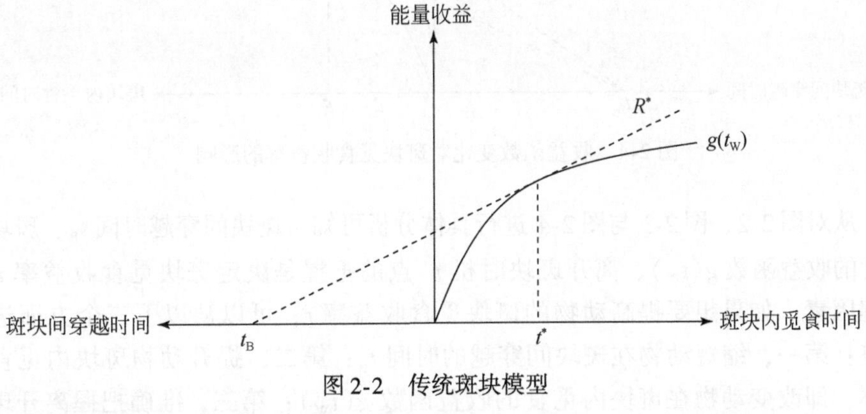

图 2-2　传统斑块模型

如果对斑块内觅食收益率 r 中的 t_B 点进行调整，那么 r 值也会随之变动。如图 2-3 所示，如果斑块间穿越时间由 t_{B1} 降低到 t_{B2}，那么最优点将从 t_1^* 点变化

到 t_2^* 点，对应的最优点的 r 值由 R_1^* 变为 R_2^*，r 值变大。

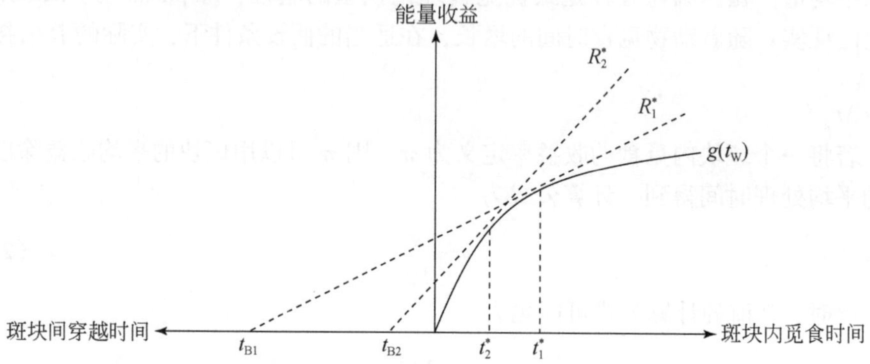

图 2-3　斑块间穿越时间变化对斑块内觅食收益率的影响

如果对斑块觅食收益率 r 的收益函数进行调整，那么 r 值也会随之变动。如图 2-4 所示，如果斑块内觅食的收益函数由 $g_1(t_W)$ 变为 $g_2(t_W)$，在其他条件不变的情况下，最优点将从 t_1^* 点变化到 t_2^* 点，最优点对应的 r 值由 R_1^* 变为 R_2^*，r 值变大。

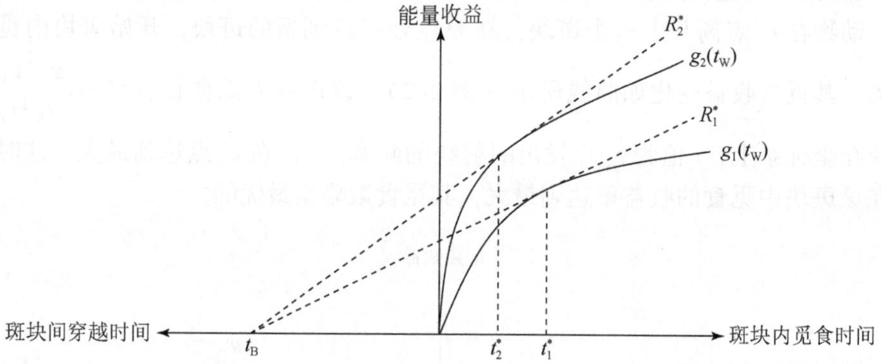

图 2-4　收益函数变化对斑块觅食收益率的影响

从对图 2-2、图 2-3 与图 2-4 进行具体分析可知，斑块间穿越时间 t_B、斑块内觅食的收益函数 $g(t_W)$、离开斑块时机 t^* 点的把握是决定斑块觅食收益率 r 的关键因素。如果想要提高动物的斑块觅食收益率 r，可以从以下三个方面进行调整：第一，缩短动物在斑块间穿越的时间 t_B；第二，提升动物斑块内觅食的效率，即改变动物在斑块内觅食的收益函数 $g(t_W)$；第三，准确把握离开斑块的时机 t^*。

动物觅食收益率的变化规律为学术用户网络信息查寻策略选择行为研究提供了启发。就学术用户的信息查寻收益率而言，若将拥有不同边界的信息资源类比为食物斑块，则通过缩短用户在信息资源斑块间穿越的时间 t_B、改变学术用户斑块内信息查寻的收益函数 $g(t_W)$ 或准确把握信息查寻中离开斑块的时机 t^* 等方式，也许将有助于提升学术用户信息查寻效率。

(2) 食谱模型

斑块模型主要解决动物在斑块中觅食的离开时机问题，食谱模型则用于解决动物在觅食过程中斑块的组合与排序的策略，即动物怎样给自己安排适合的食谱。部分学者，如杨阳与张新民①、崔宇②、吴碧薇③、王媛媛和刘丽④等，亦将食谱模型称为“菜单模型”。

斑块模型中关于动物觅食收益率的讨论仅仅针对某种特定的斑块，即假设环境中分布的若干个斑块是完全相同的，这也是公式 $R=\frac{G}{T_B+T_W}=\frac{\lambda T_B g}{T_B+\lambda T_B t_W}=\frac{\lambda g}{1+\lambda t_W}$ 成立的条件。但是，在现实环境中斑块的分布情况并非如此理想化。由于各个斑块的结构不同、食物构成不同，各个斑块对应的平均收益率也会不同。

假设环境中存在 k 个斑块，斑块可以用编号 $i=1, 2, 3, \cdots, k$ 进行区分，各个斑块互不相同。斑块可以用以下变量值进行区分：①单位时间内遇见斑块 i 的次数为 λ_i；②斑块 i 的处理时间为 t_{W_i}；③在斑块 i 中觅食所得的平均收益为 g_i，在斑块 i 中进行觅食的平均收益率可以记作 $\pi_i=\frac{g_i}{t_{W_i}}$。如此，动物在 k 个斑块进行觅食时的收益率 R 有了新的计算公式

$$R=\frac{\sum_{i=1}^{k}\lambda_i g_i}{1+\sum_{i=1}^{k}\lambda_i t_{W_i}} \tag{2-7}$$

为了使 R 值达到最大，需要对此公式进行求解。求解步骤如下：①将所有斑块按照收益率 π_i 进行排序，为了描述方便，假设 $\pi_1>\pi_2>\cdots>\pi_n$；②动物向其食谱中添加斑块 i，直到食谱组合收益率 $R(k)$ 大于 π_{k+1}。反映在公式中为

$$R(k)=\frac{\sum_{i=1}^{k}\lambda_i g_i}{1+\sum_{i=1}^{k}\lambda_i t_{W_i}}>\pi_{k+1}=\frac{g_{k+1}}{t_{W_{k+1}}} \tag{2-8}$$

---

① 杨阳，张新民．信息觅食理论的研究进展［J］．现代图书情报技术，2009，3（1）：73-79．

② 崔宇．群体信息觅食中的干扰效应作用研究［D］．北京：北京邮电大学硕士学位论文，2012．

③ 吴碧薇．基于信息觅食理论的大学生信息能力培养模式构建［J］．图书馆建设，2015，（8）：75-79．

④ 王媛媛，刘丽．基于信息觅食理论的信息搜寻行为模式构建［J］．情报理论与实践，2015，38（10）：38-41．

不等式左边的 $R(k)$ 表示 k 个斑块的组合收益率，不等式右边的 π_{k+1} 表示第 $k+1$ 个斑块的收益率。在坐标系中，收益率 $R(k)$ 将呈现出如图 2-5 所示的变化趋势。在 k^* 点，收益率 $R(k)$ 达到最大值。此时若再向食谱中添加第 $k+1$ 个斑块，整体收益率将被第 $k+1$ 个斑块拉低。

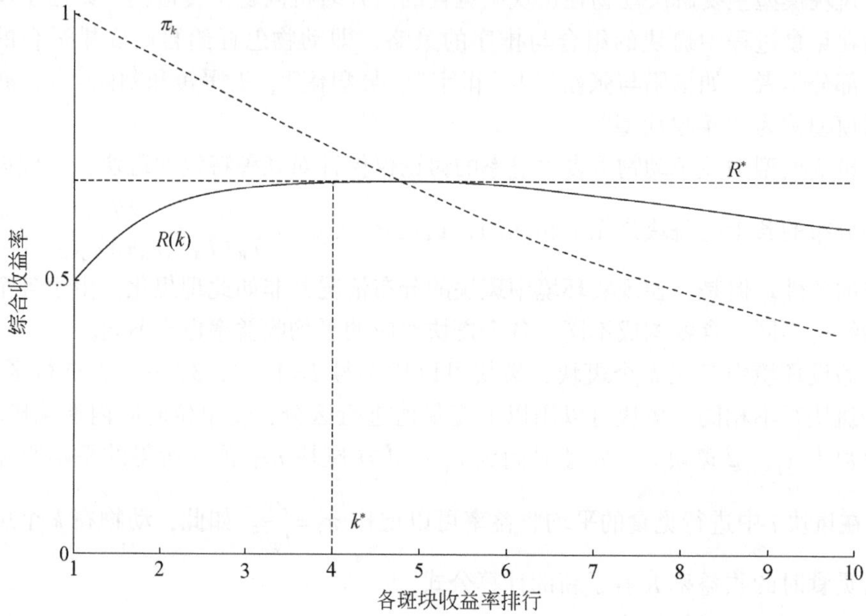

图 2-5 食谱模型

食谱模型反映了动物在觅食过程中的食谱选择策略，即动物为了使觅食的收益率 R 达到最大，需要合理地选择其觅食食谱。食谱选择策略如下：①将所有斑块按照收益率 π_i 进行排序（为描述方便，假设 $\pi_1>\pi_2>\cdots>\pi_n$）；②向食谱中添加斑块 i，直到食谱组合收益率 $R(k)$ 大于 π_{k+1}。

上述食谱选择策略对学术用户网络信息查寻策略优化亦具有重要的启示作用。为了给学术用户提供合理的网络信息查寻策略，或许可以采用同样的思路制定“信息食谱”。例如，①将所有信息资源斑块按照收益率 π_i 进行排序，为了描述方便，假设 $\pi_1>\pi_2>\cdots>\pi_n$；②向信息食谱中添加信息资源斑块 i，直到信息食谱组合收益率 $R(k)$ 大于 π_{k+1}。

综合斑块模型与食谱模型的分析可知，影响动物觅食收益率变化的主要因素可归纳为四个方面，即①斑块间穿越时间；②斑块内觅食效率；③觅食中离开斑块的时机；④合理的觅食食谱。它们为学术用户网络信息查寻策略的细化研究提供了可借鉴的思路。

2.1.2 觅食理论对于信息查寻策略选择行为研究的适用性

从上文分析可知，觅食理论为学术用户网络信息查寻策略选择行为研究提供了新的思路。

首先，信息查寻中，也存在类似食物斑块的信息资源斑块。

在此，将信息资源斑块定义为信息资源均匀分布的、边界明显的信息查寻区域。信息资源斑块的划分标准比较灵活，只要符合相关定义即可。例如，章节、书、书架、图书馆就是一个层次型的斑块分布；不同种类的图书可以被看作不同的信息资源斑块；两排书架、两个不同的图书馆亦可以被视作不同的信息资源斑块，只不过这些斑块大小不同、结构不同。

除此之外，人类信息查寻行为与动物觅食行为之间还存在诸多相似之处。综合 Sandstrom①、Pirolli 和 Card②、张楠楠③、柯青和王秀峰④、王媛媛和刘丽⑤等的观点，二者的相似之处如表 2-1 所示。

表 2-1　人类信息查寻行为与动物觅食行为的相似之处

相似之处	实质	动物觅食行为	人类信息查寻行为
觅食需求	为了满足某种生存的需要	为了维持生存与后代的繁殖	为了满足生活或工作中的某种信息需求
觅食过程	是一个不断选择、评估、转换的循环过程	选择觅食地点、食物范围等；评估该觅食能获取的能量与捕食所需消耗的能量之比，以决定是否向下一个觅食地点转移或停止觅食	选择信息资源、查寻信息类型等；评估可能查寻到的信息收益与所需花费的时间、精力、金钱等之比，以决定是否向下一个信息资源转移

① Sandstrom P E. An optimal foraging approach to information seeking and use［J］. The library quarterly, 1994：414-449.

② Pirolli P, Card S. Information foraging in information access environments［C］//Association for Computing Machinery（ACM）. Proceedings of the Conference on Human Factors in Computing Systems. New York：ACM Press, 1995：51-58.

③ 张楠楠．基于信息线索的用户行为研究［D］．北京：北京邮电大学硕士学位论文，2013.

④ 柯青，王秀峰．Web 导航模型综述——信息觅食理论视角［J］．现代图书情报技术，2014, 8（2）：32-40.

⑤ 王媛媛，刘丽．基于信息觅食理论的信息搜寻行为模式构建［J］．情报理论与实践，2015, 38（10）：38-41.

续表

相似之处	实质	动物觅食行为	人类信息查寻行为
觅食约束	觅食环境的约束	觅食环境中食物的密度； 食物所在的地势； 觅食时的天气	信息查寻中相关信息资源的分布情况； 所需信息的获取权限
	觅食者自身的约束	个体特征（性别、年龄、种类等）； 觅食能力与技巧； 对觅食环境的了解程度； 时间、体力等	个体特征（性别、年龄、职业等）； 信息查寻能力与技巧； 对信息资源分布的了解程度； 时间、精力等
觅食方式	除个体单独觅食的方式外，还存在群体合作的觅食方式	例如，狮子围猎	例如，科研项目团队中成员之间的合作信息查寻行为

（1）觅食需求

行为的产生源于需求。如表 2-1 所述，动物在自然界中的觅食行为是为了维持生存与后代的繁殖；而人类信息查寻行为是为了满足生活或者工作中的某种信息需求。Miller 曾提出“informavore”一词，将人视为信息消耗者，将人们搜集与存储信息的行为作为适应世界的方式①；Pirolli 在此基础上指出，人是为了适应海量信息环境的压力而与信息进行交互的；孙华丽也指出，从哲学层面上讲，信息查寻并不仅仅是目标导向型行为，还是人类为了适应不断变化的外部环境，为了更好地生存的根本性活动②。因此，从某种意义上说，人类查寻信息也是为了满足一种生存的需要，亦可视为一种觅食行为。

（2）觅食过程

人类的信息查寻过程与动物的觅食过程也十分相似，其过程实质是一个不断选择、评估、转换的循环过程。动物在觅食过程中，需要不断评估食物所含的能量和捕食所消耗的能量之比并做出决策，通过选择不同的环境和不同的食物，达到最优化收益；评估的结果决定了动物是继续留在该地区捕食还是转向搜寻另一个捕食地区③。而人类在信息查寻过程中，也需要在所获取信息的价值收益与花费的时间、精力、金钱等成本之间进行权衡，来选择信息资源与查寻信息的类型、范围等，转换当前的查寻策略，从而获得满意的查寻结果。

---

① Miller G A. Informavores ［C］//Machlup F，Mansfield U. The Study of Information：Interdisciplinary Messages，1984：111-113.

② 孙华丽．基于信息生态学视角的信息服务趋势解读［J］．大连干部学刊，2014，（4）：54-57.

③ 杨阳，张新民．基于觅食理论的网络信息环境实证分析［J］．情报学报，2010，29（1）：169-176.

(3) 觅食约束

任何行为都是发生在一定的环境当中，受诸多因素的影响与制约。这些约束可分为觅食环境的约束与觅食者自身的约束，它们都会影响觅食者对觅食策略的选择。

首先，觅食环境的约束。无论是动物觅食还是人类查寻信息，作为稀缺资源的觅食目标（即食物或猎物、所需相关信息）都是不均匀地分布在相应的环境中，因而觅食过程充满了不确定性与风险。换言之，凡是对觅食目标的遇见率与觅食目标的易获取性有影响的环境因素，都可能对觅食行为产生一定的约束作用，如觅食环境中食物的密度、食物所在的地势、觅食时的天气；信息查寻中相关信息资源的分布情况、所需信息的获取权限等。

其次，觅食者自身的约束。在动物觅食或者人类信息查寻中，与觅食者自身相关的约束主要是觅食者的个体特征、觅食或信息查寻能力与技巧、对觅食环境或信息资源分布的了解程度、任务的复杂度、时间与体力或时间与精力有限、对同伴的信任程度等因素。而无论动物还是人类，总是会将所处的觅食环境与自身的特点相结合来选择觅食策略，以达到更高的能量摄入率或者信息查寻效率。

(4) 觅食方式

无论动物觅食还是人类信息查寻，都有两种觅食方式，一种是单一个体的觅食行为，另一种是群体的觅食行为。在自然生态中，动物觅食离不开种群合作，即使是被誉为丛林之王的狮子也会采取围猎的捕猎方式①。而在人类查寻信息中，基于相同爱好或同一问题解决进行多人合作的信息查寻也较为常见，如在科研项目团队中，为了完成科研课题，项目组成员会合作进行信息查寻。群体成员不仅能够通过群体合作多线并行地进行觅食，还会互相提供相关资源或信息供个体使用，从而提高整体觅食效率。

综上，鉴于动物的觅食行为与人类信息查寻行为在觅食需求、觅食过程、觅食约束与觅食方式上都甚为相似，且国内外已有多位学者开始了对信息觅食理论的探索性研究，运用觅食理论研究学术用户网络信息查寻策略选择行为，同样有望在探讨信息查寻行为的微观机理和内在机制方面有所收获。

只是，必须指出的是，正如 Sandstrom②、Cronin 和 Hert③ 所强调的那样，信息难以像能量一样用卡路里这样的度量单位来测度与量化，因而在将觅食理论应用到信息查寻行为研究中时，不能太过于追求动物觅食与人类信息查寻的类比效果。

---

① 孙华丽．基于信息生态学视角的信息服务趋势解读［J］．大连干部学刊，2014，(4)：54-57.

② Sandstrom P E. An optimal foraging approach to information seeking and use［J］. The library quarterly, 1994, 64 (4)：414-449.

③ Cronin B，Hert C A. Scholarly foraging and network discovery tools［J］. Journal of documentation, 1995, 51 (4)：388-403.

2.1.3 学术用户网络信息查寻策略选择行为

信息查寻策略可以表现为宏观层面的信息查寻计划与方案，亦可以表现为微观层面的检索策略与浏览策略。学术界对信息查寻策略内涵的理解不尽相同。本书所指的学术用户网络信息查寻策略是指学术用户在网上为查寻学术研究所需信息而实施的任何计划、方案及措施、方法和技巧①。学术用户网络信息查寻策略选择行为则是学术用户对前述计划、方案，以及措施、方法和技巧的思考、判断与取舍。在不影响理解的情况，下文亦简称信息查寻策略选择。

鉴于人类信息查寻行为与动物觅食之间的相似性，对于学术用户网络信息查寻策略选择行为的研究也可借鉴动物觅食策略的研究，从影响觅食收益率变化的以下主要因素切入：用户在信息资源斑块间穿越的时间、信息资源斑块内的查寻效率、对查寻中离开斑块时机的把握，以及信息查寻的食谱选择。

只是，需要指出的是，互联网中各个信息资源斑块之间的穿越表现为网站地址之间的转移，穿越时间极其短暂，不同于动物觅食中需耗费大量时间与体力才能完成的物理空间距离的转移，所以，对学术用户信息资源斑块间穿越的时间与行为不进行探讨。此外，信息资源斑块内的查寻效率主要取决于学术用户的信息查寻技巧，因此，对学术用户网络信息查寻策略选择行为的研究最终可从以下三方面展开②。

第一，学术用户网络信息查寻技巧的选择，主要包括检索词的提取、检索途径的选择、高级检索功能的使用、排序方式的选择及对相关文献的选择。

第二，学术用户网络信息查寻中离开斑块时机的把握，主要关注学术用户在查寻某信息资源斑块时，离开该斑块的时机。

第三，学术用户网络信息查寻食谱的选择，主要关注学术用户的查寻食谱选择，具体包括对斑块的选择、斑块选择原因、对斑块访问顺序的安排等。

2.2 关于觅食理论的国内外同类研究状况

使用 Google 学术、Web of Science、Springer、Elsevier、PQDD、中国知网（CNKI）等数据库作为数据来源，采用主题检索、引文追踪、关键作者追踪等方法，对行为生态学视角下学术用户网络信息查寻策略选择行为研究的相关文献进行搜集，发现这些文献主要集中于对最优觅食理论的借鉴。该领域的研究开始于

---

① 张进，吴贤奇，严一梅．国内外信息检索策略比较研究［J］．图书情报工作网刊，2012，（10）：17-21.

② 陶源．基于觅食理论的学术用户网络信息查寻策略研究［D］．重庆：西南大学硕士学位论文，2014.

20 世纪 90 年代，主要研究力量分布在欧美国家的图书情报领域与计算机用户交互研究领域。其中，帕罗奥多研究中心（Palo Alto Research Center，PARC）的 Pirolli 团队及来自印第安纳州立大学图书馆的 Sandstrom 在该领域研究成果比较丰富。以下将从两个方面对相关成果进行分析。

2.2.1 关于觅食理论的理论研究

最优觅食理论应用于人类行为的可行性，较早就在人类学家的相关研究中得到论证，他们将这一理论应用在人类早期狩猎行为、栖息地选择行为、饮食选择行为等方面的研究中，并取得重要的研究成果①。而基于最优觅食理论的信息查寻研究主要可分为最优觅食理论的引入、信息觅食理论的形成、信息觅食理论的扩展三个阶段。

2.2.1.1 最优觅食理论的引入

1992 年，Pirolli 在研究智能信息获取时引入行为生态学中的最优觅食理论，并于 1993 年在人机交互联盟冬季研讨会发表了有关信息觅食主题的学术报告，之后 Pirolli 拓展了该领域研究并产出系列成果②。他将信息用户与动物进行类比，认为信息用户在信息查寻环境中的人机交互行为与动物觅食行为非常相似，信息用户在查寻、评估与处理信息资源时，会对成本与信息收益进行权衡③。

Sandstrom 于 1994 年将最优觅食理论引入信息查寻研究。她假设学术用户在采集信息资源时要进行策略选择，且这种选择可以被数学模型化；认为学术用户与自然界觅食者在捕食选择、食谱宽度、时间分配和斑块选择，以及群体合作和处理领域都有一定的相似性，总体上，信息环境中的学术用户与自然环境中的觅食者类似。考虑到信息查寻的收益难以如自然界觅食者的觅食收益一样用卡路里或者蛋白质之类的度量单位或指标来表示，她提出用新颖性（novelty）作为信息查寻与利用的评价体系，对信息收益进行客观评价④。

Pirolli 与 Sandstrom 二人的研究都是基于行为生态学中的最优觅食理论，但 Pirolli 提出的信息觅食只是针对于网络环境下的信息查寻行为，相应的信息资源

---

① Smith E A. Anthropological applications of optimal foraging theory: a critical review [J]. Current Anthropology, 1983, 24 (5): 625-651.

② Pirolli P, Card S. Information foraging in information access environments [C] //Association for Computing Machinery (ACM). Proceedings of the Conference on Human Factors in Computing Systems. New York: ACM Press, 1995: 51-58.

③ Pirolli P, Card S. Information foraging [J]. Psychological Review, 1999, 106: 643-675.

④ Sandstrom P. An optimal foraging approach to information seeking and use [J]. The Library Quarterly, 1994, 64 (4): 414-449.

斑块是网站、网页或是查寻结果列表；而 Sandstrom 则将觅食范围扩展到其他信息渠道的查寻行为中，其研究中的信息资源斑块包括了查寻者自己的书籍、期刊、文件、笔记等文档收藏集合，当地的图书馆、网络信息资源，以及会议、研讨会、座谈会等各类信息。

2.2.1.2 信息觅食理论的形成

在将行为生态学的最优觅食理论引入信息查寻的研究中后，Pirolli 团队在 1995 年便提出了信息觅食理论的框架，且在之后的十几年中围绕信息觅食开展了一系列的研究。2007 年，Pirolli 将他们的前期研究成果进行整合、升华，出版专著 *Information Foraging Theory：Adaptive Interaction with Information*，正式提出了信息觅食理论，充分论证了信息查寻行为研究领域借鉴行为生态学理论的可行性。信息觅食理论主要借鉴行为生态学中的最优觅食理论，将用户的信息查寻行为与动物的觅食行为进行类比，通过对用户信息查寻行为的分析，建立相关模型，模拟用户在信息环境中的查寻过程，之后再进行用户信息查寻的收益-成本分析，计算用户的信息查寻效率。该理论认为，信息世界中的信息资源分布与食物资源分布类似，信息觅食者与动物觅食者需要面对相同的决策问题①。

在信息觅食理论的核心概念中，除了从最优觅食理论中类比过来的信息资源斑块、信息食谱外，还有 Pirolli 提出的信息线索（information scent）。该概念是对内容的简洁性表示，并且能通向用户感兴趣的信息，万维网上的链接便是最常见的信息线索②。引外，Chi 与 Pirolli 还提出社会化信息觅食（social information foraging）这一概念，将信息觅食理论从研究单一的个体行为，扩展到研究作为社会化群体中一个成员在社会化群体中查寻信息时的行为及策略③。

类似的，信息觅食理论的基本模型除了最初从最优觅食理论中借鉴过来的斑块模型与食谱模型外，还有一个基于信息线索的思维自适应认知架构（adaptive control of thought-scent，ACT-Sent）。Pirolli 团队提出的网络觅食的具体模型 SNIF-

---

① Pirolli P. Information Foraging Theory：Adaptive Interaction with Information ［M］. Oxford：Oxford University Press，2007.

② Pirolli P. Computational models of information scent-following in a very large browsable text collection ［C］//Association for Computing Machinery（ACM）. Proceedings of the ACM SIGCHI Conference on Human Factors in Computing Systems. New York：ACM，1997：3-10.

③ Chi E H，Pirolli P. Social information foraging and collaborative search ［R］. Human Computer Interaction Consortium，Colorado，USA，2006.

ACT① 与 scatter/gather 文档浏览器的浏览模型 ACT-IF② 均是基于该认知架构建立的。Pirolli 指出，建立一个信息觅食模型的关键步骤一是利用最优觅食理论对信息任务与信息环境进行理性分析，二是建立一个关于信息任务认知结构的生成系统模型③。

2.2.1.3 信息觅食理论的扩展

信息觅食在提出后，引起了国内外一些学者的关注与探讨。杨阳和张新民④、Yang 和 Zheng⑤、Wu 和 Zhang⑥ 等对信息觅食理论相关研究进展进行了评述；Sandstrom⑦ 甚至特地为 Pirolli 于 2007 年出版的专著 *Information Foraging Theory: Adaptive Interaction with Information* 撰写了书评；但更多的学者是受信息觅食理论的启发，在其基础上对信息查寻行为开展扩展性或完善性研究，研究主要分为以下两个方面。

（1）概念内涵方面

对于信息觅食理论中核心概念的完善，主要围绕信息线索进行。张楠楠认为，Pirolli 并没有对信息线索这个概念下一个清晰的定义，也没有对信息线索的特征、涵盖范围进行全面系统的说明，因此她为信息线索给出了一个较为清晰的定义，即信息线索是指在用户接受信息的过程中，能够引起用户注意、对用户的下一步行动有暗示和引导作用的信息；此外，她还提出信息线索具有以下几个特性：特异性、关联性、多样性、聚合性、递减性⑧。徐芳与孙建军进一步将信息线索划分为文字型、图像型、音频型和视频型四种类型⑨。对于信息线索的重要性，杨阳和张新民认为信息觅食理论的主要目的便是分析在信息线索主导下的网络信息觅食行为⑩。

---

① Pirolli P, Fu W. SNIF-ACT: a model of information foraging on the World Wide Web [C] //Brusilovsky P, Corbett A, Rosis F D. Proceedings of the 9th International Conference on User Modeling. Johnstown: Springer-Verlag, 2003: 45-54.

② Pirolli P, Card S K. The evolutionary ecology of information foraging [R]. Technical Report, 1997. https://core. ac. uk/display/20939185 [2017-10-11].

③ Pirolli P. Information Foraging Theory: Adaptive Interaction with Information [M]. Oxford University Press, 2007.

④ 杨阳，张新民．信息觅食理论的研究进展 [J]．现代图书情报技术，2009，3 (1)：73-79.

⑤ Yang Y, Zheng Y. A review of information acquisition based on information foraging theory [C] //KAM. Proceedings of the 2nd International Symposium on Knowledge Acquisition & Modeling. IEEE Computer Society, 2009: 253-255.

⑥ Wu B, Zhang C Y. Advances in information foraging research [J]. Applied Mechanics and Materials, 2014, 701: 1376-1379.

⑦ Sandstrom P E. Information foraging theory: adaptive interaction with information [J]. Journal of the American Society for Information Science & Technology, 2010, 61 (10): 2161-2164.

⑧ 张楠楠．基于信息线索的用户行为研究 [D]．北京：北京邮电大学硕士学位论文，2013.

⑨ 徐芳，孙建军．信息觅食理论与学科导航网站性能优化 [J]．情报资料工作，2015，(2)：46-51.

⑩ 杨阳，张新民．信息觅食理论的研究进展 [J]．现代图书情报技术，2009，3 (1)：73-79.

(2) 信息觅食模型方面

Lawrance 等为解决用户目标变化条件下的查寻问题，提出了基于动态目标的信息觅食模型——PFIS2①。Gerjets 和 Kammerer 提出了用于评估网络查寻中信息质量的理论框架，进而构建了一个包含信息质量因素的改进版信息觅食模型，以应对复杂检索任务等情况下的信息质量评价问题②。

在国内，杨阳和张新民以信息觅食理论中的信息线索为出发点，从认知的角度将用户在面临大量链接时所采取的策略分为 attend-to-link、click-link、backup-a-page 三种策略，建模并模拟出用户采取这三种策略的概率③。柯青和王秀峰探究了基于信息觅食理论的 Web 导航模型的理论基础，分析了以 SNIF-ACT 系列模型为代表的 Web 导航模型的主要运作机制，并提出了构建 Web 导航模型的改进思路④。吴碧薇指出，大学生的信息行为受经济花费和时间耗费（信息资源斑块模型）、觅食者对信息菜单的熟悉程度和选择技巧（信息菜单模型）、觅食者主动寻求信息线索的意识和信息线索出现的时机（信息线索理论）等因素的影响⑤。王媛媛和刘丽则构建了用户信息查寻过程模型和斑块内信息查寻模型，分析了用户信息查寻行为的过程、影响信息查寻效果的因素及相互间的作用关系⑥。

目前，信息行为研究对最优觅食理论的运用还处在一个隐喻的（metaphorical）阶段，因为信息资源难以像自然界中资源一样，以热量、营养、重量等标准进行测度⑦。但即便如此，最优觅食理论的研究思想与方法仍然得到众多学者的认同，如 Spink 和 Cole 在呼吁用多种方法、从信息利用的角度来研究人类的信息行为时，将信息觅食理论作为一种研究方法纳入其中⑧。孙玉伟在对用户信息行为的理论基础探源时，亦将信息觅食理论作为用户信息行为研究的生

---

① Lawrance J, Burnett M, Bellamy R, et al. Reactive information foraging for evolving goals [C] // Association for Computing Machinery (ACM). Proceedings of the SIGCHI Conference on Human Factors in Computing Systems. New York: ACM Press, 2010: 25-34.

② Gerjets P, Kammerer Y. Topical relevance and information quality in cognitive models of Web search behavior: introducing epistemic scent into information foraging theory [J]. Cognitive Science Society, 2010, 32: 2278-2283.

③ 杨阳，张新民. 基于信息线索的认知分析模型 [J]. 情报理论与实践，2009，32 (5): 9-12.

④ 柯青，王秀峰. Web 导航模型综述——信息觅食理论视角 [J]. 现代图书情报技术，2014，8 (2): 32-40.

⑤ 吴碧薇. 基于信息觅食理论的大学生信息能力培养模式构建 [J]. 图书馆建设，2015，(8): 75-79.

⑥ 王媛媛，刘丽. 基于信息觅食理论的信息搜寻行为模式构建 [J]. 情报理论与实践，2015，38 (10): 38-41.

⑦ Sandstrom P E. An optimal foraging approach to information seeking and use [J]. The Library Quarterly, 1994, 64 (4): 414-449.

⑧ Spink A, Cole C. Human information behavior: integrating diverse approaches and information use [J]. Journal of the American Society for Information Science and Technology, 2006, 57: 25-35.

态学基础[①]。

2.2.2 关于觅食理论的实证研究

已有实证研究多在 Pirolli 团队提出的信息觅食理论的基础之上进行，重点关注用户信息浏览行为研究[②]，现梳理如下。

2.2.2.1 对不同用户类型的研究

研究对象主要为高校学生与专业人士。

（1）高校学生

高校学生是研究者最为青睐的研究对象。例如，Jordan[③]、Cunning 和 Devakos[④]、Hantula 等[⑤]、Lambros[⑥]、Kuttal 等[⑦]、Niu 等[⑧]在旅游信息查寻策略、网络购物中信息查寻策略等方面的相关研究，都是选择大学本科生或研究生作为研究对象。国内研究也有相似之处，如北京邮电大学侯文君团队中杨晶晶[⑨]、张楠楠[⑩]、张晶[⑪]的信息觅食研究，均主要选择了本校学生作为研究对象。

（2）专业人士

1998 年，Sandstrom 对人类行为生态学领域的研究人员进行访谈，以探寻人

---

① 孙玉伟．用户信息行为研究的理论基础探源（下）[J]．图书馆杂志，2011，30（11）：9-13.

② Mantovani G. The psychological construction of the Internet：from information foraging to social gathering to cultural mediation [J]．Cyber Psychology & Behavior，2001，4（1）：47-56.

③ Jordan J. Online Travel Information Search Behaviors：An Information Foraging Perspective [D]．Clemson：Clemson University，2008.

④ Cunning H，Devakos R. Optimal information foraging and key resources for undergraduate biology students [EB/OL]．http://hscl. ufl. edu/web/michele/SLAPapers2002. htm [2016-12-20].

⑤ Hantula D，Brockman D D，Smith C L. Online shopping as foraging：the effects of increasing delays on purchasing and patch residence [J]．IEEE Transactions on Professional Communication，2008，51（2）：147-154.

⑥ Lambros S. Investigating the Applicability of Information Foraging Theory to Mobile Web Browsing [D]．Blacksburg：Virginia Polytechnic Institute and State University，2005.

⑦ Kuttal S K，Sarma A，Rothermel G. Predator behavior in the wild web world of bugs：an information foraging theory perspective [C] //Institute of Electrical and Electronics Engineers（IEEE）. Proceedings of the 2013 IEEE Symposium on Visual Languages and Human-Centric Computing. Piscataway：IEEE Press，2013：59-66.

⑧ Niu N，Mahmoud A，Chen Z，et al. Departures from optimality：understanding human analyst's information foraging in assisted requirements tracing [C] //Institute of Electrical and Electronics Engineers（IEEE）. Proceedings of the 2013 International Conference on Software Engineering. Piscataway：IEEE Press，2013：572-581.

⑨ 杨晶晶．基于用户隐形反馈的信息觅食模型研究 [D]．北京：北京邮电大学硕士学位论文，2011.

⑩ 张楠楠．基于信息线索的用户行为研究 [D]．北京：北京邮电大学硕士学位论文，2013.

⑪ 张晶．基于社会化信息觅食的社会化网络搜索研究 [D]．北京：北京邮电大学硕士学位论文，2013.

类学家的信息觅食策略①。Pirolli 与 Chi 等的研究主要选择现代计算机技术研发中心——帕罗奥多研究中心的研发人员作为研究样本②。Lawrance 等在其研究中，以计算机程序员作为研究样本，对其编程过程中浏览行为中导航使用进行了研究③。Dwairy 等以全科医师作为研究对象进行了临床决策中的信息查寻策略研究④。

2.2.2.2 相关数据搜集方法的采用

(1) 实验法的采用

实验法是基于最优觅食理论的信息查寻研究较常使用的数据搜集方法。研究目的不同，对实验的控制程度不一，主要可分为以下两类。

第一类，为了探究用户信息查寻的行为过程，只对查寻任务一致性进行控制。例如，Pirolli 和 Wu 为验证其构建的 SNIF-ACT 模型，让被试完成两个信息查寻任务的实验，即海报购买与演唱会时间确定⑤。Lambros 在电脑上进行了移动环境的模拟实验，要求被试在 BBC 新闻网站移动版进行访问查寻⑥。Jordan 给被试布置了查寻旅游信息的任务，同时采用 Morae 软件对实验过程进行实时远程监控与记录⑦。此外，Niu 等⑧、杨晶晶⑨、张晶⑩也是通过控制查寻任务来完成其

---

① Sandstrom P. Information Foraging Among Anthropologists in the Invisible College of Human Behavioral Ecology: An Author Co-citation Analysis [D]. Terre Haute: Indiana Uiversity, 1998.

② Pirolli P, Fu W. SNIF-ACT: a model of information foraging on the World Wide Web [C] //Brusilovsky P, Corbett A, Rosis F D. Proceedings of the 9th International Conference on User Modeling. Johnstown: Springer-Verlag, 2003: 45-54.

Chi E H, Pirolli P, Chen K, et al. Using information scent to model user information needs and actions and the Web [C] //Michel BL, Jacob R. Proceedings of the SIGCHI Conference on Human Factors in Computing Systems. New York: ACM, 2001.

③ Lawrance J, Burnett M, Bellamy R, et al. Reactive information foraging for evolving goals [C] // Association for Computing Machinery (ACM). Proceedings of the SIGCHI Conference on Human Factors in Computing Systems. New York: ACM Press, 2010: 25-34.

④ Dwairy M, Dowell A C, Stahl J C. The application of foraging theory to the information searching behaviour of general practitioners [J]. BMC Family Practice, 2011, 12 (1): 90.

⑤ Pirolli P, Fu W. SNIF-ACT: a model of information foraging on the World Wide Web [C] //Brusilovsky P, et al. Proceedings of the 9th International Conference on User Modeling. Johnstown: Springer-Verlag, 2003: 45-54.

⑥ Lambros S. Investigating the Applicability of Information Foraging Theory to Mobile Web Browsing [D]. Blacksburg: Virginia Polytechnic Institute and State University, 2005.

⑦ Jordan J. Online Travel Information Search Behaviors: An Information Foraging Perspective [D]. Clemson: Clemson University, 2008.

⑧ Niu N, Mahmoud A, Chen Z, et al. Departures from optimality: understanding human analyst's information foraging in assisted requirements tracing [C] //Institute of Electrical and Electronics Engineers (IEEE). Proceedings of the 2013 International Conference on Software Engineering. Piscataway: IEEE Press, 2013: 572-581.

⑨ 杨晶晶. 基于用户隐形反馈的信息觅食模型研究 [D]. 北京: 北京邮电大学硕士学位论文, 2011.

⑩ 张晶. 基于社会化信息觅食的社会化网络搜索研究 [D]. 北京: 北京邮电大学硕士学位论文, 2013.

实验研究。

第二类，为了研究影响用户信息查寻行为的因素，采用控制程度较高的对照实验。例如，Wexelblat 和 Maes 将被试分为两组，第一组按照他们过往的习惯进行信息查寻，包括使用他们自己习惯的浏览模式与相关工具；第二组则可以使用第一组被试浏览后的历史数据①。Chin 等利用对照实验，分析了年轻人与老年人在不同难易程度的任务条件下离开信息资源斑块的时机②。Kuttal 等也是根据被试的网络经验、编程语言与性别等对 16 位被试进行分层抽样，设置控制组与对照组来进行实验③。张楠楠设计了两组对照实验，比较了无目标浏览与有目标搜索这两种情境下，不同信息线索对用户信息觅食的影响差异④。此外，Tomasi⑤、Hantula 等⑥、DiClemente 和 Hantula⑦ 的研究也对实验进行了较严格的控制。

（2）其他方法的采用

一是对社会调查法的使用，如朱红艳⑧、郝志超⑨等均使用了问卷调查法或访谈法；Jordan⑩、Hantula 等⑪、Dwairy 等⑫在实验前测或后测中也使用了问卷调查法。二是对日志法的使用，如 Dwairy 等要求全科医师按要求自行填写固定格

---

① Wexelblat A, Maes P. Footprints: history-rich tools for information foraging [C] //Association for Computing Machinery (ACM). Proceedings of the SIGCHI Conference on Human Factors in Computing Systems. New York: ACM Press, 1999: 270-276.

② Chin J, Payne B R, Fu W T, et al. Information foraging across the life span: search and switch in unknown patches [J]. Topics in cognitive science, 2015, 7 (3): 428-450.

③ Kuttal S K, Sarma A, Rothermel G. Predator behavior in the wild web world of bugs: an information foraging theory perspective [C] //Institute of Electrical and Electronics Engineers (IEEE). Proceedings of the 2013 IEEE Symposium on Visual Languages and Human-Centric Computing. Piscataway: IEEE Press, 2013: 59-66.

④ 张楠楠．基于信息线索的用户行为研究［D］．北京：北京邮电大学硕士学位论文，2013.

⑤ Tomasi S D. Using cues to forage for information on the Web [J]. Journal of Systems & Information Technology, 2014, 16 (4): 296-312.

⑥ Hantula D, Brockman D D, Smith C L. Online shopping as foraging: the effects of increasing delays on purchasing and patch residence [J]. IEEE Transactions on Professional Communication, 2008, 51 (2): 147-154.

⑦ DiClemente D F, Hantula D A. Optimal foraging online: increasing sensitivity to delay [J]. Psychology & Marketing, 2003, 20 (9): 785-809.

⑧ 朱红艳．基于信息觅食模型的大学生信息搜寻行为调研分析［J］．图书馆学刊，2018，(10)：67-72.

⑨ 郝志超．基于信息觅食理论的研究生信息搜寻行为影响因素研究［D］．哈尔滨：黑龙江大学硕士学位论文，2018.

⑩ Jordan J. Online Travel Information Search Behaviors: An Information Foraging Perspective [D]. Clemson: Clemson University, 2008.

⑪ Hantula D, Brockman D D, Smith C L. Online shopping as foraging: the effects of increasing delays on purchasing and patch residence [J]. IEEE Transactions on Professional Communication, 2008, 51 (2): 147-154.

⑫ Dwairy M, Dowell A C, Stahl J C. The application of foraging theory to the information searching behaviour of general practitioners [J]. BMC Family Practice, 2011, 12 (1): 90.

式的日志记录本，以记录与其临床决策相关的信息查寻的具体步骤、耗时、收益，其中收益多少由全科医师自行判断；而 Liu 等①与 Lawrance 等②则分别采用网站日志作为数据源，对用户的浏览行为进行研究。

通过对实证研究中的数据搜集方法进行梳理发现，基于觅食理论的用户信息行为研究的数据搜集方法具有多样性与综合性的特点；大部分研究都会采用一种以上的方法进行数据搜集，其中问卷调查法与实验法相结合是最主要的一种数据搜集方法组合，在这样的组合当中，问卷调查通常用于实验的前测或后测；也有研究采用日志法通过网站日志进行数据搜集，但应用不广泛。

2.2.2.3 已有实证研究的主要发现

（1）特定用户的信息查寻策略选择研究

Dwairy 等的研究表明，全科医师不仅在查寻失败时通常会转向另外一个信息资源斑块，在查寻成功后也会如此；他们经常通过不同信息资源斑块的组合，在信息可靠性、最大化查寻收益与最小查寻时间之间保证一个有效的平衡③。Sandstrom 对人类学家的信息觅食行为模型做出假设，即学术用户在查寻与利用有用信息时，会尝试削减成本并增加收益，就像人类与动物在无法预知的环境中进行食物资源的找寻一样；人类学家通过定期阅读、浏览或合作查寻获取的信息资源构成了其信息环境的外围区域，而其核心资源大多是个人收藏或购买④。Niu 等发现，证券分析师的信息食谱比最优模型预测的食谱更加广泛，且在低收益率信息资源斑块中的停留时间比最优停留时间长得多⑤。Wang 和 Chen 的研究指出，用户应选择中等成本的信息资源，以保证在单位时间获得最多的信息收益⑥。

影响不同类型用户信息查寻策略选择的因素也不相同。Chin 等发现，由于人们缺乏关于信息环境的完全信息，无论年轻人还是老年人，离开信息资源斑块的

---

① Liu J，Zhang S，Yang J. Characterizing web usage regularities with information foraging agents［J］. IEEE Transactions on Knowledge and Data Engineering，2004，16（5）：566-584.

② Lawrance J，Burnett M，Ballamy R，et al. Reactive information foraging for evolving goals［C］// Association for Computing Machinery（ACM）. Proceedings of the SIGCHI Conference on Human Factors in Computing Systems. New York：ACM Press，2010：25-34.

③ Dwairy M，Dowell A C，Stahl J C. The application of foraging theory to the information searching behaviour of general practitioners［J］. BMC Family Practice，2011，12（1）：90.

④ Sandstrom P. Information Foraging among Anthropologists in the Invisible College of Human Behavioral Ecology：An Author Co-citation Analysis［D］. Terre Haute：Indiana Uiversity，1998.

⑤ Niu N，Mahmoud A，Chen Z，et al. Departures from optimality：understanding human analyst's information foraging in assisted requirements tracing［C］//Institute of Electrical and Electronics Engineers（IEEE）. Proceedings of the 2013 International Conference on Software Engineering. Piscataway：IEEE Press，2013：572-581.

⑥ Wang Q，Chen W. Network information foraging behavior strategy of library mobile reading platform users［J］. Journal of Advances in Information Technology，2015，6（3）：178.

时机都晚于边际价值理论的预测；查寻时间越长，老年人对信息收益的感知越迟缓，从而比年轻人更晚离开某个信息资源斑块①。付文姝从信息觅食理论出发，提炼出用户信息获取行为的两大影响因素，即信息环境因素和用户认知因素②。

(2) 特定领域的信息查寻策略选择研究

就旅游信息查寻而言，Jordan 发现美国与比利时学生在旅游信息查寻策略选择上存在显著差异；而不同旅游条件下同一国别用户的信息查寻策略并无显著性差异③，Jordan 等进一步研究结果显示，比利时人用于旅游规划的时间更多，经常使用浏览方式查寻；美国人则倾向于使用一站式购物的查寻模式④。杨阳和张新民以网络旅店信息查找为例，对信息觅食理论进行实证分析，发现用户期待的查寻收益与停止浏览时机之间的关系⑤。

针对电子商务领域，Hantula 等发现网页延迟时间会降低用户购买的积极态度⑥。DiClemente 和 Hantula 发现用户进入每个店铺的次数、每个店铺的平均访问时间、每个店铺的平均访问次数能够很好地在一个双曲贴现函数中得到反映；这些成果不论是在觅食理论还是网络市场研究的视角下都能得到合理解释⑦。

此外，学者还运用最优觅食理论，分别对移动信息查寻⑧、可视化信息查寻⑨、编程调试的信息查寻⑩、基于内容的图像检索⑪等应用情况下的信息查寻行

---

① Chin J, Payne B R, Fu W T, et al. Information foraging across the life span: search and switch in unknown patches [J]. Topics in cognitive science, 2015, 7 (3): 428-450.

② 付文姝. 基于信息觅食理论的高校图书馆用户信息获取行为研究 [D]. 哈尔滨：黑龙江大学硕士学位论文，2015.

③ Jordan J. Online Travel Information Search Behaviors: An Information Foraging Perspective [D]. Clemson: Clemson University, 2008.

④ Jordan E J, Norman W C, Vogt C A. A cross-cultural comparison of online travel information search behaviors [J]. Tourism Management Perspectives, 2013, 6: 15-22.

⑤ 杨阳，张新民. 基于觅食理论的网络信息环境实证分析 [J]. 情报学报，2010，29 (1)：169-176.

⑥ Hantula D, Brockman D D, Smith C L. Online shopping as foraging: the effects of increasing delays on purchasing and patch residence [J]. IEEE Transactions on Professional Communication, 2008, 51 (2): 147-154.

⑦ DiClemente D F, Hantula D A. Optimal foraging online: increasing sensitivity to delay [J]. Psychology & Marketing, 2003, 20 (9): 785-809.

⑧ Lambros S. Investigating the Applicability of Information Foraging Theory to Mobile Web Browsing [D]. Blacksburg: Virginia Polytechnic Institute and State University, 2005.

⑨ Cain M S, et al. An optimal foraging model of human visual search [EB/OL]. http://www.edvul.com/pdf/CainVulClarkMittroff-CogSci-2011.pdf [2016-12-20].

⑩ Kuttal S K, Sarma A, Rothermel G. Predator behavior in the wild web world of bugs: an information foraging theory perspective [C] //Institute of Electrical and Electronics Engineers (IEEE). Proceedings of the 2013 IEEE Symposium on Visual Languages and Human-Centric Computing. Piscataway: IEEE Press, 2013: 59-66.

⑪ Liu H, Mulholland P, Song D, et al. An information foraging theory based user study of an adaptive user interaction framework for content-based image retrieval [C] //Lee K T, et al. Proceedings of the 17th International Conference on Multi Media Modeling. Heidelberg: Springer, 2011: 241-251.

为进行了研究。

(3) 合作信息查寻策略选择研究

2006 年，Chi 与 Pirolli 对社会化信息觅食模型进行探索，考察了合作信息查寻成本与收益、群体多样性、社会结构模型等问题①，提出了建立社会化信息觅食与意义构建新范式的想法②，还对社会化信息觅食中的干扰效应进行了探讨③。

在此基础上，单超研究了影响社会网络群体觅食的因素，提出了基于社会网络关系的群体间的信息觅食效果评价模型、社会网络群体觅食的发展机制④。崔宇则对 Pirolli 社会化信息觅食研究中的干扰效应作用进行了补充论证⑤。进一步地，张晶根据社会化信息觅食基本模型的分析及社会化网络的结构特点，引入信任机制，对信任度与找到信息资源斑块所需平均时间之间的关系进行了探究与验证⑥。

2.2.3 觅食理论同类研究状况小结

上述研究成果为本书提供了有益的启示与研究基础，但同时也反映出可以进一步探索的研究空间：①该领域的研究目前多集中在学术用户的信息浏览行为上，对信息检索行为及包括浏览与检索的信息查寻策略选择行为的研究偏少；②较多研究聚焦于旅游等日常生活信息查寻行为，对学术用户网络信息查寻行为的研究不多；③已有成果对行为生态学相关理论的借鉴较多停留在理论层面上，对信息查寻策略选择机制的阐释有欠深入。

为此，本书在前人基础上，借鉴觅食理论，以学术用户为研究对象，较为全面地对其网络信息查寻策略选择行为进行研究，并对学术用户网络信息查寻策略的选择机制展开深入探讨，以进一步补充与丰富该领域的研究成果。

---

① Chi E H，Pirolli P. Social information foraging and collaborative search [J]. Human Computer Interaction Consortium，Colorado，USA，2006.

② Pirolli P. A multilevel science of social information foraging and sensemaking [EB/OL]. http://ils. unc. edu/ISSS/papers/papers/pirolli. pdf [2017-06-10].

③ Pirolli P. An elementary social information foraging model [C] //Association for Computing Machinery (ACM). Proceedings of the 27th International Conference on Human Factors in Computing Systems. New York：ACM Press，2009：605-614.

④ 单超．基于社会网络群体觅食机制的 SNS 分析评估与设计 [D]．北京：北京邮电大学硕士学位论文，2010.

⑤ 崔宇．群体信息觅食中的干扰效应作用研究 [D]．北京：北京邮电大学硕士学位论文，2012.

⑥ 张晶．基于社会化信息觅食的社会化网络搜索研究 [D]．北京：北京邮电大学硕士学位论文，2013.

2.3 学术用户网络信息查寻策略选择行为研究设计

觅食理论为学术用户网络信息查寻策略选择行为研究提供了新的思路，因此本书参考动物觅食策略研究的思路，从学术用户网络信息查寻技巧选择、离开信息资源斑块时机的把握、查寻食谱选择三方面对学术用户网络信息查寻策略选择行为进行研究。为了达到研究目的，设计并实施了行为观察实验。

行为观察实验源于观察法研究。观察法包括自然观察法与实验室观察法两类，其中实验室观察法的研究可以分为不施加任何实验控制的“非实验设计行为活动”和施加一定实验控制的“实验设计行为活动”。对这两类行为活动进行观察和分析的活动就是行为观察实验。具体来说，行为观察实验是指人们对特定环境中被试的特定行为活动进行观察、记录和分析的观察活动与实验活动①。行为观察实验的核心功能在于行为观察，不一定涉及严格意义上的实验控制。

行为观察实验同时具有观察与实验的特质，所以其涉及的研究样本既可被称为观察对象，也可被称为被试。为简洁起见，将此次行为观察实验简称为“实验”，并将研究样本称为被试。

以下为实验研究方案的设计过程。

2.3.1 实验目的

基于研究内容，本次实验的目的主要包括以下两个方面。

第一方面，分析学术用户网络信息查寻策略选择行为，包括学术用户在网络信息查寻中采用怎样的查寻策略？不同学科背景的学术用户网络信息查寻策略是否存在差异？

第二方面，探析学术用户网络信息查寻策略选择机制，包括学术用户网络信息查寻策略是怎样制订的？学术用户网络信息查寻策略选择机制是怎样的？

2.3.2 实验样本

考虑到研究样本的易获取性，选择本研究组所在学校的研究生为实验被试。通过对前期文献调研与预研结果进行梳理发现，与不同种群动物的觅食行为具有差异性相似，不同学科背景的学术用户网络信息查寻策略选择行为同样可能存在一定差异。为揭示不同学科背景学术用户网络信息查寻策略选择的异同点，在此

① 欧贤才. 行为观察实验及我国行为观察实验室建设现状探析［J］. 实验技术与管理，2013，(7)：213-216.

以自然科学、社会科学、人文学科为划分标准对研究样本进行筛选。在综合考虑被试招募的可行性后，选择了计算机科学与技术（以下简称“计算机”）相关专业、教育学相关专业、中国语言文学（以下简称“文学”）相关专业二、三年级的硕士研究生作为被试，涉及的具体专业有计算机软件与理论、计算机系统结构、计算机应用技术、高等教育、教育技术、教育学原理、学前教育、职业技术教育、课程与教学论、学科教学、古代文学、汉语言文学、汉语言文字学、文艺理论与文化研究等。被试的其他情况如表 2-2 所示。他们既拥有较熟练的网络信息检索技巧，也熟悉与检索任务主题相关的背景知识，因此可归为 Hölscher 和 Strube 研究中的“Topic+/Search+”类型用户①。

分别以 JK-NNN、JY-NNN、WX-NNN 的格式对计算机类、教育学类、文学类被试进行编码，其中，JK 代表计算机类，JY 代表教育学类，WX 代表文学类。例如，计算机类第一位被试对应的编码为 JK-001。

表 2-2　被试的基本情况

个体背景特征	类别	人数/人	比例/%
性别	男	23	38.3
	女	37	61.7
身份	二年级硕士研究生	25	41.7
	三年级硕士研究生	35	58.3
学科背景	计算机类	20	33.3
	教育学类	20	33.3
	文学类	20	33.3
日均上网时长 T/h	$1<T\leqslant 3$	8	13.3
	$3<T\leqslant 5$	23	38.3
	$T>5$	29	48.3
检索技能水平	较差	7	11.7
	一般	36	60.0
	较好	16	26.7
	很好	1	1.7

2.3.3　实验平台与环境

为获得贴近现实的数据，将实验安排在真实的信息资源斑块中进行。被试在

① Hölscher C, Strube G. Web search behavior of Internet experts and newbies [J]. Computer Networks, 2000, 33: 337-346.

实验室中使用本研究组提供的电脑，根据电脑桌面事先提供的“查寻任务书”、常用信息资源斑块的链接及被试所在大学图书馆的链接等要求或提示，在线访问相关信息资源斑块并完成指定的信息查寻任务；由后台运行的屏幕录像软件全程记录被试的查寻过程。在实验过程中，向被试提供饮用水、草稿纸等物品并保证其在查寻过程中不受外界干扰。

2.3.4 网络学术信息资源斑块的划分

本书主要聚焦于学术用户的网络信息查寻策略选择，因此，就信息资源斑块而言，重点针对网络学术信息资源进行研究，包括学术用户网络信息查寻中会选择哪些资源、怎样安排资源访问的顺序等问题；而对网络学术信息资源斑块的划分，则以学术信息服务提供者为标准，即一个学术信息查寻系统对应一个网络学术信息资源斑块。之所以采取这样的划分，是因为诸多研究均表明，电子资源已经成为绝大多数学术用户最主要的科研支撑资源，且其中的数据库与搜索引擎是学术用户最为依赖的两种信息资源。①

就实证研究中所涉及的具体的网络学术信息资源斑块而言，主要包括研究样本可访问的资源，如 CNKI、万方、Web of Science、EBSCO、IEEE 等数据库，以及百度、Google（包括谷粉学术、Glgoo 学术搜索等替代品）等搜索引擎。

需要说明的是，为了不给研究样本增加认知负担，在实证环节，凡面向研究样本的所有研究材料（包括调查问卷、“查寻任务书”、访谈提问等)，均未对“学术信息查寻系统”“数据库”“学术信息资源斑块”等概念进行具体区分。

2.3.5 查寻情境与任务设计

与信息查寻相关的“情境”一词，是指与当前查寻目标、优先级、信息可获得性等相关的当下状况；相比信息“环境”，它更狭义，关注人与信息的互动及其影响②。

---

① 包冬梅，范颖捷，邱君瑞等．学术科研人员科研信息行为与需求调查分析［J］．数字图书馆论坛，2012，(5)：17-26.

Du J T，Evans N. Academic users' information searching on research topics：characteristics of research tasks and search strategies［J］．Journal of Academic Librarianship，2011，37（4）：299-306.

李文文，成颖．科研人员信息行为分析及其对图书馆个性化科研服务的启示［J］．情报科学，2017，35（1）：74-77.

② Case D O，Given L M. Looking for Information：A Survey of Research on Information Seeking，Needs，Behavior［M］．4th ed. Bingley：Emerald Group Publishing Limited，2016：48.

2.3.5.1 查寻情境的确定

学术用户进行学术研究的一般过程大体分为研究课题确定、研究方案设计、资料或数据搜集、资料或数据的汇总与分析、研究成果撰写。学术用户在学术研究各个阶段均需要进行学术信息的查寻，但由于各个阶段的特点不同，处于不同阶段的学术用户对学术信息的需求程度也不同。在完成学术研究任务的前两个阶段，学术用户对与其研究课题相关学术信息需求量最大，其目的主要是通过对已有研究的梳理，保证选题的新颖性，确保研究方案的科学性。具体来说，在研究课题确定阶段，学术用户需要在前人研究成果的基础上，通过发现学者忽略的问题或者在新的科研领域中选题；在研究方案设计阶段，主要是学术用户借鉴前人的相关研究，制订恰当的研究方案。陈伟将科研任务划分为四个阶段，分别为科研筹备、科研进行、科研产出与研究结束之后，且证实了科研筹备阶段是学术信息需求量最大的阶段①。

综合考虑学术用户学术活动的实际情况与研究的可行性，此处的实验方案设计将学术用户的信息查寻行为限定在确定研究课题阶段。为方便被试对查寻情境进行理解，“查寻任务书”中设计了相关情境。

2.3.5.2 信息查寻任务的设计

查寻任务的选择一般可以采用两个层面的主题：统一主题与个人主题。为了保证实验结果具有可比性，在此采用统一的查寻主题，即让三组用户各自分别以相同的主题实施信息查寻任务。为了尽可能地排除干扰变量，根据学科的不同，从最新的国家自然科学基金与国家社会科学基金项目指南中选择对应的课题以保证查寻任务主题的新颖性，在此基础上与相关学科专家讨论，分别确定各组的查寻任务。

计算机组的查寻任务：云计算环境中信息安全的理论与关键技术。

教育学组的查寻任务：MOOC 在国内外高等教育中的应用对比。

文学组的查寻任务：外国文学与文化对鲁迅创作的影响。

查寻任务详情见附录 1 “查寻任务书”。被试可以根据任务需求与查寻习惯，自由选择学术信息资源斑块进行信息查寻。

2.3.6 数据搜集方法

运用实验法的优点是能够直接观察并记录学术用户的信息查寻过程与信息查

---

① 陈伟．科研情境下学术用户信息搜寻行为研究［D］．南京：南京农业大学硕士学位论文，2012.

寻策略选择的实施情况，缺点是难以了解学术用户行为发生的原因①。另外，从对现有研究的梳理中可以发现，行为生态学视角下的学术用户网络信息查寻行为实证研究多采用综合的数据搜集方法，因此本章在实验的基础上，采用问卷调查法与访谈法，以保证所获取数据的效度。

2.3.6.1 问卷调查法

问卷调查法被安排在正式实验开始之前并由被试填写，以对被试的人口统计学信息、信息查寻中的行为习惯、态度等进行调查。在数据分析环节，将问卷调查所获取的数据与实验法、访谈法所获得数据结合进行分析。详见附录2“学术用户网络信息查寻策略选择行为实验前之调查问卷”（以下简称前测问卷）。

2.3.6.2 访谈法

访谈法主要用在实验结束之后，对研究样本在信息查寻实验中的想法、态度，以及行为产生原因进行访谈。访谈法用于搜集用户对信息查寻策略选择行为的原因解释、信息资源斑块间切换时机选择的原因、查寻收益等数据。详见附录3“学术用户网络信息查寻策略选择行为实验后之访谈提纲”。

2.3.7 实验流程

本次实验在被试中逐一实施，即每次只对一个被试进行实验。具体流程如下：

第一步，准备好被试进行实验所需的设备与材料，向每个被试介绍实验的目的与流程，并让被试填写前测问卷；

第二步，在被试填写前测问卷后，向被试发放“查寻任务书”，并为其阅读一遍，询问被试对任务书是否存在疑问。若被试存在疑问，为其解答清楚后才可继续进行下一步，以确保被试清楚其查寻任务，从而避免对实验过程产生影响；

第三步，给定被试5min的时间，让被试熟悉“查寻任务书”与相关信息资源斑块；

第四步，让被试根据任务书正式开始进行信息查寻任务，观察被试在查寻中的行为表现；

第五步，在被试完成查寻任务后，给予被试2min的休息时间，研究人员保存被试完成任务的屏幕录像记录、查看被试下载的相关文献数量，并记录在实验数据表中；

---

① 彭文辉．网络学习行为分析及建模［D］．武汉：华中师范大学博士学位论文，2012.
邓小昭．信息管理研究方法［M］．北京：科学出版社，2007：187-188.

第六步，与被试一起观看其查寻屏幕录像，并根据附录 3，对被试在查寻中如何判断文献的相关性、做出信息资源斑块转移选择的原因等进行访谈；

第七步，实验结束，向被试表达感谢。

2.4 学术用户网络信息查寻策略选择行为实证数据分析

本章在实证阶段所获取的数据主要包括以下三个类型：前测问卷数据、屏幕录像数据与访谈数据。借鉴觅食理论，从信息查寻技巧的选择、离开信息资源斑块时机的把握、信息查寻食谱的选择三个方面进行分析。

2.4.1 信息查寻技巧的选择

动物的觅食技巧会对动物在斑块内觅食的收益函数 $g(t_W)$ 造成影响，从而对动物的觅食收益率造成影响。学术用户网络信息查寻的过程与动物觅食的过程类似，同样，学术用户网络信息查寻技巧亦会对其斑块内信息查寻的收益函数 $g(t_W)$ 造成影响，从而影响其信息查寻收益率。若将学术用户的信息查寻能力记作 $1/t_W$，学术用户的信息查寻技巧越熟练，则查寻能力越强，单位时间获取的信息查寻收益越高。2.4.1 节对学术用户网络信息查寻技巧进行分析，内容主要包括检索词的提取、检索途径的选择、高级检索功能的使用、排序方式的选择及相关文献的选择五个方面，数据主要来源为前测问卷数据、屏幕录像数据与访谈数据。

2.4.1.1 检索词的提取

检索词提取是信息查寻策略制订的关键。学术用户利用检索词与检索词之间的逻辑关系构造相关检索式，以描述其信息需求。以下对三组被试的检索词提取情况进行具体分析。

(1) 计算机组被试情况

该组被试的查寻主题是云计算环境中信息安全的理论与关键技术。

表 2-3 与表 2-4 分别对计算机组被试所使用的英文、中文检索词选择情况进行了统计。

表 2-3 计算机组被试英文检索词选择情况

检索词数目/个	1	2	3	4	5	≥6
计数	11	26	9	24	4	5
比例/%	13.93	32.91	11.39	30.38	5.06	6.33

表 2-4 计算机组被试中文检索词选择情况

检索词类型	一字词	二字词	三字词	四字词	五字词	六字词	七字词	八字及以上词
计数	4	12	70	47	9	1	2	17
比例/%	2.47	7.41	43.21	29.01	5.56	0.62	1.23	10.49

实验表明，在进行信息查寻时，计算机组被试较多选择 2 个英文单词与 4 个英文单词描述其信息需求。具体地，在 2 个英文单词进行组合的情况中，“cloud computing”用作检索词的次数最多。对 4 个英文单词的选择，主要集中在“cloud computing information security”“cloud computing information safety”。另外一些使用频次较高的检索词有“cloud computing security”“cloud computing safe”“cloud computing security service”等。这些检索词的选择都比较符合本次查寻任务的主题。由访谈得知，英文单词数目在 6 个及以上的检索词主要是为了查寻已知特定篇名的文献而使用的。

该组被试对中文检索词的选择情况是，三字词与四字词的选择次数较高。在三字词中，“云计算”所占比例最高。四字词中，“信息安全”的选择次数较多。从检索词的具体语义来看，用户对检索词的提取较为符合本次试验任务的主题。

(2) 教育学组被试情况

该组被试的查寻主题为 MOOC 在国内外高等教育中的应用对比。

表 2-5 与表 2-6 分别对教育学组被试所使用的英文、中文检索词选择情况进行了统计。

表 2-5 教育学组被试英文检索词选择情况

检索词数目/个	1	2	3	4	≥5
计数	26	6	6	7	2
比例/%	55.31	12.77	12.77	14.89	4.26

表 2-6 教育学组被试中文检索词选择情况

检索词类型	一字词	二字词	三字词	四字词	五字词	六字词	七字词	八字词	九字词	十字及以上词
计数	75	19	11	21	5	4	6	1	9	14
比例/%	45.45	11.52	6.67	12.73	3.03	2.42	3.64	0.61	5.45	8.48

在教育学组中，并非所有被试都选择了英文信息资源斑块。在选择了英文信息资源斑块的被试中，多数只选择 1 个英文单词来描述需求，其中“MOOC”所占比例最高。在 2 个英文单词的选择中，“higher education”所占比例最高。在 3 个英文单词的选择中，“MOOC higher education”所占比例最高。此外，14.89% 的被试选择了“massive open online courses”这个包含 4 个英文单词的检索词；

4.26%被试选择5个及以上单词的检索词，该类检索词用于对已知特定篇名文献的查寻。

在中文信息资源斑块中进行信息查寻时，很多被试都直接将“MOOC”作为检索词。该词被选择的次数最多（75次，比例45.45%），这与本书将“MOOC”归为一字词有关。在四字词的使用中，“高等教育”“国内应用”“国外应用”所占比例最高。在二字词的使用中，“慕课”“国外”“美国”“中国”“综述”的选择次数最多。被试所选择的三字词主要是MOOC与二字词的组合，如“MOOC应用”等。九字词主要集中于“大型开放式网络课程”这一检索词。此外，还有7人使用短语“MOOC在国内外高等教育中的应用对比”进行检索。

（3）文学组被试情况

该组被试的查寻主题为外国文学与文化对鲁迅创作的影响。

鉴于仅有2位被试在英文信息资源斑块中进行了信息查寻，并且他们在访谈中也表示只是为了尝试一下，故在此不对文学组被试选用英文检索词的情况进行专门分析。

表2-7反映了文学组被试的中文检索词选择情况。二字词与四字词选择的次数最高。二字词中使用最多的检索词为“鲁迅”；另外，在两字词中，“文化”“文学”“外国”“日本”“法国”“苏联”“尼采”的使用也比较多。四字词中使用最多的检索词为“外国文化”“外国文学”。除此之外，“鲁迅作品”“鲁迅小说”“鲁迅比较”“鲁迅研究”“日本文化”“异域文化”的使用也比较多。七字词的出现频次也比较多，主要有“鲁迅与外国文学”“鲁迅与外国文化”“外国文学与鲁迅”“外国文化与鲁迅”等。在使用十一字及以上检索词的被试中，有的被试是为了查寻已知特定篇名的文献，也有相当多被试是直接把查寻任务描述中的问题“鲁迅的作品与外国文学、文化有着怎样的关系”当作检索词。

表2-7 文学组被试中文检索词选择情况

检索词类型	二字词	三字词	四字词	五字词	六字词	七字词	八字词	九字词	十字词	十一字及以上词
计数	118	2	118	14	32	52	13	26	25	62
比例/%	25.54	0.43	25.54	3.03	6.93	11.26	2.81	5.63	5.41	13.42

就三组被试提取检索词的情况来看，总体来说，被试具有一定的需求识别与表达能力，所提取的检索词基本符合给定的查寻主题；但是，他们对下位词、同义词、近义词的使用相对较少。例如，“大数据”“可信计算”等检索词只有少数几个计算机组被试选择使用；“美国”“大规模网络在线课程”“网络课程”“网络公开课”等检索词在教育学组被试也少有被选用；此外，还有一部分被试选择了将给定的查寻主题或问题直接作为检索词进行信息查寻。检索词的选择对

信息查寻的质量与效果有很大的影响①。因而，学术用户对检索词的提取与选择能力仍需进一步提升。

英文检索词的使用情况可作为被试对英文信息资源斑块的选择情况。从实验被试对英文检索词的使用情况来看，计算机组的所有被试都使用了英文检索词，教育组被试中有16人使用，而文学组被试中仅有2人使用。相较于另外两组被试，文学组被试选择英文信息资源斑块的人数如此之少，与人文学科的本土化和地域性特征密切相关。

2.4.1.2 检索途径的选择

检索途径是由检索工具中的检索字段来体现的。对检索途径的选择影响信息查寻的效果，同时也能反映用户的信息查寻技巧。一般情况下，信息资源斑块设置有默认的检索途径。例如，CNKI首页的默认检索途径是主题。为了解用户对检索途径使用的敏感性与主动性，这里仅对用户有意识的检索途径选择情况进行统计。

(1) 计算机组被试情况

由表2-8可知，“主题”“题名”“关键词”三类途径是计算机组被试选择最多的检索途径，累计比例为75.51%。表中“其他”检索途径的选择，是一位被试选择了“文献来源”字段对《计算机学报》《软件学报》等核心期刊中的相关信息进行查寻。

表2-8 计算机组被试检索途径选择

检索途径	主题	题名	关键词	摘要	全部字段	其他
计数	15	14	8	6	1	5
比例/%	30.61	28.57	16.33	12.25	2.04	10.20

(2) 教育学组被试情况

从表2-9可知，“题名”“主题”“关键词”是教育学组被试选择最多的三类检索途径，累计比例为96.00%。表中的“全部字段”系一位被试在读秀中所用检索途径。

表2-9 教育学组被试检索途径选择

检索途径	题名	主题	关键词	全部字段
计数	31	26	15	3
比例/%	41.33	34.67	20.00	4.00

① 华薇娜. 网络信息检索策略的设计与实施的探讨——基于网络数据库信息检索各环节的实例分析[J]. 图书馆论坛，2008，28（6）：111-114.

（3）文学组被试情况

由表2-10可知，文学组被试选择检索途径时亦是以“主题”“题名”“关键词”为主，其中“主题”字段比例最高。“全文”字段的选择次数累计为13次，均在超星中进行。在查寻过程中，部分被试会有意识地选择检索途径进行扩检或者缩检。例如，当选择“书名”字段没有查寻到相关信息时，他们会有意识地选择“全文”字段进行扩检，并获得了较好的检索效果。再如，有2人在“来源”字段限定至“鲁迅研究月刊”进行缩检，并查寻到了较为相关的文献。

表2-10　文学组被试检索途径选择

检索途径	主题	题名	关键词	全文	全部字段	其他
计数	64	21	16	13	15	3
比例/%	48.49	15.91	12.12	9.85	11.36	2.27

本部分对被试检索途径的选择使用情况进行了分析。实验过程的屏幕录像也表明，被试在信息查寻中更多地使用信息资源斑块中提供的默认检索途径，有意识地选择检索途径的情况较少。但就文献下载量来看，当被试有意识地对检索途径进行选择后，其文献下载量高于默认检索途径时的下载量，说明这种选择可能对信息查寻效果的提升有一定影响。

2.4.1.3　高级检索功能的使用

高级检索功能的使用能帮助用户更加明确地进行需求表达，也能反映学术用户信息查寻技巧的高低。通过对前测问卷中被试使用高级检索功能情况的统计分析发现，96.7%的学术用户偶尔使用或者经常使用检索系统中的高级检索功能，其中经常使用该功能的学术用户所占比例为30.0%，而从未使用过或者不知道有高级检索功能的有2人，所占比例为3.3%。以下对三组被试对高级检索功能的具体使用情况进行分析。

（1）计算机组被试情况

共有9人使用了高级检索功能，占该类被试总数的45.0%，其中仅有4人对检索词进行了灵活地逻辑组配。高级检索功能使用次数累计为25次，平均每人使用2.78次。

学术用户对高级检索功能的使用具有一定的惯性，即被试很少只使用1次高级检索功能，而且其构造的高级检索式会在不同的信息资源斑块中实施或者在同一信息资源斑块中对高级检索式进行微调后多次实施。他们对检索式的构造通常较为简单，被试JK-003构造的检索式是9人之中最复杂的（虽然有欠规范）：“cloud AND computing AND information Security AND（key OR technology，OR theory）”。其他被试的检索式构造基本只涉及2～3个检索词的组配。此外，各个信息资源斑块所提供的专业检索功能均无被试选用。

（2）教育学组被试情况

共有 8 位被试使用了高级检索功能，占该类被试总数的 40.0%，其中仅有 3 人对检索词进行了灵活地逻辑组配。高级检索功能的使用次数累计为 21 次，平均每人 2.6 次。

该组被试对高级检索功能的使用与计算机组被试类似：很少有被试仅使用 1 次高级检索功能；该组被试的高级检索式构造亦不复杂，大多为 2～3 个检索词的组配。被试 JY-013 的检索式构造相对复杂，为“篇名=mooc AND 高等教育 OR 篇名=mooc AND 中外”。此外，各个信息资源斑块所提供的专业检索功能都无被试选用。

（3）文学组被试情况

共有 10 人使用了高级检索功能，占该类被试总数的 50.0%，其中有 5 人对检索词进行了灵活地逻辑组配。高级检索功能的使用次数累计为 60 次，平均每人 6.00 次。

文学组被试对高级检索功能的使用情况，与前两组被试有一定的相似性，也存在一定的差异。例如，同样很少有被试仅使用 1 次高级检索功能；被试构造的高级检索式亦不复杂，主要为 2～3 个检索词的组配。但该类被试对高级检索功能的平均使用次数高于其他两组被试。WX-007 在实验中累计使用了 19 次高级检索功能，且均在 CNKI 中进行，其检索式为“鲁迅作品”“鲁迅杂文”“鲁迅短篇小说”“鲁迅评论”“鲁迅散文”“鲁迅翻译作品”等检索词与“外国文学”“外国文化”的逻辑组配。据访谈了解，会产生这样的情况，与任务主题的复杂程度有关。

本部分对查寻过程中高级检索功能的使用情况进行了分析。被试在前测问卷中自陈，对高级检索功能较少使用。实验过程也表明，三组被试使用高级检索功能的比例均不高，在每类被试中占比为 40%～50%，其中能灵活地运用逻辑组配的人所占比例更小，为 15%～25%，学科间差异并不明显。总体而言，三组被试的检索手段直接简单，即便使用高级检索功能，也不常进行检索词的逻辑关系组配，这一发现与李淳对研究生学术信息查寻行为等研究中的结论①有相似之处。然而，观察数据表明，高级检索功能对学术用户信息需求表达具有较好的描述作用，被试通过高级检索功能所查找到的文献下载量也较多。可见，高级检索功能的使用有利于提升查寻效率。值得一提的是，各信息资源斑块所提供的专业检索功能均无被试使用，这可能与专业检索功能的操作相对复杂有关。因此，如何简化专业检索功能的操作并对学术用户进行相关培训，值得信息资源提供方加以关注。

---

① 李淳．研究生学术信息查寻行为研究［D］．南京：南京航空航天大学硕士学位论文，2007.

2.4.1.4 排序方式的选择

排序方式选择是指学术用户选择不同的方式对检索结果列表进行有序排列。对检索结果列表进行排序可以使学术用户更高效地选择所需的信息。信息资源斑块提供的常用排序方式一般有发表时间、主题排序、相关度、被引次数、下载次数等，而且多有默认的排序方式设定。为了反映检索途径的真实使用情况，这里仅对学术用户有意识地选择排序方式的情况进行统计。

（1）计算机组被试情况

表2-11反映了计算机组被试的排序方式选择情况。从计数总和来看，被试有意识地选择排序方式的次数并不多，20位计算机组被试共进行了26次排序方式选择。具体来看，用户对“相关度”与“被引次数”的选择比例最高。

表2-11 计算机组被试排序方式选择

所选排序方式	相关度	被引次数	发表时间	下载次数
计数	10	9	4	3
比例/%	38.46	34.62	15.38	11.54

（2）教育学组被试情况

如表2-12所示，与计算机组被试类似，被试有意识地选择排序方式的次数并不多，20位教育学组被试共进行了22次排序方式选择。具体来看，学术用户对“相关度”的选择比例最高。

表2-12 教育学组被试排序方式选择

所选排序方式	相关度	被引次数	发表时间	经典度
计数	12	6	3	1
比例/%	54.54	27.27	13.64	4.55

（3）文学组被试情况

文学组被试在实验过程中进行了11次排序方式选择，所选排序方式全部为“相关度”。总体来说，除默认排序方式以外，文学组被试有意识选择排序方式的次数也不多，并且对排序方式的选择亦比较单一。

就三组被试整体而言，他们更习惯于按照各信息资源斑块提供的默认排序方式进行结果查看。但是，在访谈中，当被问及如何从与其需求吻合度相近的文献中选择需要下载的文献时，很多被试提到的因素包括文献的出版时间、被引次数、下载次数等。因此，可以认为，排序方式对学术用户的信息查寻、信息选择有较大的帮助。

2.4.1.5 相关文献的选择

本部分对被试在实验中的相关文献选择情况进行探讨，主要包括被试对检出文献的相关性判断，以及他们怎样从与其需求吻合度相当的文献中选择自己将要下载的文献。用于分析的数据主要源自实验结束后的访谈记录。

由表2-13可知，三类学科的被试所采用的相关性判断依据没有太大差异，均为标题或摘要与查寻任务的相似性；通过链接阅读全文后来判断文献是否相关的被试较少。在访谈中，很多被试提到自己一般都是先判断标题是否相关，如果相关就直接下载，否则就通过摘要、关键词等内容进行再次判断。这正如韩毅指出的那样，被试之所以仅仅通过标题、简要介绍判断文献是否相关可能是受最小努力法则的影响①。

表2-13　判断文献相关性的主要依据　（单位：人）

学科	检出文献的标题与科研课题是否相似	通过阅读标题下的简要内容判断	通过链接阅读全文后判断	其他
计算机类	17	19	1	1
教育学类	17	16	1	0
文学类	18	16	4	0

此外，在访谈时还问及了被试下载文献全文时的选择偏好。数据表明，被试对相关文献的选择有如下特点：①偏爱综述；②注重文献的权威性，包括是否为核心期刊，被引次数，下载次数，机构知名度，作者知名度，是否SCI、SSCI、EI收录，是否基金成果等；③偏爱硕博士学位论文；④偏爱较新的研究成果；⑤注重文献的全文可访性。

2.4.2 离开信息资源斑块时机的把握

2.4.2节主要借鉴最优觅食理论的斑块模型对学术用户网络信息查寻策略选择行为进行分析，以了解学术用户在某一学术信息资源斑块中进行信息查寻时，对离开信息资源斑块时机的把握。

2.4.2.1 分析思路

动物在斑块内觅食的时候，随着觅食时间的增加，可捕获的食物总量在不断减少，因此，单位时间内动物觅食所取得的能量收益也随着觅食时间的增加而减

① 韩毅．用户网络信息检索的实验研究［D］．重庆：西南大学硕士学位论文，2007.

少，即动物在斑块内觅食的边际收益递减。因此，动物需要以捕食的边际收益判断离开斑块的时机。学术用户网络信息查寻的过程中亦要面临类似的问题。

对动物觅食的研究多为定量研究，因为动物觅食所获取的能量收益可以通过体重变化、食物卡路里计算等方式进行测定。而对学术用户信息查寻所获收益进行量化的难度较大①，关于学术用户离开信息资源斑块时机的把握的研究无法完全参考对动物觅食的研究。因此，本书对学术用户离开信息资源斑块时机的测量办法为：在被试查寻任务完成之后，邀请被试观看其查寻过程的屏幕录像并回忆其离开这一信息资源斑块的原因，同时对被试的想法进行记录，以此作为数据来源。

2.4.2.2 数据分析

根据对被试的访谈记录，将被试关于离开信息资源斑块时机的把握的表述归纳为“相关文献变少”“已经无法再找到相关文献”“查寻失败”“其他”四类(分别以A、B、C、D表示)。

(1) 计算机组被试

如表2-14所示，在计算机组被试中，选择C类与D类时机的最少。例如，JK-015在访谈中提到自己先后在百度与CNKI中没有找到自己满意的相关信息，感觉自己选择了错误的系统而导致查寻失败，遂换到Google或谷粉学术继续进行查找。JK-004则表示自己选择CNKI仅仅是作为入门，“查了基础的相关文献”就离开。

表2-14 计算机组被试离开信息资源斑块时机的把握

类型	A. 相关文献变少	B. 已经无法再找到相关文献	C. 查寻失败	D. 其他
被试编号	JK-001 JK-003 JK-005 JK-006 JK-008 JK-009 JK-010 JK-011 JK-013 JK-014 JK-016 JK-018 JK-019 JK-020	JK-002 JK-006 JK-007 JK-012 JK-015 JK-017	JK-015	JK-004

相比之下，选择A类时机的被试所占比例最高。例如，JK-008在CNKI进行检索时，会按照相关度进行排序，一旦发现文献的相关度不高就跳到下一个系统。JK-016表示，自己所用的检索词在文献标题与摘要中出现的频率越来越少时

① Sandstrom P E. An optimal foraging approach to information seeking and use [J]. The library quarterly, 1994: 414-449.

Cronin B, Hert C A. Scholarly foraging and network discovery tools [J]. Journal of documentation, 1995, 51 (4): 388-403.

便会离开当前系统。

以上情况表明，就选择 A 类时机的被试而言，随着信息查寻活动的进行，相关文献已被陆续获得，信息资源斑块中有价值的信息的比例逐渐变小时，他们便会趋向于离开这个信息资源斑块。对应最优觅食理论中的斑块模型，当学术用户在信息资源斑块中进行信息查寻时，如果学术用户单位时间内的信息查寻收益（对平均收益 R 进行求导）开始减少，此时他们就会离开这个信息资源斑块，这个时间便是用户离开该信息资源斑块的最优点。由此分析，可以认为选择 A 类时机离开信息资源斑块基本符合斑块模型中的最优选择。

选择 B 类时机时，被试因信息资源斑块中“已经无法再找到相关文献”而决定离开。例如，JK-006 认为对自己有用的中文文献已经搜集完毕，所以换到了英文信息资源斑块。

在现实中，学术用户一般很难掌握某一信息资源斑块内的所有相关信息，因此，学术用户选择 B 类时机离开，实际上只是他们在主观上认为当前信息资源斑块内的有用信息已被自己查全，即感知到在该段时间内的边际信息查寻收益为零。相对于那些因感知到相关文献变少而离开信息资源斑块的被试（边际信息查寻收益减少便离开斑块）来说，选择 B 类时机离开斑块是次优选择。

(2) 教育学组被试

由表 2-15 可知，在教育学组学术用户中，也是选择 A 类时机的被试所占比例最高。例如，JY-003、JY-008 等被试表示，当自己觉得继续在这个信息资源斑块内寻找相关文献的成功率已经较小时，就会选择试一试下个系统。JY-015、JY-018 表示，当系统中反馈的结果列表中标红的关键字变少的时候，自己就会选择离开这个信息资源斑块。与对计算机组被试的分析同理，可以认为在教育学组，选择 A 类时机离开信息资源斑块基本符合斑块模型中的最优选择。

表 2-15 教育学组被试离开信息资源斑块时机的把握

类型	A. 相关文献变少	B. 已经无法再找到相关文献	C. 查寻失败	D. 其他
被试编号	JY-003 JY-004 JY-008 JY-009 JY-010 JY-011 JY-012 JY-013 JY-015 JY-017 JY-018 JY-019 JY-020	JY-001 JY-002 JY-006 JY-007 JY-009 JY-012 JY-014 JY-016 JY-020	JY-009	JY-005

选择 B 类时机时的被试中，JY-001 表示，相关文献已经下载完了，想再看看其他数据库有没有更特殊的文献；JY-002 则是因为已找到有用的信息，无须继续留在这个系统。与前面分析相似，可以认为选择 B 类时机离开的学术用户所提及的“已经无法再找到相关文献”只是他们主观上的感受，其实质便是被试已经很难再找到相关文献。因此，此时离开信息资源斑块是次优选择。

（3）文学组被试

如表2-16所示，在文学组被试中，只有8人选择A类时机离开信息资源斑块。具体来看，WX-001表示继续在CNKI中寻找相关文献的成功率没有之前高时，就会选择离开。WX-002感觉相关度较高的文献已经下载完毕，很难再找到相关的数据。WX-003认为CNKI中相关度较高的文献已下载完毕，于是决定去万方与维普看看。依照上文的分析，可以认为该部分被试对离开时机的把握基本符合斑块模式中的最优选择。

表2-16　文学组被试离开信息资源斑块时机的把握

类型	A. 相关文献变少	B. 已经无法再找到相关文献	C. 查寻失败	D. 其他
被试编号	WX-001　WX-002 WX-003　WX-005 WX-012　WX-013 WX-014　WX-015	WX-004　WX-006　WX-007 WX-008　WX-009　WX-010 WX-016　WX-017　WX-018 WX-019　WX-020	WX-002 WX-007 WX-015	WX-011

更多的文学组被试选择在B类时机离开信息资源斑块。例如，WX-004表示有用的信息已经找到，期刊、学位论文都已经获得，于是决定换到超星去查找图书类信息；WX-007则表示在CNKI中已经找到所有的相关文献，于是就换到下一个信息资源斑块。WX-010表示自己主要从查全角度考虑，当上个系统查全之后，便会换个信息资源斑块进行查寻。

与前面分析相同，可以认为选择B类时机离开的用户所提及的“已经无法再找到相关文献”，只是他们主观上的感受，其实质是被试已经很难再找到相关文献，此时离开信息资源斑块是次优选择。

选择在B类时机离开信息资源斑块的文学组被试共有11人，与其他两组的用户相比，具有较大的差异。这一结果也反映在查寻时长上。实验过程中，文学组被试的实验持续时间最长，查寻时间平均在1h左右，显著地长于另外两组被试的查寻时间。结合前测问卷数据来分析，形成这种差异的原因，一种可能是文学组被试对自身信息查寻技巧的评价不高、信心不足，从而影响其信息查寻效率；另一种可能则来自学科特征。相对于自然科学信息的精准性，属于人文学科的文学专业更强调所查寻信息的包容性，该组被试的查寻行为更加注重查寻内容是否查全，因此完成查寻任务的时间会更长，这与杨华①得出的人文学科和社会学科的研究人员都希望尽可能全面系统地得到与自己需求相关的信息的研究结论有类似之处。

① 杨华．网络环境下人文社会科学研究人员信息需求特点和服务策略初探［J］．农业图书情报学刊，2007，(4)：65-68.

根据行为生态学斑块模型中对离开信息资源斑块最优时机的分析，进行类比推论，学术用户在信息资源斑块中进行信息查寻时，需要对离开信息资源斑块的时机进行把握。当学术用户发现查寻结果中的信息已经变得不再相关，便需要离开这个信息资源斑块，此时接近离开信息资源斑块的最优点 t^*。实验中大部分计算机组、教育学组的被试也是据此进行决策的。而在文学组被试中，有更多被试离开信息资源斑块的时间选择属于次优选择，该组被试实验的持续时间普遍长于其他两组被试。由此可以认为，计算机组与教育学组被试的查寻效率高于文学组被试的查寻效率。

2.4.3 信息查寻食谱的选择

如前所述，斑块模型主要解决觅食中离开斑块的时机问题，食谱模型则是关乎觅食过程中斑块的选择、组合与排序的策略。

食谱模型认为，食物在自然界是按照斑块状分布的，每个斑块由不同的物理结构与食物类型构成，因此对于每个动物而言，在不同斑块中的平均收益率会各不相同，不同的斑块组合所产生的组合收益率亦不相同；此外，为了达到最高的组合收益率，动物还需要安排好觅食斑块的顺序。借鉴最优觅食理论中的食谱模型，2.4.3 节对学术用户网络信息查寻食谱策略的选择行为进行分析，以了解怎样的查寻食谱选择对学术用户而言才是更为合理的查寻策略。

2.4.3.1 信息资源斑块的选择情况

根据实验屏幕录像数据，对被试信息资源斑块的选择情况进行统计分析，具体数据如表 2-17 所示。

表 2-17 信息资源斑块选择情况

信息资源斑块	计数	比例/%
CNKI	58	96.7
万方	42	70.0
Google	41	68.3
维普	31	51.7
百度	19	31.7
IEEE	15	25.0
Elsevier	15	25.0
超星	16	26.7
Springer	11	18.0
WOS	9	15.0
其他	7	11.7

续表

信息资源斑块	计数	比例/%
EBSCO	2	3.3
Taylor & Francis	1	1.7

总体来看，相比外文，中文信息资源斑块更受被试青睐。其中，CNKI 的选择比例最高，万方次之，维普居第三位。这一情况亦与成颖等的研究结果①类似。在外文信息资源斑块的选择中，选择 IEEE 与 Elsevier 的被试最多，其次为 Springer，再次为 WOS。另外，选择 Google 与百度两大搜索引擎的被试也同样不在少数。对三组被试的具体情况分析如下。

（1）计算机组被试情况

如表 2-18 所示，选择 CNKI 这一信息资源斑块的被试所占比例居第一位，其次是 Google，再次为 IEEE。与表 2-17 的数据相比，计算机组被试对外文信息资源斑块的选择多于另外两组被试。表 2-19 显示了在计算机组被试选择信息资源斑块的具体原因中，排名前五位的原因分别是“长期使用”“权威性高”“内容丰富”“知名度高”“专业性强”。

表 2-18　计算机组被试对信息资源斑块的选择

斑块名	CNKI	Google	IEEE	Elsevier	万方	WOS	百度	维普	Springer	其他	Taylor & Francis
计数	19	15	14	10	10	4	4	4	23	2	1
比例/%	98	75	70	50	50	20	20	20	10	10	5

表 2-19　计算机组被试选择信息资源斑块的原因

原因	长期使用	权威性高	内容丰富	知名度高	专业性强	易于使用	内容真实	听人说过	其他
计数	19	18	16	13	12	8	4	4	0

由访谈获知，该组大部分被试认为 CNKI 的资源内容全面、全文可访性高、系统易于使用、个人使用习惯；也有相当一部分被试认为，Google 对学术信息资源覆盖的全面性是其选择 Google 的重要原因；还有被试认为仅仅使用 Google 或谷粉学术等替代品就足以完成对学术信息的查寻。此外，多位被试认为中文的学术信息资源质量不高，故只习惯于使用英文的学术信息资源，JK-018 选择的 4 个信息资源斑块均为英文信息资源斑块。这在一定程度上反映出计算机组学术用户对内容丰富全面、全文易获取及英文信息资源斑块的偏好。

（2）教育学组被试情况

如表 2-20 所示，与计算机组被试情况类似，CNKI 与 Google 的使用次数排在

① 成颖，孙建军，郑彦宁．学术新人的信息行为研究［J］．图书情报知识，2011，（4）：63-70.

所有信息资源斑块的前两位。不同的是，排在第三、第四位的信息资源斑块是中文信息资源斑块万方与维普。总体来看，教育学组被试对英文信息资源斑块的选择次数不如计算机组被试多。

表 2-20　教育学组被试对信息资源斑块的选择

斑块名	CNKI	Google	万方	维普	Springer	百度	WOS	Elsevier	其他	EBSCO	IEEE
计数	19	17	12	11	8	7	4	4	2	2	1

表 2-21 分析了教育学组被试选择信息资源斑块的具体原因。与计算机组的情况相似，排在前三位的原因分别是“长期使用”“内容丰富”“权威性高”。可见这三个因素是教育学组与计算机组被试选择信息资源斑块时的重要考虑部分。“易于使用”这一因素位列第四。由访谈获知，一半以上的被试认为在英文信息资源斑块中进行信息查寻有较大难度，一方面是对英文检索词的提取有一定困难，另一方面是对英文信息资源斑块不熟悉、查寻难度较大。被试 JY-005 与 JY-016 在实验中选择了英文信息资源斑块 EBSCO，当被问及选择该信息资源斑块的原因时，他们均提到 EBSCO 的中文界面这一特点，认为 EBSCO 的中文界面提升了查寻效率。这为英文信息资源斑块的设计与建设提供了一定的启发。

表 2-21　教育学组被试选择信息资源斑块的原因

原因	长期使用	内容丰富	权威性高	易于使用	知名度高	专业性强	听人说起	内容真实	其他
计数	19	14	12	10	10	10	5	2	0

(3) 文学组被试情况

如表 2-22 所示，文学组被试对信息资源斑块的选择与其他两组被试存在较大差异。具体来看，其查寻中文信息资源斑块的次数远远高于英文信息资源斑块。排名前四位的全是中文信息资源斑块，分别是 CNKI、万方、超星与维普。此外，被试对超星的选择位居第三，而其他两组被试无一人选择超星这一信息资源斑块。这与同类研究关于人文学科用户偏好图书类文献的发现相同①。

① Hurych J. After bath: scientists, social scientists, and humanists in the context of online searching [J]. Journal of Academic Librarianship, 1986, 12 (3): 158-165.

Tahir M, Mahmood K, Shafique F. Information needs and information-seeking behavior of arts and humanities teachers: a survey of the University of the Punjab, Lahore, Pakistan [J]. Library Philosophy & Practice, 2008, (DEC.): 1-11.

邱子恒. 中文系教师信息行为之研究：以辅仁大学为例 [J]. 中国图书馆学报, 2011, 37 (2): 61-74.

表 2-22　文学组被试对信息资源斑块的选择

斑块名	CNKI	万方	超星	维普	Google	百度	其他	Springer	Elsevier	IEEE	WOS
计数	20	20	16	16	9	8	3	1	1	0	1

表 2-23 显示，文学组被试选择信息资源斑块的具体原因与另外两组被试的情况类似。由访谈获知，大多数被试表示 CNKI 是其进行学术信息查寻的首选信息资源斑块，主要原因在于个人使用习惯与 CNKI 内容覆盖的全面性。另外，还有被试选择其所在大学的中文知识发现系统，原因是该系统内容丰富全面，且能提供免费的文献传递服务。可见，内容覆盖的全面性与全文可访性是影响该组用户对信息资源斑块选择的重要因素。

表 2-23　文学组被试选择信息资源斑块的原因

原因	长期使用	内容丰富	权威性高	易于使用	专业性强	知名度高	听人说起	其他	内容真实
计数	19	18	16	10	8	7	1	0	0

综上，不同学科的学术用户在信息资源斑块选择上具有一定差异；但就信息资源斑块选择的原因而言，三组被试均较为看重个人的使用习惯、信息资源斑块的内容丰富性与权威性。

2.4.3.2　信息资源斑块的访问顺序

前文就学术用户信息资源斑块的选择及原因进行了分析。然而，他们又是怎样安排斑块查寻的先后顺序呢？怎样的顺序安排才是较为合理的？对此，本部分仍将尝试借鉴觅食理论中的食谱模型进行分析。

动物在觅食过程中，为了达到最高的组合收益率，需要安排好觅食斑块的顺序。而学术用户信息查寻收益的量化具有较大的难度，因为信息难以像能量那样用卡路里这样的度量单位来测度与量化①。但是，一种可行的办法是，将学术用户自己感知到的信息查寻收益作为依据来对其食谱策略进行分析。按照这一思路，在被试实验结束后，对被试进行访谈，让被试对自己在各信息资源斑块中获取的信息查寻收益进行评价，并要求被试根据各个信息资源斑块的信息查寻收益对信息资源斑块进行排序。

（1）计算机组被试

计算机组被试的信息资源斑块访问顺序与在各信息资源斑块的信息查寻收益

① Sandstrom P E. An optimal foraging approach to information seeking and use [J]. The library quarterly, 1994: 414-449.

Cronin B, Hert C A. Scholarly foraging and network discovery tools [J]. Journal of documentation, 1995, 51 (4): 388-403.

排序如表 2-24 所示。

表 2-24　计算机组被试信息资源斑块访问顺序安排与收益排序

编码	信息资源斑块访问顺序	信息资源斑块收益排序（由大至小）
JK-001	IEEE—Elsevier—CNKI—Google	IEEE—Elsevier—CNKI—Google
JK-002	CNKI—万方—IEEE—Springer—Elsevier—Google	CNKI—IEEE—Google—万方—Springer—Elsevier
JK-003	CNKI—万方—Springer—Elsevier	Springer—Elsevier—万方—CNKI
JK-004	CNKI—IEEE—Google—WOS—维普	IEEE—CNKI—Google—维普—WOS
JK-005	Google—CNKI—百度—万方	Google—CNKI—百度—万方
JK-006	百度—万方—CNKI—Google	万方—Google—CNKI—百度
JK-007	Google—万方—CNKI—IEEE	Google—IEEE—万方—CNKI
JK-008	CNKI—维普—WOS—Elsevier	CNKI—Elsevier—WOS—维普
JK-009	CNKI—Elsevier—Google—IEEE	CNKI—Elsevier—Google—IEEE
JK-010	CNKI—万方—IEEE—ACM	CNKI—ACM—IEEE—万方
JK-011	CNKI—万方—维普—Google	CNKI—Google—万方—维普
JK-012	百度—Google—CNKI—万方—IEEE	CNKI—IEEE—Google—万方—百度
JK-013	CNKI—Google—IEEE—Elsevier	Google—Elsevier—IEEE—CNKI
JK-014	CNKI—Google—IEEE—WOS—Elsevier	CNKI—Google—IEEE—Elsevier—WOS
JK-015	百度—CNKI—Google	Google—CNKI—百度
JK-016	CNKI—Elsevier—IEEE—Google	Elsevier—IEEE—Google—CNKI
JK-017	Google—CNKI—Elsevier—IEEE	Google—CNKI—Elsevier—IEEE
JK-018	Google—WOS—IEEE—Taylor&Francis—Wiley	Google—WOS—IEEE—Taylor&Francis—Wiley
JK-019	CNKI—万方—IEEE—Elsevier	CNKI—万方—IEEE—Elsevier
JK-020	CNKI—万方—维普—IEEE	CNKI—万方—IEEE—维普

由访谈可知，计算机组被试对信息资源斑块访问顺序的决策具有如下特点。

1）先中文信息资源斑块后英文信息资源斑块。大部分被试选择从中文信息资源斑块开始进行信息查寻。例如，JK-004、JK-006、JK-010、JK-016 表示自己先查寻中文信息以确定方向，或理解查寻主题。JK-011 因自己主要用中文写作，所以先查寻中文相关资料。

2）根据信息资源斑块收录信息的全面性与权威性安排信息资源斑块访问顺序。例如，JK-001 指出，英文资料较中文资料更有水平，而 IEEE 是计算机学科的权威资源，故将 IEEE 放在第一位；自己的整个访问顺序都突出了此种规则。JK-017 的排序理由是，Google 强大的搜索能力能保证信息搜集全面，CNKI 收录中文资源较全，Elsevier 和 IEEE 较权威。

3）根据个人习惯与熟悉程度安排信息资源斑块访问顺序。例如，JK-002 表示，其一般按照自身对系统的熟悉程度安排访问顺序。JK-012 因长期使用百度，加之任务是中文语境，因此首选百度。

综上，就计算机组被试来看，大多数学术用户以信息资源斑块收录信息的全面性、权威性及个人习惯作为信息资源斑块访问顺序的依据。信息资源斑块所收录的学术信息的全面性与权威性可以侧面反映信息资源斑块内所含有用信息总量（E），而个人习惯与熟悉程度则会对学术用户信息查寻能力（记作$\frac{1}{t_W}$）产生一定影响。若只考虑信息资源斑块内的有用信息总量 E 与学术用户信息查寻能力$\frac{1}{t_W}$，那么根据最优觅食理论中的食谱模型对斑块平均收益率（π）的定义，在信息资源斑块 i 中进行信息觅食的平均收益率可以记作 $\pi_i=\frac{E_i}{t_{Wi}}$。

在计算机组的 20 位被试中，13 人在实验中访问的第一个信息资源斑块即实验结束后其认为收益最大的信息资源斑块，这 13 位被试分别为 JK-001、JK-002、JK-005、JK-007、JK-008、JK-009、JK-010、JK-011、JK-014、JK-017、JK-018、JK-019、JK-020。虽然难以对其各个信息资源斑块的信息查寻收益进行计算，但是，就每一位被试来看，在其信息查寻技巧、任务熟悉程度不变的前提下，被试在特定信息资源斑块中信息查寻的平均收益率是相对稳定的，这一平均收益率取决于被试的过往信息查寻经验。例如，A 用户要在 CNKI 和万方中完成主题相同的查寻任务，根据他自己的经验，他可能会选择平均收益率更高的 CNKI 开始查寻，因为这样获取的收益更多。实验中有 13 位被试认为访问的第一个信息资源斑块即收益最大的信息资源斑块，可以认为多数被试倾向于选择平均收益率（π）最高的信息资源斑块开始自己的信息查寻，这一选择保证了较高的信息查寻收益率。

此外，信息资源斑块访问顺序与信息资源斑块收益排序完全一致的被试有 JK-001、JK-005、JK-009、JK-017、JK-018、JK-019 共 6 人。借鉴最优觅食理论中的食谱模型，对这 6 位被试的食谱策略进行分析，可以认为这 6 位被试的策略较为科学。原因主要是这 6 位被试访问信息资源斑块的顺序符合食谱模型最优解的求解过程，即他们遵循了这样的路线：先按照各个信息资源斑块的平均收益率进行排序，然后再依次访问这些信息资源斑块，直到食谱组合收益率 $R(k)$ 大于第 $k+1$ 个信息资源斑块的平均收益率 π_{k+1}。虽然难以准确地计算出用户什么时候该停止访问剩余的信息资源斑块，即难以计算出达到最优食谱时的信息资源斑块个数 k 值，但是，这样的思路仍然有利于我们对最优查寻策略选择的思考。以 JK-010 为例，其信息资源斑块访问顺序的安排是 CNKI—万方—IEEE—ACM，其信息资源斑块收益排序为 CNKI—万方—ACM—IEEE，如果 JK-010 将信息资源斑块访问顺序调整为 CNKI—万方—ACM—IEEE，在 ACM 查寻到了价值较高、权威性较高的文献之后，他在 IEEE 中的查寻便可能无须耗时过多。这样的顺序调整可能有助于提升学术用户信息查寻的效率，使其信息查寻策略更接近最优状态。

(2) 教育学组被试

由表 2-25 可知，在信息资源斑块访问顺序安排上，教育学组被试表现出与计算机组被试类似的特点，具体如下：

其一，先中文信息资源斑块后英文信息资源斑块；

其二，根据信息资源斑块收录信息的全面性与权威性安排信息资源斑块访问顺序；

其三，根据个人习惯与熟悉程度安排信息资源斑块访问顺序。

表 2-25　教育学组被试信息资源斑块访问顺序安排与收益排序

编码	信息资源斑块访问顺序安排	信息资源斑块收益排序（由大至小）
JY-001	Google—CNKI—万方—维普—Elsevier—Springer	CNKI—万方—Google—Elsevier—Springer—维普
JY-002	CNKI—WOS—万方—Google	CNKI—WOS—万方—Google
JY-003	CNKI—维普—Google—百度—IEEE	CNKI—Google—百度—IEEE—维普
JY-004	CNKI—读秀—WOS—百度	CNKI—读秀—WOS—百度
JY-005	Google—CNKI—EBSCO—Springer	CNKI—Google—EBSCO—Springer
JY-006	CNKI—百度—Google—维普	CNKI—维普—百度—Google
JY-007	Google—CNKI—百度—Springer—Elsevier	CNKI—百度—Springer—Elsevier—Google
JY-008	CNKI—Google—Springer—百度	CNKI—Google—Springer—百度
JY-009	CNKI—万方—Springer—Google	CNKI—万方—Springer—Google
JY-010	CNKI—万方—维普—Google	CNKI—维普—Google—万方
JY-011	CNKI—万方—维普—Google	CNKI—维普—万方—Google
JY-012	CNKI—维普—万方—Google—百度	CNKI—维普—万方—Google—百度
JY-013	Google—CNKI—万方—维普	Google—CNKI—维普—万方
JY-014	Google—CNKI—Elsevier—WOS	Google—CNKI—Elsevier—WOS
JY-015	Google—万方—ProQuest—Springer—Elsevier	万方—ProQuest—Springer—Elsevier—Google
JY-016	CNKI—万方—Springer—EBSCO	CNKI—EBSCO—Springer—万方
JY-017	CNKI—万方—维普—WOS—Springer	CNKI—万方—维普—Springer—WOS
JY-018	CNKI—Google—万方—维普	CNKI—万方—维普—Google
JY-019	CNKI—Google—万方—维普	CNKI—Google—万方—维普
JY-020	CNKI—Google—百度—维普	CNKI—Google—维普—百度

在教育学组的 20 位被试中，19 人在实验中访问的第一个信息资源斑块即实验结束后其认为收益最大的信息资源斑块，可以认为他们倾向于选择平均收益率（π）最高的信息资源斑块开始自己的信息查寻，进而再选择平均收益率次之的

信息资源斑块，这一选择保证了较高的信息查寻收益率。

此外，信息资源斑块访问顺序与信息资源斑块收益排序完全一致的被试有JY-002等7人。与对计算机组被试的分析同理，可以认为这7位被试的食谱选择策略较为科学。

（3）文学组被试

如表2-26所示，在信息资源斑块访问顺序安排上，文学组被试与计算机组、教育学组被试具有一定的差异。他们基本上没有对英文信息资源斑块进行信息查寻，这与人文学科本土化和地域性特征密切相关。但在以下两个方面，他们与计算机组、教育学组被试仍具相似性：

其一，多数被试根据信息资源斑块收录信息的全面性与权威性安排信息资源斑块访问顺序；

其二，根据个人习惯与熟悉程度安排信息资源斑块访问顺序。

表2-26 文学组被试信息资源斑块访问顺序安排与收益排序

编码	信息资源斑块访问顺序安排	信息资源斑块收益排序（由大至小）
WX-001	CNKI—万方—超星—百度—台湾学术文献数据库	CNKI—超星—万方—百度—台湾学术文献数据库
WX-002	百度—CNKI—Google—万方—维普—超星	CNKI—万方—超星—百度—维普—Google
WX-003	CNKI—万方—维普—超星	CNKI—超星—万方—维普
WX-004	CNKI—超星—万方—维普	CNKI—超星—万方—维普
WX-005	CNKI—万方—维普—超星—含宏中文发现	CNKI—超星—含宏中文发现—维普—万方
WX-006	CNKI—超星—万方—维普—Google	CNKI—超星—万方—Google—维普
WX-007	CNKI—Google—超星—维普—万方	CNKI—Google—超星—万方—维普
WX-008	CNKI—百度—超星—万方—维普	CNKI—万方—百度—维普—超星
WX-009	CNKI—百度—Google—万方—超星—维普	CNKI—万方—超星—Google—维普—百度
WX-010	CNKI—百度—Google—万方	CNKI—万方—百度—Google
WX-011	CNKI—读秀—百度—万方	CNKI—读秀—百度—万方
WX-012	CNKI—超星—Google—万方	CNKI—超星—Google—万方
WX-013	CNKI—万方—超星—维普—WOS—Springer	CNKI—超星—万方—维普—WOS—Springer
WX-014	CNKI—万方—维普—超星—Google	CNKI—万方—维普—Google—超星
WX-015	CNKI—万方—维普—超星	CNKI—超星—维普—万方
WX-016	CNKI—万方—维普—超星	CNKI—万方—超星—维普
WX-017	CNKI—万方—维普—百度	CNKI—万方—维普—百度
WX-018	CNKI—万方—维普—Elsevier—超星—Google	CNKI—Google—万方—维普—超星—Elsevier
WX-019	CNKI—万方—百度—Google—维普	CNKI—Google—百度—Google—维普
WX-020	CNKI—万方—维普—超星	CNKI—超星—万方—维普

信息资源斑块访问顺序与信息资源斑块收益排序完全一致的被试有 WX-004 等5 人。与对计算机组被试的分析同理，可以认为这5 位被试的食谱选择策略较为科学。

另外，有 19 人在实验中访问的第一个信息资源斑块即实验结束后其认为收益最大的信息资源斑块，可以认为他们倾向于选择平均收益率（π）最高的信息资源斑块开始自己的信息查寻，进而再选择平均收益率次之的信息资源斑块。这一选择具有一定的合理性，可以保证其信息查寻收益率更高。

综上，就三组被试的总体情况来看，实验中选择的第一个信息资源斑块即自己认为的收益最大的信息资源斑块的被试人数：计算机组被试 13 人、教育学组被试 19 人、文学组被试 19 人。总体上被试倾向于选择平均收益率（π）最高的信息资源斑块开始信息查寻，进而再选择平均收益率次之的信息资源斑块。实验中信息资源斑块访问顺序与信息资源斑块收益排序完全一致的被试人数：计算机组被试 6 人、教育学组被试 7 人、文学组被试 5 人。此外，大部分被试选择信息资源斑块收录信息的全面性与权威性作为信息资源斑块访问顺序安排的依据，这反映了他们对信息资源斑块所含有用信息总量（E）的重视。若假设被试对于各个信息资源斑块的熟悉程度相同且被试的查寻能力短期内不变，那么被试在各个信息资源斑块中的平均收益率仅取决于信息资源斑块所含有用信息总量。例如，假设 A 用户认为信息资源斑块 1 所收录信息的全面性与权威性好于信息资源斑块 2，且他对各个信息资源斑块的熟悉程度相近，那么，该用户在信息资源斑块 1 中进行信息查寻所获得的平均收益率将会高于在信息资源斑块 2 中所获得的平均收益率。据此，A 用户便会决定先从信息资源斑块 1 开始进行信息查寻，进而选择在信息资源斑块 2 进行信息查寻。

2.4.4 信息查寻策略选择行为实证结果讨论

2.4.4 节以实证所获得数据为基础，对学术用户的网络信息查寻策略选择行为进行分析，具体包括学术用户网络信息查寻技巧的选择、离开信息资源斑块时机的把握、查寻食谱的选择等方面。现就分析过程所发现的问题总结如下。

2.4.4.1 关于网络信息查寻技巧的选择

（1）检索词的提取

被试在检索词的提取方面具有一定的能力，所提取的检索词较符合查寻任务主题。例如，计算机组被试对“云计算”“信息安全”检索词的使用；教育学组被试对“MOOC”“高等教育”“国内应用”等检索词的使用；文学组被试对“鲁迅”“外国文学”“外国文化”等检索词的使用。但是，他们对下位词、同义词、近义词的使用相对较少。

（2）检索途径的选择

被试较少选择检索途径，他们更多地使用信息资源斑块中提供的默认检索途径；使用了更多检索途径的被试，其信息查寻收益明显高于其他被试所获收益。

（3）高级检索功能的使用

被试对高级检索功能的使用总体不高；相对其他被试，使用了高级检索功能的被试所获信息查寻收益更高。

（4）排序方式的选择

被试对默认排序方式以外的排序功能的使用相对较少，换言之，他们习惯按照各信息资源斑块提供的默认排序方式进行结果查看。很多被试表示在相关文献的选择中会考虑到文献的出版时间、被引次数、下载次数等因素。

（5）相关文献的选择

学术用户对检出文献相关性的判断依据主要是标题或摘要与查寻任务之间的相似性。学术用户对相关文献的选择具有偏爱综述、注重文献的权威性、偏爱硕博士学位论文、偏爱较新的研究成果、注重文献的全文可访性等特点。

2.4.4.2　关于离开信息资源斑块时机的把握

根据实证部分的分析结果，可以认为，现实中的学术用户不可能拥有关于信息资源斑块的完全信息，他们对信息资源斑块中有用信息的总量无法准确地、动态地掌握，因此，当学术用户发现查寻结果中的“相关文献变少”时，通常便会选择离开这个信息资源斑块。由于学术用户在此时的查寻效率已经开始降低，这一时间点便基本近似于最优觅食理论中的斑块模型中的最优点。这与 Chin 等①的研究结论类似。

而对于那些因“已经无法再找到相关文献”才离开信息资源斑块的行为，可以从 Fu 和 Gray 关于信息查寻成本与信息收益关系的研究中得到解释。他们认为，用户信息需求的产生是为了执行任务，因而总成本包含执行任务成本与信息查寻成本两部分；随着信息查寻行为的进行，信息收益逐渐增加，执行任务成本会降低，但信息查寻成本也会增加；当执行任务成本与信息查寻成本相等时，完成任务的总成本将达到最低，即查寻行为次数处于某个适度的值时，该信息收益将有助于实现任务完成的最优绩效②。在本章中，由于所设定的实验情境是学术用户的开题阶段，学术用户为了保障选题查新这一任务的执行，在信息查寻中便

① Chin J，Payne B R，Fu W T，et al. Information foraging across the life span：search and switch in unknown patches［J］. Topics in Cognitive Science，2015，7（3）：428-450.

② Fu W，Gray W D. Suboptimal Tradeoffs in Information seeking［J］. Cognitive Psychology，2006，52（3）：195-242.

柯青，王秀峰. Web 导航模型综述——信息觅食理论视角［J］. 现代图书情报技术，2014，8（2）：32-40.

可能对执行任务成本与信息查寻成本加以权衡，以适当增加信息查寻成本来获得较优的信息收益。

2.4.4.3 关于查寻食谱的选择

通过对实证数据进行分析，在信息资源斑块的选择中，学术用户均较为看重个人使用习惯、信息资源斑块内容的丰富性与权威性。而信息资源斑块内容丰富性与权威性都是各个备选信息资源斑块的特征优势之一，这种依据优势特征进行信息资源斑块选择的情况，印证了 Wang 和 Chen 的观点，即在信息觅食中人们总是会选择更有优势的信息资源①。

实验表明，在信息资源斑块的访问顺序上，学术用户通常会将其认为信息收益率较高的信息资源斑块排在前面，即学术用户是按照信息资源斑块的平均信息收益率由高到低的顺序安排查寻信息资源斑块的先后顺序。同时，也出现了信息资源斑块访问顺序与信息资源斑块收益排序不完全一致的情况。究其原因，可能是被试无法准确掌握信息资源斑块所含有用信息总量，难以进行科学的决策。这与 Sandstrom 的研究发现类似，即查寻者对相关信息资源分布的掌握情况会对信息资源分级排序产生限制效应②。

2.5 学术用户网络信息查寻策略选择机制与优化方案探析

2.5 节将基于实证数据分析，对学术用户网络信息查寻策略选择机制与优化方案分别进行探析。

2.5.1 学术用户网络信息查寻策略选择机制分析

学术用户网络信息查寻策略选择机制可以用行为生态学与认知科学中的相关理论进行解释。因此，下文从这两个角度对学术用户网络信息查寻策略选择机制进行分析。

2.5.1.1 学术用户网络信息查寻策略选择机制的认知科学解释

让·皮亚杰的认知发展理论指出，人类认知涉及图式、同化、顺应和平衡。

① Wang Q, Chen W. Network information foraging behavior strategy of library mobile reading platform users [J]. Journal of Advances in Information Technology Vol, 2015, 6 (3): 178.

② Sandstrom P. An optimal foraging approach to information seeking and use [J]. The Library Quarterly, 1994, 64 (4): 414-449.

其中，图式是认知结构，是人脑对信息的选择、整合和理解的方式；同化是把新的刺激纳入已有图式的认知过程，会引起图式内蕴的增加，但不会导致图式的质变；顺应则是一个质变的过程，是个体为了适应外部环境，对原有图式进行调整或者改变；个体通过同化或者顺应，达到自身与外界环境的一种平衡状态，并在对平衡状态的不断追求中实现个人认知的发展①。

学术用户食谱策略的选择亦与学术用户信息查寻的认知图式有关。信息查寻认知图式的初次建立依赖于用户早期的领域知识结构与查寻经验积累。当外界刺激出现时，同化与顺应便会增加或者调整用户的认知图式。

以被试 WX-001 为例。为了完成“外国文学与文化对鲁迅创作的影响”这一主题的文献查寻，他选择了依次在 CNKI、万方、超星、百度与台湾学术文献数据库中进行查寻（他在访谈中表示，自己对信息资源斑块访问顺序的安排主要是基于信息资源斑块收录信息的全面性与权威性）；然而查寻结束后，他对信息资源斑块收益的排序却成了 CNKI-超星–万方–百度–台湾学术文献数据库。对此，可以认为：①该被试选择了前述信息资源斑块访问顺序，是基于其已有的信息查寻认知图式，认为 CNKI、万方、超星、百度、台湾学术文献数据库收录信息的全面性与权威性依次递减；②在实验结束后，该被试的信息资源斑块收益排序与其之前的信息资源斑块访问顺序有所不同，说明他发现自己之前的认知图式并没能帮助自己很好地完成信息查寻任务；③进一步地，还可以给出这样的预测，即被试 WX-001 作为一个经济人，为了保证更高的信息查寻效率，在这次实验之后，很可能会修正其查寻初期的认知图式，换言之，如果他下次再遇到类似的查寻需求，其信息资源斑块访问顺序可能会变为 CNKI—超星—万方—百度—台湾学术文献数据库，因此该被试便形成了新的认知图式，而新认知图式很有可能对其未来的信息查寻效率产生积极影响。

2.5.1.2 学术用户网络信息查寻策略选择机制的行为生态学解释

在实证研究部分与相关文献的调研中发现，学术用户网络信息查寻策略选择与动物觅食策略选择具有较大的相似性。

（1）学术用户网络信息查寻策略选择中的自然选择压力

一般来说，由于进化选择的压力，动物通常都能最有效地获取食物。这是因为，从长远来看，自然选择将会保存那些具有最大适合度的动物个体；从短期看，觅食效率越大，越有利于动物在繁殖上获得成功；自然选择总是使动物的觅食效率尽可能地加以改进，因为只要捕食者能够借助更有效的捕食提高其生存和

---

① 瓦兹沃思 B J. 皮亚杰的认知和情感发展理论［M］. 徐梦秋，沈明明译. 厦门：厦门大学出版社，1989：13-22.

蒋永福，刘敬茹. 认知图式与信息接受［J］. 图书馆建设，1999，(3)：2-3.

繁殖机会，自然选择就会对它有利①。最优觅食理论探索了保证动物觅食效率最大化的决策规律，对动物觅食过程中的行为选择机制进行了较好的解释。

学术用户担负着科学研究与知识创新的任务，对学术信息的需求程度不亚于动物对食物的需求程度。他们同样面临着自然选择的压力，会尽可能地改进信息查寻效率，以更有效地获取与其科研任务相关的学术信息。具体而言，学术用户在选择网络学术信息查寻策略时，会综合考虑信息查寻策略执行的成本与收益情况，最优化地平衡所花费的时间、金钱、精力与学术信息收益，使其信息查寻效率达到最高效的状态。例如，①学术用户主动地考虑应用各种信息查寻技巧，改变个人信息资源斑块内信息查寻的收益函数 g（t_W），以提升信息查寻的效率；②在信息资源斑块中进行信息查寻中，学术用户在发现“相关文献变少”或者“已经无法再找到相关文献”时，便会选择离开该信息资源斑块；③在选择查寻食谱策略时，学术用户通常将其认为收益率较高的信息资源斑块排在前面进行访问。学术用户的这些行为表现，均是为了实现信息查寻效率最优化而进行的策略选择。只不过受有限理性、信息不对称、个人认知能力等方面因素的影响，学术用户的信息查寻策略在实际上往往难以达到最优化的状态。

（2）学术用户网络信息查寻策略选择中的种群差异

实证研究结果表明，不同学科背景学术用户的网络信息查寻策略选择存在一定的差异，尤其是在信息资源斑块的选择方面。这些差异可能是学术用户的种群差异造成的。

行为生态学中的种群，是指特定时间内栖息于特定空间的同种生物的集合群。种群内部的个体可以自由交配繁衍后代，从而与其他地区的种群在形态上和生态特征上存在一定的差异②。例如，同自然界中动物的种群划分，受学科背景、科研环境等因素的影响，学术用户也可以划分为不同的种群，如计算机类用户、教育学类用户、文学类用户就可分别被视为三个不同的种群。计算机类用户种群内的信息查寻策略选择行为具有一定的相似性：大多按照先中文信息资源斑块后英文信息资源斑块的原则选择信息查寻食谱，且信息查寻食谱里面都包含英文信息资源斑块。文学类用户种群内的信息查寻策略选择行为也表现出一定的相似性，却与计算机类用户存在种群间差异：文学类用户的信息查寻食谱中鲜有英文信息资源斑块，却偏好图书类信息资源斑块。这些都表明，种群差异决定了学术用户信息查寻食谱上的差异。

2.5.2 学术用户网络信息查寻策略选择的优化方案探讨

基于实证数据分析，可从学术用户的网络信息查寻技巧的选择、离开信息资

① 尚玉昌．行为生态学［M］．北京：北京大学出版社，1998：20.

② 卢升高．环境生态学［M］．杭州：浙江大学出版社，2010：30.

源斑块时机的把握，以及信息查寻食谱选择三个方面，对学术用户网络信息查寻策略选择的优化方案进行探讨。

2.5.2.1 信息查寻技巧的选择方面

实证研究数据表明，本书中的学术用户基本符合 Hölscher 和 Strube 研究中的“Topic+/Search+”特征①，但仍需提升其信息查寻能力，以提高其在信息资源斑块内的查寻效率。具体来说，学术用户需要从以下方面优化其信息查寻技巧：①使用下位词、同义词、近义词等全面地描述信息需求；②掌握高级检索功能，以准确地描述信息需求；③合理使用多个检索途径；④提升外文文献的处理能力；⑤使用排序功能，提升信息选择效率。

此外，对于信息资源提供方而言，提供文献的摘要、提高全文可访问性、优化检出结果的默认排序方式，也将有助于提高学术用户的信息查寻效率。

2.5.2.2 离开信息资源斑块时机的把握方面

由于常常面临学术任务的时限压力，为了保证信息查寻效率，学术用户需要对离开信息资源斑块时机进行合理把握。当意识到反馈的结果列表中相关文献变少或者已经无法再找到相关文献，单位时间内的信息查寻收益开始变小时，他们便会选择离开。实验表明，多数被试对离开信息资源斑块时机的把握比较合理，但因难以准确、动态地掌握信息资源斑块所含有用信息总量，他们对离开信息资源斑块时机的把握往往难以达到最优。

为了帮助用户更好地把握查寻中离开信息资源斑块的时机，可以同时从学术用户与信息资源提供方两方面入手。

对学术用户而言，一是需要强化适时离开信息资源斑块的意识，避免在时间、精力有限的情况下为了少量的相关信息而在某个信息资源斑块中耗费大量的时间与精力；二是需要进一步提升自身的信息查寻技能，优化自身的信息查寻认知图式。

对信息资源提供方而言，需要采取更合理的相关度算法，更准确地识别学术用户信息需求，增加信息资源斑块的相关信息密度，突出与用户信息需求相关性较强、较弱、甚至不相关信息之间的区分界线，帮助学术用户尽早感知信息资源斑块中信息收益率的下降，及时提醒其结束在该信息资源斑块中的查寻行为。

2.5.2.3 信息查寻食谱选择方面

实证研究数据显示，学术用户在食谱选择时通常会将其认为收益率较高的信

---

① Hölscher C，Strube G. Web search behavior of Internet experts and newbies [J]. Computer Networks，2000，33：337-346.

息资源斑块排在前面进行访问。这一策略的选择符合最优觅食理论中关于最优解的求解方法，即将所有斑块按照收益率 π_i 进行排序，动物向其食谱中添加斑块 i，直到食谱组合收益率 $R(k)$ 大于 π_{k+1}。虽然在学术用户网络信息查寻中难以准确计算达到最优食谱时的信息资源斑块数量（k），但是这一思路仍然对学术用户网络信息查寻策略的选择具有重要价值。

为了提升信息查寻效率，学术用户需要将收益率较高的信息资源斑块排在前面进行访问。对斑块收益率的预判更多是学术用户基于自身对信息资源斑块的了解，因此学术用户可以通过多种渠道加深对信息资源斑块的类型、收录信息情况的了解，以更加科学地安排信息查寻食谱。信息资源提供方则需要注重信息资源斑块所收录信息的全面性与权威性，并加强对信息资源的宣传及用户培训。

3 合作情境下学术用户网络信息查寻中的模仿行为研究

[**本章摘要**] 运用行为生态学、社会认知论，遵循扎根理论，采用观察法、访谈法、出声思维法等质性研究方法，研究合作情境下学术用户网络信息查寻行为中的模仿行为；重点对模仿行为动机、模仿行为注意、模仿行为保持与再现，以及模仿结果评价等过程进行分析与阐释，并由此构建相应的理论模型。

本研究组的观察发现，在学术用户网络信息查寻过程中，时常会产生学术用户向他人学习的行为或者同伴间学习的行为，即模仿行为；处于合作情境下的学术用户在网络信息查寻过程中表现出来的同伴相互间的模仿行为更为明显，且其模仿行为可能对网络信息查寻整个过程产生影响。

经查新可知，目前对合作情境下学术用户网络信息查寻行为中的模仿行为的研究还处于起步阶段，研究成果较少。甘利人团队①对科技用户的观察学习行为研究发现，观察学习能够对个人的数据检索效果产生正面的作用。但该研究主要是在人为创设的实验情境中开展的，研究对象为个体用户，与处于自然情境中的用户群体的真实表现可能存在一定出入。为进一步完善该主题的研究，本书选取自然合作情境下的学术用户作为研究对象，运用行为生态学、社会认知论，对合作情境下学术用户网络信息查寻中的模仿行为进行研究。

本章重点探索的问题：

第一，合作情境下学术用户在网络信息查寻中产生模仿行为的动机是什么？

第二，合作情境下学术用户网络信息查寻中产生模仿动机的原因和条件是什么？

第三，合作情境下学术用户网络信息查寻中的模仿行为的具体过程是怎样的？

---

① 张萍，甘利人，薛春香．不同干预下高级信息检索方法的学习行为分析［J］．现代情报，2011，31（11）：3-8.

李丹丹，甘利人，白晨．数据库用户检索决策的观察学习行为实验研究［J］．现代情报，2010，30（9）：166-172.

冯颖，甘利人，周晓剑．科技数据库用户观察学习行为研究［J］．图书情报工作，2011，55（22）：30-36.

第四，学术用户对合作情境下的模仿行为结果有何评价及行为反馈？

第五，影响合作情境下学术用户网络信息查寻中的模仿行为的因素有哪些？

本章期望通过以上研究为学术用户的网络信息查寻行为研究进行理论补充，并为信息查寻系统的设计提供相关参考。

3.1 本章核心概念界定

3.1.1 模仿

模仿是常见的一种学习行为方式。对模仿的定义，大致可以分为两种类型：一种为单纯强调行为的复制；另一种除强调行为的复制外，还强调模仿者对榜样意图的理解①。

行为生态学研究指出，动物的一切行为都是遗传与环境相互作用的结果，既有天赋本能的定型行为，也有由经验所得、适应环境的学习行为；在学习行为中，最常见的类型包括条件反射、印记学习、模仿学习和试错学习等②，其中的模仿学习是最为常见的一种学习行为方式③。一个社群的同伴间通过相互模仿，获取和分享如捕食猎物的技巧等方面的信息，更快地找到食物，提高猎食的成功率，这有利于捕食者在与其他捕食者的竞争中取胜；借助于模仿学习，动物可以学会什么食物适于食用，这些食物应到什么地方去寻找，捕食天敌有什么特点和应当如何躲避天敌攻击等生存技巧；通过模仿学习，动物还可以了解同伴的特点和学会应当如何与同伴相处；而且，动物相处的同伴越多，相处的时间越长，就可以借助直接观察和模仿学会越多的东西，而不必通过试错学习去学会④。

在人类行为研究中，较早明确提出模仿行为概念的是美国教育心理学家爱德华·李·桑代克（Edward Lee Thorndike），他认为模仿是观察和复制他人行为的动作过程⑤。此外，美国著名心理学家、认知理论之父艾伯特·班杜拉（Albert Bandura）在其社会认知论中提出了模仿学习/观察学习的概念，即通过观察环境中他人的行为及其后果而发生的学习⑥。他强调了模仿的意图，其定义也被广泛接受。

---

① 王月嘉，王海静．模仿的理论研究综述［J］．太原城市职业技术学院学报，2011，(3)：50-51.

② 尚玉昌．动物行为学［M］．北京：北京大学出版社，2005：331.

③ 孙忻，王丽．动物的本能行为和学习行为［J］．百科知识，2000，(3)：30-31.

④ 尚玉昌．行为生态学［M］．北京：北京大学出版社，1998：155.

⑤ 王映学．简论桑代克的联结主义及其修正［J］．河西学院学报，2007，23 (1)：79-83.

⑥ 班杜拉．思想和行动的社会基础：社会认知论［M］．林颖，等译．上海：华东师范大学出版社，2001：63-142.

3.1.2 信息查寻中的模仿行为

已有用户信息查寻中的模仿行为的相关研究结果显示，动物间的模仿学习与人类社会中的模仿学习具有相似性，人类在信息查寻中也常常会通过模仿他人的查寻经验，获取所需信息①。这为合作情境下学术用户网络信息查寻中的模仿行为研究提供了理论支持。

借鉴班杜拉和甘利人团队对模仿或观察学习的定义，在此对信息查寻中的模仿行为进行如下界定：通过观察环境中他人的信息查寻行为及其后果而产生的学习行为。同时，将模仿学习、观察学习等概念均视为模仿行为的同义词。

3.1.3 合作情境下的学术用户

此处的合作，是指合作科研（亦称科研合作、学术合作、科研协作等）。它是科研人员个人与个人、个人与团体、团体与团体之间为完成同一科研任务而彼此按照计划协同合作的劳动形态；通常以稳定的、半稳定的或临时的学术团队形式存在。

本章选择高校师生学术团队中的学术用户作为研究对象。这类学术团队一般有一个教师作为课题带头人，再配以其他教师和研究生，属于半稳定合作模式②。半稳定合作模式是目前高校最基本、最活跃的合作科研模式；此类学术团队除了具有优势互补、拥有共同的科研目标和工作方法、相互承担责任、协同配合、资源共享等科研团队的基本特征外，还具有协作能力较好、和谐度和认同度较高、易于管理等特点③。

---

① 李丹丹，甘利人，白晨．数据库用户检索决策的观察学习行为实验研究［J］．现代情报，2010，30（9）：166-172.

② 韩毅，周畅．学术团队合作信息查寻与检索行为的影响因素实证研究［J］．情报学报，2015，34（4）：432-448.

③ 李纲，刘先红．科研团队中学术带头人的合作特征及其对科研产出的影响［J］．情报理论与实践，2016，39（6）：70-75.

胡德华，张娟，车丹，等．师生团队模式下科研人员信息查询行为特征和差异研究［J］．图书情报工作，2014，58（4）：79-84.

3.2 关于模仿行为的国内外同类研究状况

3.2.1 相关学科中的模仿行为研究

已有的对模仿行为的相关研究主要集中在行为生态学、心理学与教育学、经济学与管理学等学科，重点涉及以下方面。

3.2.1.1 模仿动机与目的研究

（1）行为生态学中的模仿动机与目的研究

动物间产生模仿的动机主要来自习得生存本领的需求、群体便利性及榜样刺激。动物通过动物间的模仿不仅可以从其他个体的行为中学到不少东西，如取食技巧和取食方法，还可以学会分辨什么食物适于食用、捕食天敌具有什么样的特点，应该如何躲避天敌的攻击，了解同伴的特点，以及学会和同伴相处①。

相关研究还发现，环境因素是对动物模仿动机产生影响的主要因素。在相对稳定的环境条件下，动物倾向通过模仿获得捕食等技能；而在剧烈变化的环境条件下，动物更倾向通过试错学习获得更丰富的生存技能②。另外，动物间的关系也会对动物模仿动机产生影响，幼年动物基本上是对其父母进行模仿，成年动物间更倾向选择同一种群内的动物进行模仿；动物相处的同伴越多，相处的时间越长，可借助直接的观察和模仿学会的东西越多，而不必通过试错学习去完成③。Zentall对鸟类模仿行为的研究指出，积极的模仿动机在群体环境中更易在同伴间产生相互作用；榜样的示范可以对模仿者产生刺激，使其产生模仿的动机④。

（2）心理学与教育学中的模仿动机与目的研究

班杜拉指出，模仿行为的动机过程贯穿模仿的始终；激发模仿行为的动因主要有三个：直接动因、替代性动因和自我生成性动因⑤；而影响模仿动机的因素包括观察者自身的个体因素（观察者的唤醒水平、强化经验等）、榜样特征对观

---

① 尚玉昌．行为生态学［M］．北京：北京大学出版社，1998：155.

② 李俊年，刘季科．植食性哺乳动物食物选择的生态学意义及其行为机制［J］．应用生态学报，2003，14（3）：439-442.

③ 尚玉昌．行为生态学［M］．北京：北京大学出版社，1998：154-155.

④ Zentall T. Action imitation in birds［J］. Learning and Behavior，2004，32（1）：15-23.

⑤ 李慧卿，安立峰．心理学视域下榜样示范作用在青少年教育中的应用［J］．教学与管理，2011，（27）：56-57.

察者的影响、榜样与观察者之间的关系、社会结构因素[①]。还有学者认为，模仿的目的不仅仅是个体通过模仿学习照搬榜样的行为，更是要通过对许多榜样的模仿归纳总结出自己的一套能够指导自身日常学习和生活的行为法则，并最终形成自己的行为风格[②]。对于学生而言，模仿目的可分为有无意性、他向性、表现性[③]。

(3）经济学与管理学中的模仿动机与目的研究

在经济学与管理学领域，涉及模仿的相关成果包括技术创新理论、企业模仿行为理论、羊群行为理论、行为经济学理论和商业创新模式理论等。有学者依据国外相关研究，归纳出经济学与管理学领域中的八个主要模仿动机[④]。例如，学习成功者的经验，往往是企业模仿的重要目的[⑤]；企业受到竞争对手的压力，会产生模仿竞争对手的动机[⑥]；企业为了增加自身行为合法性、减少自身承担的风险，也会产生模仿其他组织的行为[⑦]。

3.2.1.2 模仿类型与方式研究

(1）行为生态学中的模仿类型与方式研究

行为生态学对模仿类型与模仿方式的划分有很多种。Zentall 将动物的模仿行为归纳为双向控制进程的模仿、示意动作的模仿、顺序模仿、推迟模仿、目标模仿等；这些模仿形式不仅表现在同类间的模仿上，同时也表现在动物对人类行为的模仿上[⑧]。此外，还有研究指出，在相对稳定的环境条件下，年幼的动物会通过模仿年长的动物习得选择食物的模式[⑨]。

(2）心理学与教育学中的模仿类型与方式研究

班杜拉依据强化的类型将模仿行为划分为三种类型，即直接强化模仿、替代

---

① 班杜拉．思想和行动的社会基础：社会认知论［M］．林颖，等译．上海：华东师范大学出版社，2001：321-465.

② 刘荣，何谋平．用班杜拉学习理论培养良好学习习惯［J］．科教文汇，2007，(1)：203.

③ 邱关军．学生模仿论［D］．上海：华东师范大学博士学位论文，2014.

④ 谢伟，孙忠娟，周巍．模仿的国外研究及验证［J］．科技进步与对策，2011，28（12）：157-158.

⑤ 薛琰如，张海亮，邹平．中国对外投资模仿性、集聚性与区域性投资的过度［J］．管理工程学报，2018，32（3）：37-42.

⑥ Slivko O，Theilen B. Innovation or imitation? The effect of spillovers and competitive pressure on firms' R&D strategy choice［J］．Journal of Economics，2014，112（3）：253-282.

⑦ 周晓苏，王磊，陈沉．企业间高管联结与会计信息可比性——基于组织间模仿行为的实证研究［J］．南开管理评论，2017，20（3）：100-112.

⑧ Zentall T. Imitation：definitions，evidence，and mechanisms［J］．Animal Cognition，2006，9（4）：335-353.

⑨ Rogers A R. Evaluating preference in laboratory studies of diet selection［J］．Canadian Journal of Zoology，1990，68（1）：188-190.

Suarez O V，Kravetz F O. Transmission of food selectivity from mothers to offspring in Akodon azarae［J］．Behavior，1998，135（3）：251-259.

性强化模仿和自我强化模仿；此外，他还依据榜样示范的多元性提出了两种特殊形态的模仿类型：抽象模仿和创造性模仿①。现代社会心理学把模仿分为自发模仿和自觉模仿两种类型，其中，自发模仿又可分为先天本能模仿和后天习得模仿，自觉模仿包括适应性模仿和选择性模仿②。在教育学中则将教学模仿划分为适应性模仿和发展性模仿，无意识模仿、自主性模仿和他主性模仿，以及隐性模仿和显性模仿等类型③。

（3）经济学与管理学中的模仿类型与方式研究

有学者根据模仿者身份、行为准则、模仿的相似程度、模仿目的这四种标准，分别归纳出以下模仿类型：新来者模仿、从业者模仿、零售商模仿；寄生式模仿、竞争式模仿、诱发式模仿；克隆模仿、增量模仿、边际模仿、创新模仿；基于频率的模仿、基于结果的模仿、基于特色的模仿④。另外学者发现，相对于规则单一的频率模仿和精确缜密的结果模仿，特征模仿具有更强的技术价值与可操作性⑤；模仿与创新如同博弈双方的两种策略，而最佳方式就是通过长期的模仿和改进使博弈双方都趋于稳定⑥。

3.2.1.3 模仿效果研究

（1）行为生态学对模仿效果的研究

模仿行为使得动物能从同种其他个体的经验中学习而不必消耗精力与时间从头做起，还可以绕过完全依赖遗传机制的途径来继承传统。具体而言，动物间的模仿，可获得提高动物生存技能、提高动物觅食效率、维持社群传统、促进社群发展等效果。例如，实验研究表明，当用一只鹦鹉作为示范鸟对其他鹦鹉进行打开瓶盖的演示后，其他鹦鹉便会全部模仿示范鸟的这一行为⑦。类似地，猿在觅食中的模仿学习实验等也反映了同样的效果⑧。

（2）心理学、教育学对模仿效果的研究

班杜拉从实验的、分析的角度对模仿的功能进行了具体阐述，指出模仿的功能包括获得功能、禁抑与解禁功能、反应促进功能、环境凸显功能、情绪唤起功

---

① 班杜拉．思想和行动的社会基础：社会认知论［M］．林颖，等译．上海：华东师范大学出版社，2001：321-465.

② 周晓虹．现代社会心理学［M］．上海：上海人民出版社，1997：320-328.

③ 崔友兴．论教师教学模仿的内涵、结构与类型［J］．教育理论与实践，2017，37（8）：3-6.

④ 谢伟，孙忠娟，周巍．模仿的国外研究及验证［J］．科技进步与对策，2011，28（12）：157-158.

⑤ 苏依依，周秋玲．组织模仿行为动机、模式与信息处理［J］．商业时代，2011，（2）：75-76.

⑥ 陶锋，邢会歌．创新与模仿行为的进化博弈分析［J］．科技进步与对策，2008，25（11）：35-37.

⑦ Dawson B，Foss B. Observational learning in budgerigars［J］．Animal Behavior，1965，13：470-474.

⑧ Christine A，Caldwell A. Testing for social learning and imitation in common marmosets，callithrix jacchus，using an artificial fruit［J］．Animal Cognition，2004，7：77-85.

Zentall T. Action imitation in birds［J］．Learning and Behavior，2004，32（1）：15-23.

能等；不同模仿功能的体现，要视具体的模仿情境而定①。此外，社会心理学还将模仿的作用划分为保守作用和进步作用②。个体通过模仿，可将群体习俗或传统以路径依赖的方式传承下来，此为模仿的保守作用；借助于模仿，某一群体中优秀成员的观念和行为方式得以在该群体或他群体中传播，此即模仿的进步作用。而在语言与文化心理学等领域，学者认为 Dawkins 提出的“模因”也具备了语言与文化传承上的模仿、复制与进化功能③。教育学界学者认为，没有模仿，一切学习活动将无从发生；模仿对于学习者具有生存性与发展性的功能④。

(3) 经济学与管理学对模仿效果的研究

管理学领域的研究发现，公司中下级与其直属上级的行为相似性程度与该上级的能力和成就存在明显的正比关系；下级往往会通过模仿榜样上级的行为来达到提升自己能力的效果⑤。经济学研究成果表明，模仿效果最为显著的体现是对成本的节约⑥；另外还可产生示范效应、形成模仿“诱导”⑦。同时，学者也对股市盲目跟风模仿的风险等进行了研究⑧。

3.2.1.4 模仿机制研究

(1) 行为生态学对模仿机制的研究

在行为生态学中，对模仿机制的研究存在很多不同的观点，目前还没有实验证明哪种产生机制是最重要的⑨。第一种观点认为，动物产生模仿行为的机制离

---

① 高申春. 人性辉煌之路：班杜拉的社会学习理论 [M]. 武汉：湖北教育出版社，2000：118-158.

② 全国 13 所高校《社会心理学》编写组. 社会心理学 [M]. 天津：南开大学出版社，2008：302-305.

③ 李宗侠. 模因论研究综述 [J]. 重庆第二师范学院学报，2016，(6)：46-50.

曹进，靳琰. 网络强势语言模因传播力的学理阐释 [J]. 国际新闻界，2016，38 (2)：37-56.

④ 邱关军. 学生模仿论 [D]. 上海：华东师范大学博士学位论文，2014.

⑤ Howard M. Subordinate imitation of supervisor behavior：the role of modeling in organizational socialization [J]. Organizational Behavior and Human Performance，1977，19 (1)：89-105.

Levitt B，March J. Organizational learning，annual [J]. Review of Sociology，1998，14：19-40.

⑥ Schwartz A，Daly D. Elicited imitation in language assessment：a tool for formulating and evaluating treatment programs [J]. Journal of Communication Disorders，1978，11 (1)：25-35.

⑦ 任寿根. 中国建立内地港澳自由贸易区的理论基础与战略选择——从模仿经济学角度的分析 [J]. 管理世界，2002，(7)：52-59.

⑧ 唐德祥. 中国股市模仿投资行为形成的微观机理及实证研究 [D]. 重庆：重庆大学硕士学位论文，2003：19-31.

孙云辉. 中国股市流动性风险研究 [D]. 北京：中国矿业大学硕士学位论文，2008：85.

Richard，R，Robert J. Causal ambiguity，barriers to imitation，and sustainable competitive advantage [J]. The Academy of Management Review，1990，15 (1)：88-102.

Jan W. Imitation of complex strategies [J]. Management Science，2000，46 (6)：824-844.

⑨ Zentall T. Imitation：definitions，evidence，and mechanisms [J]. Animal Cognition，2006，9 (4)：335-353.

不开镜像神经元的作用①。第二种观点认为，动物的模仿行为很可能是在进化过程中同类间行为匹配的自然趋势造成的②，例如，Zentall③ 发现大多数鸟类的模仿机制就是如此：鸟类优于哺乳动物的良好视力为其直接观察示范行为提供了有利条件；群居生活使同伴间关系更紧密从而促进模仿行为的演化；鸟类的觅食困难多于哺乳动物，因而对同伴的观察模仿也更迫切。第三种观点是基于透明相似性的假设，认为模仿者是根据自身与示范者间的相似性在非透明模仿中推测出自己在相同情境下产生相同行为的可能性④。

（2）心理学、教育学对模仿机制的研究

班杜拉的观点具有代表性。他认为，模仿机制是由动机、注意、保持、再现这四个过程相互作用而产生的复杂机制，是观察者通过模仿榜样示范行为的相关信息进行认知加工并形成对榜样示范行为的符号表征；观察者对这些表征进行心象或语义形式的编码，并对之进行记忆，在一定情境条件的刺激下，成为观察者再现这一行为的内部指南⑤。教育学领域的研究认为，学生模仿有两条相辅相成的实现机制，一是“离身”机制，由动机/认同、信息加工、反思调节阶段组成，其中思维过程具有突出地位；二是“具身”机制，由模仿冲动与叙事自我组成，强调身体知觉及体验活动在模仿活动中的作用⑥。

（3）经济学与管理学中的模仿机制研究

在经济学与管理学关于模仿机制的研究中，较多研究倾向于将模仿作为整个领域运行机制中的一环，对模仿在该领域运行机制中的作用效果进行分析和论证，如利用羊群行为理论对投资者获取有用信息的模仿行为的研究⑦，或揭示社会关系网络这一非正式机制在企业会计政策选择中的组织间模仿行为研究⑧。

---

① Gallese V, Fadiga L, Fogassi L, et al. Action recognition in the premotor cortex [J]. Brain, 1996, 119: 593-609.

② Dorrance B, Zentall T. Imitative learning in Japanese quail depends on the motivational state of the observer at the time of observation [J]. Journal of Comparative Psychology, 2001, 115 (1): 62-67.

③ Zentall T. Action imitation in birds [J]. Learning and Behavior, 2004, 32 (1): 15-23.

④ Zentall T. Imitation: definitions, evidence, and mechanisms [J]. Animal Cognition, 2006, 9 (4): 335-353.

⑤ 高申春. 人性辉煌之路：班杜拉的社会学习理论 [M]. 武汉：湖北教育出版社，2000：118-158.

⑥ 邱关军. 学生模仿论 [D]. 上海：华东师范大学博士学位论文，2014.

⑦ Abhijit V B. A simple model of herd behavior [J]. The Quarterly Journal of Economics, 1992, 10 (3): 797-817.

⑧ 周晓苏，王磊，陈沉. 企业间高管联结与会计信息可比性——基于组织间模仿行为的实证研究 [J]. 南开管理评论，2017，20（3）：100-112.

3.2.2 信息查寻中的模仿行为研究

3.2.2.1 国外研究

实验研究表明，观察学习环境的引入有利于提升用户的信息检索效果①，如示例查询可为用户信息检索提供模仿作用②；语义模仿可引导用户添加新的语义相近的社会化标签，从而有助于其探索性搜索、交互式信息检索、知识交换和其他高级的认知和学习活动③。OCLC 报告指出，研究生在进行学术信息的查寻时，倾向于通过模仿学习朋友、同学、老师或图书馆工作人员的查寻方法获得所需信息④。

就合作信息查寻情境而言，相关研究表明，合作信息查寻系统可为用户进行模仿诸多功能，如检索任务分配、即时聊天、查看他人的检索历史、评论检索结果、协作者跟随、添加成员列表；通过这种观察学习及沟通交流，用户能有效提升检索能力⑤。

3.2.2.2 国内研究

国内相关程度较高的研究成果主要来自甘利人研究团队。该团队借鉴班杜拉观察学习相关理论，聚焦观察学习对科技用户数据库检索决策的影响，其实验研究表明，科技用户有很强的参与观察学习的意愿与较强的观察学习行为⑥；不同类型的示范帮助干预形式（简单的提示信息、界面帮助信息、检索同伴提供的信息）对观察学习效果的影响各异；场依存型用户更易利用外界的干预信息进行观

---

① Saito H, Miwa K. Construction of a learning environment supporting learners' reflection: a case of information seeking on the web [J]. Computer & Education, 2007, 49 (2): 214-229.

② Blair D C, Kimbrough S O. Exemplary documents: a foundation for information retrieval design [J]. Information Processing & Management, 2002, 38 (3): 363-379.

Kelly D, Fu X. Eliciting better information need descriptions from users of information search systems [J]. Information Processing & Management, 2007, 43 (1): 30-46.

③ Fu W T, Kannampallil T, Kang R, et al. Semantic imitation in social tagging [J]. ACM Transactions on Computer-Human Interaction, 2010, 17 (3): 1-37.

④ Online Computer Library Center (OCLC). White paper on the information habits of college students: how academic librarians can influence students' web-based information choices [J]. Scout Report, 2002, 8 (31): 3-10.

⑤ Wilson M, Schraefel M. Evaluating collaborative information-seeking interfaces with a search-oriented inspection method and re-framed information seeking theory [J]. Information Processing and Management an International Journal, 2010, 46 (6): 718-732.

⑥ 李丹丹，甘利人，白晨. 数据库用户检索决策的观察学习行为实验研究 [J]. 现代情报，2010, 30 (9): 166-172.

察学习，而场独立型用户更重视通过自身经验进行学习①。此外，还有学者基于信息觅食理论，对信息搜寻中的模仿学习搜寻经验等进行了探讨②。

对网络学术社区的研究也有部分涉及模仿或学习行为。例如，顾立平、沈丽宁分别指出，在 Web2.0 环境下，用户之间的信息需求、检索和使用会相互影响③；查先进等发现，专家的权威性（信源可信度）容易影响用户的态度和信息搜寻行为④；陈明红和漆贤军的研究显示，科研人员的科研社交网络利用行为受同行的影响⑤；王晰巍等证实，微信用户的信息共享态度会受微信好友信息共享行为的影响⑥。

就合作信息查寻情境而言，吴丹和邱瑾发现，任务类型对用户的任务认知影响较大，信息类任务分工最为明确，同伴间可以相互借鉴模仿彼此的检索经验，最适合用协同检索系统来完成；事务类任务分工较难，最不适合用协同检索系统来完成⑦。

3.2.3 模仿行为同类研究状况小结

通过分析同类研究成果，可以发现：①国外对模仿行为的研究比较成熟，涉及的领域比较广泛；国内对模仿行为的研究多基于国外成果，且主要集中在心理学和经济学领域，研究的深度和广度都还有所欠缺。②就信息查寻中的模仿行为研究来看，虽然国内研究起步稍晚，但近年也有较大进步；总体而言，国内外相关研究多采用实验等定量方法，缺乏较为丰富深入的质性数据，不利于发现未知变量，难以对模仿行为机制进行深入阐释。③合作情境下学术用户网络信息查寻中的模仿行为方面的专题研究较为缺乏，尤其是对学术用户模仿行为全过程及机制的研究。因此，有必要补充与完善此领域的研究。

---

① 张萍，甘利人，薛春香．不同干预下高级信息检索方法的学习行为分析［J］．现代情报，2011，31（11）：3-8.

冯颖，甘利人，周晓剑．科技数据库用户观察学习行为研究［J］．图书情报工作，2011，55（22）：30-36.

② 王媛媛，刘丽．基于信息觅食理论的信息搜寻行为模式构建［J］．情报理论与实践，2015，38（10）：39.

③ 顾立平．Web2.0 环境中的学术信息检索行为［J］．图书情报知识，2008，（6）：69-74.

沈丽宁．学术信息合作查寻行为及其动机剖析［J］．情报理论与实践，2010，33（11）：86-89.

④ 查先进，张晋朝，严亚兰．微博环境下用户学术信息搜寻行为影响因素研究——信息质量和信源可信度双路径视角［J］．中国图书馆学报，2015，41（21）：2-15.

⑤ 陈明红，漆贤军．科研社交网络使用行为的影响因素研究［J］．情报理论与实践，2015，38（10）：73-79.

⑥ 王晰巍，曹茹烨，杨梦晴，等．微信用户信息共享行为影响因素模型及实证研究——基于信息生态视角的分析［J］．图书情报工作，2016，60（15）：6-13.

⑦ 吴丹，邱瑾．协同信息检索中的认知研究［J］．情报学报，2013，32（2）：125-136.

3.3 合作情境下学术用户网络信息查寻中的模仿行为研究设计

第3章总体研究流程如图3-1所示。

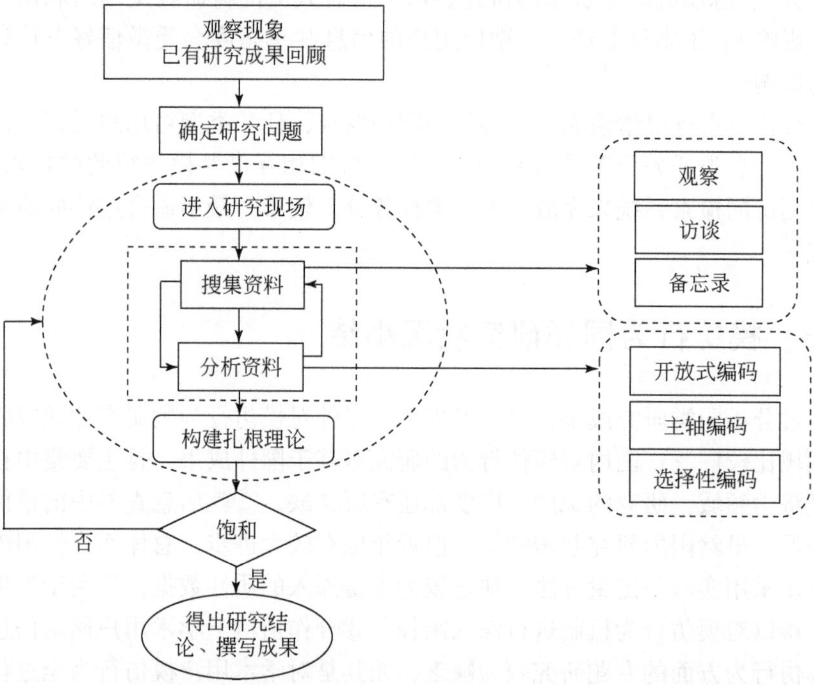

图3-1　合作情境下学术用户网络信息查寻中的模仿行为研究流程图

以下重点对研究方法采用及研究过程进行论证。

3.3.1 质性研究方法的采用

借鉴行为生态学和社会认知论中关于模仿行为的相关理论，运用质性研究方法中的扎根理论方法，对合作情境下学术用户网络信息查寻中的模仿行为进行实证研究。

国内已有的学术用户信息查寻中的模仿行为研究成果较多采用定量方法对预先提出的假设进行检验，而运用质性研究方法的相关研究比较缺乏。质性研究是通过研究者与研究对象间的互动展开深入细致的研究，便于发掘某些复杂且处于动态变化过程中的行为特征及内心体验，最终得到一个对行为机制比较全面的解释性理解。这一研究方法在行为生态学和认知心理学的相关研究中较为常见，并且可以找到模仿行为的相关理论原型。因此，对合作情境下学术用户网络信息查寻中的模仿行为进行质性研究，有利于研究者发现真实合作情境对学术用户在网络信息查寻中产生的模仿行为的作用，学术用户在进行网络信息查寻时产生模仿行为的具体动机与目的，以及用户模仿行为的影响因素等问题。质性研究的参与性、阐释性强，特别是扎根理论的思想强调贴近数据，通过对数据进行自下而上的比较、分析、整理和归纳，建构理论，其严格的资料搜集与分析方法对于本书的研究具有很强的适用性。

本研究遵循 Strauss 和 Corbin① 支持的扎根理论，即通过系统地搜集和分析资料的研究历程之后，从资料衍生而来的理论。

主要采用的资料搜集方法如下：

1）观察法

通过观察来达到探索性研究的目的，发现之前没有发现或有待改进的问题。具体为采用非结构化观察法，初步、整体、感性地对观察对象有一个大致的了解②。

2）访谈法

通过访谈，对不便于观察的模仿行为或在观察过程中发现的问题进行补充，以增加分析结果的深度。

3）出声思维法

当用户进行模仿时，研究人员鼓励其尽量将在模仿时遇到的问题、心里的想法、对结果的评价等用语言表达出来。

4）关键事件法

在进行访谈时，通过引导用户回忆并评价自己在网络信息查寻中的模仿行为事件，来获取更充实的研究资料，用以弥补观察结果的不足。

3.3.2 研究对象的选取

采用质性研究中的目的性抽样方法，通过对具体情境、人物、事件的精心选择，从而获得概率抽样等其他抽样方法无法获得的丰富信息，如至关重要的事件③。

具体而言，依据目的性抽样的抽样原则，选择观察与访谈对象。

---

① Strauss A，Corbin J. 质性研究入门：扎根理论研究方法［M］. 吴芝儀，廖梅花译. 嘉义：涛石文化事业有限公司，2001：8-304.

② 仇立平. 社会研究方法［M］. 重庆：重庆大学出版社，2008：221-235.

③ 费小冬. 扎根理论研究方法论：要素、研究程序和评判标准［J］. 公共行政评论，2008，(3)：23-43.

1）选择观察对象

在管理学、理学、工学3个学科门类下，以研究组所在学校的情报学专业、教育技术学专业、农业电气化与自动化专业的研究室为观察现场，选取3个学术团队共16位成员进行观察。

2）选择访谈对象

为弥补观察的不足，依据主要研究问题和观察中发现的问题，对3个学术团队中的16位成员进行半结构化访谈。同时根据理论饱和原则，在化学工程与技术、信息与通信工程、微生物学、中共党史专业扩充了样本各1人。至此，共计访谈用户20名，其中包括16名硕士研究生、2名博士研究生和2名教师。

3.3.3 资料的搜集与整理分析

3.3.3.1 资料搜集

（1）资料搜集工具

资料搜集工具包括知情同意书、观察记录表、访谈提纲、样本基本信息表、备忘录、摄像录音设备等。

1）知情同意书

用于向研究对象说明研究目的和主要内容，并征得研究对象的理解和同意，获得他们的支持。同时，从研究伦理原则出发，鉴于研究需运用观察和访谈法获取资料，并对部分观察和访谈过程进行拍摄或录音，本知情同意书可以为研究对象的隐私提供一个书面的保障（附录4）。

2）观察记录表

用于记录研究对象的行为内容（附录5）。

3）访谈提纲

针对主要研究问题和在观察结束后发现的新问题，设计访谈提纲，对每位研究对象进行访谈，以对在观察过程中产生的疑问寻求解答，进一步补充资料（附录6）。

4）样本基本信息表

样本信息表包含研究对象的编号、性别、专业、受教育程度/职业、接受观察和访谈的时间等信息。该基本信息表主要用来对资料进行搜集和整理（附录7）。

5）备忘录

指除真正的田野笔记、转录或编码以外的，研究者撰写的有关研究的材料；它不仅包括对阅读的思考和田野工作的反思，还包括对于方法论问题、伦理问题、个人反映或者其他任何问题①。本章通过写备忘录来搜集资料、发展类属，这在很大程度上提升了资料分析的方便性和有效性，并为形成最终的理论框架提供支持。

6）摄像录音设备

使用照相机捕捉研究对象的相关影像资料，同时用录音笔对部分观察和访谈内容进行录音，以便于内容的保存和转录。在进行拍摄和录音前，已征得研究对象的同意。

（2）观察资料的搜集

1）选择观察方式

采用参与式观察对研究对象进行观察，其优势在于有效获取“封闭性”集体的资料②；维持自然的行为情境；可获得更为深入的信息；为获得较为完整流畅的观察数据、不破坏被观察者之间的合作情境，研究人员不在中途打断被观察者正在进行的模仿行为，并以公开观察者的身份进行参与式观察。

2）记录观察结果

在现场观察时，为能获取被观察者的信任及与他们建立融洽的关系，尽可能延长观察时间；在观察内容上，通过捕捉被观察者的语言和肢体动作判断进入聚焦观察的节点，如在对整体进行观察时，发现正在进行信息查寻的被观察对象，便会对该被观察者重点留意，一旦其语言或行为表现出产生模仿行为的前兆（例如，编号 J-M-6 的被观察对象“查的文献只有这么几篇，文献量明显不够啊……你帮我看看吧，还能咋查啊？”），研究人员即会仔细地观察并详细地记录。

为了较完整地记录下被观察者模仿行为的全过程，除了尽量做好笔记外，还选用照相机、录音笔作为观察工具，并在条件允许的情况下，对榜样在电脑中的演示操作进行截图。

（3）访谈资料的搜集

1）选择访谈形式

采用半结构化访谈，以获取受访者产生模仿行为的动机、采用的模仿方式、影响模仿行为的因素及受访者对模仿效果的评价等较为深入的信息，并在访谈后请部分受访者根据自身经验绘制出网络信息查寻中的模仿行为流程图。

2）引入镶嵌图形测验

访谈发现，用户的认知风格可能会对模仿动机的产生具有一定的影响作用，因此在访谈结束后又对每位受访者进行了镶嵌图形测验（embedded figures test，EFT）。

① 沈伊默．从社会交换的角度看组织认同的来源及效益［J］．心理学报，2007，39（5）：918-925.

② 仇立平．社会研究方法［M］．重庆：重庆大学出版社，2008：221-235.

镶嵌图形测验是一种计时的纸笔测试，用以判别个体的场独立型或场依存型认知风格特征。本书采用北京师范大学心理学系修订的中文版“镶嵌图形测验”①，令受访者在较复杂的图形中用铅笔勾画出镶嵌或隐蔽在其中的简单图形。场依存型受访者对周围背景有较强的依赖性，他们难以知觉出被镶嵌的简单图形；而场独立型受访者则较少受视觉背景信息的影响，能够容易地识别出其中的简单图形（镶嵌图形测验及评分办法详见附录8）。

3.3.3.2 资料整理

相关资料包括16份观察记录，20份访谈记录及若干备忘录等。对所有文字资料进行归类、编码并备份。为使分析资料更加简明，使用表3-1中的标示符号。

表3-1 资料整理所用的标示符号

符号	含义
Q；J；N；G；W；L	Q——情报学专业；J——教育技术学专业；N——农业电气化与自动化专业；G——其他工科专业；W——其他人文社科专业；L——理科专业
1；2；3……	研究对象的序号
M；D；T	M——在读硕士生；D——在读博士生；T——教师

3.3.3.3 资料分析

扎根理论的主要指导思想是深入资料，对其进行反复地、不间断地分类、比较和编码。其中，编码是搜集资料和形成解释这些资料的生成理论之间的关键环节，通过编码可以帮助研究者定义数据中所发生的情况，反复思考它们的意义②。本章采用三级编码方式对资料进行分析：开放式编码（open coding）、主轴编码（axial coding）和选择性编码（selective coding）。

(1) 开放式编码

开放式编码是首先将搜集到的资料打散，然后通过比较、分类，归纳出能够描述现象的概念，最后将概念进而发展为范畴的过程。以下为开放式编码过程。

1）提炼概念

概念化是理论建立的第一个步骤，其目的是为了让研究者可以将相似的事

① 谢斯骏，张厚粲．认知方式：一个人格维度的实验研究［M］．北京：北京师范大学出版社，1988：261-280.

② Charmaz K．建构扎根理论：质性研究实践指南［M］．陈向明，边国英译．重庆：重庆大学出版社，2009：54-90.

件、事例、事物等加以群组，并归类在同一个标题或分类之下。逐行编码是编码的第一步，意味着对每行数据进行命名。逐行编码有利于分析具有丰富细节、与基本经验问题或过程有关的资料。本书是对行为进行研究，适合使用逐行编码的方法。具体地，采用“a_n”表示经逐行编码后所定义的现象，即现象标签；采用“aa_n”表示对现象的概念化。

2）发展范畴

一旦概念可以累积，研究者就需要通过比较分析，将提炼出的概念以更抽象的解释性名词进行归类，即发展成为范畴，并且依据范畴的属性和维度再进行发展，并进一步分化拆解为次范畴，用来解释某一范畴中的何时、何地、为何及如何等问题①。在此采用“A_n”表示归类后的范畴。开放式编码过程见表3-2。

在开放式编码过程中，共得到103个概念，经归纳与分类后共得到31个范畴。

（2）主轴编码

主轴编码是使范畴和次范畴联系起来的过程，其目的是找出范畴与次范畴之间的连接关系，并根据属性和维度进一步发展这些范畴，使范畴和子范畴的属性和维度具体化，重新排列在开放式编码中被分裂了的资料，给生成的分析一种连贯性。在主轴编码过程中，Anselm和Juliet①在建立可见范畴之间的关系时使用了一套模型，即条件/结果矩阵，包括①条件，是为何、何时、何地等问题的答案组合形成的结构，或一组环境氛围或情境，现象深植于其中；②行动/互动，研究对象对主题、事件或问题的常规性或策略性反应；③结果，即行动/互动所产生的后果。本书依据此套分析模型对搜集到的资料进行重新整合。

（3）选择性编码

选择性编码就是让范畴之间可能的关系变得具体化，是将核心范畴和其他范畴系统地联系起来，统整与精炼理论的过程。

研究组严格依照以上三级编码方式对所获得的资料进行编码和分析、撰写备忘录，并将备忘录所记录的内容融入这三级编码之中。在对资料进行分析的过程中，还邀请了部分研究对象一起对资料进行分析、检验，从而不断对概念、范畴和理论模型进行修正，对各范畴所包含的概念进行反复斟酌与梳理。

---

① Anselm S，Juliet C. 质性研究入门：扎根理论研究方法［M］. 吴芝儀，廖梅花译. 嘉义：涛石文化事业有限公司，2001：8-304.

表 3-2　合作情境下学术用户网络信息查寻中的模仿行为研究开放式编码

资料摘录	开放式编码		
	定义现象	概念化	范畴化
Q-M-1：想尽快找到需要的信息（a_1），因为要在老师规定的时间内完成任务，所以要尽快把信息搜集好（a_2）。有时想跟别人学习一下查寻技能（a_3）。在开题的那段时间产生的模仿比较多（a_4），因为那段时间要查的资料很多（a_5）。	a_1想尽快找到相关信息 a_2必须在规定时间内完成查寻任务 a_3想学习他人查寻经验 a_4开题阶段模仿行为较多 a_5开题阶段信息查寻任务量大	aa_1任务型动机 ［a_1，a_{57}，a_{117}，a_{186}，a_{262}，a_{324}，a_{386}，a_{534}，a_{604}，a_{677}，a_{824}，a_{844}，a_{947}，a_{979}，a_{1052}］ ……	A_1模仿动机的类型 （aa_1，aa_3，aa_{48}，aa_{77}） …… A_8模仿内容 （aa_7，aa_8，aa_{56}，aa_{80}，aa_{86}，aa_{88}，aa_{104}）
……	……	aa_6强烈的信息需求 ［a_6，a_{70}，a_{132}，a_{217}，a_{266}，a_{323}，a_{54}，a_{618}，a_{695}，a_{770}，a_{794}，a_{831}，a_{910}，a_{968}，a_{985}］	
Q-M-3：我会选择我认为比较权威的人进行模仿（a_{137}），因为他的信息查寻能力强，模仿成功的可能性大。我还会想去模仿和我查寻内容差不多的人（a_{138}），这样他就能很容易理解我的需求，如模仿和我一个课题的同学（a_{139}），因为课题相同，所以彼此查寻的内容有共通的地方，相互了解也容易模仿（a_{140}）。	a_{137}选择模仿权威的人 a_{138}选择模仿查寻内容相近的人 a_{139}模仿同一课题组的同学 a_{140}课题相同查寻内容相近	…… aa_{14}模仿团队同学的倾向 ［a_{16}，a_{81}，a_{142}，a_{218}，a_{289}，a_{313}，a_{348}，a_{552}，a_{632}，a_{704}，a_{766}，a_{950}］	…… A_{14}合作情境的优势 （aa_{15}，aa_{16}） ……
……	……	……	A_{17}查寻障碍 （aa_{22}，aa_{23}，aa_{54}，aa_{55}，aa_{64}，aa_{79}，aa_{95}，aa_{105}）
J-M-2：对于老师，偶尔也会模仿（a_{418}），但非常非常少，因为和老师见面的机会就比较少（a_{419}），而且对老师有畏惧心理（a_{420}），觉得老师认为查寻信息是必备能力（a_{421}），去问了怕受到批评（a_{422}）。	a_{418}模仿老师 a_{419}与老师见面机会少 a_{420}畏惧老师 a_{421}认为老师高估了自己的查寻能力 a_{422}怕受到老师批评 ……	aa_{21}所选榜样的相近性 ［a_{23}，a_{138}，a_{252}，a_{371}，a_{803}，a_{975}］ ……	……
……			
N-M-2：肯定是模仿老师多呀（a_{885}），老师权威啊，经验多（a_{886}），老师直接告诉我怎么找用什么词找就行了，问同学万一同学的也不对就白费了嘛，毕竟同学的经验不如老师多嘛（a_{887}）。自己就把模仿到的东西记录下来（a_{888}），就是以后也按照这个思路查，一般老师说的肯定是靠谱的。	a_{885}模仿老师较多 a_{886}老师查寻经验丰富 a_{887}同学查寻经验相对较少 a_{888}自己记录模仿内容进行复习 ……	aa_{43}语言+操作演示示范 ［a_{52}，a_{107}，a_{171}，a_{235}，a_{300}，a_{416}，a_{583}，a_{661}，a_{717}，a_{832}，a_{1040}］ ……	A_{25}选择榜样的顺序 （aa_{71}，aa_{74}，aa_{113}，aa_{118}，aa_{119}） ……
……			

续表

资料摘录	开放式编码		
	定义现象	概念化	范畴化
W-T：如果在网上没找到，就就近问问课题组的其他同事（a_{1021}），有时也会借鉴学生意见（a_{1022}）一般通过讨论借鉴别人的方法基本上就可以解决问题了。相对来讲我在网上查的比较多（a_{1023}），很多论坛、帖吧的信息都很全面，而且在网上查也比较方便快捷，节省时间（a_{1024}）。 ……	a_{1021}模仿课题组老师 a_{1022}模仿学生 a_{1023}通过网络模仿比较多 a_{1024}通过网络模仿方便快捷 ……	aa_{59}对老师的畏惧心理 [a_{85}，a_{150}，a_{226}，a_{420}，a_{422}，a_{641}，a_{714}] …… aa_{67}较强的模仿意愿 [a_{109}，a_{182}，a_{254}，a_{376}，a_{603}，a_{675}，a_{843}，a_{895}，a_{937}，a_{992}，a_{1079}] ……	A_{28}记忆方式 （aa_{25}，aa_{27}） …… A_{29}榜样选择的重复性 （aa_{106}，aa_{117}） ……
G-D-2：我本身还是比较愿意去模仿的（a_{1079}），因为可以快速地达到目的，非常方便（a_{1080}）。	a_{1079}模仿意愿较强 a_{1080}图方便 ……	aa102 良好的记忆效果 [a_{38}，a_{167}，a_{39}，a_{99}，a_{168}，a_{240}，a_{363}，a_{431}，a_{50}，a_{101}，a_{172}，a_{236}，a_{302}，a_{369}，a_{434}，a_{54}，a_{103}，a_{170}，a_{234}，a_{297}，a_{299}，a_{100}，a_{432}，a_{238}，a_{364}，a_{433}，a_{585}，a_{577}，a_{578}，a_{659}，a_{660}，a_{662}，a_{730}，a_{735}，a_{925}，a_{1002}，a_{1004}，a_{1039}，a_{1041}，a_{1074}] ……	

3.3.4　研究的信度、效度及伦理

（1）研究信度

采用以下方法保证研究信度：向研究对象详细介绍研究目的、研究者角色、抽样方法、研究工具等；邀请部分研究对象一起对搜集的资料、资料分析过程和所形成的理论框架进行检视；邀请一位与本研究组无利害关系的组外人员对研究过程及结果进行外部审核。

（2）研究效度

采用以下方法保证研究效度：尽可能地“悬置”研究者本人的观点，对先入之见保持高度的警惕性，不断进行自我反思，保持分析的中立性与客观性；与研究对象保持良好的关系，耐心听取并如实记录他们所描述的现象、经历等；通过观察、访谈和撰写备忘录等多元的方式进行资料的搜集工作，确保资料的真实性与丰富性；通过研究对象对所搜集的资料和对资料的分析结果进行的反馈，保证研究的有效性。

(3) 研究的伦理考量

相关措施：严格遵循自愿原则，保证每位研究对象都是自愿接受观察与访谈；与研究对象签订知情同意书，以书面形式保证研究对象的隐私；对于涉及录音的内容事先征得研究对象的同意，并承诺对录音内容完全保密；在资料分析和结果诠释中屏蔽研究对象的真实姓名，且承诺不公开涉及个人隐私的资料。

(4) 研究者“自我”卷入的反思

在研究过程中，研究者自身的知识背景和立场会对研究产生不同程度的影响。由于研究者既是研究主体同时又是被研究者，这种“跨界者”的身份使研究者既可以客观冷静地如实观察和记录情况，又可以作为亲历者对所研究的内容有更加深刻的体验。

此外，在研究中严格遵循扎根理论所强调的对理论的敏感性。不论是在研究设计阶段，还是在搜集和分析资料阶段，研究者都注意时刻提醒自己应对现有的理论、前人的理论及所搜集资料中呈现的理论保持敏感，注意捕捉新的建构理论的线索。

3.4 合作情境下学术用户网络信息查寻中的模仿行为实证数据分析

运用扎根理论的三级编码对搜集到的资料进行了分析，将核心现象定为“合作情境下学术用户网络信息查寻中的模仿行为过程”，包括学术用户在合作情境下信息查寻中模仿行为的动机过程、模仿行为的注意过程、模仿行为的保持与再现过程，以及模仿行为结果的评价过程①。以下为对核心现象中各个环节的分析。

3.4.1 合作情境下学术用户网络信息查寻中模仿行为的动机过程

模仿行为的动机过程（motivational processes）（简称模仿动机过程），是指激发或推动用户模仿行为的内部心理状态②。基于本书调研，可将学术用户的模仿动机过程整理成如下故事线：学术用户在对自身信息查寻结果不满意或在查寻过程中无法自行顺利解决查寻障碍的情况下，首先会自己通过变更查寻策略等尝

---

① 于晓蕾. 合作情境下学术用户网络信息查寻中的模仿行为研究［D］. 重庆：西南大学硕士学位论文，2013.

② 班杜拉. 思想和行动的社会基础：社会认知论［M］. 林颖，等译. 上海：华东师范大学出版社，2001：63-142.

黄希庭. 简明心理学辞典［M］. 合肥：安徽人民出版社，2004：69.

试，对查寻结果进行完善；之后如果对查寻结果仍不满意或仍然存在查寻困难时，在某些条件因素的影响下，学术用户往往会出现三种情况，即产生模仿动机、继续试错查寻、放弃查寻。就那些选择通过模仿来解决查寻问题的学术用户而言，其信息查寻任务、查寻障碍、信息需求强度、用户的认知风格、模仿目的，以及他们对信息价值或模仿环境等因素的判断等，都会影响其模仿动机与模仿内容的产生。

运用扎根理论中经典的条件/结果矩阵，对合作情境下学术用户网络信息查寻中的模仿动机的产生过程进行分析，依据条件/结果矩阵中各部分的意义，对各范畴进行分析和归类，得出如图 3-2 的模仿动机过程模型。

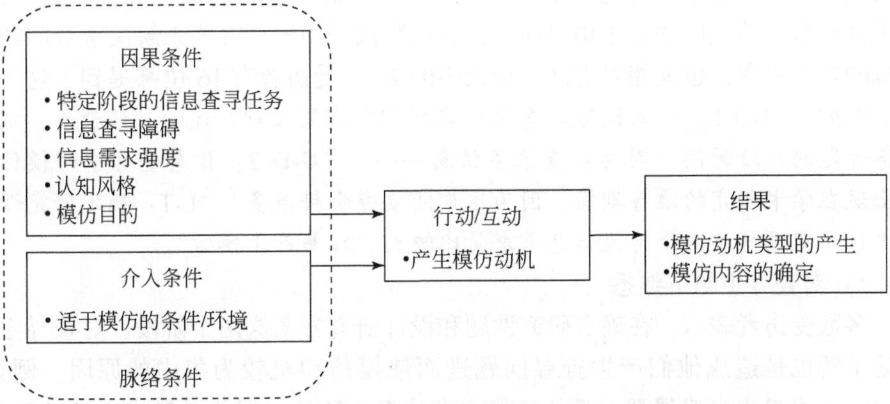

图 3-2　合作情境下学术用户网络信息查寻中的模仿动机过程模型

其中，因果条件是致使一个现象产生或发展的条件、背景，或现象之间存在的必然的因果关系；介入条件则是那些有可能促进或抑止因果条件对现象的影响的条件，它通常具有偶然性、非预期性；脉络条件是一组特定条件的组合在此时此地的相互交错，缔造了一组特定的环境氛围或难题，通过行动/互动来反映；结果则是行动/互动的产物①。

以下对合作情境下学术用户网络信息查寻中的模仿动机过程进行了详细阐释。

3.4.1.1　模仿动机过程的因果条件分析

一般而言，动机对行为具有始发、指向、维持、调节、中止等作用②。动机产生的内在原因是个体的需求，外部原因则是恰当的诱因。在本书中，模仿动机

① Anselm S，Juliet C. 质性研究入门：扎根理论研究方法［M］. 吴芝仪，廖梅花译. 嘉义：涛石文化事业有限公司，2001：187-204.

② 车文博. 心理咨询大百科全书［M］. 杭州：浙江科学技术出版社，2001：11.

的因果条件具体涉及用户所处特定学术研究阶段的信息查寻任务、信息查寻障碍、信息需求强度、用户的认知风格和模仿目的等。这些因果条件对合作情境下学术用户网络信息查寻中的模仿动机具有决定性影响，从而致使用户产生不同类型的模仿动机并确定出相应的模仿内容。

（1）特定阶段的信息查寻任务

访谈与观察资料表明，学术用户网络信息查寻中的模仿动机集中产生于确定研究课题和设计研究方案这两个阶段，其原因主要如下。

1）信息查寻任务量较大

绝大多数学术用户在确定研究课题与设计研究方案这两个阶段都面临着要查寻大量相关研究成果的情况，因此产生查寻问题的概率也会高于其他研究阶段。对于处于合作情境中的学术用户而言，在此阶段采用模仿方式来解决查寻问题的动机的发生概率，也就相对更高。访谈中的20位受访者有16位都提到了这个情况。例如，“J-M-1：我的模仿（念头）在研究前期写文献综述的时候最多，就是准备开题的那段时间，因为要查很多信息……”“G-D-2：信息查寻中的模仿主要出现在学术研究的准备期间，因为这期间要查资料很多”“L-T：确定研究课题和进行研究设计这两个阶段信息需求量比较大，容易产生模仿”。

2）对查寻主题不熟悉

多数受访者表示，在确定研究课题和设计研究方案这两个阶段，对查寻主题缺乏了解也是造成他们产生查寻问题进而使模仿动机较为集中的原因。例如，“G-D-1：在确定研究课题、设计研究方案这两个阶段，因为对研究内容不了解，所以自己查的东西可能不全面，就需要借鉴别人的意见（关键词选择）”“J-M-7：……一般就集中在开题前写综述这段时间……需要对研究的内容进行更全面深入的了解，我就想看看别人都用什么查寻软件查”。

相应地，很多用户反映，由于学术研究的其他阶段往往不存在那么繁重的信息查寻任务，加之他们对查寻主题已有深入了解，并已积累了一定的查寻经验，自身信息查寻能力有了提高，因而模仿动机的产生也就相对较少了。例如，“Q-M-4：到了后面（模仿）就会很少，信息的需求量也不是很大了；随着研究的深入，对研究内容越来越了解，在查寻时能够比较准确地把握关键词了”“J-M-4：到后面就会好很多，主要是对研究数据的整理和分析，基本不会有模仿的想法了……（因为）对研究内容也熟悉了，而且通过前面的模仿学习，能力也提高了，完全可以自己搞定，没必要模仿了”。

（2）信息查寻障碍

信息查寻障碍是造成模仿动机多发的一个原因。因而，出于以下需求，学术用户常会产生模仿动机。

1）克服检索策略制订中的障碍

分别包括克服信息源定位、检索词选择、检索途径确定、检索式构造等方面的障碍。例如，“J-M-3：想通过模仿，了解数据库或网站，知道什么样的信息该去哪里查”“J-M-6：我主要是（因为）对关键词掌握不好”“J-M-5：在查寻遇到困难，如不知道用什么字段匹配方式查寻（的情况下）”“Q-M-3：让我自己构造检索式挺困难的，(所以需要模仿)”。

2）克服信息甄选中的障碍

学术用户在对查寻结果的评价筛选时，可能存在来自结果数量（数量过多或过少）、查准率、查全率等方面的困扰，由此也会引发学术用户的模仿动机。例如，“G-D-1：搜索出来的量比较大，甄选量也较大，自己无从下手”“J-M-5：我的查寻结果有时数量特别多，但是相关的很少；有时就是数量很少，会觉得查得很不全面，所以想知道别人是怎么筛选的”。

3）提升信息查寻中的自我效能感

部分学术用户因之前未接触过网络信息检索课程学习或相关培训而自感信息查寻水平欠佳，因而希望通过模仿、学习他人的查寻经验与技能来提升自我效能感。例如，“J-M-4：自己的查寻能力又有欠缺，需要模仿别人”“G-D-2：自己的查寻能力又比较差，就想通过模仿跟人学习一下”。

(3) 信息需求强度

学术用户网络信息需求强度的强弱对其是否产生模仿动机具有明显的影响。大多数受访用户指出，他们只有对当前所查寻的网络信息具有较强烈的需求时才会产生模仿动机，而且需求越强烈，产生模仿动机的可能性越大。例如，“Q-M-2：如果我不是急需这些信息，我就不会去模仿，就会搁置在一边。总的来说就是要看我对这些信息的需求程度，越强就越容易去模仿”“L-T：如果信息需求不强烈，就不想去查这个信息了，更不会有模仿了，只有需求强烈的时候才会需要模仿”。

然而，也有用户指出，如果对网络学术信息的需求不是很强烈，就会基于对其他一些可变条件（如信息价值、模仿环境等）的判断，做出是否进行模仿的决定。此即后文将分析的介入条件。

(4) 认知风格

认知风格，亦译作认知方式或认知类型，是个体在认知过程中，表现在认知组织和认知功能等方面的持久一贯的特有风格或方式；其类型划分各异，最基本的是整体-分析（如场依存型和场独立型）和言语-心象（如言语型和视象型）两个认知维度①，其中，场独立型-场依存型是最广泛被定义的维度②。场独立型用户倾向以内部参照作为信息加工的依据，他们的社会敏感性差，不大注意他人

① 杨治良．简明心理学辞典［M］．上海：上海辞书出版社，2007.

② Witkin H A, Moore C A, Goodenough D R, et al. Field-dependent and field-independent cognitive styles and their educational implications [J]. Review of Educational Research, 1977, 47 (1): 1-64.

提供的社会线索，比较自信，喜欢孤独的非人际环境；而场依存型用户倾向以外在参照作为信息加工的依据，社会敏感性强，注意他人提供的社会线索，容易受他人影响，注重人际交往和人际关系，社会工作能力较强①。

在研究后期对所有参与访谈的学术用户进行了认知风格镶嵌图形测验。通过比对发现，用户信息查寻中的模仿动机的唤醒程度与其认知风格存在一定的联系。参与访谈的学术用户的认知风格测试结果见表3-3。

表3-3　学术用户认知风格汇总

编号	性别	统计分数	t	T	认知风格
Q-M-1	女	12.5	0.575	55.75	场独立型
Q-M-2	女	6.5	−0.652	43.48	场依存型
Q-M-3	女	7.0	−0.550	44.50	场依存型
Q-M-4	女	5.5	−0.857	41.43	场依存型
Q-M-5	男	16.5	1.492	64.92	场独立型
J-M-1	女	6.5	−0.652	43.48	场依存型
J-M-2	女	13.5	0.779	57.79	场独立型
J-M-3	女	12.5	0.575	55.75	场独立型
J-M-4	女	6.0	−0.755	42.45	场依存型
J-M-5	男	5.5	−0.980	40.20	场依存型
J-M-6	男	9.5	−0.081	49.19	场依存型
J-M-7	男	20.5	2.391	73.91	场独立型
N-M-1	男	7.0	−0.643	43.57	场依存型
N-M-2	男	6.5	−0.755	42.45	场依存型
N-M-3	男	22.5	2.840	78.40	场独立型
N-M-4	男	8.0	−0.418	45.82	场依存型
G-D-1	女	16.5	1.393	63.93	场独立型
G-D-2	男	6.5	−0.755	42.45	场依存型
L-T	女	6.5	−0.652	43.48	场依存型
W-T	男	19.0	2.054	70.54	场独立型

在接受访谈的20名学术用户中，有8名场独立型用户，12名场依存型用户。通过对比访谈记录与认知风格测试结果发现，场依存型用户的模仿动机较易被唤醒；场独立型用户的模仿动机则不易被唤醒。例如，面对查寻障碍时，场依存型用户仅开展少量查寻尝试后便会产生模仿动机，而场独立型用户则会尽自己最大

① 葛明贵．普通心理学［M］．合肥：合肥工业大学出版社，2011：335.

努力之后才会产生模仿动机。例如，“Q-M-4（场依存型）：我很容易产生模仿想法，一般我对最开始的查寻结果不满意会尝试更换一下数据库或关键词，如果还是不满意就马上会去模仿了，觉得模仿也是学习，可以完善自己的查寻结果”“N-M-4（场依存型）：我比较愿意去模仿别人，自己查不出来试着再查一下，不行就想马上问”“J-M-2（场独立型）：我本身也比较喜欢通过自己的摸索解决问题……我一般会自己摸索比较长的时间，尽自己最大努力克服障碍完善结果，最后如果还不行才会去模仿”“Q-M-1（场独立型）：我不太喜欢经常模仿别人，比较习惯通过自己学习，解决问题，实在不行才会去模仿别人”。

另外，场独立型用户在访谈中会较明确地表达出“避免麻烦他人”和“避免丧失自主查寻动力”的观点，作为支持自己不易产生模仿动机的理由。例如，“J-M-7：我觉得模仿会产生依赖性，所以我为了避免这个影响，不愿意去模仿”“W-T：我除了有时在网上看一下别人的查寻经验介绍，很少有其他形式的模仿了，因为不想去过多地麻烦别人”“G-D-1：自己能解决的事情先不要麻烦其他人，等解决不了了，再问同学。……我轻易不想模仿别人，一是不愿意麻烦别人，还有就是不想让自己总是依赖别人”。

（5）模仿目的

模仿目的，是个体预期其模仿行为能达到的结果，它引导行为的方向。目的涉及动机的“方向”，目的与动机也可以相互转化①，因而目的也常常具有动机的功能。以下为合作情境下学术用户网络信息查寻中的模仿目的。

1）按时完成信息查寻任务

多数学术研究活动都有其比较严格的时间计划，为能在规定的时间内完成信息查寻任务，学术用户便易产生模仿动机。例如，“L-T：课题是规定了时间的，有时间压力，不能在信息查寻上浪费太多时间，模仿是最快能解决这个问题的方法”“G-D-2：……还有就是任务完不成，老师要求相应的时间，到时间要完成，这是客观的原因吧”。

2）尽快完成信息查寻任务

出于尽快完成信息查寻任务的目的，学术用户选择通过模仿他人来节省信息查寻时间。例如，“Q-M-4：我想在短时间内完成任务……完全靠自己的能力又不太可能，所以就会去模仿别人”“N-M-1：我为了尽快完成项目的信息搜集工作……这样通过模仿再结合自己的经验，可以更高效快速地完成分配给自己的任务”。

3）提高自身信息查寻能力

出于提高自身信息查寻能力的目的，学术用户希望能够通过模仿，学习他人的信息查寻经验等。例如，“J-M-6：我看别人的查寻效果好，就想去模仿，想跟

① 刘文英．哲学百科小辞典［M］．兰州：甘肃人民出版社，1987：602.

人家学习一下怎么选关键词，提高自己的能力”“Q-M-4：……还有就是在看到别人查寻效果好，自己又查不到的时候就会去模仿一下，想学习人家的方法，想提高自己的能力”。

3.4.1.2　模仿动机过程的介入条件分析

除了因果条件之外，模仿动机的产生，往往还需要具备适于产生模仿动机的介入条件。例如，当信息需求强度这一因果条件处于较弱水平时，学术用户模仿动机的产生，通常取决于他们对信息价值或模仿环境等因素的判断。

在对信息价值的判断方面，如“J-M-6：如果（需求）不强的话，如果我觉得以后会用到这个信息，还是想去模仿，这样以后用起来就方便了”“G-D-2：如果信息需求不强烈，我也会模仿别人，因为如果正好是我感兴趣的信息，或者是与急需的信息相关的一些信息，也可以查出来看看”。

在对模仿环境的判断方面，任务紧迫性、时间充裕性等均会影响模仿动机的产生，如“Q-M-4：如果对信息的需求不是很强，我会根据当时的情况而定，如果有比这个更重要的事儿，就不会模仿了，就直接去干重要的事儿，如果当时空闲时间比较多，而且周围有可以模仿的人或者在网上能查到别人提出的解决办法，就想模仿一下”；此外，用户所处的合作情境是否适宜，也是影响模仿动机产生的另一介入条件，如“J-M-4：如果（需求）不是很强烈，我会看一下周围的环境，如果条件便利，方便询问模仿的话就会去模仿。例如，看周围的人不太忙或者刚好有我想模仿的人的话，就想过去问一下；如果不方便就算了”。

3.4.1.3　模仿动机过程的脉络条件及行动/互动分析

学术用户在因果条件和介入条件的作用下，产生模仿动机，其具体脉络：当学术用户在查寻网络信息遇到查寻障碍时，在信息需求强度、自身认知风格、模仿目的，以及信息价值或模仿环境等因素的综合作用下，便会在不同程度上产生模仿动机；模仿动机集中发生在确定研究课题和设计研究方案阶段。

3.4.1.4　模仿动机过程的结果

学术用户模仿动机过程的结果，主要包括产生模仿动机类型、确定模仿内容。

（1）模仿动机类型的产生

学术用户产生的模仿动机主要包括以下类型。

1）任务型动机

此类模仿动机是围绕完成信息查寻任务的目标而产生的。按时完成信息查寻任务、尽快完成信息查寻任务，均属于此种动机类型。

2）学习型动机

此类模仿动机的产生旨在提高效率、学习成功经验等。它在种群行为中表现尤为明显：集群中的个体可以通过相互学习，增加学习机会和学习时间，取长补短，提高学习效率①。处于合作情境中的学术用户同样如此：在群内榜样的替代性强化刺激②下，为提高自身信息查寻能力而产生模仿动机。

3）求便型动机

如果学术用户处于良好的模仿环境中，就易在便利的环境这一介入条件作用下产生模仿动机。这种求便型动机体现了人类与生俱来的群体便利性③这一生物特性。

需要指出的是，上述三种类型的模仿动机，可能会同时出现在学术用户的模仿经历中，且三者的界限也难以清晰划断。例如，“Q-M-3：我必须在老师规定的时间内完成任务，如准备开题的那一阵，必须在开题那天之前把开题报告准备好，所以必须尽快查到需要的信息；在看到别人查得又快又好的时候，就想去模仿人家是怎么查的，提高自己的能力”“L-T：对查寻效果不满意，想尽快达到自己的要求，而且课题是规定了时间的，有时间压力，不能在信息查寻上浪费太多时间，模仿是最快能解决这个问题的方法，而且课题组的人多，模仿起来很方便。”

(2) 模仿内容的确定

观察与访谈资料表明，用户确定需要模仿的内容主要分为：①对查寻策略制订的模仿，包括在信息源选择、检索词选择、检索途径确定、检索式构造等方面对他人行为的模仿需求；②对查寻策略调整的模仿，即面对不够理想的检出结果，需要模仿他人的做法，采用词汇控制、检索字段调整、学科限定、信息源类型调整等措施进行扩检、缩检。

综上，用户在信息查寻中，会产生不同类型的模仿动机和模仿内容。用户模仿行为的动机过程是产生和实施模仿行为的起点和基础，会对模仿行为的后续过程产生影响。

3.4.2 合作情境下学术用户网络信息查寻中的模仿行为注意过程

在认知心理学中，模仿行为注意过程④指个体将其心理资源贯注于示范事件的过程。注意过程决定个体从示范者那里选择、吸取何种信息⑤。对观察与访谈

① 李振基，陈小麟，郑海雷．生态学［M］．北京：科学出版社，2000：117.

② 班杜拉．思想和行动的社会基础：社会认知论［M］．林颖，等译．上海：华东师范大学出版社，2001：321-465.

③ Zentall T. Action imitation in birds［J］．Learning and Behavior，2004，32（1）：15-23.

④ 班杜拉．思想和行动的社会基础：社会认知论［M］．林颖，等译．上海：华东师范大学出版社，2001：63-142.

⑤ 黄希庭．简明心理学辞典［M］．合肥：安徽人民出版社，2004：514.

资料的编码分析显示，合作情境下学术用户网络信息查寻中的模仿行为注意过程主要聚集于学术用户对示范者（榜样）的选择这一活动。具体故事线为：学术用户依据其在模仿动机过程中确定的模仿内容，选择适合的榜样；在此过程中，诸多主客观因素会影响学术用户选择榜样的倾向及选择榜样的顺序；不同学术用户的榜样选择倾向及选择顺序各有不同，但最终会在此阶段形成各自选择榜样的标准。根据条件/结果矩阵，合作情境下学术用户网络信息查寻中的模仿行为注意过程模型见图 3-3。

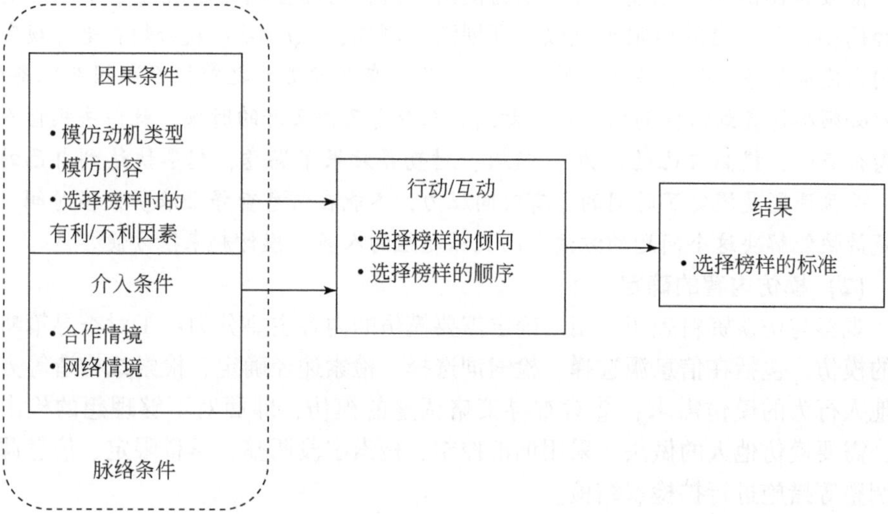

图 3-3　合作情境下学术用户网络信息查寻中的模仿行为注意过程模型

3.4.2.1　模仿行为注意过程的因果条件分析

鉴于前文已详细论述了模仿动机类型与模仿内容，此处仅对榜样选择相关因果条件进行分析。

榜样是学术用户在信息查寻中自觉模仿的对象。学术用户在选择榜样的经历中，会受一些条件因素的影响，其中的有利因素可推动学术用户对某榜样的选择，而不利因素则会阻碍学术用户选择某榜样。

（1）学术用户在选择榜样时遇到的有利因素

1）团队成员间的互补优势

处于同一团队的成员往往会表现出相互间的互补性，有利于增进知识和经验的交流与沟通。这种互补性主要表现在经验互补和思维互补两个方面，如在高校师生学术团队中，教师的权威性和丰富的查寻经验可以弥补学生查寻经验欠缺的不足，而学生思维的发散性也可为信息查寻提供开阔的视野。例如，“N-M-1：老师的相关查寻经验比较丰富，能够用最简明的方法最快速精准地查寻到所需要的核心信息”“W-T：通过和大家的交流，有时可以收获一些意想不到的信息，对拓展思维和视野很有帮助，就像我们课题组很多学生的思维很发散，对把信息查得更全会很有帮助……”。

2）网络模仿的方便、低干扰性优势

除团队成员间模仿外，由于网络的方便性，用户也会通过在网上查看他人的查寻经验或借助网上咨询来进行模仿，而不用打扰正在工作中的团队成员，这可以在一定程度减少模仿中的社交成本。例如，“W-T：很多论坛、贴吧的信息都很全面，而且在网上查也比较方便快捷，节省时间”“Q-M-1：有很多在网上查看别人查寻经历的情况，我觉得这种方式是最方便的，不用麻烦别人。”

（2）用户在选择榜样时遇到的不利因素

1）与部分榜样间的交流沟通不足

例如，在师生团队中，学生与老师交流沟通的机会偏少；有的教师高估了学生的信息查寻能力，或表现出对学生信息查寻能力的失望，使学生对老师心生畏惧，如若选择老师作为模仿榜样，势必增加心理成本。相关表述包括：“Q-M-1：因为老师平时很忙，见面交流的机会比较少；还有，老师认为我们在信息查寻方面应该不存在问题，如果问这类的问题怕受到批评。如果老师好说话的话也愿意模仿他，但很多时候他都是批评埋怨我们”“J-M-2：因为和老师见面的机会比较少，而且对老师有畏惧心理，觉得老师认为查寻信息是必备能力，去问了怕受到批评。”

2）部分榜样自身的查寻经验欠缺

例如，在不便模仿老师的情况下，学生往往求助于团队内其他学生，但后者的信息查寻经验较少，也是不得不正视的现实。例如，“N-M-4：偶尔也会问问同学，但是同学经验不如老师多嘛”“N-M-1：我觉得同学的经验比较少，虽然可以提供不同的查寻方式，但是容易耗费比较多的时间却无法查寻到比较核心的信息，容易走弯路……”。

3）网络模仿的有效性较低、风险偏大

部分学术用户表示，虽然通过网络进行模仿比较方便快捷，但其缺点也比较明显：网络中其他人提供的查寻经验的准确性及适用性缺乏保障；异时交互常常影响信息查寻的进度。例如，“N-M-3：我觉得在网上模仿不好的就是，他的回答也不一定是对的，你去看了之后发现并不是自己想要的答案，这时就还得再继续找，相当于浪费了时间”“G-D-1：但网络上的搜索经验有些不适合我们的研究”“J-M-5：但是网络也有缺点，就是有时不能得到及时的回复”。

综合以上情况，因团队内的成员间模仿和网络模仿各有千秋，在一定情境下，都有可能被学术用户列入模仿的候选对象。

3.4.2.2 模仿行为注意过程的介入条件分析

研究发现，学术用户所处的情境作为一种介入条件，可导致其信息查寻中的模仿行为注意过程产生不同的结果；合作情境与网络情境，均对用户模仿行为注意过程有重要影响。

（1）合作情境

在合作情境下，同一团队成员在种群行为的集群性这一社会与生物特性的影响下，为了完成共同的学术目标，彼此间分工协作，取长补短，共同推进学术研究活动的顺利进行。合作情境对学术用户模仿行为注意过程的影响优势，具体表现为物理优势和理解优势。

1）合作情境的物理优势主要体现在群体便利性上

同一学术研究团队中的用户时常处于同一空间内进行学术研究活动，已形成了较为稳定的学术文化环境，很容易找到本团队的其他用户进行模仿。例如，"L-T：课题组的人多，模仿起来很方便""N-M-1：我的导师和我在同一个实验室，模仿起来也很方便"。

2）合作情境的理解优势主要表现在三个方面

一是对彼此查寻内容与意图的理解，如"Q-M-1：在同一个课题组，互相对对方的研究内容也比较了解，不用解释太多""J-M-2：（本团队中的人）研究内容相近，需求相近，模仿起来比较容易"。二是对彼此情感的理解，这在学生型用户之间表现尤为明显，如"J-M-1：同学之间不会有压力，不像和老师交流那样；同学间氛围很轻松"。三是来自榜样的示范信息可以避免团队成员间研究内容的重复，相关表达如"G-D-1：（模仿团队成员），免得同一课题组相互之间研究的东西重复。"

与此相应，用户对模仿非本团队成员可能存在的风险也进行了相应的描述："J-M-3：如果找（本团队外的）其他人，他对我的课题甚至专业都不了解，很难给我有效的帮助""L-T：如果不是课题组内的人，你要问人家，还得解释半天你要查的是什么，浪费很多时间""G-D-2：如果不是模仿同一课题组的人那就比较困难了，因为做的东西不一样，互相也不了解，会浪费很多时间"。

（2）网络情境

网络情境因其方便、低干扰性等特性，也对学术用户模仿行为注意过程有较大影响。例如，"Q-M-1：我觉得（网络模仿）这种方式是最方便的，不用麻烦别人，我自己就能解决，我用得也最多""N-M-3：如果真遇到困难了，我会自己想办法解决，都是上网看看其他人有没有相关的经验，不想麻烦周围的人"。

3.4.2.3 模仿行为注意过程的脉络条件及行动/互动分析

用户在因果条件和介入条件的作用下，形成选择榜样的倾向和选择榜样的顺序。

（1）选择榜样的倾向

学术用户选择榜样时的倾向主要包括三种：以学生为榜样的倾向、以教师为榜样的倾向、网络模仿的倾向，具体又可划分为五种模仿类型：学生→学生模仿、学生→教师模仿、教师→学生模仿、教师→教师模仿、网络模仿。

1）以学生为榜样的倾向

这种情况主要包括团队中的学生模仿学生、教师模仿学生两种类型，即学生→学生模仿、教师→学生模仿。鉴于同学间的互补互助性优势，以及师生交流沟通匮乏、网络模仿有效性存疑等现实情况，学生型用户往往表现出较明显的学生→学生模仿倾向。教师型用户出于借鉴学生发散性思维优势的考虑，也会参考来自学生的示范信息。例如，“Q-M-2：我选择模仿同一课题的同学比较多，因为课题相同，要查的信息比较相近，交流起来比较方便。而且同学离得比较近，都在一个实验室，很方便。模仿同学心情比较放松，不像模仿老师，会容易紧张，有一些畏惧心理，而且平时和老师接触、交流的机会也比较少，所以很少模仿”“G-D-1：……因为有时候老师相比较于我们，关键词还没我们（学生）懂得多呢，有时候还要问我们”。

2）以教师为榜样的倾向

这种情况主要包括团队中的学生模仿教师、教师模仿教师两种类型，即学生→教师模仿、教师→教师模仿。由于教师具有较丰富的信息查寻经验并且具有一定的权威性，学生→教师模仿倾向较易产生。这种情况较明显地体现在师生沟通交流较多的学生型用户身上。这种倾向与企业中下属对上级的模仿相类似——一个具有较高能力的上级，往往会被其下级视为正向榜样，下级会通过模仿上级的行为达到提升自己能力的效果。例如，“N-M-1：我选择模仿老师多一些，因为老师的相关查寻经验比较丰富，能够用最简明的方法最快速精准地查寻到所需要的核心信息。我的导师和我在同一个实验室，模仿起来也很方便，而且研究内容相同。我模仿同学和网络比较少，因为我觉得同学的经验比较少，虽然可以提供不同的查寻方式，但是容易耗费比较多的时间却无法查寻到比较核心的信息，容易走弯路；网络上的信息也不能保证有效真实”“N-M-2：肯定是模仿老师多呀，老师权威、经验多，老师直接告诉我怎么找、用什么词找就行了，问同学万一同学的也不对就白费了嘛，毕竟同学的经验不如老师多嘛”。

此外，处于合作情境中的教师之间，也会就共同的研究任务相互学习和交流经验，从而产生相互模仿的倾向。例如，“L-T：问问我们课题组的其他老师这方面的信息应该在哪里找……”“W-T：如果在网上没找到，就就近问问课题组的其他同事”。

3）网络模仿的倾向

网络的方便性是学术用户产生网络模仿倾向的重要原因。由于不受时空限制，用户可以随时随地通过网络模仿学习他人的信息查寻经验，从而解决查寻问题或提升信息查寻水平。其中，社交网络、博客、贴吧、论坛等，是他们常用的网络平台。例如，“J-M-2：我一般都会最先在网上看一看……如我在人人网上就看到过一些关于教育技术文献查寻方法方面的帖子，上面介绍了很多人的查寻经验。教育技术领域专业的博客也会有一些关于查寻方面的方法介绍和经验总结，我会参照自己的需要，模仿他们的方法，如我之前在焦建利教授的博客上就看到过类似的文章还有刚才说的选择数据库”。

需要指出的是，在现实情况中，学术用户可能会同时表现出两种或以上的榜样选择倾向。例如，“G-D-1：我模仿同学和网络居多，特别是同一课题组的同学居多，免得同一课题组相互之间研究的东西重复。（模仿）网络的好处就是方便……”“N-M-4：我模仿老师比较多，因为老师比较权威且经验丰富，而且在一个实验室，模仿起来比较方便，他对我的研究内容也比较了解，知道我的需求；我也会听听同学的意见，但是有时候同学的经验不如老师多嘛……”“J-M-6：先在网上查查，先不麻烦同学和老师，这样也比较方便……如果不行的话，就去问周围同学，一般就能解决问题了”。

总体上看，在榜样选择上，用户更倾向于在自己所属的学术团队中选择榜样进行模仿，这种选择榜样的倾向与生物种群中的行为模仿规律相吻合。

（2）选择榜样的顺序

根据观察与访谈资料，对学术用户选择榜样的顺序进行描述。

在学生型用户中，对榜样的选择顺序各不相同，包括学生-网络-教师、网络-学生-教师、教师-学生-网络、教师-网络-学生、网络-教师-学生。这些不同的选择顺序，是用户对模仿动机、所处环境的便利可得、模仿效果、模仿的社交与心理成本，以及相关风险因素等进行综合权衡之后所做出的决策。

1）学生→学生-网络-教师

“Q-M-3：三种方式首选同课题的同学中查寻能力强的同学，然后是在网上查找别人的查寻经历，最后选择模仿老师”“J-M-1：模仿我们实验室的同学比较多……只有在同学间无法解决，网络也不能及时解决问题时，或者对同学、网络的这些查寻行为有怀疑感觉不够权威严谨时，才会去问老师”。

2）学生→网络-学生-教师

“J-M-2：我是能自己解决的话尽量自己解决，如果实在不行就在网上查一下，还是不行就模仿同学，最后选择模仿老师”。

3）学生→教师-学生-网络

“N-M-1：基本上就是先选老师模仿，如果老师比较忙的话就去模仿同学，还是不行就再自己上网查查别人有没有查过类似的信息、是怎么查的”。

4）学生→教师-网络-学生

“N-M-2：对模仿对象的选择顺序是首选老师，如果条件不允许模仿老师的话，就自己在网上看看有没有这方面的经验分享，不行的话就去问问我同学”。

5）学生→网络-教师-学生

“N-M-3：要是实在在网上查不到了，那只能去（模仿）实验室的同学和老师了。[那是会首选同学还是首选老师呢?] 老师吧，自己已经在网上浪费很多时间了，去问老师比较保险吧；如果老师不在或没时间回答我的话，就去问同学”。

就受访的教师型用户的榜样选择顺序来看，尽量减少模仿成本，往往成为他们优先考虑的因素，这可能与其自身信息查寻水平较高有较大关系。例如，“W-T：一般是首选网络；然后是看一下学生的查寻结果，如果他们查的刚好可以弥补我认为自己存在的问题，就会参考他们的查寻意见；最后是其他老师，因为他们也有自己的事要做，尽量不麻烦人家”“L-T：（自己一时查不到研究领域中最前沿的信息时），就容易产生模仿行为，如问问周围的学生找到没，……，或是问问我们课题组的其他老师这方面的信息应该在哪里找，一般情况下，他们会告诉我去一些专业的网站、论坛上找，还有一些专家的博客等”。

3.4.2.4 模仿行为注意过程的结果

学术用户模仿行为注意过程的结果，主要表现为形成较为稳定的选择榜样的标准。归纳起来，学术用户选择榜样的标准主要包括便利性、相近性、权威性、有效性。

（1）选择榜样的便利性

学术用户决定选择某榜样进行模仿时，会理性地考虑模仿行为可能产生的时间花费或精力付出，因而他们通常习惯于选择物理距离或心理距离较近的榜样，以减少时间成本、心理成本、社交成本等。

（2）查寻任务的相近性

学术用户倾向选择与自己查寻任务相近的人特别是同一团队成员作为模仿榜样，以图利用相互之间的理解优势，减少模仿过程中的认知成本。

（3）所选榜样的权威性

学术用户在选择榜样时会考虑榜样本身所具有的权威性，在条件允许的情况下，通常选择其心目中信息查寻水平高或学术能力强的榜样进行模仿，以保证模仿内容的科学性和准确性。

（4）模仿结果的有效性

学术用户在选择榜样时会预估模仿结果的有效性，预判榜样所提供的示范信息的准确性、适用性，从而避免低效模仿甚至无效模仿的风险。

学术用户在对榜样进行选择时，会根据以上标准，结合本人过往经验进行综合考量，最终确定拟模仿的榜样。例如，“J-M-4：我选择模仿对象的时候，会找我觉得比较权威的人模仿，或是查寻效果比较好的人；还要考虑方便性，如选择离我比较近的或是平时和我关系比较好的人”“Q-M-4：一般我会选择模仿我们组的人，因为考虑到方便性和有效性，以及要查的内容有相近的地方，或者模仿我看到查寻效果好的人”“G-D-1：……我会问一个课题组的师兄或师姐，因为研究内容相近，能有针对地指导；还有就是刚才说的避免研究内容雷同，还会考虑权威性，权威越高、经验越多越会优先考虑”“J-M-3：在选择模仿对象的时候，首先会选择我认为比较有权威的，后面就会根据模仿后的效果选择模仿对象，一般就在周围的团队同学中找。”

在模仿行为注意过程中，学术用户根据自身需求及经验等所形成的榜样选择标准，有助于其信息查寻行为的优化。这也与行为生态学中的某些生物特性相吻合：动物从父母等直系亲缘那里学习到基本的生存技能，而在日常的种群生活中，可以从其他同伴那里获得或优化生存技能。

3.4.3 合作情境下学术用户网络信息查寻中的模仿行为保持与再现过程

模仿的保持过程是模仿者把通过模仿获得的榜样示范行为的信息存储在记忆中的过程。行为再现的过程则是将榜样的示范行为信息从符号形式转化成实际的行为，实质上就是模仿者对榜样示范行为的表现过程。

合作情境下学术用户网络信息查寻中的模仿行为的保持与再现，主要涉及榜样示范、模仿者记忆和行为再现等。这一过程的故事线为：学术用户依据其确定的榜样选择标准，在自我强化或替代性强化的作用下，通过观察和复制来自榜样示范行为的信息，将相关信息存储于记忆之中，继而转化成实际的模仿行为并同时形成对该榜样的重复选择或不重复选择倾向；榜样示范特征作为介入条件，在一定程度上对模仿者记忆、模仿行为再现、榜样选择的重复性产生影响。具体模型见图3-4。

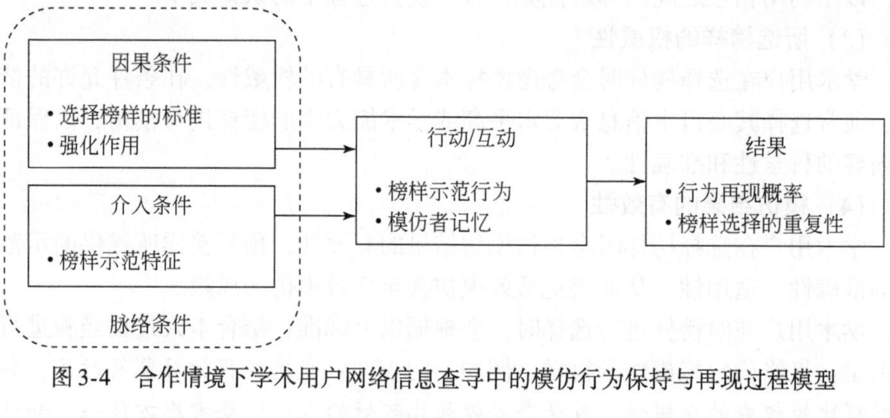

图3-4 合作情境下学术用户网络信息查寻中的模仿行为保持与再现过程模型

3.4.3.1 模仿行为保持与再现过程的因果条件分析

由图3-4可知，在模仿行为保持与再现过程中，因果条件主要包括两个，一是模仿行为注意过程的结果（即选择榜样的标准），二是强化作用。鉴于前者已在 3.4.2.4 节论述，此处重点对强化作用这一因果条件进行分析。

在社会学习理论中，强化是通过某一刺激增强个体某种行为的过程①。强化可分为自我强化、直接强化和替代性强化三种形式②。观察及访谈资料表明：学术用户受到的强化作用会影响其对模仿内容的记忆效果，并与其行为再现概率之间存在着必然的因果联系；学术用户对模仿内容进行记忆时，主要受其中两种形式的强化的作用，即自我强化和替代性强化。

1）自我强化

自我强化指个体对自己的行为进行预测，并借助于反馈信息进行自我评价和自我调节，进而进行自我奖励或自我批评。自我强化强调个体的主观能动性，是一种高水平的强化形式。学术用户自我强化的水平直接影响他们对模仿内容的记忆效果和其行为再现的概率，自我强化越充分，对模仿内容的记忆越深刻，使用越频繁；相反，自我强化不足，对模仿内容的记忆就相对较差，使用概率也相对较小。

2）替代性强化

替代性强化是指模仿者通过看到他人的行为而受到的强化，在模仿者身上间接引起的强化作用。替代性强化作为一种间接强化，也在一定程度上影响学术用户模仿行为再现的概率。替代性强化作用越明显，学术用户对模仿内容的记忆越深刻，以后使用越频繁；相反，他们对模仿内容的记忆效果就相对差些，使用频率也相对低些。

自我强化与替代性强化，常常同时作用于学术用户的记忆及模仿行为再现。例如，“J-M-1：我在模仿到一个方法之后，就会努力记住这个方法；记忆越深刻，以后查寻就会越常用这个方法，不会浪费时间尝试其他方法了……看到别人也用我模仿到的这个方法时，会觉得这种方法更加可靠，对它的印象会更深刻，以后用得会更多。如果自己对这个方法复习得不够充分或是方法的效果不好，以及没有看到别人使用等，那使用这个方法的频率肯定会比较低”“N-M-4：在模仿到新方法后，我会自己复习，可以加深印象，记得越清楚以后用得就越多。在看到别人用的时候，会觉得这个方法挺好的，以后也会更放心、更多地使用”“Q-M-5：随着自己对这个方法的反复使用，印象越来越深刻，使用的频率也会越来越高。如果看到别人正好使用我模仿到的方法，我会觉得大家都在用的方法肯定是经过验证的比较好的方法，会对这个方法记得更牢固，以后使用得也更多，有一定的从众心理”。

① 杨治良，郝兴昌．心理学辞典［M］．上海：上海辞书出版社，2016.

② 班杜拉．思想和行动的社会基础：社会认知论［M］．林颖，等译．上海：华东师范大学出版社，2001：321-465.

3.4.3.2 模仿行为保持与再现过程的介入条件分析

访谈资料显示，学术用户对团队中的示范榜样进行模仿学习时，榜样所表现出的不同特征，作为介入条件，会使模仿者产生不同的心理和情绪，从而影响模仿者在本次模仿内容的记忆效果，且易影响其日后对该榜样的重复选择。以下为榜样示范特征。

1）榜样的态度特征

在示范过程中，若榜样表现出热情、友好、有耐心、认真等积极态度，模仿者就更愿意接受该榜样的指导，对其进行模仿；如果榜样表现出冷淡、缺乏耐心、不认真等消极态度，模仿者则容易产生抵触情绪，不能专注于要模仿的内容。在记忆效果方面，相较于具有消极态度的榜样，具有积极态度的榜样能使模仿者产生更好的记忆效果。此外，模仿者也更倾向于再次选择那些具有积极态度的榜样作为模仿对象。

2）榜样的语言风格

榜样风趣幽默或严肃认真的语言风格有助于模仿者对模仿内容的理解与吸收，并产生良好的记忆效果。

3）榜样的演示特征

榜样简明、熟练的演示，有助于模仿者对模仿内容的记忆；与之相反，烦琐、欠熟练的演示，则会对模仿者的记忆造成不良影响，并在一定程度上影响其模仿行为的再现概率及对榜样的重复选择。

例如，“J-M-5：在我模仿的时候，如果这个人态度很好，很热情，我就容易接受，（模仿）效果好，以后遇到问题还想模仿他；有的态度不好，很冷淡，我就不愿意模仿他了，想换人，模仿的效果也不好。还有，他示范的简明程度也对我有影响，越简明我记得越清楚；方法越简单，以后使用的概率越大”“J-M-2：我模仿的这个人的一些态度会对我产生影响，他如果比较耐心，很认真，说话时比较幽默，都会加深我对要模仿的内容的记忆”“L-T：我觉得如果示范的方法简明一些会比较容易记住，使用起来也方便一些。还有榜样的态度对我影响也很大，如果是比较耐心的，我就很乐于接受他的意见；如果没有耐心，我就会产生抵触情绪，对示范的记忆效果也不好，以后遇到问题都不想去问他了”。

另外，也有少数用户认为榜样的演示特征对其影响不大。例如，“N-M-2：我对模仿对象的（演示）特征没什么感觉，因为我大多是模仿老师，他有什么特征我都得接受”“N-M-1：其实我对榜样的（演示）特征没有特别的要求，只要能达到学习的目的就可以，而且如果模仿对象是老师的话，也没得选择，他是什么态度什么语气，我都得听着”。

3.4.3.3　模仿行为保持与再现过程的脉络条件与行动/互动分析

在上述条件的影响下，榜样示范行为呈现出不同类型，作为模仿者的学术用户也会形成不同的记忆方式。

(1) 榜样示范行为

研究发现，榜样的示范行为主要包括两种形式。

一是纯语言示范。榜样与模仿者只进行语言交流，模仿者根据榜样的语言描述进行模仿。

二是语言+操作演示示范。榜样与模仿者不仅有语言上的交流，而且榜样还为模仿者做出具体的演示，如操作演示整个查寻流程。

访谈资料显示，模仿者更希望榜样能够做出具体的演示，以利于其对模仿内容的学习与记忆。例如，“Q-M-3：最好不光光是讲解，而是讲解和具体示范结合的形式，这样印象最深刻”“J-M-3：如果模仿的这个人能够给出具体的演示的话，比只用说的方式更加让人记忆深刻”“W-T：如果是在网络上模仿的话，就看对方的表述能力了。如果他能把查寻的整个过程写得很清楚，那我学起来也比较容易，方便记忆；如果写得比较凌乱，模仿起来就不是很顺畅，以后也不会常用这个方法。如果是模仿课题组成员的话，肯定也是希望对方能把方法演示清楚明白，容易记忆，方便操作。”

(2) 模仿者记忆

学术用户对其模仿内容主要采用两种记忆方式：自我强化型记忆和替代性强化型记忆。

1）自我强化型记忆

模仿者通常通过记录、演练等自我强化方式对模仿内容进行记忆。例如，“G-D-1：我把模仿到的内容直接记录到笔记本（手写的）上，笔记本的前几页都是平时的积累与经验，这样可以随时翻看巩固记忆”“Q-M-3：……会自主复习这个方法，加深记忆”。

2）替代性强化型记忆

模仿者受到某方法的有效刺激或发现他人也在使用自己所模仿的内容时，就会强化对该模仿内容的记忆效果。例如，“J-M-3：方法的效果好，记忆得也更深……在看到别人使用我模仿到的这个方法时，会对我产生一定的刺激，会加深对这个方法的印象……”“W-T：如果后来看到别人也用这种方法，好像就会对我产生一种心理暗示，认为这种方法的普遍性和效果都是挺不错的，自己就会对这个方法更肯定，印象更深刻……”。

3.4.3.4　模仿行为保持与再现过程的结果

学术用户模仿行为保持与再现过程的结果主要包括模仿行为再现概率和榜样

选择的重复性两个方面。鉴于前文已从不同角度进行了相关论证，此处仅展示几个较为完整的模仿行为保持与再现过程结果的实例。

“Q-M-3：如果模仿到的方法不错，我记忆得会比较深刻，我就会经常用，而且会自主复习这个方法，加深记忆。看到别人用这个方法的时候，会对自己产生心理暗示，觉得这个方法非常好，印象会更深刻，以后会更多使用。在我的模仿对象给我进行讲解时，如果他的态度比较热情或者比较有耐心，我会对他讲的内容印象深刻一些，还有就是讲解的内容比较简练也会记得清楚些。最好不光光是讲解，而是讲解和具体示范结合的形式，这样印象最深刻。如果这个人的态度不好，对我爱答不理的，没有耐心，我就会产生抵触情绪，对他讲的内容也记忆不清楚”“J-M-3：如果我模仿到的这个方法，我认为它的效果比较好，那我就会努力记住它，而且方法的效果好记忆得也更深，以后查信息的时候会经常使用。在看到别人使用我模仿到的这个方法的时候，会对我产生一定的刺激，会加深对这个方法的印象，看到的越多，使用也会更频繁。对我有影响的还有，如我模仿的这个人的语气、态度都比较好，比较耐心，比较热情，我会比较容易接受，印象也会比较深刻；与之相反，我就比较反感，对模仿的内容也本能地排斥。还有就是如果模仿的这个人能够给出具体的演示的话，会比只用说的方式更加让人记忆深刻”“L-T：我比较缺乏耐心，自己查不到就开始有点不耐烦了，就想听取别人的意见，想看看别人的结果怎么样，如果好的话就会模仿别人的做法。而且自己复习记住这种方法，这样既可以满足我这次的需要，还为以后查找信息节省了时间，以后就可以用这种更有效的方法了。节省了尝试的时间，也不会觉得查信息是个很累的事情了。看到别人用，我会在心理上更加认可这个方法，特别是看到研究能力比自己强的人也使用的时候对我的影响更大一些，就好像是对自己的肯定，影响更深刻，以后查寻时更容易使用这个方法。我觉得如果示范的方法简明一些会比较容易记住，使用起来也方便一些。还有榜样的态度对我影响也很大，如果是比较耐心的，我就很乐于接受他的意见，如果没有耐心，我就会产生抵触情绪，对示范的记忆效果也不好，以后遇到问题都不想去问他了”。

综上，用户信息查寻中的模仿行为保持与再现过程主要受选择榜样的标准、强化作用及榜样示范特征的影响。榜样积极的特征表现会对用户的记忆、行为再现概率及重复选择榜样具有正向作用，反之则会造成负向影响。

3.4.4 合作情境下学术用户网络信息查寻中的模仿行为结果评价过程

学术用户历经模仿行为过程之后，均会自觉或不自觉地对其模仿成功率或模仿效果进行评价，并由此产生相应的行为反馈。

3.4.4.1 用户对模仿成功率的评价

研究发现，较高的模仿成功率与所选择的榜样类型关系密切。

多数用户指出，当模仿本团队成员（包括学生和教师）的查寻行为时，成功率相对较高；其原因可能是，这两类榜样对模仿者的研究内容和查寻意图较为了解，从而可以给出较有针对性且相对及时的指导，相比之下的网络模仿则欠缺这种优势。例如，“J-M-6：我觉得模仿同学和老师的成功率高一些，因为（他们）对课题比较熟悉，能给我比较明确的讲解或者示范。网络（模仿）的话，就算是权威的网站，也不能保证他提供的方法很适合我，而且如果我要查的信息比较急的话，网络上也不一定能及时给我回复，所以成功率会受到一些影响”“Q-M-5：我模仿老师的成功率最高，因为老师给出的答案肯定靠谱；同学的也比较高；网络的相对低一点，因为网络上的答案可靠性没有保证”“N-M-3：模仿的成功率肯定是老师要高一些，因为他会给我最直接最有针对性的指导，我就知道该去怎么查了，网络和同学的话有可能因为方法不适合或欠缺经验等问题使成功率不如老师那么高”。

但也有少数学生型用户将模仿成功率排序为模仿同学—模仿网络—模仿老师，主要原因之一是，有些教师不会提供具体的操作指导，而是希望学生通过自己的摸索和学习去解决问题。例如，“Q-M-2：我觉得模仿同学成功率高，同学知道我要找什么，就能有目的地指导我；网上成功率也还算可以，因为有很多别人的相关经验可以模仿，但也需要自己慢慢找，因为不是网上所有人说的经验都是适合我的；老师的成功率比较低，因为他总希望我们自己查，很少会告诉我们具体怎么查”“G-D-1：模仿的成功率的话，应该由高到低是同学、网络、老师”。

3.4.4.2 用户对模仿效果的评价

根据调查搜集到的资料，可将用户对其模仿行为的效果评价划分为正面效果评价和负面效果评价两个方面。

（1）对模仿的正面效果评价

用户对模仿的正面效果评价主要包括以下方面：

其一，模仿可以节约查寻中的试错成本，包括节省试错时间与精力投入等；

其二，模仿可以提高网络信息的查准率与查全率；

其三，模仿有助于提升自身的信息查寻能力及自我效能感。

用户的相关表述：“Q-M-1：通过模仿别人可以减少试错时间，尽快找到所需信息。有时候假如我不去模仿别人的话，就有可能一直试错。我模仿别人构造了检索式，就可以很快查到比较全面的信息。检索到的内容相关性更高了，数量更精简了，可以节约大量对结果浏览的时间，也就等于节约了整个检索过程的时间；通过模仿，学习别人的经验，就可以内化成自己的查寻能力”“J-M-2：通过模仿，在下一次的查寻中，如对词汇的限定，对数据库的选择，以及对词汇的组合方式都会更加熟练，不用反复尝试了，可以节省很多时间；而且通过模仿，我的检索结果的全面性和准确性都会提高。还有，英文数据库的查寻方式与中文的存在一些差异，使用起来比较困难，通过模仿掌握方法之后，就可以熟练运用，节省了查寻的时间。在信息查寻能力方面，会掌握更多的查寻方法，查寻信息的视野也更开阔了”“J-M-4：模仿别人可以减少我不断尝试的时间和精力，也减少了不断尝试失败后对心理造成的挫败感，而且通过经验的积累，可以提高查寻的能力”“L-T：不用自己去花费很长的时间去尝试不同的方法查文献，而且自己不断试查出来的也不一定好。模仿一下别人，可以很快地查到想要的文献，相关性很高，也很全面。……模仿本来就是学习的过程，学得越多，自己的经验能力越能提高，对以后的信息查寻是很有帮助的。”

（2）对模仿的负面效果评价

学术用户也指出了模仿行为带来的负面效果，主要包括：

其一，模仿到一种新的信息查寻方法后，易忽略之前掌握的其他有效方法；

其二，若模仿失败，会在无形中延长试错时间，消耗更多的精力；

其三，若经常模仿，易导致缺乏自主查寻信息的信心与动力。

学术用户的相关表述：“G-D-2：我觉得模仿也有不好的一面，就是本身我坚持我自己的那个方法，学了这个方法以后，我以前的方法就不再用了，（其实）我觉得我以前的方法也挺好的”“Q-M-4：通过模仿学到新方法之后就总想用这个方法查，容易忽略了以前的方法，也许以前的方法有可能在这次查寻中会更有效”“J-M-4：如果模仿的效果不太好的话，我觉得就又浪费了一些时间和精力”“Q-M-5：但是我觉得模仿也有不好的方面，如会总是希望被人引领，造成自己在信息查寻时缺乏自信，而且容易养成懒惰情绪，有时候就不愿意花费太多的时间自己查信息”“W-T：有时急于想看看别人的结果或方法，但是这样做就损失了一部分自己探索的机会，也许经过自己的探索会发现更有价值的信息……”。

3.4.4.3 模仿后的行为反馈

根据对模仿成功率或模仿效果的不同评价结果，学术用户通常会产生不同的行为反馈。

当成功率较高或对模仿效果满意时，学术用户会强化对相关模仿内容的记忆效果，并易形成对该榜样的重复模仿倾向。

当成功率偏低或对模仿效果不满意时，学术用户主要会采取三种应对行为：与榜样再次交流、更换榜样、继续自己的查寻。这三种行为有时会被单独使用，有时是被混合使用；如果学术用户与榜样再次交流后仍不满意，则会考虑更换榜样。例如，“J-M-2：如果对模仿后的效果不是很满意，会先想到自己的方法是不是没掌握好，会再问一下我模仿的那个人；如果还得不到满意的解答，就换个人问问”“Q-M-1：当然如果模仿到的方法不好用，我以后就不会使用，……就还是会用我自己的方法继续尝试或是换一个人模仿”“W-T：对模仿结果不满意的话，如果（所模仿的对象）是周围的成员，我会再和对方讨论一下，看看是我记错了，还是他的这个方法也有问题，再讨论一下，看有没有更好的方法。如果是在网络上，那就直接放弃这种方法去寻找其他方法，或者去问周围的人”“G-D-2：如果没查到，就会回去和榜样交流一下，为什么我按他的方法搜不出来，有时候就是我模仿错了，记错了，记忆过程有问题，再重新纠正一下就可以解决了”。

3.4.5 合作情境下学术用户网络信息查寻中的模仿行为机制的理论模型

学术用户信息查寻中的模仿行为的动机过程、注意过程、保持与再现过程、结果评价过程相互联系、相互影响，共同形成了合作情境下学术用户网络信息查寻中的模仿行为机制，其理论模型如图 3-5 所示。

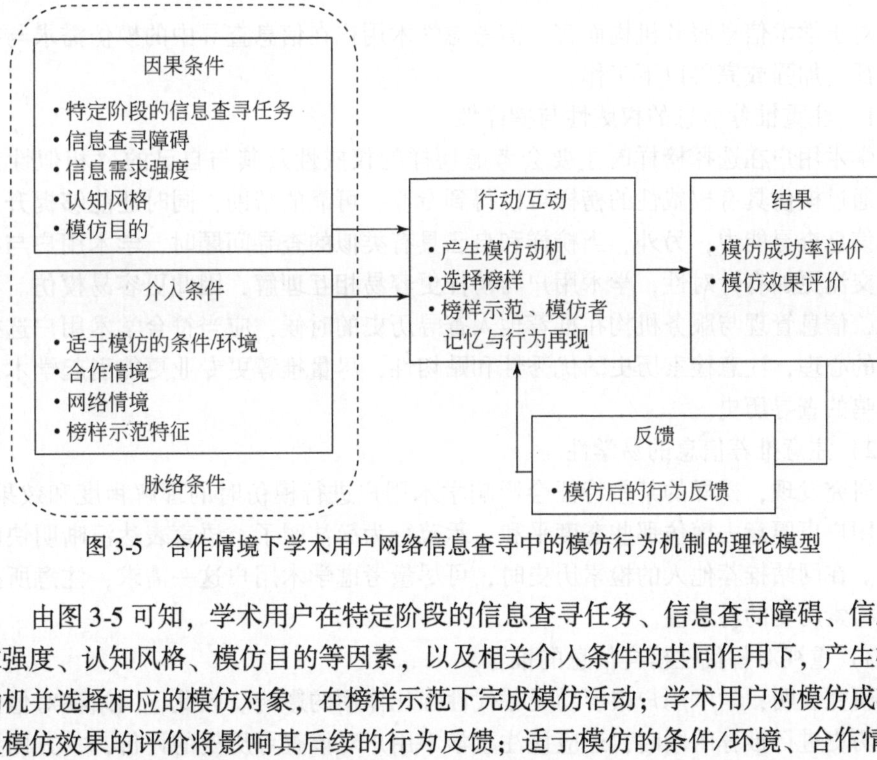

图 3-5　合作情境下学术用户网络信息查寻中的模仿行为机制的理论模型

由图 3-5 可知，学术用户在特定阶段的信息查寻任务、信息查寻障碍、信息需求强度、认知风格、模仿目的等因素，以及相关介入条件的共同作用下，产生模仿动机并选择相应的模仿对象，在榜样示范下完成模仿活动；学术用户对模仿成功率及模仿效果的评价将影响其后续的行为反馈；适于模仿的条件/环境、合作情境、网络情境、榜样示范特征，均会对学术用户的模仿行为产生程度不一的影响。

合作情境下学术用户网络信息查寻中的部分模仿行为与行为生态学中的模仿行为机制有相似之处。同一学术团队中的用户通过相互间的模仿来获取和分享有关信息查寻技巧等方面的信息，通过这样的信息交流，可帮助团队成员提高信息的查寻效率，并提高信息查寻能力。

3.5 优化学术用户模仿行为的相关对策建议

本章在借鉴多学科领域研究成果的基础上，对合作情境下学术用户网络信息查寻中的模仿行为进行了实证研究。与以往的相关研究相比，本章不仅对用户的模仿行为对信息查寻效果的影响进行了分析，而且对合作情境下学术用户网络信息查寻中的模仿行为整个过程及机制进行了较为深入的探讨。通过对研究结果的整理和分析，归纳出了学术用户信息查寻中的模仿行为机制，也发现了网站与学术用户方面存在的一些问题。在此，基于相关理论和前述实证研究结果，提出相关建议。

3.5.1 对学术信息服务机构的建议

对于学术信息服务机构而言，需考虑学术用户在信息查寻中的模仿需求与行为特征，加强或完善以下工作。

1）注重推荐信息的权威性与榜样性

学术用户在选择榜样时主要会考虑榜样的权威性及其与自己的“相似性”，认为通过模仿具有权威性的榜样可以得到专业、可靠的帮助，同时还能够提升自己的信息查寻能力；另外，当榜样和自己具有类似的查寻问题时，学术用户与榜样的交流更加有针对性，学术用户与榜样更容易相互理解，因此更容易模仿。鉴于此，信息管理与服务机构在推荐他人查寻历史的时候，应当符合学术用户选择榜样的心理，注意检索历史的优秀性和贴切性，尽量推荐更专业更能引起学术用户共鸣的查寻历史。

2）注意推荐信息的易学性

研究发现，榜样的某些特征会影响学术用户进行模仿时的理解程度和效果。学术用户更愿意去模仿那些态度平和、示范行为简洁明了、语言表达清晰明快的榜样。在网站推荐他人的检索历史时，可尽量考虑学术用户这一需求，注意所推荐的检索历史的易学性。

3）重视对替代性榜样信息的推荐

研究表明，学术用户很容易受替代性强化作用的影响。因此，网站在对他人查寻历史进行推荐的同时，还应该注重学术用户对该查寻历史的评价，一方面帮助网站筛选出优秀的查寻历史，另一方面发挥具有较高评价的查寻历史记录的替代性强化作用，以此来激发学术用户模仿学习的动力。

3.5.2 对学术用户的建议

对于学术用户而言，在信息查寻过程中，需要注意以下 3 方面。

1）增强模仿中的自我强化意识

研究发现，学术用户通过模仿学习到新的查寻方法，但在后续信息查寻中存在缺乏自我强化意识的情况，对信息查寻方法的巩固程度不高。针对这一情况，用户应强化对信息查寻方法的强化学习，有意识地练习和巩固学习到的查寻方法。

2）注重对信息查寻技能的学习

部分学术用户的信息查寻技能偏弱且缺乏系统的学习和训练，因此需要主动参与图书馆等机构的相关培训，以提升查寻技能。

3）增进信息查寻合作者之间的沟通与理解

研究发现，在师生合作团队中，个别教师与学生之间缺乏沟通，导致学生对教师产生畏惧心理和教师对学生信息查寻能力认识的偏差。由于对学生信息查寻能力的错误估计，教师在对待学生提出信息查寻方面的疑问时，表现出缺乏耐心或责备等消极态度，从而造成学生因为怕受到批评或责备不敢寻求老师帮助的情况，最终形成教师和学生在沟通与交流方面的恶性循环。为了克服这一问题，教师与学生之间应加强沟通与理解，在信息查寻方面，教师应给予学生适当的指导，帮助学生培养良好的信息查寻习惯；学生则应敢于向老师提出问题，虚心向老师请教学习，共同促进学术团队信息查寻与学术研究活动的良性发展。

4 学术用户网络信息查寻中的试错行为研究

[本章摘要] 采用混合研究方法，运用观察法、访谈法等搜集质性数据与量化数据，借鉴认知心理学、行为生态学中的相关理论与成果，对学术用户网络信息查寻中的试错行为进行实证研究，并构建了试错行为机制的理论模型。

由于网络信息环境的不断变化与研究任务的复杂性，有限理性的学术用户往往不能通过一次查寻就满足信息需求，而是需要通过多次尝试不同的查寻行为策略才能完成信息查寻的任务，可以说，学术用户的信息查寻过程就是一个尝试错误的过程，试错对其信息查寻的策略选择及查寻效果具有重要的影响。

学术用户信息查寻中的试错行为对其完成学术研究任务也具有重要意义，因为试错是其问题解决的一个过程，也是学术用户学习的认知过程。在这一过程中，他们在诸多因素的作用下选择、评价和实施试错行为，通过不断改变试错行为方式，逐步达到解决其学术研究问题的目标。

为了提高学术用户的查寻效率与科研效率，国内外已有学者对网络信息检索中的试错行为进行了相关研究，但较少关注信息浏览中的试错行为；此外，已有研究多是在人为创设的实验情境中研究用户信息检索中的试错行为特征及某些影响因素，鲜少有对自然查寻情境中的学术用户试错行为进行研究。

为深化信息查寻行为研究，本书选取真实学术研究任务情境下的用户作为研究对象，运用行为生态学、认知心理学、学习理论等相关理论与方法，对其涵盖检索与浏览的信息查寻整体过程中的试错行为进行研究。

本章重点研究的问题包括：

其一，学术用户在网络信息查寻过程中产生试错行为的动机是什么？

其二，学术用户是如何预估试错效果和选择试错行为方式的？

其三，学术用户网络信息查寻中的试错行为有哪些特点？

其四，哪些因素会对学术用户网络信息查寻中的试错行为过程产生影响？这些因素是如何影响其试错行为的？

4.1 试错行为相关概念辨析

4.1.1 试错行为

学术用户的信息查寻过程是一个伴随着需求识别、检索策略制订、检索途径选择、相关性判断、结果利用的过程。他们在信息查寻过程中，面临着网络信息环境的复杂性与自身认知能力、行为能力的有限性及查寻效率之间的矛盾，使得查寻过程不可避免地出现查寻结果不理想的状况，从而需要根据系统反馈的结果，做出相应的行为反馈与调整，换言之，学术用户常常需要通过试错，才能逐步满足其信息需求。试错行为是其查寻行为的一部分，对其整个信息查寻过程及查寻结果具有重要影响。学术用户只有具备良好的试错能力，有效控制试错行为过程，才能以最小的试错成本获得最佳的查寻效果。

本书将试错行为定义为用户在信息检索或浏览过程中，为解决已有信息或查寻结果不能满足自身信息需求的问题，在对信息查寻结果不确定的情况下，采取的试探性查寻方式。

试错行为，在此也简称“试错”。在用户信息行为相关研究中，与试错行为相近的概念主要包括探索式搜索行为、修改行为、查询重构等。以下对这几个概念进行辨析。

4.1.2 试错行为与探索式搜索行为

探索式搜索（exploratory search）是近年来较受关注的研究主题，它与学习（learn）、调查（investigate）、理解（comprehend）等活动高度相关①，是一种不熟悉目标领域、不清楚搜索目标、不确定达到目标的路径的任务类型②。李月琳等指出，高任务复杂度和高任务困难度是探索式搜索任务的重要属性③。

冯佳和张云秋对探索式搜索行为进行了界定：用户通过与信息搜索系统交互从而进行探索式搜索时所体现出的一系列外在的信息活动表现。她引用

① Marchionini G. Exploratory search: from finding to understanding [J]. Communications of the ACM, 2006, 49 (4): 41-46.

Ruotsalo T, Peltonen J, Eugster M A, et al. Interactive intent modeling for exploratory search [J]. ACM Transactions on Information Systems, 2018, 36 (4): 46.

② 张云秋. 国外探索式搜索行为研究述评 [J]. 图书情报工作, 2014, 58 (11): 6-12.

③ 李月琳, 樊振佳, 孙星明. 探索式搜索任务属性与信息搜索行为的关系研究 [J]. 情报资料工作, 2017, (1): 54-61.

R. W. White 的观点，对探索式搜索行为的特征进行了强调：在搜索过程中采用探索性策略或有探索性行为并不意味着就是探索式搜索，探索式搜索是受到一种问题情境的驱动，即搜索者对信息问题、领域知识及信息的获取路径与方法缺乏认识，从而产生学习的渴望①。张云秋指出，尽管从某种程度上说，任何真实的信息需求和实际的搜索行为都具有复杂性和探索性，但探索式搜索行为有别于以检索和查寻到特定的资源为主要目的的提问-应答式传统信息搜索行为，如传统信息搜索行为中的 Bates 采莓模型、Saracevic 分层交互模型、Ingwersen 信息交互认知模型等，均强调的是在搜索过程中的信息需求、认知或情感变化的动态性，而不是搜索行为本身②。Athukorala 等③也对探索式搜索与查找式搜索（lookup search）的差异进行了比较。

相比而言，本书中的试错行为，虽然也有对探索性策略的采用，但从本质上看，它属于常规学术信息查寻行为中的特定行为环节或行为策略，与探索式搜索行为这种在总体上强调任务复杂度、困难度及探索性特征且特别关注学习和理解的查寻行为类型不完全相同。

4.1.3 试错行为与修改行为、查询重构等

与探索式搜索不同，修改行为、查询重构、检索式调整、提问调整、行为调整等均用于指代信息查寻（行为）过程中的某些特定行为环节或行为策略，更强调“一个瞬间的查找动作”④，因而它们与本书中的试错行为在性质上更为接近。

黄慕萱指出，修改行为是一种特殊状态的对错误的修正行为，只有在检索者觉察自己犯错时或意识到更好的检索策略时，才会产生修改行为；她发现，修改行为主要发生在检索词汇上，大多数的修改行为属于检索者对粗心大意导致的错误的修改；另外，也有部分修改行为并不是修改粗心大意导致的错误，而只是一种考虑是否变更检索策略的决策过程⑤。

---

① 冯佳，张云秋．基于浏览器日志分析的探索式搜索行为研究［J］．图书情报工作，2014，58（11）：13-20.

② 张云秋．国外探索式搜索行为研究述评［J］．图书情报工作，2014，58（11）：6-12.
张云秋，安文秀，冯佳．探索式信息搜索行为研究［J］．图书情报工作，2012，56（14）：67-72.

③ Athukorala K，Gtowacka D，Jacucci G. Is Exploratory Search Different? A comparison of information search behavior for exploratory and lookup tasks［J］. Journal of the Association for Information Science and Technology，2016，67（11）：2635-2651.

④ 张云秋．国外探索式搜索行为研究述评［J］．图书情报工作，2014，58（11）：6-12.

⑤ 黄慕萱．修改行为探讨：以国立台湾大学之终端使用者为例［J］．图书与资讯学刊，1998，(27)：17-39.

黄慕萱研究的修改行为侧重于对文字或符号等输入错误的简单修改，而查询重构、检索式调整、提问调整、行为调整等则更强调在检索系统反馈结果不能满足信息需求的情况下学术用户对检索策略的修改与完善。

查询重构涉及检索中的人机交互行为，指对原查询式的修改①。学术用户构造第一个查询式后，若对查询结果不满意，则会产生查询式重构行为②。从学术用户角度来讲，查询重构是学术用户根据检索系统反馈的结果列表，不断修正原查询词，以期得到所需求信息的过程③。这与其他学者所说的检索式调整④、检索决策中的行为调整⑤、提问调整⑥等概念基本同义。

从以上分析可知，修改行为、查询重构、检索式调整、提问调整、行为调整等从本质上属于试错行为，只是，已有研究成果通常更偏重于检索行为⑦中的试错行为，而对浏览行为（如点击相关超链接、网页浏览、阅读及与此相关的保存、收藏等行为，以及对导航、历史记录等功能的使用等⑧）中的试错行为关注较少。因此，本章将在借鉴已有相关研究的基础上，拓展概念内涵，较全面地对包括信息检索与浏览在内的信息查寻中的试错行为进行研究。

---

① 孙丽，曹锦丹．不同任务类型下查询重构行为分析 [J]．情报学报，2016，35 (9)：980-988.

② 吴丹，董晶．移动图书馆用户查询式构造行为分析 [J]．图书情报工作，2016，60 (18)：6-13.

③ 李纲，胡蓉．信息搜寻中用户查询重构研究综述 [J]．图书情报工作，2014，58 (11)：123-129.

陆伟，张晓娟．利用查询重构识别查询意图 [J]．现代图书情技术，2013，7 (1)：8-14.

张晓娟．利用嵌入方法实现个性化查询重构 [J]．情报学报，2018，37 (6)：621-630.

④ 赖茂生，屈鹏．网络用户的搜索入口与跳转行为研究 [J]．情报理论与实践，2009，32 (4)：100-103.

Rieh S Y，Xie Hong. Analysis of multiple query reformulations on the web：the interactive information retrieval context [J]. Information Processing and Management，2006，42 (3)：751-768.

Wolfram D. Traditional IR for web users：a context for general audience digital libraries [J]. Information Processing and Management，2002，38 (5)：627-648.

⑤ 甘利人，白晨．检索决策中的信息用户行为调整初探 [J]．数字图书馆论坛，2009，(9)：45-52.

⑥ 黄崑，张路路，钟村，等．基于 OPAC 日志的高校图书馆用户提问调整模式研究——以北京师范大学图书馆为例 [J]．图书情报工作，2015，59 (23)：51-58.

曹梅．网络图像检索提问式调整行为研究 [J]．中国图书馆学报，2012，42 (5)：39-48.

⑦ 甘利人，白晨．检索决策中的信息用户行为调整初探 [J]．数字图书馆论坛，2009，(9)：45-52.

赖茂生，屈鹏．网络用户的查询与点击行为研究 [J]．情报理论与实践，2009，32 (3)：85-88.

赖茂生，屈鹏．网络用户的搜索入口与跳转行为研究 [J]．情报理论与实践，2009，32 (4)：100-103.

孙丽，曹锦丹．不同任务类型下查询重构行为分析 [J]．情报学报，2016，35 (9)：980-988.

陆伟，张晓娟．利用查询重构识别查询意图 [J]．现代图书情技术，2013，7 (1)：8-14.

黄伟群．基于用户视角的交互式查询扩展研究 [J]．图书情报工作，2014，58 (5)：98-103.

袁红，刘猛．学术平台用户查询扩展行为影响因素研究 [J]．情报科学，2016，38 (9)：119-123.

⑧ 邓小昭．网络用户信息行为研究 [M]．北京：科学出版社，2010：17-18.

4.2 关于试错行为的国内外同类研究状况

试错是动物与人类社会常见的现象，受众多学科的共同关注。

4.2.1 心理学与教育学中的试错研究

教育心理学家爱德华·李·桑代克（Edward Lee Thorndike）于20世纪提出了人类学习过程的“尝试错误”理论。他在“饿猫迷笼”动物实验中发现，笼中饥饿的小猫通过不断尝试、犯错，最终学会了如何开启笼门获取食物，并由此提出了早期的联结主义观点。联结主义将学习的本质看作刺激与反应之间的联结，将学习的方式看作尝试错误，认为学习就是后天习得的联结。这一时期桑代克的“尝试错误”学说认为，学习过程是不存在任何智慧的活动，而盲目的尝试和活动的效果对错误动作的消除，以及对正确动作的选择与巩固，是学习的基本规律。在联结主义发展的后期，桑代克基于心理学家的批评及自己对早期有关学习问题系列观点的研究，对“尝试错误”进行了反思修正，从而提出了“尝试错误”学习理论和学习的三个定律（准备律、练习律和效果律）；修正后的“尝试错误”理论更加符合人类学习的基本规律①。

20世纪50年代，认知心理学兴起以后，认知心理学家约翰·罗伯特·安德森（John Robert Anderson）从信息加工观点出发，将人看作主动的信息加工者，将问题解决看作对问题空间的搜索，以寻找一条从问题的起始状态达到目标状态的通路；问题过程可分为问题表征、选择算子、应用算子、评价当前状态；问题行为图表明，问题解决过程不是直线式的，而是经历了种种曲折的，问题解决者要尝试运用各种假设评价其结果，并由此逐渐积累信息，在尝试错误中转向某个更有效的行为策略，使问题逐步得到解决②。

教育学领域借鉴认知心理学中的“尝试错误”学习理论，进行了大量理论与实践研究。学者们认为，学生的学习过程实质就是一个不断修正错误的过程，教师在教学实践中通过有意识地让学生参与“尝试错误”的活动，引发学生的认知冲突，促使学生主动地对错误进行反思，意识到根本错误所在，从而更加有利于学生形成概念、掌握规律③。正如心理学家阿曼达·盖耶（Amanda Guyer）

---

① 王映学．简论桑代克的联结主义及其修正［J］．河西学院学报，2007，(1)：79-83.

② 王甦，汪安圣．认知心理学［M］．北京：北京大学出版社，1991：180-212.

③ 项成东．错误起因、学习策略与外语教学［J］．外语教学，1994，(4)：6-10.
郜舒竹，薛涟霞．学生错误研究之文献综述［J］．数学教育学报，2009，18（1）：75-78.
施银燕．课堂学习错误资源化研究［D］．南京：南京师范大学硕士学位论文，2004.
潘振嵘．尝试错误——学习的“催化剂”［J］．数学通报，2003，(9)：36-37，46.
周友士．数学教学中要善待学生的错误［J］．当代教育科学，2005，(3)：52-54.

所言，若不考虑尝试错误，不允许学生犯错误，就会使学生错过最富有成效的学习时刻①。

4.2.2 哲学与经济学、管理学中的试错研究

西方著名哲学家卡尔·波普尔（Karl Popper）在论述科学知识的增长模式时提出了科学发展的动态模式“试错法”，其模式是“问题→试探性的解决办法→排除错误→新问题……”的循环过程。他认为，一切科学知识、科学理论从根本上都是可错的，都是一种猜测，他提倡以理性批判的态度对待错误，以错误为参照系，从错误中学习；科学的目的是追求逼真性，科学的过程就是通过不断地试错和排错逼近真理的过程②。

波普尔的试错思想不仅成为解决科学问题的指导思想，而且被广泛地应用于其他领域的研究。其中，Quinn 把波普尔的试错思想应用于战略管理研究中，提出决策者知道自己的局限性及未来环境变化的不可预测性，会自觉地获取未来环境的相关信息，让最初的承诺保持为初步的、框架式的，以接受未来的修正③。Lasch 和 Janker④ 认为，在企业创业期，企业应该怀有试错的想法与不同的供应商合作，最终选择适合企业发展并且信誉度好的供应商。此外，试错理论在经济体制改革、金融市场、共享经济等领域都有相关应用研究成果产出⑤。

4.2.3 行为生态学中的试错研究

行为生态学研究表明，与模仿学习相似，尝试错误同样是动物的重要学习行为方式⑥。这种学习是在动物的欲求行为期间，由于得到报偿而在一种刺激（或场合）和

---

① 应永萍．让学生在“尝试错误”中获得成功的体验［J］．中小学教学研究，2010，(9)：55-56.

② 卡尔·波普尔．客观知识——一个进化论的研究［M］．舒炜光，卓如飞，周柏乔，等译．上海：译文出版社，1987：219.

卡尔·波普尔．猜想与反驳：科学知识的增长［M］．傅季重，纪树立，周昌忠，等译．上海：译文出版社，1986：8-26，273.

③ Quinn J B. Strategic change：logical in crementalism［J］. Sloan Management Review，1978，20（1）：7-21.

④ Lasch R，Janker C G. Supplier selection and controlling using multivariate analysis［J］. International Journal of Physical Distribution and Logistics Management，2005，35（6）：409-425.

⑤ 李红亮，徐汉滨．传统试错渐进型向系统设计型的经济体制改革形态嬗变——基于改革动力的持续性考量［J］．经济问题，2019，(1)：6-11.

孙弋斐．共享经济在试错中前行［J］．浙江经济，2017，(17)：47.

朱国华，杨扬．期货市场与现货市场的试错联动分析——论期货市场功能［J］．财经研究，2008，(7)：110-120.

⑥ 尚玉昌．动物行为学［M］．北京：北京大学出版社，2005：331.

一种活动之间所建立的联系①。试错学习在动物界普遍存在，个体经历尝试—错误—再尝试—再错误而使错误率逐渐减少，成功率不断增加；此外，动物的觅食等生活行为并非一成不变，而是随着环境条件的变化、个体发育阶段的不同和新情况的出现，不断发生适应性变化，这是动物行为对环境适应的一个重要方面②。

就整个生物界来看，一方面，人类学习行为的发生与发展，与其他动物之间存在着进化上的同源性与可比性；另一方面，人类在进化上又具有“生物学”和“文化”双重属性，因而人类的试错行为与其他动物的试错行为相比，既有共性又有差异性③。

4.2.4 信息查寻中的试错行为研究

4.2.4.1 与试错相关的理论与模型研究

在较为经典的信息行为理论与模型中，与试错相关的主要包括以下三类。

1）意义建构理论

Dervin 的意义建构理论将信息查寻视为一种建构意义的活动，关注用户主观知识的新生成与知识结构发生演化的过程。它把信息查寻与利用比喻为架桥，突出了行为的情境嵌入性和动态建构性，并认为一次完整的意义建构历经多次的信息交流方能完成④。与之相似，Morville 和 Rosenfeld 认为，用户信息查寻存在整合和反复两种模式；其中，整合是指用户在某一查寻中可能需同时执行检索、浏览与询问三种行为方式；反复则是指这三种行为方式会反复无序地出现，通过试错逐步实现查寻目标⑤。此外，Shenton 和 Hay-Gibson 的信息查寻模型⑥，同样基于意义建构理论，描述了用户借助信息查寻行为去填补知识沟壑，逐渐逼近理想的认知状态的过程。

---

① 尚玉昌．动物的试错学习行为［J］．生物学通报，2006，41（1）：11-13.

② 尚玉昌．行为生态学［M］．北京：北京大学出版社，1998：54-57.

③ 潘晓静，于昕．“尝试与错误”行为的生物学研究及其在教学中的应用［J］．吉林工程技术师范学院学报，2007，23（5）：52-54.

④ Dervin B. What methodology does to theory：sense-making methodology as exemplar//Fisher K E，Erdelez S，McKechnie E F. Theories of Information Behavior［M］．Medford：Information Today，Inc.，2005：25-30.
王琳．意义建构论——信息科学认知范式的代表性理论［J］．情报科学，2015，33（11）：14-22.
朱婕，靖继鹏．基于“意义建构”之上的“信息差”理论及模型［J］．图书情报知识，2006，(1)：57-61.
师宏睿．贝尔金与德尔文情报认知观评述［J］．图书与情报，2003，(5)：12-14.
Wilson T D. Models in information behavior research［J］．Journal of Documentation，1999，55（3）：249-270.

⑤ Morville P，Rosenfeld L. Information architecture on the World Wide Web［M］．CA：O'Reilly，1998.
何晓阳，吴治蓉．三种较少关注的信息查寻行为模型评析［J］．情报杂志，2010，(11)：163-165.

⑥ Shenton A K，Hay-Gibson N V. Modelling the information-seeking behaviour of children and young people：inspiration from beyond LIS. Aslib Proceedings，2011，63（1）：57-75.

2）演进、交互式信息查寻行为模型

例如，Bates“采莓模型”① 整合了生物学、行为生态学及社会文化的观点，强调信息查寻的动态演进性，即用户随时可能因新信息的发现而改变信息需求或调整查寻策略，其过程与在丛林中采摘野莓的行为相类似。在 Ingwersen 信息检索交互认知模型②中，用户、信息对象、信息查寻系统、认知和环境等因素交互影响，共同构成了一个高度动态、不同变化调整的查寻情境。Belkin 信息查寻片段模型③认为，信息查寻是由一系列片段组成的过程，核心是用户与信息之间的交互；在交互过程中，用户会对信息进行相关性判断、利用或解释，也可能对需求表达进行修改与调整，以最终达到解决当前“知识非常态”的目的。Marchionini 信息查寻过程模型④也强调了查寻行为的动态迭代性，指出查寻行为鲜有一蹴而就，而是一个反复迭代、多次循环、启发式的交互过程；其后期对探索式搜索的专门研究可以说正是他对此观点的深化。此外，Saracevic 分层交互模型等⑤，也都从不同方面描述了用户信息查寻中的信息需求变化、策略调整与重构等行为特征。

3）非线性信息查寻行为模型

在关注信息查寻交互性的同时，Foster 的非线性信息查寻模型⑥更强调其非线性、动态性、整体性及流动性；认为用户在信息查寻过程中，会通过认知方式、内部情境、情境的交互，尝试不同的查寻策略，不断调整其查寻行为并检视

---

① Bates M J. The design of browsing and berrypicking techniques for the online search interface [J]. Online Review，1989，13（5）：407-424.

Bates M J. What is browsing-really? A model drawing from behavioural science research [J]. Information Research，2007，12（4）：646-656.

② Ingwersen P. Cognitive perspectives of information retrieval interaction：elements of a cognitive IR theory [J]. Journal of Documentation，1995，52（1）：3-50.

③ Belkin N J. Intelligent information retrieval：whose intelligence? [C/OL]//5th International Symposium for Information Science，1996. http://wp. comminfo. rutgers. edu/belkin/wp-content/uploads/sites/75/2015/03/belkin-isi96. pdf [2019-10-22].

④ Marchionini G. Information Seeking in Electronic Environments [M]. Cambridge：Cambridge University Press，1995.

⑤ Saracevic T. Modeling interaction in information retrieval（IR）：a review and proposal [C]//Proceedings of the ASIS Annual Meeting. Medford：Information Today Inc.，1996：3-9.

Wang P L，Hawk W B，Tenopir C. Users' interaction with World Wide Web resources：an exploratory study using a holistic approach [J]. Information Processing and Management，2000，36（2）：229-251.

Macpherson K. An information processing model of undergraduate electronic database information retrieval [J]. Journal of the American Society for Information Science and Technology，2004，55（4）：333-347.

⑥ Foster A. A nonlinear model of information-seeking behavior [J]. Journal of the American Society for Information Science and Technology，2004，55（3）：228-237.

Foster A. Nonlinear information seeking [C]//Fisher K E，Erdelez S，McKechnie E F. Theories of Information Behavior. Medford：Information Today，Inc.，2005：254-258.

所获信息是否已满足当前需求。Spink 等的多任务信息查寻行为模型[①]也描述了用户信息查寻非线性、非连续切换的特征。

4.2.4.2 与试错相关的行为类型与特征研究

Fidel 等的案例研究发现，用户信息检索中的调整策略包括相似性策略、经验型策略、已知网站策略、快捷灵活策略、分析型策略、直觉扫描策略、集中检索策略等[②]。Rieh 与 Xie 根据用户检索日志总结了 8 种查询重构模式（具体化、一般化、平行移动、积木化、动态化、多任务、重现、形式化）[③]。Hu 等基于实验研究，将重构类型归纳为具体化、一般化、平行移动、同义词、形式改变和纠错[④]。赖茂生团队的实验研究表明，网络用户调整查寻式的方式通常有 7 类，即改换检索工具、句法调整、扩检、缩检、点击提示词、重新检索、修改与调整[⑤]。黄崑等利用内容分析法，归纳出 OPAC 检索提问调整基本模式可细化为直线、阶梯、锯齿、凹凸、循环等[⑥]。Fukumoto 的实验显示，图像检索中的调整行为类型包括增加、删除、替换关键词、点击超链接、前进、后退等[⑦]。曹梅的网络图像检索实验表明，缩检、扩检、平移和跟随系统相关搜索词是发生最频繁的四类主要提问调整行为[⑧]。孙丽等根据前人研究成果，将查询重构行为特征归纳为查询特征、鼠标特征、浏览特征、注视特征、历史特征，并指出目前对页面浏览行为等缺乏深入挖掘[⑨]。

4.2.4.3 与试错行为相关的影响因素研究

学者们主要从人口统计学因素、认知因素、任务因素、情感因素、信息系统

---

① Spink A, Ozmutlu H C, Ozmutlu S. Multitasking information seeking and searching processes [J]. Journal of the American Society for Information Science and Technology, 2002, 53 (8): 639-652.

② Fidel R, Davies R K, Douglass M H, et al. A visit to the information mall: web searching behaviour of high school students [J]. Journal of the American Society for Information Science, 1999, 50 (1): 24-37.

③ Rieh S Y, Xie H. Analysis of multiple query reformulations on the web: the interactive information retrieval context [J]. Information Processing and Management, 2006, 42 (3): 751-768.

④ Hu, Lu K, Joo S. Effects of topic familiarity and search skills on query reformulation behavior [C]// Richard B H. Proceedings of the 76th ASIST Annual Meeting. Silver Spring: ASIST, 2013: 1-9.

⑤ 赖茂生，屈鹏．网络用户的搜索入口与跳转行为研究 [J]．情报理论与实践，2009，32 (4)：100-103.

⑥ 黄崑，张路路，钟村，等．基于 OPAC 日志的高校图书馆用户提问调整模式研究——以北京师范大学图书馆为例 [J]．图书情报工作，2015，59 (23)：51-58.

⑦ Fokumoto T. An analysis of image retrieval behavior for metadata type image database [J]. Information Processing and Management, 2006, 42, (3): 723-728.

⑧ 曹梅．网络图像检索提问式调整行为研究 [J]．中国图书馆学报，2012，38 (5)：39-48.

⑨ 孙丽，邹俊强，牟冬梅．网络查询重构策略预测研究综述 [J]．情报理论与实践，2019，42 (9)：1-15.

因素等方面进行了相关研究。

（1）人口统计学因素

例如，赖茂生团队的实验研究发现不同专业、学历的被试具有不同的检索行为调整特征①。Lu 等的实验研究也揭示了教育背景等对检索用户查询重构的显著影响②。还有调查表明，文科生在检索结果过少时，倾向于选择重新选择检索词，而理科生则更多会从检索结果中提炼检索词后再检索③。此外，Rutter 等、Wu 和 Li④ 等分别采用实验法，关注了年龄因素的影响作用。

（2）认知因素

1）领域知识和经验

领域知识和检索经验对用户检索反馈过程中的相关性评价及检索行为的调整有着重要影响，失败的教训会使用户尽量避免犯同样的错误，减少因这些错误可能带来的损失或伤害⑤。Höelscher 与 Strube⑥ 的实验表明，拥有领域知识的专家型搜索者倾向于使用精细的检索调整策略，如重新形成或形式化检索语句，改变搜索系统，浏览更多的检索页面，以及重新访问早期的检索查寻历史。孙丽和刘强的实验结果表明用户主题熟悉度对网络查询重构行为具有影响，高熟悉度和低熟悉度的用户偏向于采用不同的重构策略，其重构时长、行为习惯也各有不同⑦。

Navarro-Prieto 等指出，有经验的搜索者在改变查寻行为时更具有系统性，多采用混合搜索策略；而新手的行为则更具偶然性且易受外部信息呈现形式的干扰⑧。Khan 与 Locatis 对新手和专家用户信息搜索绩效的实验结果显示，专家用

① 赖茂生，屈鹏．用户自然和社会属性对网络搜索中语言使用行为的影响［J］．现代图书情报技术，2008，2（7）：54-60.

② Lu K，Joo S，Lee T，et al. Factors that influence query reformulations and search performance in health information retrieval：a multilevel modeling approach［J］. Journal of The Association for Information Science and Technology，2017，68（8）：1886-1898.

③ 龙迟，杨瑜．文理科学生信息选择行为差异分析［J］．情报探索，2015，（3）：72-76.

④ Rutter S，Ford N，Clough P. How do children reformulate their search queries?［J］. Information Research，2015，20（1）：16.

Wu D，Li Y. Online health information seeking behaviors among Chinese elderly［J］. Library and Information Science Research，2016，38（3）：272-279.

Karanam S，Oostendorp H V. Age-related differences in the content of search queries when reformulating［C］//Association for Computing Machinery（ACM）. Proceedings of the 34th Annual CHI Conference on Human Factors in Computing Systems. New-York：ACM，2016：5720-5730.

⑤ 韩毅．用户网络信息检索的实验研究［D］．重庆：西南大学硕士学位论文，2007.

⑥ Hölscher C，Strube G. Web search behavior of Internet experts and newbies［J］. Computer Networks，2000，33（1/6）：337-346.

⑦ 孙丽，刘强．用户主题熟悉度对网络查询重构行为的影响——基于用户实验研究［J］．情报理论与实践，2018，41（3）：101-105，116.

⑧ Navarro-Prieto R，Scaife M，Rogers Y. Cognitive strategies in web searching［EB/OL］. 1999. http://zing. ncsl. nist. gov/hfweb/proceedings/navarro-prieto/index. html.［2016-11-21］.

户能更灵活地变更搜索方式和搜索工具①。Lazonder 等实验研究也发现，有经验的人比新手更擅长定位网站，其信息搜索中的试错行为较少②。Tabatabai 和 Shore 对网络专家与网络新手的查寻行为的比较研究也得到了类似的结论③。甘利人团队的实验结果也表明，随着检索经验的积累，对检索环境熟悉度的提高，以及对不同检索方法的效果有了清晰的了解，用户的行为调整更有策略性④。胡德华等通过问卷测量发现，学习过信息检索课程的科研人员对查找行为的调整更加快速敏捷⑤。

2）认知方式

Palmquist 和 Kim 在实验中结合镶嵌图形测验后发现，相比场依存型用户，场独立型用户搜索中的试错行为更少、查寻更有效率⑥。Vakkari 等的自然实验研究表明，随着用户对课题的逐渐深入和网络搜索技巧的增加，认知图式会发生改变；不同搜索阶段的认知图式导致用户信息搜索行为的改变⑦。Whitmire 通过问卷、访谈与实验，发现认知信念水平高的学生能不断尝试利用多种检索技巧，而认知信念水平低的学生检索技巧单一且更易在查寻无果时停止查寻⑧。甘利人团队引入皮亚杰的“同化-顺应”理论，分析了认知图式对科技用户检索行为调整机制的影响⑨；此后，该团队进一步揭示了用户、系统和环境三大影响因素，并

① Khan K, Locatis C. Searching through cyberspace: the effects of link display and link density on information retrieval from hypertext on the World Wide Web [J]. Journal of the American Society for Information Science, 1998, 49 (2): 176-182.

② Lazonder A W, Biemans H J A, Wopereis I G J H. Differences between novice and experienced users in searching information on the World Wide Web [J]. Journal of the American Society for Information Science, 2000, 51 (6): 576-581.

③ Tabatabai D, Shore B M. How experts and novice search the web [J]. Library and Information Science Research, 2005, 27 (2): 222-248.

④ 甘利人，白晨，朱宪辰．信息用户检索决策中的心智模型分析 [J]．情报科学，2010，28 (4)：64-651.

白晨，甘利人．基于内驱力理论的强化学习模型实验探索 [J]．数字图书馆论坛，2009，(8)：21-26.

甘利人，白晨．信息检索决策中的学习规则量化分析—强化模型拟合实验观测 [J]．情报学报，2011，30 (1)：3-12.

⑤ 胡德华，张娟，车丹，等．师生团队模式下科研人员信息查询行为特征和差异研究 [J]．图书情报工作，2014，58 (4)：79-84.

董欲超，胡德华．不同级别项目团队科研人员信息查询行为特征与差异性 [J]．中华医学图书情报杂志，2014，(7)：37-41.

⑥ Palmquist R A, Kim K S. Cognitive style and on-line databases search experience as predictors of Web search performance [J]. Journal of the American Society for Information Science, 2000, 51 (6): 558-566.

⑦ Vakkari P, Pennanen M, Serola S. Changes of search terms and tactics while writing a research proposal: A longitudinal case study [J]. Information Processing & Management, 2003, 39 (3): 445-463.

⑧ Whitmire E. The relationship between undergraduates' epistemological beliefs, reflective judgment, and their information-seeking behavior [J]. Information Processing and Management, 2004, 40 (1): 97-111.

⑨ 高依旻．网络科技用户的信息搜索行为研究 [D]．南京：南京理工大学硕士学位论文，2004.

从问题解决理论角度对学术用户查寻行为过程进行了解释①。国内其他学者也对信念、认知结构、认知风格等因素对信息行为调整的影响进行了探索②。

（3）任务因素

任务类型、任务特征及任务难度等均会影响用户信息搜索行为③或任务之间的转换④。例如，Liu 等的实验研究发现查询重构效率随着搜索任务类型改变而改变⑤。Xie 与 Joo 的实验研究发现，相较职业或娱乐搜索任务，查询重构策略在学术搜索任务中的使用较为广泛⑥。Umemoto 等的实验研究表明，高难度任务会导致用户放弃当前任务，并在下一次检索中使用截然不同的检索主题⑦。曹锦丹团队的实验发现，任务类型的变化会影响查询重构的使用频率⑧。刘畅团队的实验研究显示，任务难度与检索式序列长度及用户重构模式的转移都具有明显关系⑨。曹高辉等⑩、袁红和刘猛⑪的实验结果也分别显示，任务类型、任务难易度会影响用户的查询重构行为。

---

① 甘利人，李恒．科技用户信息搜寻过程中的问题解决机制解释［J］．情报学报，2006，25（4）：441-450.

李恒．基于认知心理学的科技用户信息搜索行为理论研究［D］．南京：南京理工大学硕士学位论文，2006.

② 邓胜利．交互式信息服务的用户认知因素及对策分析［J］．图书情报工作，2008，52（11）：53-56.

袁留亮，邓小昭．信念与个体的信息查询行为［J］．图书情报工作，2009，53（6）：33-36.

任立肖，檀柏红．网络用户信息查询行为模型构建［J］．图书馆学研究，2010，(3)：57-61.

柯青，王秀峰．认知风格与信息搜寻行为整合研究［J］．情报理论与实践，2011，34（4）：35-40.

③ Li Y，Belkin N J. An exploration of the relationships between work task and interactive information search behavior［J］. Journal of the American Society for Information Science and Technology，2010，61（9）：1771-1789.

Freund L. A cross-domain analysis of task and genre effects on perceptions of usefulness［J］. Information Processing and Management，2013，49（5）：1108-1121.

④ 郭桑，李桂华．任务情境及其对信息查寻行为的影响研究［J］．情报理论与实践，2012，35（11）：12-16.

⑤ Liu C，Jacek G，Liu J，et al. Analysis and evaluation of query reformulations in different task types［C］//Richard B H. Proceedings of the 73th ASIST Annual Meeting. Silver Spring：ASIST，2010：1-9.

⑥ Xie I，Joo S Y. Factors affecting the selection of search tactics：tasks，knowledge，process，and systems［J］. Information Processing and Management，2012，48（2）：254-270.

⑦ Umemoto K，Yamamoto T，Nakamura S，et al. Predicting query reformulation type from user behavior［C］//Association for Computing Machinery（ACM）. Proceedings of the 28th Annual ACM Symposium on Applied Computing. New York：ACM，2013：894-901.

⑧ 孙丽，曹锦丹．不同任务类型下查询重构行为分析［J］．情报学报，2016，35，(9)：980-988.

⑨ 宋筱璇，刘畅．任务难度对用户检索式重构转移模式的影响研究［J］．情报理论与实践，2018，41（2）：22-27，13.

⑩ 曹高辉，梁梦丽，王佳．任务驱动下社会化问答平台用户信息搜寻行为研究［J］．情报科学，2018，36（1）：80-86.

⑪ 袁红，刘猛．学术平台用户查询扩展行为影响因素研究［J］．情报科学，2016，(9)：119-123.

（4）情感因素

在信息查寻领域，情绪、乐观性、情感价值、情感控制、自我效能感等都常被看作情感因素的组成部分①。其中，自我效能感描述了个体对成功达成特定目标的行动过程的能力的自我预期、感知、信心或信念，因而又是学者探讨试错相关行为时的重要主题之一。例如，Wilson 发现，具有高自我效能感的用户能够积极应对查寻困难，不断尝试不同的查寻策略；反之则会消极逃避②。Nahl 的实验证明，自我效能感越高、态度越乐观或渴望成功的新手，比那些充满怀疑和对成功缺乏自信的人更能积极主动地尝试不同的信息搜索策略，更有效率，更能成为一个适应的查寻者③。还有学者发现，自我效能感与用户信息查寻过程中的尝试、控制、评价、思索之间存在显著正相关关系，自我效能感高的用户在信息查寻时会经常进行思索，勇于尝试不同的搜索方法④。

（5）信息系统因素

Saracevic 指出，信息系统的硬件、软件、信息资源内容，以及人机交互界面中的导航体系、术语标记、界面布局等都是影响用户信息查寻行为策略选择的重要因素，如系统提供的检索功能、纠错功能、反馈功能、帮助功能等都会在一定程度上影响用户检索策略的调整⑤。Xie 等的实验结果表明，信息系统类型会对用户的检索策略调整产生影响⑥。Lu 等的实验研究也发现，系统特征对用户的查询重构行为具有显著影响⑦。

---

① 黄崑，李京津，吴英梅．信息行为研究中的情感负荷理论及应用研究综述［J］．图书情报工作，2018，62（12）：116-124.

李京津，黄崑，袁心，等．信息查询与检索领域中用户情感因素的界定与应用［J］．图书情报工作，2019，63（7）：63-71.

② Wilson T D. Models in information behavior research［J］. Journal of Documentation，1999，55(3)：249-270.

③ Nahl D. Affective monitoring of Internet learners：Perceived self-efficacy and success［C］//Schwartz G S. Proceedings of the American Society for Information Science. Medford：Information Today，Inc.，1996：100-109.

Nahl D，Bilal D. Information and Emotion：the Emergent Affective Paradigm in Information Behavior Research and Theory［M］. Medford：Information Today，Inc.，2007.

④ 伍玉伟．大学生信息查寻行为研究——以社会认知理论为视角［J］．图书馆论坛，2014，34（8）：62-66.

⑤ Saracevic T. The stratified model of information retrieval interaction：extension and applications［C］//Schwartz G S. Proceedings of the American Society for Information Science. Medford：Information Today，Inc.，1997：313-327.

⑥ Xie X H，Liu Y Q，Rijke M D，at el. Why people search for images using Web Search Engines［C］//Association for Computing Machinery（ACM）. Proceedings of the 11th ACM International Conference on Web Search and Data Mining. New York：ACM，2018：655-663.

⑦ Lu K，Joo S，Lee T，et al. Factors that influence query reformulations and search performance in health information retrieval：a multilevel modeling approach［J］. Journal of The Association for Information Science and Technology，2017，68（8）：1886-1898.

4.2.5 试错行为同类研究状况小结

通过分析同类研究成果，可以发现：

第一，国内外学者从认知的角度对用户信息查寻行为进行了大量研究，这些研究包含了基于用户认知的信息查寻理论及模型构建，用户网络信息查寻行为的特征和影响因素的实证研究，以及网络信息查寻行为发生与发展过程中的用户认知和心理特征等，这为本书提供了良好的基础与借鉴。

第二，目前国内主要是对非学术用户信息查寻过程中的试错行为进行研究，或是对学术用户信息检索中的试错行为特征，尤其是检索式重构进行研究。

第三，已有信息检索试错行为的实证研究多在人为创设的实验环境中进行，在研究的外部效度方面尚有提升的空间。

综上，有必要针对真实学术研究任务情境下的用户进行研究，揭示其在信息查寻全过程中的试错行为过程及规律。

4.3 学术用户网络信息查寻中的试错行为研究设计

为了全面充分揭示自然任务情境下学术用户网络信息查寻中的试错行为的特征与影响因素，分析试错行为的内在机制，在此选用混合研究方法。

4.3.1 混合研究方法的采用

混合研究方法是在单一研究项目中同时使用质性研究与定量研究的一种研究策略。它根据三角互证的原则，从不同方法中寻找研究结果的聚合、证实和一致，通过方法的联合与互补，提供关于研究问题的更充分完整的描述与解释视角，从而强化研究结果①。

根据质性研究与定量研究的使用顺序及主导地位的不同，可将混合研究方法设计分为顺序设计和并行设计。其中，顺序设计包括顺序性解释设计和顺序性探究设计，并行设计包括并行三角互证设计和并行嵌套设计②。为能较为全面地揭示用户试错行为的内在机制，本书使用并行嵌套设计，同时搜集质性数据与量化数据，并将定量研究嵌套到质性研究中，从不同层面解决研究问题（图 4-1）。

① 马丁·登斯库姆．怎样做好一项研究—小规模社会研究指南［M］．陶保平译．上海：上海教育出版社，2011：90-95.

② 约翰·克雷斯威尔．研究设计与写作指导：定性、定量与混合研究的路径［M］．崔延强译．重庆：重庆大学出版社，2007：165-173.

具体而言，在质性研究的基础上，用定量数据对用户试错行为做进一步分析，以提供更加充分的现象描述和更加完整的机理解释。

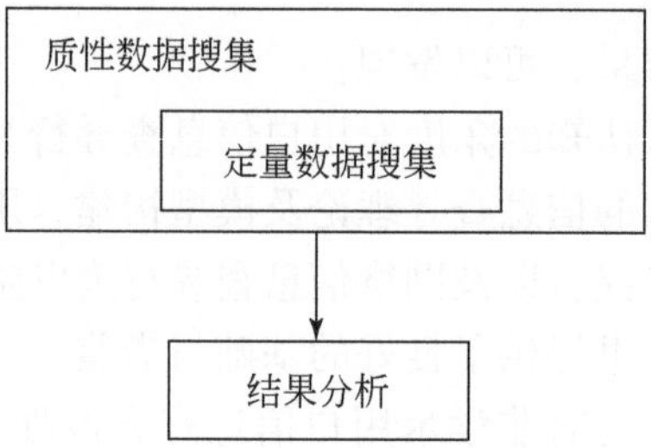

图 4-1　并行嵌套设计模型

基于并行嵌套设计模型，主要采用以下方法对数据进行搜集与分析。

1）观察法

采用非结构化观察法，辅以抓屏软件，详细记录用户网络信息查寻的试错行为过程，为后面的定量数据分析奠定基础。

2）访谈法

采用半结构化访谈法，引导用户回忆并评价自己的试错行为效果，通过对观察过程中发现的问题进行追问，弥补观察结果的不足。

3）出声思维法

引导用户将其在试错中遇到的问题、心里的想法、对结果的评价等用语言表达出来。

4）统计分析法

将部分质性数据编码转换为定量数据进行统计分析。

4.3.2　研究对象的选取

混合研究方法抽样策略可分为基本抽样法、顺序抽样法、并行抽样法、多层抽样法①。本书选用并行抽样法，即通过概率抽样与目的抽样的结合使用，同时获得定量与质性数据，保证数据有广度、有深度且具有互补性。

具体地，研究人员在西南大学、中山大学、华南师范大学等高校的校园 BBS 论坛及 QQ 群发布招募信息时，采用了概率抽样的方式，未对研究对象的性别、专业、研究角色、研究阶段等方面的特征做严格限制。考虑到教师、博士研究生样本的难以获得性，本章采用了目的抽样中的完全抽样法，将所招募到的全部博

① Teddlie C, Yu F. Mixed methods sampling: a typology with examples [J]. Journal of Mixed Methods Research, 2007, 1 (1): 77-100.

士研究生、教师均确定为观察与访谈对象。此外，还采用了滚雪球抽样法对样本进行了扩充，以使样本的学历、性别、专业分布更加全面合理。

最终样本 32 人，分属于计算机科学与技术、法学、化学、外国语言文学、心理学、应用经济学、工商管理、土木工程、机械工程、图书情报与档案管理等一级学科。其中，男性 16 人，女性 16 人；在读硕士研究生 21 人，在读博士研究生 8 人，高校在职教师 3 人。

4.3.3 数据的搜集与整理分析

4.3.3.1 数据搜集工具

主要包括知情同意书（附录 9）、观察记录表（附录 10）、访谈提纲（附录 11）、样本基本信息表（附录 12）、备忘录、抓屏和录音设备等。参见本书 3.3.3.1 节。

4.3.3.2 数据整理方法

在每次观察或访谈之后，将录音及抓屏资料转换为文字资料并对这些转换后的文字资料、观察与访谈中搜集到的文字资料，以及若干备忘录等进行初步整理和比较分析；之后，对所有文字资料进行归类、编码和建档，为后续数据分析打下基础。搜集到的文字资料包括 32 份观察记录、32 份访谈记录，以及若干录音转换的文字资料和备忘录等。样本中，区域经济学和企业管理专业的用户同属于经济管理学院，且他们所学的课程基本相同，研究领域接近；机电系统工程和土木与建筑环境专业的用户同属于工程技术学院，他们所学的课程及研究领域也十分接近。同时，在对搜集到的数据进行初步整理时，发现区域经济学和企业管理专业的用户网络信息查寻行为相似，机电系统工程和土木与建筑环境专业的用户网络信息查寻行为相似。因此，将区域经济学和企业管理专业归为经济管理类，机电系统工程和土木与建筑环境专业归为工程技术类。由此，将样本分为 8 个学科类别，即计算机科学与技术、法学、化学、外国语言文学、心理学、经济管理、工程技术、图书情报与档案管理，每个学科类别有 4 名学生用户。为了使数据分析更加清晰，使用表 4-1 中的标示符号进行编号。

表 4-1 资料整理所用的标示符号

符号	含义
J；X；G；F；Y；Q；E；H	J-计算机科学与技术；X-心理学；G-工程技术；F-法学；Y-外国语言文学；Q-图书情报与档案管理；E-经济管理；H-化学

续表

符号	含义
Ⅰ；Ⅱ；Ⅲ；Ⅳ；Ⅴ	Ⅰ-确定研究课题阶段；Ⅱ-设计研究方案阶段；Ⅲ-资料或数据搜集（包括调查、观察、实验等）阶段；Ⅳ-资料或数据的汇总与分析阶段；Ⅴ-撰写研究成果阶段
a；b；c	a-课题主持者；b-主要研究人员；c-一般研究人员
01；02	01-男生；02-女生
1；2；3；4	研究对象的序号
M；D；T	M-在读硕士研究生；D-在读博士研究生；T-教师

4.3.3.3 数据分析方法

对质性数据，采用扎根理论的三级编码方式进行分析。具体地，首先通过对文本资料逐行编码，共得到134个概念，经归纳与分类后共得到38个范畴；然后运用扎根理论的条件/结果矩阵，对搜集到的资料进行重新整合；最后在主轴编码的基础上，进一步挖掘核心范畴，将相互独立的范畴通过逻辑建立联系，并以“故事线”形式描绘整体行为现象发展出新的实质理论架构。具体编码方法参见本书3.3.3.3节。

对定量数据，采用以下统计分析方法。

1）描述性统计分析

对调查对象的基本信息进行整理与统计，以了解调查对象的基本特征和分布。

2）相关分析

检验研究变量间是否存在相关关系，确定相关关系的表现形式，并通过相关系数来测定变量间的相关程度及相关方向。

4.3.4 研究的信度、效度与伦理

参见本书3.3.4。

4.4 学术用户网络信息查寻中的试错行为实证数据分析

运用混合研究方法，辅以三角互证法①对数据进行分析。具体地，首先进行

① 马丁·登斯库姆．怎样做好一项研究—小规模社会研究指南［M］．陶保平译．上海：上海教育出版社，2011：115-128.

基于扎根理论的质性数据分析，归纳总结出学术用户试错行为的特征与影响因素；然后进行建立在质性资料基础之上的定量分析，利用录制的视频观察记录，对被观察对象的试错行为进行统计分析，并对部分影响因素与试错行为间的关系进行相关性分析；之后将两种数据分析的结果进行比较，得出研究结论。在分析数据过程中，质性数据分析与定量数据分析交替进行，相互验证和解释，从而逐步深化研究内容，总结归纳出用户试错行为机制的理论模型。

通过三轮编码对搜集到的质性数据进行分析，将核心现象定为“学术用户网络信息查寻的试错行为过程”，其中包括试错行为动机过程、试错效果预测过程、试错行为实施/反馈过程①。下面将逐一对核心现象中的各个环节进行分析。

4.4.1 学术用户网络信息查寻中的试错行为动机过程

人类是否参与某项活动或执行某项任务是由内在动机和外在动机共同决定的②。动机是激发或推动用户试错行为的内部心理状态。根据观察与访谈资料，可将学术用户网络信息查寻中的试错行为动机过程的核心现象整理成如下故事线：学术用户因研究任务的紧迫性、复杂性和创新性，为满足自身的信息需求，在面对查寻结果不确定的情况时，会产生试错的动机，继而确定出相应的试错内容；网络信息环境作为介入条件，在一定程度上会对此过程产生影响。

运用扎根理论中经典的条件/结果矩阵，得出如图 4-2 所示的学术用户试错行为动机过程模型。

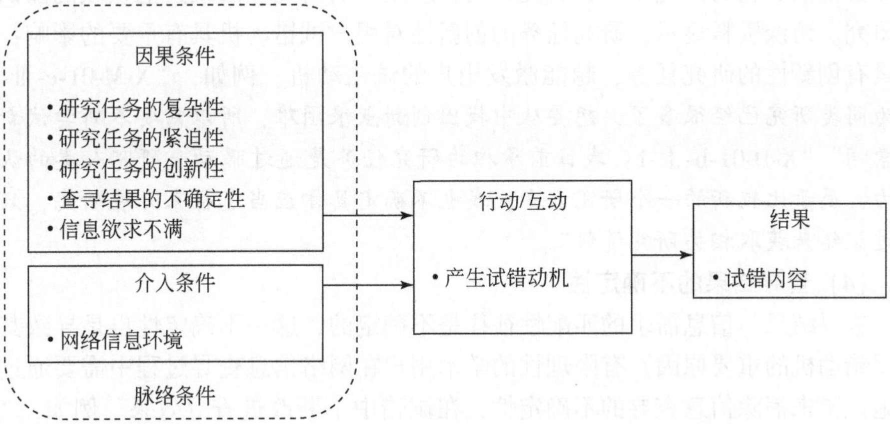

图 4-2 学术用户网络信息查寻中的试错行为动机过程模型

① 苏帆．学术用户网络信息查寻中的试错行为研究［D］．重庆：西南大学硕士学位论文，2013.

② 张红霞，谢毅．动机过程对青少年网络游戏行为意向的影响模型［J］．心理学报，2008，40（12）：1275-1286.

4.4.1.1 试错行为动机过程的因果条件分析

由访谈资料可知，试错行为动机过程的因果条件主要涉及用户研究任务的复杂性、紧迫性、创新性，查寻结果的不确定性，以及信息欲求不满。因果条件对试错动机产生具有决定性的影响。

（1）研究任务的复杂性

访谈资料显示，用户试错动机与研究任务的复杂性有着密切的联系。用户承担的研究任务越复杂、越困难，其试错动机也就越强烈。例如，“H-D-02-b-Ⅳ-4：当我觉得研究任务复杂的时候，试错的动机也就越强烈，更倾向于通过试错行为获取所需信息”“G-M-01-c-Ⅱ-1：因为涉及多个学科领域的知识，所以研究起来很复杂，需要通过查寻过程中的试错逐渐理清思路”。

（2）研究任务的紧迫性

用户所承担的研究任务的紧迫性也会影响其试错动机的产生。时间越紧迫、时间压力越大，用户就越倾向于通过试错来查寻所需信息。例如，“F-M-02-c-Ⅰ-1：马上就要开题了，时间很紧，压力也很大，我想尝试不同的查寻方式，希望能够找到有用的资料”“G-D-01-c-Ⅰ-3：研究任务时间越是紧迫，我试错的可能性就越大，特别是导师催得紧的时候”“X-D-01-b-Ⅰ-1：……特别是当我需要在有限的时间里解决复杂的研究问题的时候，试错查寻的想法就更加强烈了”。

（3）研究任务的创新性

研究任务的创新性是指用户所承担的研究任务属于较为新颖、前沿的研究，或需要他们从新的研究角度、研究方向，应用新的研究方法或其他领域的知识进行研究。访谈资料显示，研究任务的创新性对用户试错动机具有重要的影响：越是具有创新性的研究任务，越能激发用户的试错动机。例如，“X-M-01-c-Ⅲ-4：因为同类研究已经很多了，想要从中找出创新点很困难，所以需要不断尝试新的检索词”“X-D-01-b-Ⅰ-1：我目前承担的研究任务是通过眼动来研究人类的认知能力，属于比较新的一个研究方向，我也不确定具体应当怎样来开展研究，只能通过试错来获取相关研究资料”。

（4）查寻结果的不确定性

查寻结果与信息需求的匹配性往往是不确定的，这一不确定性也是导致其产生试错动机的重要原因。有限理性的学术用户在网络信息查寻过程中需要通过不断地试错来消除信息查寻的不确定性，在试错中不断改进查寻效果。例如，“Q-M-02-b-Ⅱ-3：我也不确定自己通过分析输入的检索词是否能够找到我所需要的信息，所以就想通过尝试不同的查寻行为策略来逐一排查”“G-D-01-c-Ⅰ-3：我在查寻信息的过程中，往往也不能完全确定通过哪种查寻行为方式可以找到我所需要的信息，就想通过试错的方式来查找信息”“X-T-02-a-Ⅲ-3：我也不能百分之百地确定某一查寻行为能够反馈多少有用的信息，因此试错在所难免”。

（5）信息欲求不满

用户试错行为动机与其当前信息需求欠满足状况有着密切的联系。观察与访谈资料表明，二者间的关系可归为4种情况：①已查寻到的信息太多或太少，因此需要扩大或缩小检索的范围；②已查寻到的信息相关性不高，与查寻目标相去甚远，因此需要点击系统推荐的链接；③已有文献信息可以满足用户的信息需求，但获取资源需要支付一定的费用，此时用户就产生了尝试其他查寻系统的动机；④之前的信息需求已满足，产生了新的信息需求。例如，“J-M-02-c-Ⅰ-2：如果查寻到的信息相关性不高或相关文献太少，我就想用其他的检索词来扩大或缩小检索结果的范围”“X-T-02-a-Ⅲ-3：为了获取更多的关于课题研究方面的知识，就需要试着点击一些我认为相关的系统推荐链接”“X-D-01-b-Ⅰ-1：数据库中的某一资源如果需要收费，我就会通过试错去查找免费的数据库”。

4.4.1.2　试错行为动机过程的介入条件分析

研究发现，用户所面对的网络信息资源浩瀚纷杂，而用户对它的认知却有限，因而网络信息环境作为介入条件，常常会促进或抑制用户试错动机的产生。例如，“E-M-01-b-Ⅲ-1：Google学术上的信息资源是很丰富，不过也很杂乱。越丰富越杂乱，就越需要通过试错，多次输入不同的检索词才能获得一些有用的信息”“Y-M-02-c-Ⅰ-4：当网络环境中的信息变化呈现一定的规律时，我的试错动机可能就没那么强烈了”。

4.4.1.3　试错行为动机过程的脉络及行动/互动分析

结合因果条件和介入条件分析，可以总结出用户试错行为动机过程的整个情境脉络，即用户因研究任务的紧迫性、复杂性和创新性，为了满足自身的信息需求，在对查寻结果并不确定的情况下，产生了通过试错来解决查寻中的问题的动机。此时，网络信息环境作为介入条件，会在一定程度上影响试错动机的水平。

此外，随着因果条件或介入条件的改变，用户试错行为的内在动机与外在动机之间还会发生转换。在这里，内在动机由用户的内部需要引起，主要是为了消除信息查寻的不确定性，或者获得解决研究问题和信息需求满足的愉快经历；外在动机则是用户为了完成研究任务，取得进步，获得同行或团队的肯定。例如，“J-M-01-a-Ⅲ-4：在开题的那段时间我试错的动机主要是确定研究内容，完成导师布置的任务；现阶段我试错的主要目的则是为了更好地解决研究中遇到的问题，更加有效地满足自己的查寻需求”。

4.4.1.4　试错行为动机过程的结果

学术用户试错动机过程的结果体现在试错内容的确定上。试错内容主要包括对查寻方式的试错和对信息资源查寻系统的试错。

（1）对查寻方式的试错

对查寻方式的试错包括对检索式的试错和对浏览方式的试错。

与4.2节所述同类成果相似，对检索式的试错也是用户试错的主要内容之一，特别是在复杂任务情境下，更需反复调整以保证其满足信息需求。例如，“G-M-01-c-Ⅰ-2：我会在分析研究内容的基础上，尝试输入不同的检索词来查寻信息”“E-D-01-b-Ⅲ-4：课题太复杂了，需要我尝试使用不同的关键词、题名或者作者名来查找自己所需要的信息”。

浏览的具体方式不一，用户会在点击相关超链接、网页浏览阅读，以及与此相关的保存、收藏、查寻历史记录等方式之间进行尝试。例如，“Y-T-02-a-Ⅳ-1：系统的浏览功能其实很多的，如果直接检索没有查到密切相关的，就想试一下系统推荐的主题，或点击系统提供的‘引文网络’‘相似作者’‘读者推荐’这些链接，可能多少就有收获了”。

（2）对信息资源查寻系统的试错

虽然用户对查寻系统的选择并不盲目，但对所选查寻系统能否满足信息需求却并不确定；一旦发现某一查寻系统不能满足其信息需求时，他们便会萌生使用其他查寻系统的动机。相关表述：“Y-M-02-a-Ⅳ-2：我会根据自己所需信息的全面性和准确性，尝试在不同的数据库中查找信息”“H-D-01-b-Ⅳ-1：我在对研究内容不熟悉的时候，会先在Google学术里面查找一些比较全面的信息；当对研究内容有了一定了解之后，就会重点在Web of Science中查找更为相关的信息。”

（3）在两种试错内容之间的切换

用户在查寻方式、信息资源查寻系统两种试错内容之间的切换也常有发生。例如，“J-M-01-c-Ⅱ-1：我在输入‘image deploring’后发现检索出来的信息太多了，很多也不相关，所以就又先后输入了‘image deploring OR image reconstruction OR image disconsolation’‘image deploring OR image reconstruction’等检索式看能否找到更相关的信息；如果尝试了五六次不同的检索式之后效果还是不太好的话，我可能就会换成在Web of Science里面查找信息了”。

学术用户网络信息查寻中的试错行为动机过程是产生与实施试错行为的起点和基础。用户受不同条件的影响，会形成不同的试错动机和试错内容。该过程的结果将会对其试错行为后续的预测过程产生影响。

4.4.2 学术用户网络信息查寻中的试错效果预测过程

通过对搜集到的资料的编码分析，梳理出用户试错效果预测过程核心现象的故事线：用户依据在试错行为动机过程中确定的试错内容，在自身领域知识、网络使用与查寻经验的影响下，初步选择相应的试错行为方式，并运用自定的试错效果预测标准对其效果进行预估，继而形成试错行为效果的先验概率；查寻情境作为介入条件，会在一定程度上对该过程产生影响。

试错效果预测过程模型见图 4-3。

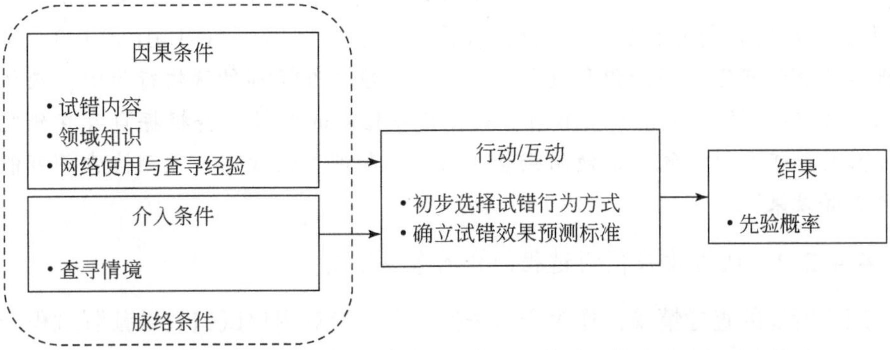

图 4-3　学术用户网络信息查寻中的试错效果预测过程模型

4.4.2.1　试错效果预测过程的因果条件分析

影响用户试错效果预测过程的因果条件主要包括用户在试错行为动机过程中确定的试错内容，用户的领域知识，以及用户的网络使用与查寻经验。鉴于 4.4.1 节已详细论述了试错内容，此处仅对领域知识、网络使用与查寻经验进行分析。

(1) 领域知识

与用户研究任务相关的领域知识，对用户初步选择试错行为方式及确立试错效果预测标准具有重要的影响。受访的 32 位用户均表示，自己主要是依据领域知识来选择相应的试错行为方式，并预测试错效果。而且，用户预期获得有效信息的概率（先验概率）与实际获得有效信息的概率（后验概率）会随其领域知识的累积而逐渐接近。例如，“Q-M-02-b-Ⅱ-4：我主要是根据自己在研究任务方面掌握的知识，提取检索概念，尝试不同的检索词，并对每次查寻结果进行预测”“X-D-02-b-Ⅲ-2：我在研究领域方面掌握的知识，使我对不同的查寻策略有了一个基本的判断思路，我一般都是按着这个思路来判断哪种查寻行为的查寻效果更好、操作起来更方便的……现在我的研究更深入了，这种判断也更准确了”。

(2) 网络使用与查寻经验

用户以往网络使用与查寻中的成功经验或失败经历都会影响其试错效果预测过程，其中成功经验会提高用户对当前试错行为效果的预测值，而失败经历则会降低该预测值。例如，“X-D-01-b-Ⅰ-1：我主要是根据以往的系统使用经验来判断哪种试错行为方式更能够让我查寻到有用的信息。例如，我之前发现利用 CNKI 的高级检索功能对检出文献的时间做限定后，查出的文献相关性和新颖性都不错，所以我在这次查寻中也准备把这些限定方式都试一下”“H-D-01-b-Ⅳ-1：我以前用的 Web of Science、ACS 数据库、Sci Finder 和 Google 学术这些数据库比较专业，能提供不同的试错途径，也能保存试错过程，所以我觉得这次使用应该也能满足我的信息需求”。

进一步分析访谈记录发现，用户试错效果预测过程常常也在领域知识、网络使用与查寻经验两种因果条件的共同作用下完成。例如，“G-D-01-c-Ⅰ-3：当然是根据已有的研究领域知识和查寻经验来确定应该选择哪种试错行为呀，应该没有人不是这样吧”“H-D-01-b-Ⅳ-1：我在查寻信息的时候，会根据自身在研究任务方面的知识和以往的系统使用经验，来选择和调整检索词，预测检索词可能达到的查寻效果”。

4.4.2.2 试错效果预测过程的介入条件分析

用户所处的查寻情境，作为介入条件，有可能对用户试错效果预测过程产生促进或抑制作用。这里的查寻情境，指与当前查寻目标、优先级、信息可获得性等相关的当下状况；相比信息环境，它更狭义，关注人与信息的互动及其影响①。

例如，访谈发现，查寻情境中的确定信息有助于用户识别出可行的试错方案，随机信息则对用户的试错效果预测标准具有一定影响。相关表述：“E-D-01-b-Ⅲ-4：有时候我会直接抽取研究问题中的某一词汇作为检索词，根据当前使用的查寻系统的信息资源质量和查寻功能，去判断可能查寻到有用信息的概率”“G-M-01-c-Ⅱ-1：当我对研究内容不是很熟悉、对选择的查寻系统也不是很了解的时候，我会直接输入与研究问题相关的概念进行检索，然后再根据系统反馈的信息，调整下一步的查寻行为，这时我对查寻结果的要求没有那么高，只要有一点儿相关就可以”。

4.4.2.3 试错效果预测过程的脉络及行动/互动分析

用户在因果条件和介入条件的作用下，会初步选择具体的试错行为方式，并确立试错效果预测标准。

(1) 初步选择试错行为方式

观察与访谈资料显示，用户在该阶段初步选择的试错行为方式主要可归为以下几种。

1）检索式重构

检索式重构包括检索词扩检和检索词缩检，重新检索，点击系统推荐的提示词，以及高级检索条件变换。具体实例不在此赘述。

2）变换查寻系统

变换查寻系统指先后在多个不同的查寻系统里进行尝试。具体实例不在此赘述。

---

① Case D O, Given L M. Looking for Information: A Survey of Research on Information Seeking, Needs, Behavior [M]. 4th ed. Bingley: Emerald Group Publishing Limited, 2016: 48.

3）翻屏浏览

翻屏浏览指用户在浏览某一查寻结果集时，通过连续翻屏阅读进行试错。

4）点击系统推荐链接

这一试错行为方式主要发生在信息浏览行为中。例如，“G-M-01-c-Ⅱ-1：我有可能会试着查看系统推荐的几个相关链接。有时候权威数据库推荐的链接可能比我自己通过输入检索式查找出来的信息更有用”。

5）结果集回巡

结果集回巡，即对先前查寻提问结果集的回巡行为，包括重新在系统中输入相同的检索词，点击“后退”键，通过建立的收藏夹链接回去，点击“历史记录”，以及重新输入已知网址并链接到先前页面等。

在一次查寻中，用户可能会使用其中一种或先后尝试多种试错行为方式。

（2）确立试错效果预测标准

由观察与访谈资料归纳可知，用户确立的试错效果预测标准主要包括以下三个方面。

1）最小努力原则

以最小的努力获取最大信息收益的心理趋向，使用户在选择试错行为方式时，通常会舍远求近、避繁就简。例如，“H-M-02-c-Ⅰ-2：我一般会在数据库的简单检索界面中尝试输入不同的检索词反复试一下，而不会直接使用高级检索功能，以免麻烦”。

2）可近性原则

这一原则主要包括智力上的可近性、空间上的可近性和心理上的可近性。智力上的可近性，指用户会尽量尝试自己熟悉的查寻系统或查寻技术等。空间上的可近性，指用户的试错会优先选择物理或虚拟空间距离更近的方式。心理上的可近性则是一种情感印象，如果用户对先前试错具有良好体验，便会产生亲近心理，对该试错方式的评价值和选择概率也会相应较高。例如，“H-D-01-b-Ⅳ-1：我平时习惯先在 Web of Science 中尝试；而且，一般我会从学校图书馆的界面进入 Web of Science 界面，这样会觉得 Web of Science 离我也没那么远”。

3）易用性原则

易用性是对可近性的延伸与补充，对用户来说，如果某一试错行为方式虽然在空间上易于接近，但操作使用麻烦，那么用户对这一试错行为方式的选择概率也不会太高。例如，“Y-T-02-a-Ⅳ-1：你看，刚才面对 Springer 这种外文数据库，我连下载的按钮在哪里都不知道，所以我不愿意再试了。我还是喜欢在 Google 学术里面查找外文资料，使用起来很方便”“G-M-01-c-Ⅱ-1：当需要对作者、出版机构和关键词进行限定时，我往往会使用高级检索功能来调整检索词和字段，而不是自己构造（专业）检索式，因为那些规则太复杂了”。

4.4.2.4 试错效果预测过程的结果

学术用户试错效果预测过程的结果体现为先验概率。用户根据自定的试错效果预测标准，对初步选择的试错行为方式的查寻效果进行预估后，就会产生一个先验概率。相关表述：“G-D-01-c-Ⅳ-4：开始查寻信息之前，主要是根据已有的知识和经验来识别和判断试错行为方式，选择预期效果最好的试错行为方式”“F-M-01-a-Ⅴ-2：根据以前的数据库使用经历，我觉得在CNKI上查找到我所需要的文献的可能性很大，所以就决定继续使用”“H-D-02-b-Ⅳ-4：我会根据当前的查寻情境、以往的查寻经验，确定可能的试错行为方式，并对这些查寻行为进行评价，预测可能查寻到有效信息的概率”。

4.4.3 学术用户网络信息查寻中的试错行为实施/反馈过程

由观察与访谈资料的编码，梳理出这一过程核心现象的故事线：用户依据在试错效果预测过程中确定的先验概率，在用户认知能力、心理因素、试错成本、所处研究阶段等因素的作用下，执行所选择的试错行为方式，并通过相关性判断，形成后验概率，最终获得试错效果。个人背景特征与信息系统因素作为介入条件，会在一定程度上对该过程产生影响。此外，用户对试错效果的评价结果，与行动/互动过程会形成反馈回路。试错行为实施/反馈过程模型见图4-4。

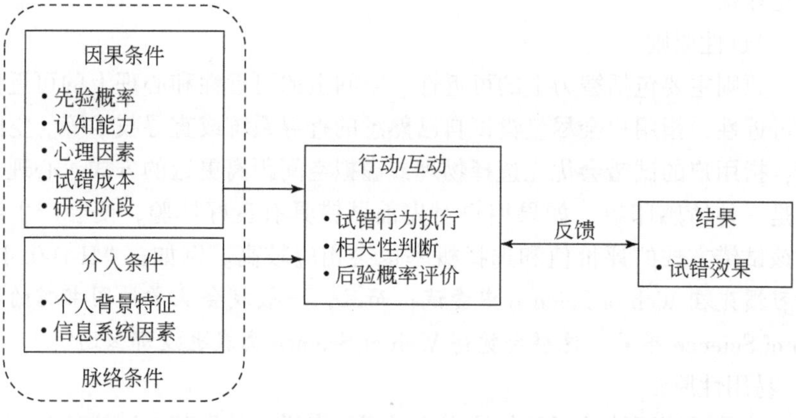

图4-4 学术用户网络信息查寻中的试错行为实施/反馈过程模型

4.4.3.1 试错行为实施/反馈过程的因果条件分析

由访谈资料可知，试错行为实施/反馈过程的因果条件主要包括先验概率，以及用户的认知能力、心理因素、试错成本、所处研究阶段等。

(1) 先验概率

用户在试错效果预测过程中产生的先验概率是其正式实施试错行为的重要依

据，对试错行为的实施/反馈过程有着决定性影响。相关的表述："G-D-01-c-Ⅳ-4：我选择的是预期效果最好的试错行为方式，如果实际查寻效果与我预期的效果相差不大，我可能会继续使用这种方式进行试错""G-M-01-c-Ⅱ-1：我在本次查寻中选择了以前经常使用的CNKI。一开始觉得应该能找到需要的资料，的确也找到了，可是系统显示要登录账号收费。我很郁闷，就换成维普，结果在维普上找到了许多免费的相关文献。我想维普应该是我以后首选的查寻系统了"。

(2) 认知能力

认知能力是指用户通过对信息进行分析、运算、联想、归类、推理、灵感等方式，将新知识理解并内化为人自身的知识库的能力①。数据表明，影响学术用户试错行为实施/反馈过程的认知能力主要包括用户的主题分析能力、信息查寻技能、空间认知能力等。

1）主题分析能力

用户在试错过程中，需要不断对系统反馈的信息、本人研究任务和信息需求进行比较与分析，深入挖掘相关主题概念，以调整检索策略。用户的主题分析能力越强，越能采用有效的试错行为方式，提高试错效率。"Q-T-01-a-Ⅱ-1：准确地对研究问题进行分析，识别出合适的检索概念，就能很快把不合理的检索式调整过来""Y-M-02-c-Ⅰ-4：如果不能分析出合理的检索关键词，会很容易偏离实际的查寻目标，那试错的频率就会很高了"。

2）信息查寻技能

这里的信息查寻技能具体指用户构造检索式、利用系统浏览功能等方面的技能。信息查寻技能与试错行为的关系密切。访谈记录中的相关表述："Q-T-01-a-Ⅱ-1：信息检索技能高不高，对于检索式的合理构造很重要。那些学过检索知识的同学，一般对检索策略调整两三次，就能查到他要的文献了""H-D-01-b-Ⅳ-1：浏览也有技巧。我在重新查看已经浏览过的页面时，有时会点击系统的导航栏，这样很快就能链接回去"。

3）空间认知能力

用户信息查寻中的试错行为是其与查寻界面的交互过程，空间认知能力越强，越能合理地根据当前所处信息空间位置确定下一步的试错行为。例如，"Q-M-02-b-Ⅱ-4：我在查寻信息的时候很少会迷航，当我想要重新查看已经浏览过的页面时，一般都能够迅速回到该页面""E-M-02-a-Ⅴ-2：我觉得网络信息查寻空间辨别能力的高低，对选择试错行为和提高试错效率都有一定作用"。

(3) 心理因素

在观察与访谈中发现，用户在信息查寻试错时的心理特征会使其采用特定的试

① 王艳，邓小昭．网络用户信息行为基本问题探讨［J］．图书情报工作，2009，53（16）：35-39.

错行为方式及执行顺序。这些心理因素主要包括定势心理、心理阈值和自我效能感。

1）定势心理

定势心理导致用户的试错行为表现出一定的倾向性，如抓屏资料显示，多数用户喜欢执着地在某个查寻系统中，多次使用重构检索式、翻屏浏览或点击系统推荐链接等试错行为方式，而较少更换查寻系统。再如，不少用户倾向仅在两三个自己长期使用或熟悉的查寻系统中进行切换。

2）心理阈值

不同用户对同一试错行为方式及持续时间的忍耐程度各不相同，即对某一试错行为方式的使用次数或使用时间具有不同的心理阈值。例如，多次尝试某种查寻方式无果时，有的用户就可能放弃尝试，有的用户却会继续尝试，还有用户则可能选择其他查寻方式。例如，“E-M-02-b-Ⅲ-1：我可以在一个数据库里面反复输入七八次不同的检索式来查找信息”，此即对同一试错行为方式的心理承受力较高的代表。

3）自我效能感

访谈与视频资料分析表明，用户的自我效能感对其试错行为方式的选择具有重要的影响；用户的自我效能感越高，越倾向于通过自己反复调整检索式来进行查寻，查寻的效率也越高，试错效果往往也越好。例如，“H-D-01-b-Ⅳ-1：我对自己的检索技能很有信心，我会积极尝试各种可能的检索方法，最终肯定都能够找到我所需要的文献资料”。

（4）试错成本

影响用户实施试错行为的成本因素主要包括用户需付出的认知成本、时间成本和经济成本。研究表明，用户通常倾向于选择成本偏低的试错行为方式。这与前文论及的试错效果预测标准密切相关。相关表述：“Y-M-02-a-Ⅳ-2：我一般每次只输入一个检索词，较少去使用复杂的检索技巧”“Y-M-02-a-Ⅳ-2：我主要选择自己熟悉的查寻系统进行试错查寻，如果选择一个自己不熟悉的数据库，我还要花费一定的时间来了解这个数据库的功能，既浪费时间也耗费精力，还不能保证一定能查找到相关度高的文献信息”“F-M-01-b-Ⅴ-3：我一般不会翻看完所有的反馈结果，那很浪费时间，因为一般来说越是靠后的内容越不相关”“Q-M-02-b-Ⅱ-4：我在选择替换的查寻系统时，只会选择那些可以免费获取文献的系统”。

（5）研究阶段

观察与访谈发现，处于不同研究阶段的用户的试错行为方式各不相同。例如，在确定研究课题阶段，由于信息需求的模糊性，在检索后常会伴随有较多的浏览型试错（点击系统推荐链接、结果集回巡和翻屏浏览）；随着研究的不断推进与深入，信息需求更明确，浏览型试错又会渐渐减少。例如，“H-D-02-b-Ⅳ-4：我在准备开题的那段时间，每次检索后，翻看结果集的页数很多，有时有100页左右，因为对所要研究的内容不确定，所以想通过翻看较多页的结果多查找一些信息。后来随着研究的逐步深入，翻看的结果页面就减少了很多”“F-M-01-a-

V-2：我在确定研究课题、设计研究方案的阶段，重新查看已浏览过的页面的情况比较多；但是在资料汇总和分析、特别是撰写研究论文的阶段，更多就是有针对性地检索某个小主题的文献了”。

以下是关于研究阶段对用户试错行为影响关系的定量分析。

根据样本基本信息表（附录12），按研究阶段对32名样本用户进行分组，各组情况：Ⅰ确定研究课题阶段（7人）、Ⅱ设计研究方案阶段（7人）、Ⅲ资料或数据搜集阶段（6人）、Ⅳ资料或数据的汇总与分析阶段（6人）、Ⅴ撰写研究成果阶段（6人）。同时，根据视频记录，统计不同组别用户的各类型试错行为方式的发生频次，结果见表4-2。

表4-2 不同研究阶段的学术用户试错行为方式

试错行为方式	研究阶段									
	Ⅰ		Ⅱ		Ⅲ		Ⅳ		Ⅴ	
	频数	比例/%	频数	比例/%	频数	比例/%	频数	比例/%	频数	比例/%
检索式重构	111	4.44	113	4.52	139	5.53	173	6.9	221	8.81
变换查寻系统	23	1.02	25	1.08	26	1.12	29	1.26	31	1.33
翻屏浏览	278	12.1	262	11.4	250	10.9	236	10.3	229	10
结果集回巡	26	1.12	23	1	20	0.85	17	0.76	12	0.5
点击系统推荐链接	28	1.2	25	1.18	25	1.1	21	0.9	16	0.68

从表4-2可知，随着研究阶段的推进，检索式重构、变换查寻系统的比例上升，翻屏浏览、结果集回巡及点击系统推荐链接的比例下降。进一步采用Kendall分析法进行秩相关分析，由表4-3可见，用户所处研究阶段与其“检索式重构”“变换查寻系统”的试错行为方式为完全正相关，与“翻屏浏览”“点击系统推荐链接”“结果集回巡”均具有高度负相关关系。这与质性分析结果相似。

表4-3 研究阶段与试错行为方式相关分析

			检索式重构	变换查寻系统	翻屏浏览	结果集回巡	点击系统推荐链接
Kendall's tau_b 秩相关分析	研究阶段	相关系数	1.000**	1.000**	-0.945**	-0.682**	-0.758**
		显著性（双侧）	0.000	0.000	0.005	0.166	0.082
		N	32	32	32	32	32

** 在0.01水平（双侧）上显著相关

4.4.3.2 试错行为实施/反馈过程的介入条件分析

(1) 个体背景因素

访谈与观察发现，不同性别、学历的用户的试错行为方式并无明显差异，而用户所在学科类别、研究角色在一定程度上促进或抑制了因果条件对其试错行为方式的影响。

1）学科类别对用户试错行为方式的影响

本次观察与受访用户的专业分属于 8 个学科类别，每个学科类别有 4 名用户。访谈发现，①学科差异导致不同学科用户对数据库或查寻系统资源类型的需求各不相同，继而致使不同学科用户在查寻系统的选择及系统切换顺序上存在较大的差异，这与第 2 章关于信息资源斑块选择及访问顺序的研究结论相吻合；②当用户在某一信息系统中实施查寻时，不同学科用户采用的试错行为方式及执行顺序却相差不大，即多是在一个查寻系统中先后重复执行检索式重构、翻屏浏览、点击系统推荐链接等试错行为方式，若信息需求仍未满足，才会考虑变换查寻系统。对视频观察数据的秩相关分析也证明了这一点（表 4-4）。

表 4-4　学科与试错行为方式相关分析

			检索式重构	变换查寻系统	翻屏浏览	结果集回巡	点击系统推荐链接
Kendall's tau_b 秩相关分析	学科	相关系数	0. 014	0. 092	−0. 056	−0. 066	−0. 024
		显著性（双侧）	0. 920	0. 552	0. 713	0. 625	0. 813
		N	32	32	32	32	32

2）不同研究角色的用户试错行为方式差异分析

参与本次观察与受访用户在研究任务中所担任的角色主要为："a"（课题主持者，10 名）、"b"（主要研究人员，11 名）、"c"（一般研究人员，11 名）。访谈发现：①在对查寻系统的选择上，部分课题主持者和主要研究人员会选择使用收费系统，而一般研究人员则通常不会。这与不同角色用户对研究经费的支配权有一定关系，也说明了因果条件中的经济成本因素对试错行为方式的影响；②当用户在某一信息系统中实施查寻行为时，不同角色的用户所采用的试错行为方式及执行顺序却相差不大，对视频观察数据的秩相关分析也证明了这一点（表 4-5）。

表 4-5　研究角色与试错行为方式相关分析

			检索式重构	变换查寻系统	翻屏浏览	结果集回巡	点击系统推荐链接
Kendall's tau_b 秩相关分析	研究角色	相关系数	0. 038	−0. 044	−0. 048	−0. 082	0. 083
		显著性（双侧）	0. 819	0. 824	0. 730	0. 644	0. 630
		N	32	32	32	32	32

（2）信息系统因素

观察与访谈表明，可能影响用户试错行为实施的信息系统因素主要包括系统响应速度、系统导航和界面设计、系统对信息资源的描述和系统反馈的信息质量。

1）系统响应速度

系统响应速度对用户连续翻屏页数和点击系统推荐链接的数量有着积极促进作用。例如，“E-M-01-b-Ⅲ-1：虽然系统反应的快慢并不是我点击推荐链接的主要原因，但是如果系统反应的比较快的话，我就有可能多点击几个”“G-M-01-c-Ⅰ-2：如果系统反馈结果的时间短，我就有可能继续翻看查寻结果集，还会点击多个系统推荐的相关链接；要是系统反应慢，而我又不确定下面一页的相关内容有多少或链接的内容相关性有多大，那我就懒得去点击了，免得浪费时间”。

2）系统导航和界面设计

系统导航和界面设计的人性化与易用性，对用户结果集回巡的试错行为方式有着积极的引导作用，有助于用户更易选择出有效的回巡方式，从而提高试错效率，同时抑制因果条件中的空间认知能力对其试错行为方式的影响。相关表述：“G-M-01-c-Ⅱ-1：我觉得CNKI导航体系越来越好了，有时我点击一个链接到了其他页面，查寻了一会儿，当我想要再重新查看之前的页面时就可以直接根据系统显示的‘检索历史’‘浏览历史’或‘下载历史’来重新查看并获取文献了，不会那么容易迷航了”“F-M-02-c-Ⅰ-1：如果查寻系统反馈结果信息的页面内容布局合理的话，我就能更快定位到有用的信息。我在使用万方的时候，总觉得它的文献结果反馈界面设计得不好，相关链接栏目太靠页面下方了，特别是当文献的摘要内容很多时，我可能根本就没看到它推荐的‘引证文献’‘本文读者也读过’‘相似文献’‘相关博文’这些相关链接”。

3）系统对信息资源的描述

用户是否会点击系统推荐的提示词或相关链接，是否继续翻屏浏览或回巡结果集，往往取决于关键词、标题、摘要等浓缩信息的描述情况。系统对相关资源的准确描述，有助于用户判断其相关性并合理选择试错行为方式，同时抑制因果条件中的认知能力对试错行为的影响。相关表述：“G-D-01-c-Ⅰ-3：如果系统对信息资源的描述准确性高，那么我就能更加快速准确地判断出描述文献的相关性，而不用非要点击进入具体的结果页面详细查看文献摘要或其他描述信息，从而提高试错效率”“X-M-01-c-Ⅲ-4：我觉得系统中的信息描述标签准不准确，很重要；但如果个人的理解能力差的话，系统描述得再准确也没用呀”。

4）系统反馈的信息质量

系统反馈的信息将融入用户的信息查寻活动之中，与先验概率一起，对试错行为方式选择及执行顺序产生影响。例如，系统反馈的文献能带来的查寻效果越好，用户就越易继续采用之前尝试的行为方式，反之则会放弃该试错方式。相关表述：“G-M-01-c-Ⅱ-1：系统反馈的信息使我部分信息需求得到满足，总的来说查寻效果还不错，我会继续采用这种方式进行查找”“F-M-01-a-Ⅴ-2：系统反馈的信息相关性不高，跟我之前预期的查寻效果相差挺大的，我还是试一下其他的检索方法吧！”。

4.4.3.3 试错行为实施/反馈过程的脉络与行动/互动分析

用户在因果条件和介入条件的作用下，开始实施试错行为，并对查寻结果进行相关性判断，形成后验概率，继而获得试错效果体验。

(1) 试错行为的实施

综合观察与访谈数据，分析用户在试错行为实施/反馈过程中所实施的试错行为的执行情况。

1）检索式重构

第一，检索式重构的方式。对视频中用户输入检索式的次数、点击提示词的个数及变换高级检索限定条件的次数进行了统计。剔除首次输入的检索式后，即用户检索式重构的次数。对数据集进行简单模式匹配，统计出所有查寻过程样本中重构检索式的次数，如表4-6所示。

表4-6 检索式重构的方式

检索式调整方式	检索词扩检	检索词缩检	高级检索条件变换	点击提示词	重新检索
频数	258	237	141	106	15
比例/%	34.1	31.3	18.6	14	2

通过观察与访谈结果的综合分析发现：①总体来看，被观察用户在检索式重构时使用最多的方式是调整检索词，以分别达到扩检或缩检目的，这与Bates“采莓模型”[①] 及赖茂生团队对网络用户搜索中语言使用行为的实验研究结果[②]十分相似。②检索词扩检和检索词缩检所占比例相差不大，这一研究结果与赖茂生团队的发现不尽相同，其原因可能与研究对象、查寻任务等不同有关。例如，本书的研究对象为高校在读硕博士研究生和教师，查寻任务是用户基于学术研究任务自行拟定，而赖茂生团队的研究对象主要为高校在读本科生，查询任务由研究人员安排。③部分用户在检索式重构时，使用了系统提供的“相关搜索”“相关检索词”等功能，体现了查寻系统的提示词对用户检索式的重新构造有一定的启发作用。

第二，检索式重构的特点。具体包括：①学术用户在重构检索式时目标比较明确，通常会从系统反馈结果中的标题、摘要甚至全文中提取新的主题概念重新构造检索式。②用户首次构造的检索式多为1个检索词，而检索式重构中的检索词时常会增加到3个或以上，且更则倾向于使用高级检索条件限定功能来重新构造检索式。③用户在检索式重构时，输入的检索词长度不一，但一般会尽量使用较短的检索词来减少认知负担。

① Bates M J. Berrypicking [C]//Fisher K E, Erdelez S, McKechnie E F. Theories of Information Behavior. Medford: Information Today, Inc., 2005: 58-62.

② 赖茂生，屈鹏．网络用户的查询与点击行为研究［J］．情报理论与实践，2009，32（3）：85-88.

由访谈可知，影响检索式重构行为的主要因素包括用户的领域知识、主题分析能力、信息查寻技能、认知成本、时间成本，以及自我效能感等。

2）变换查寻系统

同类研究表明，用户在检索中何时切换检索系统，与两个潜在的变量相关：一是检索需求表达尝试的次数；二是检索时间①。鉴于此，本书也从这两个方面来分析用户离开首选查寻系统进入第二个查寻系统的时机，以探寻其在查寻学术信息过程中对首选查寻系统的坚持和容忍程度。具体地，①统计用户构造检索式的次数；②统计用户离开首选查寻系统的时间点。

对抓屏视频资料的分析表明：①学术用户离开其首选查寻系统之前，提交检索式少者 3 次，多者 10 次以上，平均 8.72 次，这与大众用户在搜索引擎上平均提交 2.17 次请求②的结论相去甚远，显示了学术用户在查寻学术信息过程中的坚持与忍耐；②用户在首选系统中查寻时长的心理阈值平均约为 6.7min；③即使切换到新的查寻系统，有的用户还会返回首选查寻系统，说明用户对首次使用的查寻系统有较强的执着性和依赖性；④相比首选查寻系统，用户在后续查寻系统上提交检索式的平均次数与平均停留时间均有下降，分别为 5.31 次、3.55min；⑤用户在查寻信息时，会选择长期使用的 1～2 个与专业研究领域相关、值得信赖、功能互补的查寻系统进行切换。

由访谈可知，与查寻系统变换行为相关的主要因素包括用户的学科类别、心理阈值、研究角色，以及经济成本、网络使用与查寻经验等。

3）翻屏浏览

在此统计了视频观察中用户在同一个查寻结果集里连续翻屏浏览的页数，即浏览结果页面的页数。因在访谈中了解到用户有时需要通过链接到具体的结果页面以做进一步的判断，故此处把那些翻屏过程出现暂时中断（如点击某个结果进入链接页面后又返回原结果页面）的情况，仍视为对当前结果集的连续翻屏浏览。同时，将用户在翻屏过程中出现其他新的试错行为方式之前的翻屏浏览页数，计为一个连续翻屏单元。

由表 4-7 可知，16.1% 的用户每翻 1 屏就会产生新的试错行为方式，18.4% 的用户连续翻 2 屏就会产生新的试错行为方式，23.6% 的用户连续翻 3 屏就会产生新的试错行为方式；连续翻屏单元在 3 屏以内的用户所占比例为 58.1%。这与英国联合信息系统委员会（Joint Information Systems Committee，JISC）对未来用户信息行为的研究结果有相似之处③。与此同时，执着型用户的翻屏浏览行为的

---

① 曹梅，闵宇锋．网络图像检索入口选择与跳转行为研究［J］．图书情报工作，2011，53（7）：94-97.

② 朱明泉，张智君，任衍具．互联网信息搜索用户行为模型的探索性研究［J］．浙江大学学报（理学版），2006，33（4）：475-480.

③ JISC. Information Behaviour of the Research of the Future［R/OL］. 2015. http://www.jisc.ac.uk/media/documents/programmes/reppres/ffworkpackageii.pdf［2015-10-18］.

特征也不容忽视——32.8%的用户的连续翻屏单元为5屏及以上。视频还显示，少数用户的连续翻屏单元可达数十上百屏。

表4-7　连续翻屏单元

翻屏浏览页数	1	2	3	4	5～9	10及以上
频数	341	390	501	193	377	317
比例/%	16.1	18.4	23.6	9.1	17.8	15

由访谈可知，翻屏行为除了受系统响应速度这一因素影响之外，还与用户对结果信息的相关性判断、心理因素、时间成本、所处研究阶段等有着密切联系。例如，“X-T-02-a-Ⅲ-3：我一般对自己翻屏的页数有一个限定，如果在这个限定内我觉得检出结果的内容都不怎么相关，我可能就放弃继续浏览了；但是如果前面的内容都很相关，我就可能会继续翻看下去”“Q-M-02-b-Ⅱ-4：如果翻看前面几页我发现内容都不怎么相关时，我就会马上放弃后面的浏览，免得浪费时间”“G-M-01-c-Ⅰ-2：我在开题和设计研究方案时翻屏的页数相对多一些，在资料汇总和撰写论文时翻屏的页数就会少很多”。

4）结果集回巡

抓屏数据表明，在此类试错行为方式中，通过重新输入相同检索词来对先前查寻结果进行回访的比例为36.3%；点击“后退”键一步步退回、通过所建收藏夹链接回去的比例分别为30.4%、17.8%；通过系统提供的“检索历史”“浏览历史”等记录链接回去的比例为14.8%；重新输入已知网址的比例仅为0.7%（表4-8）。

表4-8　结果集回巡方式

回巡方式	重新输入相同的检索词	后退	收藏夹	查寻历史记录	重新输入已知网址
频数	49	41	24	20	1
比例/%	36.3	30.4	17.8	14.8	0.7

这一观察结果与访谈情况相吻合。例如，“E-M-02-a-Ⅴ-2：我主要是通过重新输入之前使用的检索词来重新查看，然后是点击后退键和收藏夹的方式”“E-D-01-b-Ⅲ-4：在浏览中，如果我现在查看的网页离那个页面很近的话，我就会点击后退键回去，然后是根据之前建立的收藏夹来重新查看，偶尔也会点击系统提供的浏览历史记录链接”。

由访谈可知，结果集回巡的影响因素主要包括系统导航和界面设计，以及用户的空间认知能力等。

5）点击系统推荐链接

根据抓屏视频记录统计（表4-9），用户点击系统推荐链接的次数多在3次以内，其累计比例为91.6%；采用加权平均法计算得出用户点击系统推荐链接的平均次数为2.01次。用户是在自然情境下进行的学术信息查寻，因此“点击系统推荐链接”的行为也更有针对性，对是否使用系统提供的 RSS 等信息推送服务更有选择性。

访谈结果与此也相互印证。例如，“G-M-01-c-Ⅱ-1：我一般也就点击 1 ~ 3 个推荐链接，主要取决于标题的相关性”“H-M-02-c-Ⅰ-2：当尝试其他查寻策略结果不理想时，我会点击几个系统推荐的链接，具体点击的个数不一定，要看链接的相关性有多高，不过一般情况下也就 3 个左右”。

表 4-9　点击系统推荐链接的数量

链接数量/次	1	2	3	4	≥5
频数	42	35	22	6	3
比例/%	38.9	32.3	20.4	5.6	2.8

由访谈可知，用户点击系统推荐链接的主要因素包括用户对链接标题的相关性判断、系统对信息资源的描述、系统响应速度、系统导航和界面设计等。

(2) 相关性判断

用户对系统输出的结果信息进行的相关性判断，是其评价试错效果与实施后续试错行为的重要环节。研究发现，受最小努力法则等因素影响，多数用户采用的相关性判据及优先序是标题或关键词、摘要、全文。例如，“F-M-02-c-Ⅰ-1：我会先根据文献标题和标题下面的简单摘要来初步判断其详细内容的相关性，如果觉得相关，我就会查看详细的内容，做进一步判断”“G-D-01-c-Ⅰ-3：我一般通过标题、关键词和摘要来判断系统反馈信息是否为我所需要的，如果觉得相关性高的话，我就会直接下载保存了，很少直接查看原文”。

(3) 后验概率评价

用户通过相关性判断，形成对某一试错行为方式实际查寻效果的后验概率，继而获得试错效果体验。相关表述：“J-M-02-a-Ⅴ-3：我会选择预期查寻效果最好的查寻策略来查找信息，然后根据系统反馈的结果判断文献的相关性，这时，我会对刚才实施的查寻行为的实际查寻效果有一个评价值。如果发现与查寻之前预期的查寻效果相差不大，我就有可能继续采用这个方式，反之我就会尝试其他方法了”“J-M-01-c-Ⅱ-1：我会根据自己选择实施的试错行为查寻前后评价的查寻到有效信息的概率，来确定进一步的试错行为方案”“E-D-01-b-Ⅲ-4：一般来说，如果我觉得采用的试错行为查寻效果比我原以为的查寻效果好或者相差不大时，我可能就会继续采用这一试错行为”。

以下运用贝叶斯公式，阐释用户试错行为实施/反馈过程的脉络与行动/互动机理。

将用户对某一试错行为方式的效果评价标准定义为（V_0，S_0），其中 V_0 为执行该试错行为方式之后用户所获得的信息价值（有效信息价值），其对于用户为不完全信息，S_0为该试错行为方式所表现出来的或传递给用户的信号，用户通过分析可得。用户对试错行为方式的选择，取决于其对该试错行为信号的甄别及对执行该试错行为的价值预期。具体来说，用户对试错行为方式的选择，取决于查寻情境中的确定信息和随机信息，以及其试错效果预测标准。在此，将用户的试错效果预测标准定义为（V_1，S_1），V_1为用户预期的执行某一试错行为方式所获得的信息价值，S_1为用户对该行为的预期信号。当$S_0>S_1$时，即当某一试错行为方式的信号示意超过其心理预期时，用户通常会认为$V_0>V_1$，即认为该试错行为的有效信息价值V_0能够满足其预期信息需求，从而会考虑执行该试错行为；反之，当$S_0<S_1$时，用户通常会根据经验判断该试错行为将无法满足预期，即判定$V_0<V_1$，从而将该行为策略淘汰。当用户执行所选择的试错行为方式后，通过对系统反馈信息的相关性判断，确定该试错行为的实际信息价值，产生对该试错行为效果评价的后验概率，继而再影响其后续的试错行为方式选择。此外，用户在试错行为实施中的反馈信息，会在必要时返回试错效果预测过程，从而修正自己的试错效果预测标准及试错行为。

以上描述了一个理想的试错行为过程。而事实上，对于有限理性的用户来说，其试错行为有可能不完全遵循上述路径。

在此，假定用户在开始选择某种试错行为方式时，根据知识和经验的主观判断对某一试错行为产生的先验概率为P，且

$P(V_0 \leqslant V_1)=\theta$，$P(V_0>V_1)=1-\theta$，其中，$0\leqslant\theta\leqslant1$。

同时，假定用户实施试错行为时，在系统反馈信息变化的条件下，试错行为的信号示意随之变化的条件概率为

$$P(S_0<S_1 \mid V_0 \leqslant V_1)=\alpha, P(S_0 \geqslant S_1 \mid V_0 \leqslant V_1)=1-\alpha \tag{4-1}$$

$$P(S_0<S_1 \mid V_0>V_1)=\beta, P(S_0 \geqslant S_1 \mid V_0>V_1)=1-\beta \tag{4-2}$$

在式（4-1）和式（4-2）中，$0\leqslant\alpha\leqslant1$，$0\leqslant\beta\leqslant1$。

根据贝叶斯公式，用户对试错行为效果评价的后验概率为

$$P(V_0 \leqslant V_1 \mid S_0<S_1)=\frac{\theta\alpha}{\theta\alpha+\beta(1-\theta)} \tag{4-3}$$

$$P(V_0 \leqslant V_1 \mid S_0 \geqslant S_1)=\frac{\theta(1-\alpha)}{\theta(1-\alpha)+(1-\beta)(1-\theta)} \tag{4-4}$$

$$P(V_0>V_1 \mid S_0<S_1)=\frac{\beta(1-\theta)}{\theta\alpha+\beta(1-\theta)} \tag{4-5}$$

$$P(V_0>V_1 \mid S_0 \geqslant S_1)=\frac{(1-\beta)(1-\theta)}{\theta(1-\alpha)+(1-\beta)(1-\theta)} \tag{4-6}$$

对于有限理性的学术用户来说，其在信息查寻过程中，有时会犯两种错误。第一种错误是，当$S_0<S_1$，$V_0>V_1$时，用户放弃了该试错行为方式；第二种错误是，当$S_0>S_1$，$V_0<V_1$时，用户选择了该试错行为方式。

在此，可由式（4-1）~式（4-6）得出用户选择某一查寻行为的试错成本的概率，即

$$P(V_0 \leqslant V_1 \mid S_0 < S_1) - P(V_0 \leqslant V_1) = \frac{\theta(1-\theta)(\alpha-\beta)}{\theta\alpha+\beta(1-\theta)} \tag{4-7}$$

$$P(V_0 > V_1 \mid S_0 \geqslant S_1) - P(V_0 > V_1) = \frac{(\alpha-\beta)(1-\theta)\theta}{\theta(1-\alpha)+(1-\beta)(1-\theta)} \tag{4-8}$$

综上，用户往往根据试错行为的信号示意（系统反馈信息、后验概率）及自身的预期评价（确定信息、随机信息、先验概率）来决定是否选择某一试错行为方式；当某一试错行为方式查寻效果的后验概率与先验概率相差不大时，用户可能就倾向于继续采用该种行为，反之则会尝试其他行为。同时，某一试错行为传递的信号及系统反馈的信息是否准确有效，也会直接影响用户对试错行为信号示意的判断，从而影响试错行为的成败。

4.4.3.4 试错行为实施/反馈过程的结果

用户试错行为实施/反馈过程的结果体现，便是用户最终获得的试错效果。试错效果与行动/互动过程会形成反馈回路。

访谈资料显示，试错效果主要包含以下两种情况。

1）试错效果良好

这一试错效果反馈到用户的后续行为上，可能存在不同情况。如果用户通过此次试错满足了查寻需求，就会结束该试错行为；反之，他们通常会继续执行当前的试错方式，直至查到所需信息。相关表述："Q-M-02-b-Ⅱ-4：刚才把检索词调整以后，查找到的信息足以解决我在研究中遇到的问题，所以我就停止了查寻""E-D-01-b-Ⅲ-4：之前感觉漏掉了好多文献，我就变更了高级检索条件，从'题名'换到了'摘要'，情况就好多了，找到好几篇很相关的。后来我继续扩大到'全文'，就有几十篇了"。

2）试错效果欠佳

这一试错效果反馈到用户的后续行为上，也会存在多种情况。例如，用户切换成其他试错行为方式，或者继续当前的试错方式。例如，"Y-T-02-a-Ⅳ-1：我前后调整了三次检索策略，而且每一种都反复尝试了好多遍，但还是感觉查找到的资料新颖性不高。虽然不想再继续试错下去了，但为了完成科研任务，还是不得不再试一下其他方法"。由于前文提及的学术用户在学术信息查寻行为中特有的坚持与忍耐特性，以及任务完成的需要，用户仅因试错效果欠佳就完全终止信息查寻任务的情况少见。

为能展示一个比较完整的试错行为实施/反馈过程，在此选取了一个代表性表述："E-M-02-a-Ⅴ-3：……根据对不同试错行为查寻价值的预期值，选择其中预期值最大的试错行为作为首选的试错行为方式。我会选择免费的查寻系统来查寻信息，先在系统中使用不同的检索词多次检索，并查看检索反馈的结果集。我浏览的结果页数主要跟反馈的信息质量有关，在这个过程中可能会点击系统推荐的相关链接。当在系统中多次尝试不同的检索词，查看了很多页都没找到相关内容时，就会换一个查寻系统再查寻，并根据系统反馈信息做出相应的行为调整”。

4.4.4 学术用户网络信息查寻中的试错行为实证研究总结

4.4.4.1 学术用户网络信息查寻中试错行为实证研究的基本发现

综合前面的质性数据与量化数据分析，可归纳出以下基本发现。

（1）学术用户网络信息查寻中主要存在五类试错行为方式

学术用户的试错行为方式主要包括检索式重构、变换查寻系统、翻屏浏览、结果集回巡、点击系统推荐链接。不同用户在不同情境下会有不同的试错行为策略。

（2）学术用户试错行为中的定势心理与思维跳转心理共存

首先，用户倾向于在首选查寻系统中反复采用检索式重构或翻屏浏览方式来试错，较少更换查寻系统；其次，与首选查寻系统相比，用户在后续查寻系统上停留时间不长，容易回到首次使用的查寻系统；最后，多数用户习惯于选择长期使用过的某一两个查寻系统作为备选查寻工具。

（3）学术用户的试错行为具有较强的理性试错特征

学术用户关注试错成本与试错效果；对试错效果先验概率与后验概率的评估构成其试错行为中的重要环节。相比非学术用户群体①，学术用户的试错目标更为明确，“点击系统推荐”等行为更具针对性。这与他们学术信息查寻任务的刚性特征，以及用户自身知识与经验、信息查寻技能相对较高等因素不无关系。

（4）影响用户不同试错行为方式的因素各不相同

相比已有同类成果对试错行为整体影响因素的研究，本书揭示了五类试错行为方式的具体影响因素。其中，影响检索式重构行为的主要因素包括用户的领域知识、主题分析能力、信息查寻技能、认知成本、时间成本，以及自我效能感等；影响查寻系统行为的主要因素包括用户的学科类别、心理阈值、研究角色，以及经济成本、网络使用与查寻经验等；影响翻屏浏览行为的主要因素包括系统响应速度、用户对结果信息的相关性判断、心理因素、时间成本、所处研究阶段等因素；影响结果集回巡行为的主要因素包括系统导航和界面设计，以及用户的空间认知能力等；影响用户点击系统推荐链接行为的主要因素包括用户对链接标题的相关性判断、系统对信息资源的描述、系统响应速度、系统导航和界面设计等。

① 朱明泉，张智君，任衍具．互联网信息搜索用户行为模型的探索性研究［J］．浙江大学学报（理学版），2006，33（4）：475-480.

4.4.4.2 学术用户网络信息查寻中试错行为机制的理论模型

由实证研究结果可知，试错行为动机过程、试错效果预测过程、试错行为实施/反馈过程相互联系、相互影响、相互作用，共同构成了学术用户网络信息查寻中试错行为的基本过程（图 4-5）。由此拓展出的学术用户网络信息查寻中试错行为机制的理论模型见图 4-6。

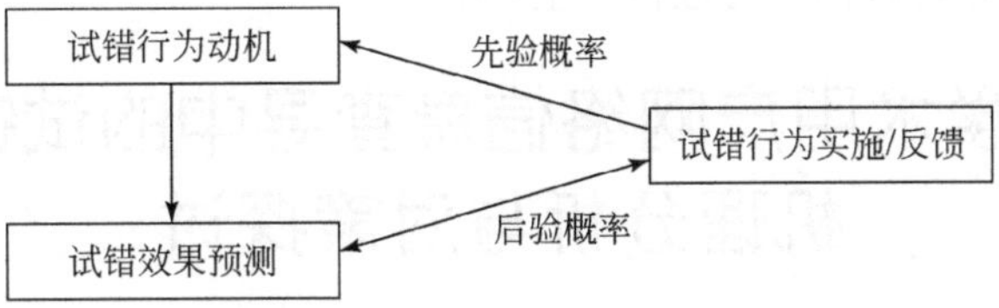

图 4-5 学术用户网络信息查寻中试错行为的基本过程

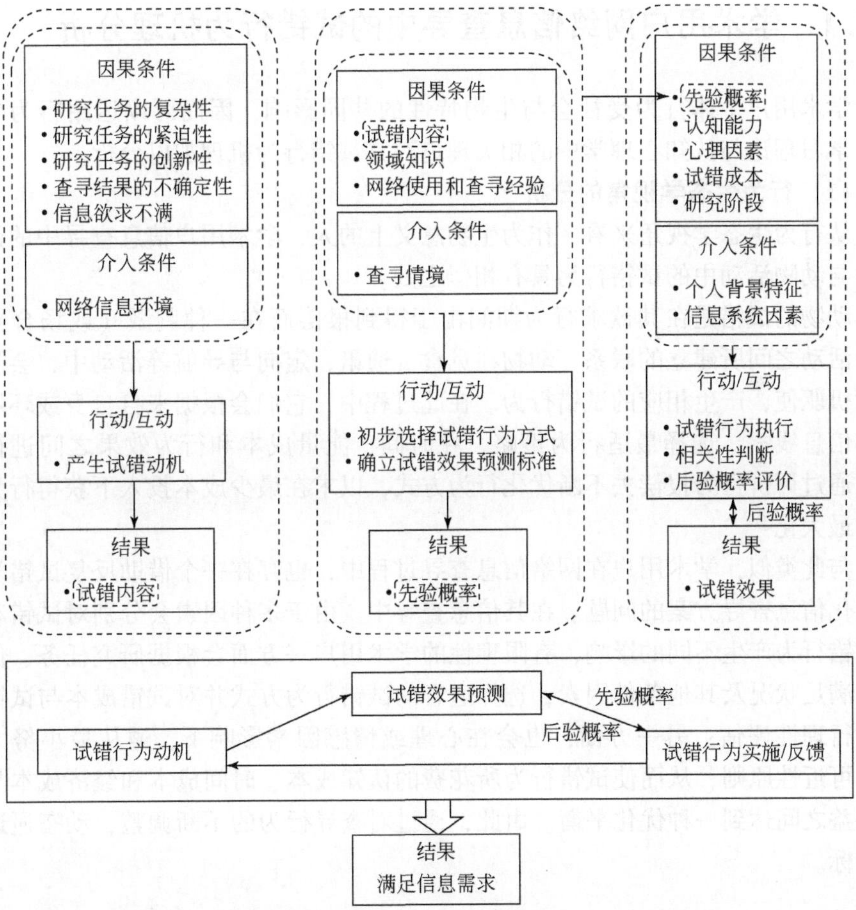

图 4-6 学术用户网络信息查寻中试错行为机制的理论模型

由图4-6可知，学术用户在学术研究任务的复杂性、紧迫性、创新性，查寻结果的不确定性以及信息欲求不满等因素的作用下，产生试错动机；其后，用户在历经初步选择试错行为方式、预估试错效果后，实施相应的试错行为活动；领域知识、网络使用与查寻经验、认知能力、心理因素、试错成本、研究阶段等均会对试错行为产生影响。此外，用户对试错效果的评价结果将影响其后续的行为反馈；网络信息环境、查寻情境、个人背景特征与信息系统因素作为介入条件，会在一定程度上对其试错行为过程产生影响。

4.5 学术用户网络信息查寻中的试错行为机理分析与对策探讨

4.5.1 学术用户网络信息查寻中的试错行为机理分析

学术用户个体行为受社会与生物特性的共同影响，因而可以运用行为生态学、学习理论与认知心理学中的相关理论对其试错行为机理加以分析。

（1）行为生态学视角的分析

从行为生态学视角来看，作为生物意义上的人，学术用户信息查寻中的试错行为与动物活动中的试错行为具有相似之处。

动物的试错是在其欲求行为期间由于得到报偿而在一种刺激（或场合）和一种活动之间所建立的联系。动物在觅食、通讯、定向与导航等活动中，会受欲求动机驱使，产生相应的试错行为。在此过程中，它们会根据来自自身或环境条件的信息线索，选择最适行为策略，在时间、能量成本和行为效果之间进行抉择，通过评价行为报偿去不断优化行为方式，以求在最少成本投入下获得行为效果的最大化①。

与此类似，学术用户在网络信息查寻过程中，也存在一个借助反复试错学习来优化信息查寻方案的问题。在其信息查寻中，由于多种因素会分别对试错动机与试错行为产生不同的影响，有限理性的学术用户一方面会根据研究任务、信息需求满足状况及其他条件因素，选择适宜的试错行为方式并对试错成本与试错效果进行理性评估；另一方面，也会在心理或情感因素影响下，遵从最小努力原则、可近性原则，从而使试错行为所花费的认知成本、时间成本和经济成本与信息收益之间达到一种优化平衡。由此，通过对查寻行为的不断调整，动态逼近查寻目标。

---

① 尚玉昌．动物的试错学习行为［J］．生物学通报，2006，41（1）：11-13.

（2）认知科学视角的分析

认知学习理论认为，学习就是通过试错建立起“刺激-反应联结”；在学习过程中，个体遵循准备律、练习律和效果律，通过反复的尝试，逐渐摒弃错误的行为，不断强化正确的反应，直至形成刺激与反应之间的联结①。学术用户的网络信息查寻行为，在本质上也是一个学习与试错的过程，尤其是对于目标不够清晰或任务难度较大的信息需求，用户一般很难通过一次性或某一单纯的信息行为来予以满足，而是在认知、学习与“驯化”过程中呈现出动态逼近查寻目标的特点②。在信息查寻的试错过程中，用户历经试错动机萌发的预备定势、反复练习的强化联结，获得试错效果的体验与反馈。

从认知心理学视角来看，试错就是从多次尝试解决问题却多次遭遇失败中寻求问题解决之道。在学术用户的网络信息查寻活动中，每一次试错都是一个问题解决过程。用户在试错时，需要找到一条从问题起始状态达到目标状态的通路，历经试错内容识别、试错行为方式选择、试错效果预测与评估等曲折反复的过程，逐渐积累认知与经验，在不断尝试中找到有效的信息查寻行为策略，最终满足信息需求。同时，学术用户的试错行为也是一种意义建构过程，它不仅改变用户的知识结构，也改变着用户对信息需求的认知及其后续的信息行为方式。

4.5.2 学术用户网络信息查寻中的试错行为优化建议

根据实证研究结果，在此就学术用户网络信息查寻中试错行为的引导问题，分别对学术用户和学术信息查寻系统提出优化建议。

（1）对学术用户的建议

研究表明，学术研究任务、专业领域知识、网络使用与查寻经验、认知能力，以及心理因素等，均对学术用户网络信息查寻中的试错行为具有重要影响。因此，为了保证良好的试错效果，用户应进一步丰富自身的专业领域知识，并不断学习、总结、积累信息查寻知识，增强信息意识，提升信息查寻技能；同时，还应针对自身心理特征，合理使用试错方式，提高试错查寻中的自我效能感。

（2）对学术信息查寻系统的建议

鉴于信息系统相关因素在用户试错行为中的重要作用，进一步完善系统功能、提升信息服务水平势在必行。例如，在系统导航和界面设计上，应保证架构清晰、易于使用、减少迷航现象，开发更加人性化的导航设计和收藏、帮助

---

① 王映学．简论桑代克的联结主义及其修正［J］．河西学院学报，2007（1）：79-83.

② 邓小昭．网络用户信息行为研究［M］．北京：科学出版社，2010：27-28.

功能；在信息资源标引描述方面，应力求准确、专指、全面，提高用户的查寻效率。此外，针对心理阈值对用户试错行为的影响，还应密切关注情感计算、机器学习、认知科学、脑科学等领域的最新研究动向，探索用户情感表示与情感度量技术在用户心理阈值测量中的应用，跟踪用户心理状态，把握其查寻思维跳转的时机并为其提供辅助服务，帮助用户降低试错成本、提高信息查寻效率。

5 学术用户网络信息查寻中的信息偶遇行为研究

[**本章摘要**] 采用问卷调查、访谈、实验等方法，从多个维度探索学术用户网络信息查寻中的信息偶遇行为；构建了学术用户网络信息查寻中的信息偶遇情况测量框架，重点分析了人格特质和认知风格与信息偶遇行为的相关性，并对信息偶遇行为机理进行了分析。

5.1 学术用户信息偶遇行为研究概述

5.1.1 信息偶遇现象

美国专栏作家富兰克林·皮尔斯·亚当斯（Franklin Pierce Adams）曾说，“我所拥有的大部分信息是在观看和查找之外获得的”①。大量事实说明，信息用户经常在主动的信息查寻过程中意外地遇到有趣的或有用的、能满足或部分满足过去、现在或将来信息需求的信息，这种经历往往被称为信息偶遇。

在信息行为研究领域，信息偶遇被认为是一种参与度低、期望值低、相对于信息查寻而言比较被动的信息获取方式②。随着网络信息环境的变化，信息获取方式更加多样灵活，信息偶遇现象也越发频繁，并成为用户信息获取中不可忽视

---

① Erdelez S. Information encountering: it's more than just bumping into information [J]. Bulletin of the American Society for Information Science, 1999, 25 (3): 25-29.

② Erdelez S. Information Encountering: An Exploration beyond Information Seeking [D]. Syracuse: Syracuse University, 1995.

Erdelez S. Towards understanding information encountering on the web [C] // Schwartz G S. Proceedings of the American Society for Information Science. Medford: Information Today, Inc., 2000: 363-371.

Wilson T D. Human information behavior [J]. Informing Science, 2000, 3 (2): 49-55.

潘曙光. 信息偶遇研究 [D]. 重庆：西南大学硕士学位论文，2009.

俞碧飏. 信息偶遇概念与特点的实证辨析：以科研人员为例 [J]. 情报学报，2012，31 (7)：759-769.

的一种方式①。通过信息偶遇获取的信息逐渐成为用户所获信息中不可替代的一部分②，且往往给用户带来意料之外的惊喜，对用户的生活、工作和学习产生重要的影响。

5.1.2 学术用户信息偶遇行为研究的必要性

对于学术用户而言，他们兼具信息获取利用者和知识创新者的双重角色，其知识创新活动的各个阶段都离不开创造性劳动。从某种意义上说，创造过程也是发现机遇和利用机遇的过程，机遇就是一种意外或偶然的机会，人们往往由于某个偶然事件或是某个信息的触动，出乎意料地发现新东西，悟出新创意，导致创造性成果的获得③；而信息偶遇正是这样一种机遇。尽管它是一种被动的、不稳定的、难以预测④的信息行为，但却可以被激发和合理利用⑤，因而能够直接为学术用户在知识创新过程中提供所需意料之中的有用信息。此外，积极的情绪是用户进行创造活动所需的心理环境⑥；而学术用户在信息查寻中的信息偶遇经历常常能促使学术用户产生积极的情绪感受⑦，因此信息偶遇在无形之中丰富学术用户知识储备的同时，还可在不同程度上为学术用户提供学术研究所需的积极情绪与灵感。在去中心化的网络时代，科研人员的认知世界及创造和交流知识的方式发生了革命性变革，科学交流更频繁，合作更紧密，网络环境下的信息偶遇现

---

① Erdelez S. Investigation of information encountering in the controlled research environment [J]. Information Processing and Management, 2004, 40 (6): 1013-1025.

Makri S, Blandford A. Coming across information serendipitously-Part 2: a process model [J]. Journal of Documentation, 2012, 68 (5): 684-705.

Toms E G. Serendipitous information retrieval [C] // Toms E G. Preceedings of the First DELOS Network of Excellence Workshop Information Seeking: Searching and Querying in Digital Libraries. Zurich: ERCIM, 2000: 17-20.

② 俞碧飏. 信息偶遇概念与特点的实证辨析：以科研人员为例 [J]. 情报学报, 2012, 31 (7): 759-769.

③ 肖云龙. 创造学 [M]. 长沙：湖南大学出版社, 2004: 36-40.

④ Erdelez S. Towards understanding information encountering on the web [C] // Schwartz G S. Proceedings of the American Society for Information Science. Medford: Information Today, Inc., 2000: 363-371.

Makri S, Blandford A. Coming across information serendipitously-Part 1: a process model [J]. Journal of Documentation, 2012, 68 (5): 684-705.

Erdelez S. Information Encountering: An Exploration beyond Information Seeking [D]. Syracuse: Syracuse University, 1995.

⑤ Foster A, Ford N. Serendipity and information seeking: an empirical study [J]. Journal of Documentation, 2003, 59 (3): 321-340.

⑥ 陶国富. 创造心理学 [M]. 上海：立信会计出版社, 2005 (5).

⑦ 张倩, 邓小昭. 偶遇信息利用研究文献综述 [J]. 图书情报工作, 2014, 58 (20): 138-144.

象更是引起了国内外诸多学者的探索兴趣，也由此积累了一定成果①。

然而，该领域研究中的不足之处也较为明显。例如，已有研究多是仅通过偶遇发生频度或偶遇过程中各个阶段行为的特征来反映用户的信息偶遇情况，却未能探及信息偶遇行为的全貌；再如，在心理因素（如人格特质、认知风格）对信息偶遇的影响研究方面，还有进一步探索的必要②；此外，已有研究较少关注信息偶遇行为除发生频度以外的其他方面（如偶遇信息、偶偶过程、偶遇经历后的感受），因而在心理成因与规律上的探讨有欠深入。

鉴于信息偶遇在当今学术用户知识创新过程中的重要作用，本书认为有必要尽可能从多个维度全面剖析学术用户网络信息查寻中的信息偶遇行为，深入揭示学术用户信息偶遇行为的形成机理，以期为正确认识与有效引导信息偶遇行为提供参考和指导。

5.1.3 信息偶遇相关核心概念界定

5.1.3.1 信息偶遇、信息偶遇行为

关于信息偶遇行为，国内外尚无统一定义。S. Erdelez 于 1995 年首次对“信息偶遇”（information encountering）概念做出了界定；2008 年，潘曙光将 Erdelez 的“信息偶遇”概念界定和相关研究引入国内并将之界定：信息偶遇是一种信息获取行为，既不是计划内的，也不是预料之中的；当用户并不是有意地要查找某（有用或有趣）信息时，却获得了它；在网络环境中，信息偶遇经常会发生在主动的信息查寻过程中③。

本书借鉴在国内认可度比较高的 Erdelez 和潘曙光的概念界定，并将“信息偶遇”置于网络信息查寻环境中。同时，将“信息偶遇”与“信息偶遇行为”

---

① 陈明红，漆贤军，刘莹．科研社交网络使用行为的影响因素研究［J］．情报理论与实践，2015，38（10）：73-79.

陈为东，王萍，王益成．学术新媒体环境下用户信息偶遇要素及内在机理研究［J］．情报理论与实践，2018，41（2）：28-33，45.

Awan W A，Ameen K，Soroya S H. Information encountering and sharing behaviour of research students in an online environment［J］．Aslib Journal of Information Management，2019，71（4）：500-517.

田梅，张军亮，刘喜文．移动互联网信息偶遇行为演进动力机制分析：个体认知视角［J］．图书馆学研究，2018（6）：55-59，73.

管家娃，张玥，赵宇翔，等．社会化搜索情境下的信息偶遇研究［J］．情报理论与实践，2018，41（12）：14-20，40.

② Heinström J. Psychological factors behind incidental information acquisition［J］．Library & Information Science Research，2006，28（4）：579-594.

③ 潘曙光．信息偶遇研究［D］．重庆：西南大学硕士学位论文，2010.

王婧文．网络环境下信息偶遇的影响因素模型构建及实证研究［D］．北京：北京大学硕士学位论文，2012.

视为同义词，不作刻意区分。

5.1.3.2 偶遇信息

为简洁起见，把通过信息偶遇行为所获取到的信息称为“偶遇信息”。

具体而言，在一次信息查寻活动中，若用户有一个“前景信息需求”（即用户通过信息查寻方式试图去满足的当前信息需求）和一个或多个“背景信息需求”（除“前景信息需求”以外的其他信息需求），则“偶遇信息”是用户获取的与其“背景信息需求”相关的信息①。

5.1.3.3 学术信息偶遇相关概念

学术用户在网络信息查寻过程中，既可能偶遇学术信息，也可能偶遇非学术信息。因而，偶遇信息便可分为学术信息与非学术信息两类。相应地，依据偶遇信息的性质，学术用户的信息偶遇行为也可分为两类：学术信息偶遇行为、非学术信息偶遇行为。

本书重点关注学术用户的学术信息偶遇行为。为简洁起见，在无须特别强调时，在不影响理解的情况下，本章除了将“学术用户”简称为“用户”以外，有时也将“偶遇（到的）学术信息”简称为“偶遇信息”，将“学术信息偶遇（行为）”简称为“信息偶遇（行为）”。

5.1.4 学术用户网络信息查寻中信息偶遇行为的研究内容与方法

5.1.4.1 主要内容

主要内容包括：①构建学术用户网络信息查寻中的学术信息偶遇行为测量框架，基于测量框架从多个维度揭示学术用户网络信息查寻中的信息偶遇情况；②重点探索个体背景特征、人格特质和认知风格对学术用户网络信息查寻中的信息偶遇行为的影响；③根据以上研究结果，分析学术用户网络信息查寻中信息偶遇行为的相关机理，并提出改善信息偶遇行为的相关建议。

5.1.4.2 研究方法

1）问卷调查法

对调查对象的个体背景资料进行调查，获取用户网络信息查寻中的信息偶遇

---

① Erdelez S. Investigation of information encountering in the controlled research environment [J]. Information Processing and Management, 2004, 40 (6): 1013-1025.

张倩，邓小昭. 偶遇信息利用研究文献综述 [J]. 图书情报工作, 2014, 58 (20): 138-144.

情况、人格特质、认知风格。

2）访谈法

访谈法包括两种情况：①用作正式研究之前的预研性调查，具体包括对前人提出的信息偶遇行为过程模型进行检验与修正；辅助设计正式调查问卷；②深度访谈，在问卷调查的基础上，对部分典型用户进行深度访谈，以弥补问卷调查的不足。

3）实验法

实验法主要作预研之用。通过实验法，对 Erdelez 等的实验方案进行改进，利用实验结果来确定信息偶遇行为测量项目。

5.2 关于信息偶遇行为的国内外同类研究状况

文献调研发现①，Menzel 曾于 1960 年提及信息偶遇现象：科学信息并不都是在一种以信息搜集为目的的场合中获取的。但真正将信息偶遇作为一种独立的信息行为进行研究的学者却是尤金·加菲尔德（Eugene Garfield）。加菲尔德于 1976 年发表的 *Information Encounter-group* 打开了信息偶遇行为研究的大门。国内对信息偶遇行为研究的起步晚于国外 20 余年，2010 年，潘曙光在其硕士学位论文《信息偶遇研究》中将“信息偶遇”概念及相关研究成果介绍到国内②，至此，国内逐渐开始了对信息偶遇行为的研究。已有同类研究成果可以梳理为以下几个方面。

5.2.1 信息偶遇行为的基本理论问题研究

5.2.1.1 信息偶遇行为的特点与表现

在英文文献中，信息偶遇（行为）通常被表述为 information encountering (encounter), accidental/opportunistic discovery of information, serendipity, accidental information discovery, serendipitous/incidental/opportunistic information acquisition (OAI), bump into information, information source encountering,

① Talja S, Hartel J. Revisiting the user-centered turn in information science research: an intellectual history perspective [J]. Information Research, 2007, 12 (4): 16.

② 潘曙光. 信息偶遇研究 [D]. 重庆：西南大学硕士学位论文，2010.

serendipitous information retrieval，serendipitous information-seeking behavior① 等。国内则普遍使用潘曙光翻译的“信息偶遇”一词。

对信息偶遇行为的理解，通常是将其与主动的信息查寻行为进行比较后，找出其本质特征。信息偶遇行为经常发生在主动的信息查寻过程中②，或与主动的信息查寻行为交织在一起③，所以二者难以区分开来。因此，“参与度”与“预期值”便成了辨识信息偶遇行为的两个维度，这里的参与度是指用户在获取信息过程中的参与度，即所获信息是不是用户主动、直接“查寻-反馈”的结果，或用户是否在主动、有意地查寻该信息；预期值是指用户对所获信息的预期，即事

① Erdelez S. Information Encountering：An Exploration beyond Information Seeking ［D］. Syracuse：Syracuse University，1995.

Erdelez S. Information encountering：a conceptual framework for accidental information discovery ［C］// Vakkari P，Savolainen R，Dervin B. Proceedings of An International Conference on Information Seeking in Context. London：Taylor Graham，1996：412-421.

Erdelez S. Information encountering：it's more than just bumping into information ［J］. Bulletin of the American Society for Information Science，1999，25（3）：25-29.

Erdelez S. Investigation of information encountering in the controlled research environment ［J］. Information Processing and Management，2004，40（6）：1013-1025.

Erdelez S. Towards understanding information encountering on the web ［C］// Schwartz G S. Proceedings of the American Society for Information Science. Medford：Information Today，Inc.，2000：363-371.

Erdelez S，Basic J，Levitov D D. Potential for inclusion of information encountering within information literacy models ［J］. Information Research，2011，16（3）：1-11.

Erdelez S，Makri S. Introduction to the thematic issue on opportunistic discovery of information ［J］. Information Research，2011，16（3）：1-4.

Williamson K. Discovered by chance：the role of incidental information acquisition in an ecological model of information use ［J］. Library & Information Science Research，1998，20（1）：23-40.

Foster A，Ford N. Serendipity and information seeking：an empirical study ［J］. Journal of Documentation，2003，59（3）：321-340.

Rubin L V，Burkell J. Facets of serendipity in everyday chance encounters：a grounded theory approach to blog analysis ［J］. Information Research，2011，16（3）：30.

Heinström J. Psychological factors behind incidental information acquisition ［J］. Library & Information Science Research，2006，28（4）：579-594.

Miwa M，Egusa Y，Saito H. A method to capture information encountering embedded in exploratory Web searches ［J］. Information Research，2011，16（3）：25.

Toms E G. Serendipitous information retrieval ［C］// Toms E G. Preceedings of the First DELOS Network of Excellence Workshop Information Seeking：Searching and Querying in Digital Libraries. Zurich：ERCIM，2000：17-20.

Workman T E，Fiszman M，Rindflesch T C，et al. Framing serendipitous information-seeking behavior for facilitating literature-based discovery：a proposed model ［J］. Journal of the Association for Information Science and Technology，2014，65（3）：501-512.

② 潘曙光．信息偶遇研究［D］．重庆：西南大学硕士学位论文，2010.

王婧文．网络环境下信息偶遇的影响因素模型构建及实证研究［D］．北京：北京大学硕士学位论文，2012.

③ 王知津，韩正彪，周鹏．非线性信息搜寻行为研究［J］．图书馆论坛，2011，31（6）：225-231，281.

前对某资源库（网站、书、文献）是否会有该信息或者该信息是否存在的预期①。据此，学者归纳出了信息偶遇行为的两大特征：一是用户低度参与或未参与查找所获取的信息（低/零参与度）；二是用户对于这个信息能否被获取的低预期或无预期（低/零预期值）。

此外，Makri 和 Blandford② 也对信息偶遇行为的内涵进行了阐释。他们认为，所有的信息偶遇经历都有三个共同的元素：出乎意料、洞察力和有价值的结果，只要有这三个元素的信息获取行为就是信息偶遇。还有学者认为，信息偶遇行为表现出了非线性的、动态的特征，因而它在本质上属于一种非线性信息查寻行为③。

5.2.1.2 信息偶遇行为研究的相关学科理论

已有信息偶遇行为研究涉及多学科领域的相关理论。例如，Heinström④ 运用心理学理论，探索了心理因素中的搜索风格、人格特质、学习方式和情绪与信息偶遇发生频度的相关性。蔡怡欣⑤在其硕士学位论文中继承了 Heinström 的相关研究成果。潘曙光⑥从信息行为学出发，认为信息需求是信息偶遇发生的动力，“潜伏/潜在需求”“长期需求”“非具体需求”是信息偶遇发生的基础；他还利用认知科学中的分布式认知理论和心理学中的意义构建理论、人脑图像处理理论解释了从产生信息需求到信息偶遇发生的一个演化、触发过程。高莹莹⑦的研究涉及信息偶遇相关的多学科理论，包括批判现实主义和认识论视角下的信息偶遇的哲学基础，布鲁克斯和英格文森的认知方程式，Belkin 的 ASK 理论，认知负荷理论，自我效能感理论，以及次序效应理论等。

5.2.1.3 信息偶遇行为的分析框架

Erdelez 于 1999 年提出了信息偶遇行为的分析框架，此框架由信息用户（information user）、信息需求（information need）、信息偶遇发生的环境（envi-

---

① 俞碧飏．信息偶遇概念与特点的实证辨析：以科研人员为例［J］．情报学报，2012，31（7）：759-769.

② Makri S，Blandford A. Coming across information serendipitously-Part 1：a process model［J］. Journal of Documentation，2012，68（5）：684-705.

③ Foster A. A non-linear perspective on information seeking［C］//Spink A，Cole C. New Directions in Human Information Behavior. Dordrecht：Springer，2006：155-170.

王知津，韩正彪，周鹏．非线性信息搜寻行为研究［J］．图书馆论坛，2011，31（6）：225-231，281.

④ Heinström J. Psychological factors behind incidental information acquisition［J］. Library & Information Science Research，2006，28（4）：579-594.

⑤ 蔡怡欣．线上资讯偶遇经验与个人特征之研究［D］．新北：天主教辅仁大学硕士学位论文，2010.

⑥ 潘曙光．信息偶遇研究［D］．重庆：西南大学硕士学位论文，2010.

⑦ 高莹莹．网络环境下的信息偶遇现象实证研究——以网易新闻为例［D］．天津：天津外国语大学硕士学位论文，2014.

ronment)、偶遇信息(information encountered)四部分构成①。

Erdelez 根据信息偶遇发生频度将用户分为非偶遇者、偶尔偶遇者、经常偶遇者、超级偶遇者;每位用户在信息偶遇发生时均有各自的行为、情绪和思维/认知状态。她发现,信息偶遇经常发生在图书馆、网络、日常生活环境(如杂货店或公交车)等环境中,其中网络是一个有益于偶遇电子信息的环境。偶遇信息包括问题相关的信息(problem-related)和兴趣相关的信息(interest-related),其中问题相关的信息与用户所要解决的某些具体问题相关,但不是用户正在查寻的那个问题;兴趣相关的信息对于用户来说可能会有用,它们往往是用户没有查找过的信息。

5.2.2 信息偶遇行为过程模型研究

信息偶遇行为过程模型是信息偶遇行为研究的一个重要焦点,学者们尝试用一种简化的图示呈现出信息偶遇这种复杂行为的详细过程,以期对信息偶遇行为有一个更为清晰和深入的了解。代表性学者包括 Erdelez、Awamura、Cunha、Makri 和 Blandford 等。

2004 年,Erdelez 将自己在 2000 年提出的信息偶遇的 6 个功能组件合并为 5 个,并构建了首个"信息偶遇过程模型"②(图 5-1),呈现了用户在网络信息检索情境中的信息偶遇过程。Erdelez 将各组件解释为注意(noticing)——对偶遇信息的感知;停驻(stopping)——中断初始的信息查寻活动;检阅(examination)——对偶遇信息的有用性评估;捕获(capturing)——为了将来利用而提取并保存偶遇信息;返回(returning)——重新连接初始的信息查寻任务;这些组件可能不会出现在每一个信息偶遇事件之中。

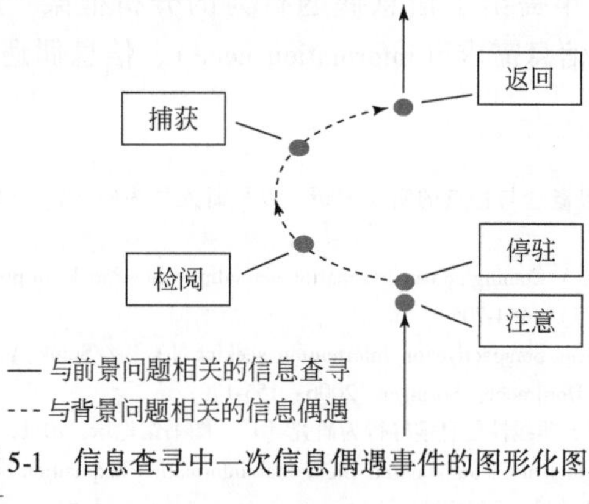

图 5-1 信息查寻中一次信息偶遇事件的图形化图示

① Erdelez S. Information encountering: it's more than just bumping into information [J]. Bulletin of the American Society for Information Science, 1999, 25 (3): 25-29.

② Erdelez S. Investigation of information encountering in the controlled research environment [J]. Information Processing and Management, 2004, 40 (6): 1013-1025.

Erdelez 的模型一经提出就受到多位学者的关注。例如，Awamura 采用深度访谈法，在 Erdelez 模型的基础上保留了“注意”“停驻”“检阅”三个组件，将“捕获”细分为“共享”“利用”“储存”三种并列的行为，并将“返回”划分为“结束”和“重启”两种行为（图 5-2）①。

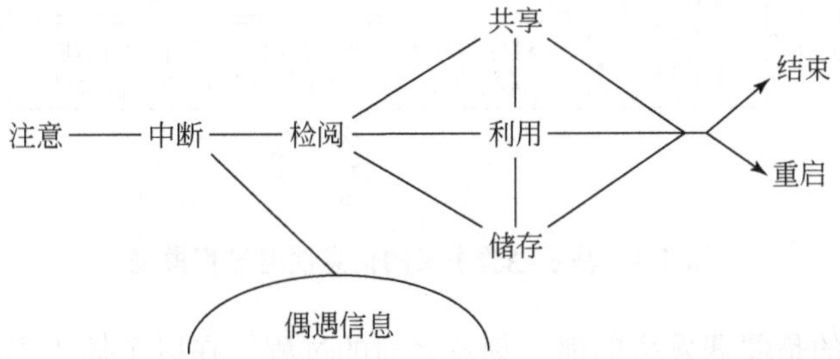

图 5-2　信息偶遇发展模式中一次具体行为过程的阶段与流程

2005 年，Cunha② 对组织中的信息偶遇行为进行了研究，也提出了信息偶遇过程模型。该模型由 4 个组件构成，分别是查找问题 A 的答案、促成条件、双向联想、意外发现解决问题 B 的答案（图 5-3）。模型所展示的信息偶遇过程：当组织正在查找能够解决问题 A 的答案时，由于促成条件的作用，组织产生了“双向联想”，意外发现了解决问题 B 的答案。

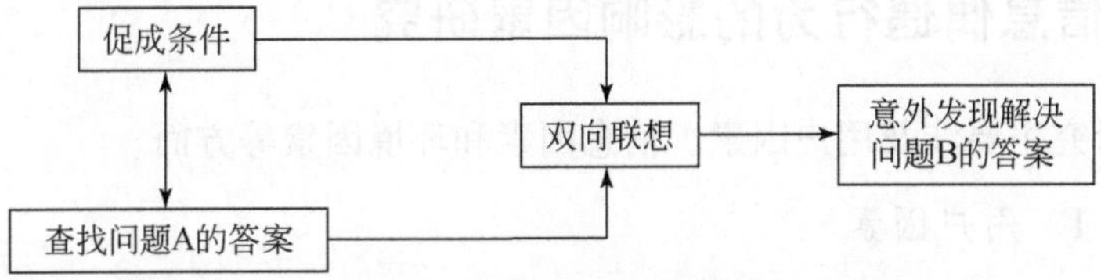

图 5-3　信息偶遇过程模型

2012 年，Makri 和 Blandford③ 对 28 个跨学科研究人员进行的半结构化关键事件访谈发现，出乎意料、洞察力、有价值的结果这三个元素构成了用户信息偶遇过程模型的核心，如图 5-4 所示。

Erdelez，Awamura，Makri 和 Blandford 的过程模型都是以个体（即一个用户）为主体；而 Cunha 的过程模型是以组织（即多个用户组成的组织）为主体，且

① Awamura N. Rethinking the information behavior model of information encountering: an analysis of the interviews on information encountering on the Web [J]. Library & Information Science, 2006, (55): 47-69.

② Cunha M P E. Serendipity: why some organizations are luckier than others [EB/OL]. 2005. https://core. ac. uk/download/pdf/6776123. pdf [2019-11-20].

③ Makri S, Blandford A. Coming across information serendipitously-Part 1: a process model [J]. Journal of Documentation, 2012, 68 (5): 684-705.

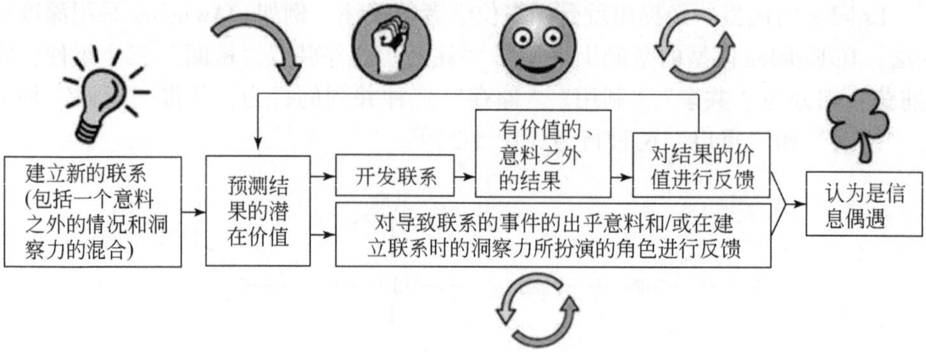

图 5-4　基于经验主义的信息偶遇过程模型

此模型所解释的是偶遇发生的那一刻及之前的过程。在以个体为主体的过程模型中，Erdelez 和 Awamura 的模型呈现了信息偶遇发生的那一刻及之后对偶遇信息进行处理的过程中可能出现的每个行为阶段，展示了信息偶遇具体的行为过程。Makri 和 Blandford 的模型则更倾向于反映用户对信息偶遇信息的相关性判断过程而非信息偶遇的行为过程，因而图 5-4 所表达的更像是用户的思维过程，而不是外显的行为过程。

相对而言，Erdelez 和 Awamura 的模型具有较高的认可度。

5.2.3　信息偶遇行为的影响因素研究

已有研究主要涉及用户因素、信息因素和环境因素等方面。

5.2.3.1　用户因素

(1) 人口统计学特征

已有研究中所涉及的影响信息偶遇行为的人口统计学特征主要包括性别、年龄、受教育程度、经济状况、职业、专业。

例如，王婧文①分析了年龄、受教育程度、经济状况、职业对信息偶遇各阶段行为的影响。刘春茂团队也探索了性别、年龄、受教育程度、专业、毕业院校等用户个体背景特征与网络浏览中信息偶遇状况之间的关系②。田立忠和俞碧飏对 11 名科研人员的访谈数据显示，性别和专业均与信息偶遇的发生与否不相

① 王婧文. 网络环境下信息偶遇的影响因素模型构建及实证研究 [D]. 北京：北京大学硕士学位论文，2012.

② 杜雪，刘春茂. 网络信息偶遇影响因素个性特征的调查实验研究 [J]. 图书情报工作，2015，59 (11):119-126.

关[①]。潘曙光指出网络浏览中的信息偶遇受用户可支配的上网费用影响[②]。蔡怡欣发现用户的学科专业背景会影响信息偶遇的发生概率[③]。

（2）信息素养

Erdelez 指出，与信息偶遇特别相关的是用户能否注意到有趣或有用信息的能力[④]。Heinström 也表示，信息偶遇的一个中心元素是识别潜在相关信息的能力[⑤]。这与 Makri 和 Blandford 关于洞察力[⑥]的观点均无二致。“注意”“识别”“警觉”“洞察”都是用户信息素养的重要体现。

Toms 的研究表明，信息偶遇发生的关键之一是用户对信息可用性的识别能力[⑦]。王婧文用问卷调查法证实了信息素养对信息偶遇各阶段均存在影响[⑧]。郭海霞发现具有较高信息素养的用户能以积极主动的态度去创造和使用网络偶遇[⑨]。谢阳群团队、田梅也分别探讨了信息素养与信息偶遇的关系[⑩]。

（3）心理学特征

相关研究主要涉及用户的人格特质、认知风格、情绪、动机对信息偶遇发生频度的影响。

1）人格特质

总体来看，已有成果表明，人格特质是影响信息偶遇的因素之一[⑪]。但在具体细分维度上，不同研究的结果之间不尽一致。Roberts 发现，经常发生信息偶遇的用户通常具有睿智、好奇心强、思维活跃、有毅力等个性特征[⑫]。Erdelez 的研究指出，经常偶遇信息的用户具有开放、兴趣广泛、爱好搜集信息、乐于探索

---

① 田立忠，俞碧飏．科研人员信息偶遇的影响因素研究［J］．情报科学，2013，31（4）：69-75，83.

② 潘曙光．信息偶遇研究［D］．重庆：西南大学硕士学位论文，2010.

③ 蔡怡欣．线上资讯偶遇经验与个人特征之研究［D］．新北：天主教辅仁大学硕士学位论文，2010.

④ Erdelez S. Towards understanding information encountering on the web［C］// Schwartz G S. Proceedings of the American Society for Information Science. Medford：Information Today，Inc.，2000：363-371.

⑤ Heinström J. Psychological factors behind incidental information acquisition［J］. Library & Information Science Research，2006，28（4）：579-594.

⑥ Makri S，Blandford A. Coming across information serendipitously-Part 1：a process model［J］. Journal of Documentation，2012，68（5）：684-705.

⑦ Toms E G. Serendipitous information retrieval［C］// Toms E G. Preceedings of the First DELOS Network of Excellence Workshop Information Seeking：Searching and Querying in Digital Libraries. Zurich：ERCIM，2000：17-20.

⑧ 王婧文．网络环境下信息偶遇的影响因素模型构建及实证研究［D］．北京：北京大学硕士学位论文，2012.

⑨ 郭海霞．网络浏览中的信息偶遇调查和研究［J］．情报杂志，2013，32（4）：48-50，62.

⑩ 杨敏，谢阳群．高校图书馆的信息偶遇研究［J］．新世纪图书馆，2017（5）：12-16.

田梅．移动互联网信息偶遇过程及影响因素研究［D］．南京：南京大学博士学位论文，2018：88.

⑪ 王知津，韩正彪，周鹏．非线性信息搜寻行为研究［J］．图书馆论坛，2011，31（6）：225-231，281.

⑫ Roberts R M. Serendipity：Accidental Discoveries in Science［M］. New York：John Wiley & Sons，Inc.，1989.

的人格特质[①]。Heinström 通过测量证明，人格特质通过查寻风格，对信息偶遇的发生频度产生间接影响；信息偶遇的发生频度与神经质、宜人性负相关，与外倾性正相关，但经验开放性与信息偶遇之间的关系尚不明朗[②]。Spink 和 Park 发现经验开放性中的兴趣会在意外发现的过程中发挥作用[③]。田梅发现性格外向、有好奇心、喜欢思考复杂问题、喜欢创新思维的个体发生信息偶遇的频次更高[④]。姜婷婷揭示了用户的敏感性、好奇心、活动多样性对信息偶遇的影响[⑤]。

2）认知风格

认知风格是信息偶遇行为中的个体因素之一，这虽在多项研究中被提及[⑥]，但尚欠深入研究。周佩和黄春燕的元人种志研究认为，Heinström、田立忠和俞碧飏、蔡怡欣等的研究中所涉及的检索风格、情绪、时间压力、学习类型等因素都可以纳入认知风格的内涵[⑦]。但诚如第 3 章所述，认知风格是个体在认知组织和认知功能等方面的持久一贯的特有风格或方式[⑧]，所以，检索风格究竟是认知风格本身，还是认知风格在检索偏好上的具体表现？情绪、时间压力、学习类型是否可归入认知风格范畴？均值得商榷。由此也可认为，严格来说，认知风格对信息偶遇行为的影响关系，目前并未得到直接有效的证实和完整的揭示。

3）情绪

Sternberg 与 Davidson 于 1995 年的研究表明，消极情绪状态会减少信息行为的灵活性，阻止探索行为，进而妨碍信息偶遇的产生[⑨]。1999 年，Ross 在访谈中发现放松、积极的情绪可以引发阅读中更多有趣的、意料之外的信息[⑩]。Heinström 于 2002 年借鉴 Nahl 和 James[⑪] 的观点，指出暂时的自信情绪及放松、

---

① Erdelez S. Information Encountering：An Exploration beyond Information Seeking ［D］. Syracuse：Syracuse University，1995.

② Heinström J. Psychological factors behind incidental information acquisition ［J］. Library & Information Science Research，2006，28（4）：579-594.

③ Spink A，Park M. Information and non-information multitasking interplay ［J］. Journal of Documentation，2005，61（4）：548-554.

④ 田梅．移动互联网信息偶遇过程及影响因素研究［D］．南京：南京大学博士学位论文，2018：88.

⑤ Jiang，T T. Online information encountering：modeling the process and influencing factors ［J］. Journal of Documentation，2015，71（6）：1135-1157.

⑥ 周佩，黄春燕．信息偶遇研究元人种志分析［J］．图书情报工作，2014，58（14）：115-120.
田梅．移动互联网信息偶遇过程及影响因素研究［D］．南京：南京大学大学博士学位论文，2018：88.

⑦ 周佩，黄春燕．信息偶遇研究元人种志分析［J］．图书情报工作，2014，58（14）：115-120.

⑧ 杨治良．简明心理学辞典［M］．上海：上海辞书出版社，2007.

⑨ Sternberg R J，Davidson J E. The Nature of Insight ［M］. Cambridge，MA：The MIT Press，1995：329-363.

⑩ Ross C S. Finding without seeking：the information encounter in the context of reading for pleasure ［J］. Information Proeessing and Management，1999，35（6）：783-799.

⑪ Roberts R M. Serendipity：Accidental Discoveries in Science ［M］. New York：John Wiley & Sons，Inc.，1989.

开放的人格会导致意外的信息获取①；其后又采用情绪测量量表，证实了“自信”和“满足”的积极情绪会增加个体对意外信息的接受能力，而“沮丧”、“困惑”和“不确定”的消极情绪则会阻碍信息偶遇的发生②。Makri 和 Blandford 对跨学科研究人员信息偶遇经历的访谈数据表明，良好情绪易引发信息偶遇现象的产生③。此外，潘曙光、蔡怡欣、郭海霞、姜婷婷等也进行过类似研究④。

4）动机

信息行为动机会影响信息偶遇的发生⑤。这里所说的信息行为动机，既包括与前景信息需求相关的动机，也包括与背景信息需求相关的动机。国内外多个研究表明，用户会根据不同类型、不同强烈程度的动机而选择不同的行为；用户的动机越强烈，其信息查寻会越具有探索性和广泛性，就越容易经历信息偶遇；相较于外在动机，内在动机更容易引发用户的信息偶遇行为；如果用户对前景问题相关信息的需求动机越强烈，那么他就会更集中精力于当前查寻任务，难以注意到与背景信息需求相关的信息⑥。此外，研究还发现，用户更容易注意到与优先需求相关的偶遇信息⑦。

（4）相关知识背景和经验

Toms、Makri、Foster、Heinström 等学者均曾分别强调，信息偶遇产生的关键

---

① Heinström J. Fast Surfers，Broad Scanners and Deep Divers-Personality and Information Seeking Behavior [D]. Åbo：ÅboAkademi University，2006.

② Heinström J. Psychological factors behind incidental information acquisition [J]. Library & Information Science Research，2006，28（4）：579-594.

③ Makri S，Blandford A. Coming across information serendipitously-Part 2：a process model [J]. Journal of Documentation，2012，68（5）：684-705.

④ 潘曙光．信息偶遇研究［D］．重庆：西南大学硕士学位论文，2010.
蔡怡欣．线上资讯偶遇经验与个人特征之研究［D］．新北：天主教辅仁大学硕士学位论文，2010.
郭海霞．网络浏览中的信息偶遇调查和研究［J］．情报杂志，2013，32（4）：48-50，62.
Jiang T T. Online information encountering：modeling the process and influencing factors. Journal of Documentation，2015，71（6）：1135-1157.

⑤ 蔡怡欣．线上资讯偶遇经验与个人特征之研究［D］．新北：天主教辅仁大学硕士学位论文，2010.
王知津，韩正彪，周鹏．非线性信息搜寻行为研究［J］．图书馆论坛，2011，31（6）：225-231，281.

⑥ Heinström J. Psychological factors behind incidental information acquisition [J]. Library & Information Science Research，2006，28（4）：579-594.
田立忠，俞碧飏．科研人员信息偶遇的影响因素研究［J］．情报科学，2013，31（4）：69-75，83.
L. A. 珀文．人格科学［M］．周榕译．上海：华东师范大学出版社，2001：1-34.
王婧文．网络环境下信息偶遇的影响因素模型构建及实证研究［D］．北京：北京大学硕士学位论文，2012.
Heinström J. Psychological factors behind incidental information acquisition [J]. Library & Information Science Research，2006，28（4）：579-594.

⑦ Rubin L V，Burkell J. Everyday serendipity as described in social media [EB/OL]. 2010. https://asistdl.onlinelibrary.wiley.com/doi/pdf/10.1002/meet.14504701409 [2019-11-20].

条件之一是用户所具有的知识背景①或预存知识②；信息偶遇的前提是“用知识武装起一个有准备的头脑”③；对主题的熟悉会增加意外发现的可能性④。国内相关研究也显示，网络浏览中的信息偶遇受用户对浏览内容及浏览环境的熟悉程度的影响⑤，经验常识和知识储备是产生偶然性阅读的基础⑥，搜索经验会调节和影响用户的社会化搜索行为习惯，进而间接影响用户在此情境中的信息偶遇行为⑦，曾经的信息偶遇经历对移动网络用户再次发生信息偶遇具有重要作用⑧。

5.2.3.2 信息因素

影响信息偶遇的信息因素主要是吸引用户的信息属性特征⑨。Erdelez 等发现，这些信息因素具体包括信息类型（口头或书面）、信息质量（精确度、信度、时效性）、获取成本、信息的展示和组织⑩等。国内相关研究也表明，信息类型、相关性、信息质量、可见性和来源⑪，信息内容、信息标题、信息热度⑫，以及信息的外形、位置是否突出等⑬，均会影响信息偶遇的发生；那些带有威胁性的新闻标题总是能够引起读者的注意力⑭；信息的易识别性、权威性、新颖性、易获取性、易用性不仅会影响信息偶遇的发生频度，还会影响信息偶遇各个

---

① Toms E G. Serendipitous information retrieval [C] // Toms E G. Preceedings of the First DELOS Network of Excellence Workshop Information Seeking: Searching and Querying in Digital Libraries. Zurich: ERCIM, 2000: 17-20.

② Makri S, Blandford A. Coming across information serendipitously - Part 2: a process model [J]. Journal of Documentation, 2012, 68 (5): 684-705.

③ Foster A, Ford N. Serendipity and information seeking: an empirical study [J]. Journal of Documentation, 2003, 59 (3): 321-340.

④ Heinström J. Psychological factors behind incidental information acquisition [J]. Library & Information Science Research, 2006, 28 (4): 579-594.

⑤ 潘曙光．信息偶遇研究［D］．重庆：西南大学硕士学位论文，2010.

⑥ 胡刘，胡晓疆．读者偶然性阅读的影响因素研究［J］．图书馆论坛，2010，30（1）：122，145-147.

⑦ 管家娃，张玥，赵宇翔，等．社会化搜索情境下的信息偶遇研究［J］．情报理论与实践，2018，41（12）：14-20，40.

⑧ 田梅．移动互联网信息偶遇过程及影响因素研究［D］．南京：南京大学博士学位论文，2018：88.

⑨ 田立忠，俞碧飚．科研人员信息偶遇的影响因素研究［J］．情报科学，2013，31（4）：69-75，83.
张悦，胡翠红．信息偶遇过程影响因素研究［J］．情报探索，2017，（6）：16-19.

⑩ Erdelez S. Investigation of information encountering in the controlled research environment [J]. Information Processing and Management, 2004, 40 (6): 1013-1025.

Erdelez S. Towards understanding information encountering on the web [C] // Schwartz G S. Proceedings of the American Society for Information Science. Medford: Information Today, Inc., 2000: 363-371.

⑪ Jiang T T. Online information encountering: modeling the process and influencing factors [J]. Journal of Documentation, 2015, 71 (6): 1135-1157.

⑫ 田梅．移动互联网信息偶遇过程及影响因素研究［D］．南京：南京大学博士学位论文，2018：130.

⑬ 田立忠，俞碧飚．科研人员信息偶遇的影响因素研究［J］．情报科学，2013，31（4）：69-75，83.

⑭ 潘曙光．信息偶遇研究［D］．重庆：西南大学硕士学位论文，2010.

阶段及偶遇信息的有用性①。

5.2.3.3 环境因素

Erdelez 指出，一次信息偶遇事件的出现可能与信息环境特征有关，具体涉及环境能否为用户识别、核实、存储和共享偶遇信息提供便利②。在已有偶遇行为相关研究中，学者们论及的环境因素涵盖了信息环境层、信息查寻层、信息检索交互层、检索语句层四个不同层次③，因此既有论及信息偶遇宏观环境的研究，也有涉及信息偶遇微观情境的研究。例如，网络与非网络信息查寻环境④，微博、微信等社交环境⑤，实体图书馆与数字图书馆情境⑥，任务与非任务信息

① 王婧文．网络环境下信息偶遇的影响因素模型构建及实证研究［D］．北京：北京大学硕士学位论文，2012．

② Erdelez S. Towards understanding information encountering on the web ［C］// Schwartz G S. Proceedings of the American Society for Information Science. Medford：Information Today，Inc.，2000：363-371．

③ Cool C，Spink A. Issues of context in information retrieval（IR）：an introduction to the special issue［J］. Information Processing and Management，2002，38（5）：605-611．

李月琳．基于环境与情境的信息搜寻与搜索［J］．情报科学，2012，42（1）：110-114．

④ 蔡怡欣．线上资讯偶遇经验与个人特征之研究［D］．新北：天主教辅仁大学硕士学位论文，2010．

郭海霞．网络浏览中的信息偶遇调查和研究［J］．情报杂志，2013，32（4）：48-50，62．

田梅．移动互联网信息偶遇过程及影响因素研究［D］．南京：南京大学博士学位论文，2018．

⑤ 杨敏，谢阳群，谢笑．社交媒体软件的信息偶遇研究［J］．图书馆学研究，2016，（6）：65-68，9．

阳玉堃，黄椰曼．社交网络环境下用户信息偶遇行为影响因素研究［J］．数字图书馆论坛，2017，（6）：65-72．

孙大东，于梦文．基于信息偶遇理论的档案微信公众平台用户关注度调查及优化［J］．北京档案，2017（4）：25-27．

管家娃，张玥，赵宇翔，等．社会化搜索情境下的信息偶遇研究［J］．情报理论与实践，2018，41（12）：14-20，40．

Panahi S，Watson J，Partridge，et al. Information encountering on social media and tacit knowledge sharing［J］. Journal of Information Science，2016，42（4）：539-550．

Jiang T T. A diary study of information encountering triggered by visual stimuli on micro-blogging services［J］. Informtioon Processing & Managemen，2019，56（1）：29-42．

陈为东，王萍，王益成．学术新媒体环境下用户信息偶遇要素及内在机理研究［J］．情报理论与实践，2018，41（2）：28-33，45．

⑥ Bjorneborn L. Serendipity dimensions and users' information behavior in the physical library interface［J］. Information Research，2008，13（4）：13．

Foster A，Ford N. Serendipity and information seeking：an empirical study［J］. Journal of Documentation，2003，59（3）：321-340．

袁红，王志鹏．数字图书馆利用中信息偶遇现象研究［J］．图书情报工作，2014，58（17）：104-111，135．

查寻情境①，以及信息检索、浏览或交互情境②等。

文献调研表明，无目标或目的性弱、采用宽泛查寻策略、无时间压力的信息获取情境，更易引发信息偶遇行为。张晓林③对本科生的调查显示，该群体的信息偶遇情境为阅读、观看、收听、与朋友交谈等；在电子报纸阅览情境下，因无目标导向，用户更易经历信息偶遇。Williamson④、Ross⑤、Toms⑥、Foster⑦、Bjorneborn⑧ 等也分别对阅读、浏览情境中的信息偶遇进行研究并获得类似发现。偶遇通常发生在信息浏览的情境中，这可能是因为信息浏览有三个情境特征：时间压力小、目的性弱、有系统反馈（指除了检索的结果列表外，系统还会反馈相似结果）⑨。田梅和朱学芳指出，头脑风暴过程无疑是发生信息偶遇的良好情境⑩。郭海霞发现，与问题解决情境相比，用户在休闲娱乐情境中经历信息偶遇的概率更大⑪。此外，多位学者的研究都显示，无时间压力⑫会导致较高的信息

---

① 郭海霞．网络浏览中的信息偶遇调查和研究［J］．情报杂志，2013，32（4）：48-50，62.

Wang J，Erdelez S，Thome J. Online consumer information encountering experience for planned purchase and unplanned purchase［C］//Association for Computing Machinery. Proceedings of the 2011 iConference. Wuhan：Scientific Research Publish Inc.，2011：794-795.

杜雪，刘春茂．网络信息偶遇影响因素个性特征的调查实验研究[J]．图书情报工作,2015,59（11）：119-126.

② 潘曙光．不同情境下的信息偶遇研究［J］．情报探索，2012，(8)：15-18.

王婧文．网络环境下信息偶遇的影响因素模型构建及实证研究［D］．北京：北京大学硕士学位论文，2012.

毛振鹏．基于信息偶遇的移动数字信息搜寻行为调查与导读服务对策研究［J］．图书馆学研究，2015，(8)：45-50.

③ Zhang X L. Information-Seeking Patterns and Behavior of Selected Undergraduate Students in a Chinese University［D］．New York：Columbia University，1992.

④ Williamson K. Discovered by chance：the role of incidental information acquisition in an ecological model of information use［J］．Library & Information Science Research，1998，20（1）：23-40.

⑤ Ross C S. Finding without seeking：the information encounter in the context of reading for pleasure［J］．Information Proeessing and Management，1999，35（6）：783-799.

⑥ Toms E G. Serendipitous information retrieval［C］// Toms E G. Preceedings of the First DELOS Network of Excellence Workshop Information Seeking：searching and Querying in Digital Libraries. Zurich：ERCIM，2000：17-20.

⑦ Foster A，Ford N. Serendipity and information seeking：an empirical study［J］．Journal of Documentation，2003，59（3）：321-340.

⑧ Bjorneborn L. Serendipity dimensions and users' information behavior in the physical library interface［J］．Information Research，2008，13（4）：13.

⑨ 田立忠，俞碧飏．科研人员信息偶遇的影响因素研究［J］．情报科学，2013，31（4）：69-75，83.

⑩ 田梅，朱学芳．基于现行信息素养模型的大学生信息偶遇能力的培养［J］．图书情报工作，2015，59（17）：41-46.

⑪ 郭海霞．网络浏览中的信息偶遇调查和研究［J］．情报杂志，2013，32（4）：48-50，62.

⑫ 王知津，韩正彪，周鹏．非线性信息搜寻行为研究［J］．图书馆论坛，2011，31（6）：225-231，281.

毛振鹏．基于信息偶遇的移动数字信息搜寻行为调查与导读服务对策研究［J］．图书馆学研究，2015，(8)：45-50.

Jiang T T. Online information encountering：modeling the process and influencing factors［J］．Journal of Documentation，2015，71（6）：1135-1157.

偶遇发生率。潘曙光①、Jiang② 还指出，网络浏览情境中人际交互界面是否友好会影响信息偶遇的发生。

5.2.4 信息偶遇行为同类研究状况小结

通过对以往相关研究成果的回顾，可以发现关于信息偶遇行为的研究，在相关概念、模型构建、影响因素研究等领域已有较多成果积累，但同时也存有值得继续研究的问题。

第一，已有信息偶遇模型虽然较为细致地呈现了偶遇过程中可能出现的各个阶段行为组件，但尚未充分揭示信息偶遇的行为过程路径（即信息偶遇过程会按照怎样的路径发展，依次经过哪些阶段，用户在偶遇过程中会先后产生哪些阶段性行为）；此外，该模型对于学术用户的适用性也需进一步验证。

第二，已有实证研究多是通过发生频度或偶遇过程中各个阶段行为的特征来测量用户的信息偶遇情况，对信息偶遇全过程及行为规律的揭示多有不足。

第三，就信息偶遇影响因素的研究来看，个体因素特别是人格特质因素、认知风格因素研究的不同成果之间尚存质疑之声，因而信息偶遇影响因素也有进一步补充完善的必要。

5.3 学术用户网络信息查寻中的信息偶遇行为研究设计

5.3.1 数据搜集方法与过程

为了尽可能从多个维度全面剖析学术用户网络信息查寻中的学术信息偶遇行为，深入探索其信息偶遇行为的形成机理，本书采用问卷调查法，对较大样本的数据进行分析，同时对较为特殊的个体进行深度访谈，以期获得更加完整的数据。

5.3.1.1 测量项目体系的编制

根据研究内容，基于文献调研及预调研结果，在有限经费与精力约束下，重点测量学术用户的学术信息偶遇行为，以及可能影响其偶遇行为的用户个体背景特征、人格特质、认知风格等因素。

---

① 潘曙光．信息偶遇研究［D］．重庆：西南大学硕士学位论文，2010.

② Jiang T T. Online information encountering：modeling the process and influencing factors［J］. Journal of Documentation，2015，71（6）：1135-1157.

（1）用户信息偶遇行为的测量

根据文献调研，学者们最常以是否经历过信息偶遇、信息偶遇的发生频度来测量用户的信息偶遇情况①。然而，这种测量存在一定的不足。首先，信息偶遇行为具有自己独特的行为过程及明确的过程阶段②，它由各个阶段中更具体的一系列行为方式构成，但已有成果对这些具体行为方式的测量尚不充分。其次，各种因素对信息偶遇的影响不仅仅只是作用于信息偶遇的开始阶段，决定信息偶遇的发生与否，而且还作用于信息偶遇的整个过程，影响过程中的各个阶段行为③。最后，信息偶遇行为不可能独立于“用户”和“偶遇信息”而独立存在，因为“用户”和“偶遇信息”分别是信息偶遇行为的主体和客体，均是信息偶遇行为的一部分，也是信息行为和信息偶遇行为分析框架中的两个维度④。所以，为了更全面地反映用户的信息偶遇情况，需要综合考虑四个维度。

1）信息偶遇的发生频度

在预调研中发现，用户在没有任何提示的情况下，会很自然地将网络信息查寻情境划分为网络学术信息查寻情境和网络生活、娱乐、休闲等非学术信息查寻情境，且不同个体在同一种情境中的信息偶遇频率存在较大差别，即信息偶遇发生频率表现出一定的情境差异和情境依赖。此外，在被问及信息偶遇发生频次

---

① Heinström J. Psychological factors behind incidental information acquisition [J]. Library & Information Science Research，2006，28（4）：579-594.

王婧文. 网络环境下信息偶遇的影响因素模型构建及实证研究 [D]. 北京：北京大学硕士学位论文，2012.

郭海霞. 网络浏览中的信息偶遇调查和研究 [J]. 情报杂志，2013，32（4）：48-50，62.

② Erdelez S. Towards understanding information encountering on the web [C] // Schwartz G S. Proceedings of the American Society for Information Science. Medford：Information Today，Inc.，2000：363-371.

Erdelez S. Investigation of information encountering in the controlled research environment [J]. Information Processing and Management，2004，40（6）：1013-1025.

Awamura N. Rethinking the information behavior model of information encountering：an analysis of the interviews on information encountering on the web [J]. Library & Information Science，2006，（55）：47-69.

③ 王婧文. 网络环境下信息偶遇的影响因素模型构建及实证研究 [D]. 北京：北京大学硕士学位论文，2012.

郭海霞. 网络浏览中的信息偶遇调查和研究 [J]. 情报杂志，2013，32（4）：48-50，62.

杜雪，刘春茂. 网络信息偶遇影响因素个性特征的调查实验研究 [J]. 图书情报工作，2015，59（11）：119-126.

④ Erdelez S. Information encountering：it's more than just bumping into information [J]. Bulletin of the American Society for Information Science，1999，25（3）：25-29.

潘曙光. 信息偶遇研究 [D]. 重庆：西南大学硕士学位论文，2010.

蔡怡欣. 线上资讯偶遇经验与个人特征之研究 [D]. 新北：天主教辅仁大学硕士学位论文，2010.

王婧文. 网络环境下信息偶遇的影响因素模型构建及实证研究 [D]. 北京：北京大学硕士学位论文，2012.

郭海霞. 网络浏览中的信息偶遇调查和研究 [J]. 情报杂志，2013，32（4）：48-50，62.

时，多数用户特意询问了调查人员“偶遇到他人感兴趣的学术信息的次数算不算在内”，因而除了测量个体信息偶遇的总体发生频度，还需同时考虑发生频度的情境特征和作用对象特征。

2）偶遇信息的特征

偶遇信息是用户评价信息偶遇行为及偶遇价值的重要标准。对于用户来说，偶遇信息有用就意味着本次信息偶遇有价值，它能从价值层面上反映用户的信息偶遇情况。

根据需求主体，偶遇信息可分为仅仅对自己有用的信息、对自己和他人都有用的信息、仅仅只对他人有用而对自己无用的信息①。按照被需要的时间，偶遇信息可分为过去需要但是现在已经不再需要的信息、现在需要的信息②。按照“是否曾经被查找过”，偶遇信息可分为用户曾经查找过但没找到的信息、用户没有查找过的信息③。按照“是否能用于解决具体问题”，偶遇信息通常可分为问题相关的信息和兴趣相关的信息④，两类偶遇信息分别主要用于解决当前问题和进行知识储备。此外，初步提取了偶遇信息在用户不同研究阶段的具体作用效果：激发新的学术创新灵感、解决已有学术问题或困惑、增加知识储备。

综上，可从有用性大小、需求主体、需求时间、是否曾被查找过、作用效果、所作用的课题研究阶段 6 个方面对偶遇信息特征进行测量。

3）偶遇过程中各阶段行为的特征

因研究对象是学术用户个体而非组织，故采用认可度较高的 Erdelez 模型和 Awamura 模型作为本章研究的基础。其中，Awamura 模型是对 Erdelez 模型的修正，因而更加具体、完善。然而，该模型是否能够描述学术用户网络信息查寻中信息偶遇的具体行为过程，仍有待检验。

为尽可能保证对信息偶遇过程中各阶段行为特征测量项目的准确提取，采用实验法与访谈法进行预研。

针对 Erdele 实验的缺陷⑤，本次预研增加了样本量和触发器数量，招募 12 名

① Erdelez S. Information Encountering：An Exploration beyond Information Seeking [D]. Syracuse：Syracuse University，1995.

潘曙光. 信息偶遇研究 [D]. 重庆：西南大学硕士学位论文，2009.

蔡怡欣. 线上资讯偶遇经验与个人特征之研究 [D]. 新北：天主教辅仁大学硕士学位论文，2010.

② 潘曙光. 信息偶遇研究 [D]. 重庆：西南大学硕士学位论文，2009.

③ Erdelez S. Information encountering：it's more than just bumping into information [J]. Bulletin of the American Society for Information Science，1999，25 (3)：25-29.

潘曙光. 信息偶遇研究 [D]. 重庆：西南大学硕士学位论文，2009.

④ Erdelez S. Information encountering：it's more than just bumping into information [J]. Bulletin of the American Society for Information Science，1999，25 (3)：25-29.

⑤ Erdelez S. Investigation of information encountering in the controlled research environment [J]. Information Processing and Management，2004，40 (6)：1013-1025.

被试进行了实验；之后又对 15 位学术用户进行了访谈①。相比 Awamura 模型对行为特征的描述，本次预研有了一些新的发现。例如，①用户在注意到偶遇信息的同时，会对偶遇信息的有用性进行一次初步简单的判断（如对偶遇信息的标题、或某一部分内容，或某几个字词的一瞥），即“注意”中包含了对偶遇信息的初次相关性判断。这一现象符合注意的过滤器理论——当信息通过各种感觉通道进入神经系统时，要先经过一个过滤机制②，通过过滤机制的信息就是用户注意到的信息③。②部分用户在经历“注意”阶段之后，并未暂停初始查寻任务，这就意味着“注意”之后便有可能是偶遇的“结束”，而不一定是“中断”或“停驻”。③用户“停驻”之后，有可能进入 Awamura 模型所述的“检阅”阶段，也有可能直接进入“共享-利用-储存”阶段。

结合前述实验和访谈预研中的发现，我们对 Awamura 的行为过程模型进行了修正，构建了学术用户网络信息查寻中的学术信息偶遇行为过程示意图，如图 5-5 所示。

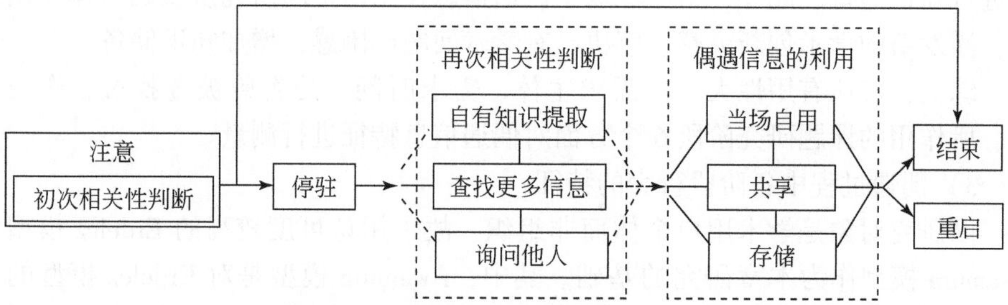

图 5-5　学术用户网络信息查寻中的学术信息偶遇行为过程示意图

“注意”阶段，指用户在执行与前景问题相关的网络信息查寻活动时注意到了与背景信息需求相关的信息；该阶段包括对偶遇信息的初次相关性判断。经历“注意”阶段之后，用户有可能“停驻”，即暂停与前景信息需求相关的初始信息查寻活动；也有可能继续执行初始查寻任务，即“结束”此次偶遇事件。

“停驻-结束”阶段，指用户在注意到偶遇信息之后，暂停正在执行的与前景信息需求相关的初始信息查寻活动，转而去处理偶遇信息。

“再次相关性判断”阶段，对应于 Awamura 模型中的“检阅”阶段，指用户对偶遇信息进行进一步的相关性判断。由预研可知，具体包括以下可能的情形：①用户当场进行相关性判断。通常，用户可能会提取自己头脑中的知识来进行相关性判断，也可能查找更多的相关信息，或求助于他人（如团队成员、同行等）

① 张倩．学术用户网络信息查寻中的学术信息偶遇行为研究［D］．重庆：西南大学硕士学位论文，2015：29-31.

② 葛明贵．普通心理学［M］．合肥：合肥工业大学出版社，2011：153-154.

③ 张淑华，朱启文，杜庆东，等．认知科学基础［M］．北京：科学出版社，2007：13-15.

来评估偶遇信息的相关性。在此，将上述情况分别称为“自有知识提取”“查找更多信息”“询问他人”。从访谈得知，此阶段中的三种行为方式并不互斥，它们可能同时出现在一次信息偶遇过程中，并且其时间先后顺序不固定，甚至一种行为可以反复出现多次。②用户直接存储起来或者分享给其他用户，等到将来需要利用的时候再做进一步评估或者让其他用户自己去做进一步评估。这就意味着，在某一信息偶遇活动中，“再次相关性判断”阶段有可能出现，也有可能不出现。鉴于此，图 5-5 中用虚线将该阶段与其前后的阶段相连。

“偶遇信息的利用”阶段，包括当场自用、共享、存储。其中，当场自用是指用户自己当场立刻对偶遇信息的利用；共享是指用户将偶遇信息共享给可能有需要的其他用户；存储是指用户将偶遇信息以纸质或电子文件的形式保存管理。该阶段中的“当场自用”“共享”“存储”三种行为方式也不互斥，它们可能同时出现在一次信息偶遇过程中，其时间顺序不固定①。此外，如果用户在此阶段中执行了“当场自用”行为，那么他之前必定已进行了“再次相关性判断”。

“结束-重启”阶段，“结束”指对偶遇行为的终止。“重启”指在处理完偶遇信息后，重新启动被中断的信息查寻活动，继续执行未完成的初始信息查寻任务。

图 5-5 所示的学术用户信息偶遇行为过程，与生物的偶遇行为过程有类似之处。例如，行为生态学研究发现，章鱼有时会突然搜索一块珊瑚石或是一团海草，那是因为其中隐藏着一只海蟹②；大山雀有时会突然放弃正在捕食的某一猎物，而把注意力转移到另一猎物上，原因是后者能给它带来更大的好处③；吸刺式昆虫在发觉宿主并降落在宿主体表后，会进行刺探，以鉴定该宿主是否合适或者宿主的营养物质是否丰富；哺乳动物发现食物后，也会通过嗅、触、舐等方式对食物进行探究，以判断应否进入进食环节④；此外，对于意外发现的食物，动物有可能会当场食用，或与同伴分享，也可能储备起来留作后用⑤，这均是动物偶遇行为中的注意、停驻、判断、利用等行为的具体表现。

4）偶遇经历后的感受

文献调研和实验、访谈预研结果显示，用户在经历信息偶遇之后，会产生正

① Awamura N. Rethinking the information behavior model of information encountering: an analysis of the interviews on information encountering on the Web [J]. Library & Information Science, 2006, (55): 47-69.

② 尚玉昌. 动物行为学 [M]. 北京：北京大学出版社，2005：173.

③ 尚玉昌. 行为生态学 [M]. 北京：北京大学出版社，1998：54.

④ 张振汉. 动物行为学 [M]. 银川：宁夏人民教育出版社，2010：32，34.

⑤ 李难. 行为与进化：人类和动植物行为的奥秘 [M]. 上海：复旦大学出版社，2009：28，33.

向或负向情绪①。其中，正向情绪主要是意外获得有用学术信息的惊喜或高兴，负向情绪则主要包括因为耽误初始检索或浏览任务而产生的内疚或不安、因偶遇到低质量学术信息而产生的烦躁或不快②。如果信息偶遇经历带给用户正向反馈，用户可能会期待下次信息偶遇的发生；反之，用户则不希望甚至排斥信息偶遇的发生③。据此，本书对用户经历信息偶遇后的情绪与态度进行测量。

通过上述分析，得到信息偶遇行为特征测量框架，见图5-6。

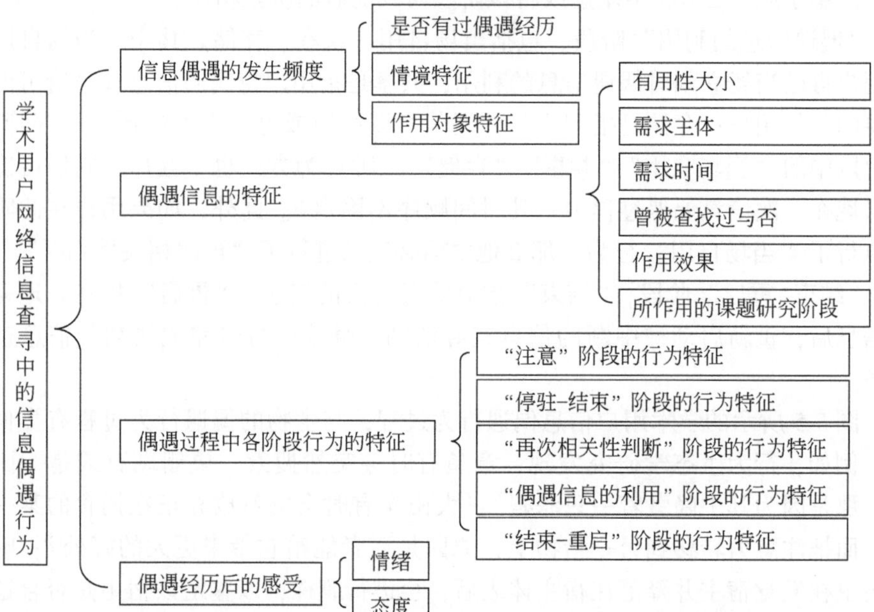

图5-6 学术用户网络信息查寻中的学术信息偶遇行为特征测量框架

---

① 蔡怡欣．线上资讯偶遇经验与个人特征之研究［D］．新北：天主教辅仁大学硕士学位论文，2010.

郭海霞．网络浏览中的信息偶遇调查和研究［J］．情报杂志，2013，32（4）：48-50，62.

② Erdelez S. Information encountering：a conceptual framework for accidental information discovery［C］// Vakkari P，Savolainen R，Dervin B. Proceedings of An International Conference on Information Seeking in Context. London：Taylor Graham，1996：412-421.

Foster A，Ford N. Serendipity and information seeking：an empirical study［J］．Journal of Documentation，2003，59（3）：321-340.

Rubin L V，Burkell J. Facets of serendipity in everyday chance encounters：a grounded theory approach to blog analysis［J］．Information Research，2011，16（3）：30.

蔡怡欣．线上资讯偶遇经验与个人特征之研究［D］．新北：天主教辅仁大学硕士学位论文，2010.

郭海霞．网络浏览中的信息偶遇调查和研究［J］．情报杂志，2013，32（4）：48-50，62.

③ 蔡怡欣．线上资讯偶遇经验与个人特征之研究［D］．新北：天主教辅仁大学硕士学位论文，2010.

（2）用户个体背景特征的测量

个体背景特征主要反映用户的自然属性和社会角色特征。本次研究对象——学术用户是信息用户中的一个特定群体，因此主要依据以往的相关研究成果和与学术用户自身的信息偶遇行为相关的个体背景特征来提取学术用户个体背景特征的测量项目。

第一，在人口统计学变量方面，重点选取性别、年龄、学科专业、身份（如学生的年级、教学科研人员的职称）、受教育程度等个体背景特征。

第二，为反映学术用户的信息偶遇行为特征，突出了对用户研究领域、当前承担课题（如果承担多个课题，则仅测量目前投入精力最多的那一个课题）相关特征的考察，具体包括课题来源、课题性质、在课题中所担任的角色、课题所处研究阶段等测量项目。

第三，鉴于信息偶遇是用户的注意力由“前景问题”转移到“背景问题”的过程①，为验证信息偶遇发生频率与用户兴趣的广泛程度（或背景信息需求数量）呈现正相关关系②这一观点，设置了反映用户“背景信息需求”的测量项目，包括所关注的（除本专业领域以外的）其他学科领域的数量、近3个月的研究课题数量、课题相关领域知识的熟悉度等。

（3）人格特质的测量

在心理学中，尽管人格特质和认知风格测量都已较为成熟，但并非所有的测量工具均适用于本书的研究对象和情境，所以有必要进行遴选。

人格特质指个体思维、情感、行为过程中独特的、具有一贯倾向的心理特征③。它是一种使行为具有持久性（时间的延续性）和稳定性（情境的一致性）的内部心理结构成分，在行为上表现为人们之间的个体差异，能对人类行为进行合理的解释，并对其将来的行为做出准确的预测④。因而，人格特质能用于解释并预测用户信息行为，包括信息偶遇行为。

国内外优秀的人格测量工具多达数百种，不同的测量工具所适用的人群、规模大小（即题量的多少）均有所不同⑤。在选择人格测量工具时，一方面，需要

---

① Erdelez S. Investigation of information encountering in the controlled research environment [J]. Information Processing and Management, 2004, 40 (6): 1013-1025.

② Erdelez S. Information encountering: a conceptual framework for accidental information discovery [C] // Vakkari P, Savolainen R, Dervin B. Proceedings of An International Conference on Information Seeking in Context. London: Taylor Graham, 1996: 412-421.

③ 葛明贵. 普通心理学 [M]. 合肥: 合肥工业大学出版社, 2011: 311-312.

Pervin L A. The Science of Personality. 2nd ed. [M]. New York: John Wiley & Sons, Inc., 1996.

④ 赵静波. 人格与健康 [M]. 北京: 人民卫生出版社, 2009: 8.

⑤ 张倩. 学术用户网络信息查寻中的学术信息偶遇行为研究 [D]. 重庆: 西南大学硕士学位论文, 2015: 39-40.

考虑测量工具对学术用户这一特定群体的适用性，另一方面，还要避免用户因题量过多而产生厌烦和疲劳。经比较，最终选用了 NEO-FFI 中文版来测量学术用户的人格特质。

在信息行为研究领域，Heinström 便使用了 NEO-FFI 来研究人格特质与信息偶遇之间的关系；在国内，NEO-FFI 中文版被成功应用于测量教学科研人员①和研究生（包括博士研究生和硕士研究生）② 群体。此外，文献调研也显示，NEO-FFI 在中国的应用比 BFI 更广泛。

NEO-FFI 的理论依据是五因素人格（大五人格）模型，2004 年修订后，形成了目前国内外常用的 NEO-FFI-R 版本。NEO-FFI-R 按照人格特质的 5 个维度分为 5 个分量表，每个分量表各有 12 道题，采取五级评分，得分高低者对应的特征如表 5-1 所示③。

表 5-1　NEO-FFI-R 的人格特质维度以及得分高低者对应的特征

高分者特征	特质量表	低分者特征
烦恼、紧张、焦虑、忧郁、情绪化、不安全感	神经质（或情绪稳定性）（neuroticism，N）量表，评估情感的调节和情绪的不稳定性	平静、放松、不情绪化、果敢、安全、自我陶醉
热情、好社交、活跃、健谈、乐群、乐观、自信、果断、好玩乐、重感情	外倾性（外向性）（extraversion，E）量表，从人际间互动的数量和强度、活动水平、刺激需求程度和快乐的容量来评估个体对与其他人之间的关系感到舒适的程度，程度越高，则表示个体越外向	谨慎、冷静、无精打采、冷淡、厌于做事、退让、话少

① 吕伟萍．大五人格与科研人员工作绩效的相关性研究［J］．中国人力资源开发，2011，(8)：103-106.

② 田瑞琪，唐小娟，刘亭亭．研究生和本科生防御机制及与大五人格的关系［J］．中国学校卫生，2013，(7)：818-820.

田瑞琪，唐小娟．研究生与本科生应对方式与大五人格关系［J］．中国健康心理学杂志，2014，(1)：123-125.

蔡红霞．硕士研究生职业决策自我效能感的特点、影响因素及其干预研究［D］．大连：辽宁师范大学硕士学位论文，2010.

李莉．研究生人格、主观幸福感与职业价值观的关系研究［D］．福州：福建师范大学硕士学位论文，2008.

王婧怡．临床医学专业研究生自我导向学习倾向性研究［D］．长春：东北师范大学硕士学位论文，2012.

朱剑英．研究生科研团队创新氛围与创新行为的关系研究［D］．北京：北京航空航天大学硕士学位论文，2013.

③ 赵静波．人格与健康［M］．北京：人民卫生出版社，2009：198-204.

陈少华．新编人格心理学［M］．广州：暨南大学出版社，2004：252-254.

续表

高分者特征	特质量表	低分者特征
好奇、兴趣广泛、有创造力、有创新性、富于想象、非传统的	经验开放性（或开放性）（openness，O）量表，评估个体对经验本身的积极寻求和欣赏及对不熟悉情境的容忍和探索	习俗化、讲实际、兴趣少、无艺术性、非分析性
心肠软、脾气好、信任人、乐于助人、宽宏大量、易轻信、直率	宜人性（或随和性、顺同性）量表（agreeableness，A），评估个体对其他人所持的态度	愤世嫉俗、粗鲁、多疑、不合作、报复心重、残忍、易怒、好操纵别人，刚愎自用、自负、傲慢
有逻辑性的、有条理、有计划、有抱负、责任感强、可靠、自律、缜密、细心、勤奋、有毅力、高效	严谨性（或尽责性、认真性）量表（conscientious，C），评估个体在目标导向上的组织、坚持和动机	无目标、不可靠、懒惰、粗心、松懈、不检点、意志弱、享乐、易冲动

（4）认知风格的测量

如第3章所述，认知风格的类型划分各异，最基本的是整体-分析（如场依存型和场独立型）和言语-心象（如言语型和视象型）两个认知维度，其中，场独立型-场依存型是最广泛被定义的维度①。本章也从场独立型-场依存型着手来探索认知风格对信息偶遇行为的影响。具体地，采用北京师范大学心理学系修订的中文版“镶嵌图形测验”② 对用户场独立型或场依存型认知风格特征进行测量（参见本书3.3.3.1）。

在此测验中，以10分为界，得分高于10分的个体倾向于场独立型认知风格，得分越高，场独立倾向越强，场依存倾向越弱；得分低于10分的个体倾向于场依存型认知风格，得分越低，场依存倾向越强，场独立倾向越弱③。

5.3.1.2 研究框架、研究问题与研究假设

综合以上分析，得出学术用户网络信息查寻中的信息偶遇行为研究框架示意图（图5-7），并据此提出本章的主要研究问题与假设。

问题1：学术用户网络信息查寻中的学术信息偶遇情况是怎样的？

对信息偶遇的发生频度、偶遇信息的特征、偶遇过程中各阶段行为的特征、偶遇经历后的感受这4个维度上的每个项目进行统计描述，从多个维度详细剖析

---

① Witkin H A, et al. Field-dependent and field-independent cognitive styles and their educational implications [J]. Review of Educational Research, 1977, 47 (1): 1-64.

② 谢斯骏，张厚粲. 认知方式：一个人格维度的实验研究 [M]. 北京：北京师范大学出版社，1988：261-280.

③ 谢斯骏，张厚粲. 认知方式：一个人格维度的实验研究 [M]. 北京：北京师范大学出版社，1988：274-275.

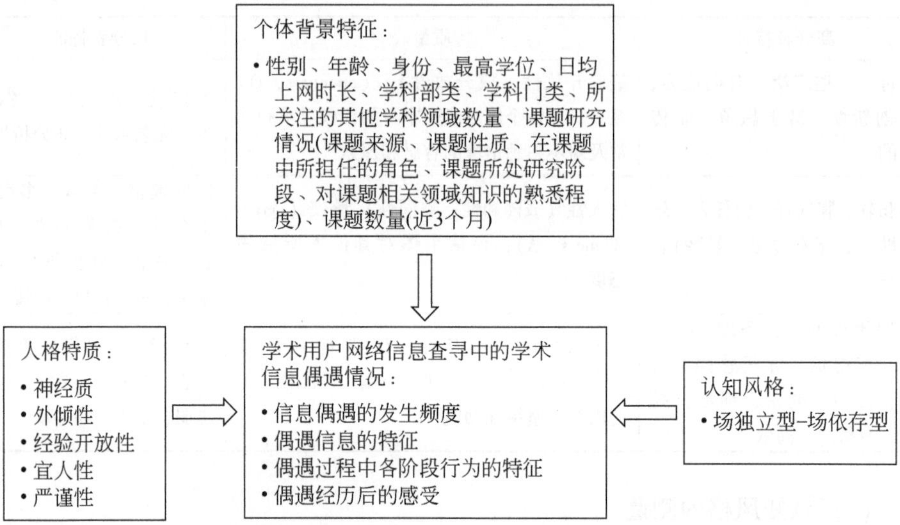

图 5-7　学术用户网络信息查寻中的学术信息偶遇行为研究框架示意图

学术信息偶遇的具体情况。

问题 2：在网络信息查寻情境中，不同个体背景特征的学术用户的学术信息偶遇情况是否存在差异？

通过独立样本 t 检验和单因素方差分析方法，分析不同个体背景特征学术用户的学术信息偶遇情况是否存在差异。

假设 2.1：不同个体背景特征学术用户的学术信息偶遇的发生频度存在显著性差异。

假设 2.2：不同个体背景特征学术用户偶遇到的学术信息的特征存在显著性差异。

假设 2.3：不同个体背景特征学术用户的学术信息偶遇过程中各阶段行为的特征存在显著性差异。

假设 2.4：不同个体背景特征学术用户经历学术信息偶遇后的感受存在显著性差异。

问题 3：学术用户的人格特质对其网络信息查寻中的学术信息偶遇行为有何影响？

通过检验学术用户的人格特质的五个维度与其信息偶遇的发生频度、偶遇过程中各阶段行为的特征、偶遇经历后的感受的相关性，判断人格特质对其网络信息查寻中的信息偶遇行为的影响。

假设 3.1：学术用户的人格特质与其学术信息偶遇的发生频度显著相关。

假设 3.2：学术用户的人格特质与其偶遇到的学术信息的特征显著相关。

假设 3.3：学术用户的人格特质与其学术信息偶遇过程中各阶段行为的特征

显著相关。

假设3.4：学术用户的人格特质与其学术信息偶遇经历后的感受显著相关。

问题4：学术用户的认知风格对其网络信息查寻中的学术信息偶遇有何影响？

通过检验学术用户的认知风格与其学术信息偶遇的发生频度、偶遇过程中各阶段行为的特征、偶遇经历后的感受的相关性，判断认知风格对网络学术信息偶遇行为的影响。

假设4.1：学术用户的认知风格与其学术信息偶遇的发生频度显著相关。

假设4.2：学术用户的认知风格与其偶遇到的学术信息的特征显著相关。

假设4.3：学术用户的认知风格与其学术信息偶遇过程中各阶段行为的特征显著相关。

假设4.4：学术用户的认知风格与其学术信息偶遇经历后的感受显著相关。

问题5：如果人格特质、认知风格、个体背景特征会对学术用户网络信息查寻中的学术信息偶遇行为产生影响，那么应该如何解释这种影响？

根据问题2～4所得到的研究结果，从信息行为学、认知科学、行为生态学、创造学、决策行为学的角度，探索学术用户网络信息查寻中学术信息偶遇行为的内在机理。

5.3.1.3 问卷设计

根据前述编制的测量项目体系，重点围绕研究问题与假设，设计调查问卷(试测)①。问卷分为四大部分：第一部分，学术用户个体背景资料调查；第二部分，学术信息偶遇行为测量（含学术信息偶遇的发生频度、偶遇信息的特征、偶遇过程中各阶段行为的特征、偶遇经历后的感受等)；第三部分，认知风格测量；第四部分，人格特质测量。

选取学术用户60人（其中有效样本57人）进行试测。试测问卷在经过项目净化后通过了信度检验。基于对试测问卷的修改，得到“学术用户网络信息查寻中的学术信息偶遇行为调查问卷（正式)”（见附录13)。

5.3.1.4 调查实施

(1) 样本选取

在正式调查中，考虑到学术用户样本的代表性和取样的方便性及可行性，主要选取了重庆市、湖北省等地的10余所高校或科研机构（如西南大学、华中科技大学、重庆大学、中国科学院武汉物理与数学研究所等）的学术用户，包括高

① 张倩. 学术用户网络信息查寻中的学术信息偶遇行为研究［D]. 重庆：西南大学硕士学位论文，2015.

校教学科研人员、在读博士研究生、在读硕士研究生、正在撰写毕业论文的大四本科生，以及科研机构的研究人员。

本次调查共发放问卷483份，回收问卷448份，回收率为92.8%。剔除无效问卷25份后，获得有效问卷423份，有效率为94.4%。

(2) 测量方式

鉴于镶嵌图形测验工具对测验场所的要求较高，此次问卷调查采取了当场填答的方式。其中，现场严格控制镶嵌图形测验的时间，规定每部分描图时限为4min，总计描图时限12min。随后，被试在无时间限制的情况下填答问卷的其他部分。

5.3.2 测量工具的信度与效度

由于“镶嵌图形测验”和“人格特质测量量表”都是心理学领域成熟、权威的测量工具，在此仅对问卷第二部分“学术信息偶遇行为测量”调查结果的信度和效度进行分析。

1）信度分析

Cronbach's Alpha 信度分析结果见表5-2。问卷各维度的 Cronbach's Alpha 系数均在0.7以上，总体信度在0.8以上。

表5-2 问卷信度分析结果

维度	问项数	Cronbach's Alpha 系数
信息偶遇的发生频度	6	0.735
偶遇信息的特征	8	0.757
偶遇过程中各阶段行为的特征	14	0.729
总体	32	0.822

2）效度分析

按照内容效度评估标准①，本调查问卷以国内外相同成果为基础，全面涵盖了相关主题概念和内容；结合实验数据、访谈数据等一手数据，在测量项目体系编制及问项设计上保证了逻辑严谨性；在正式调查前通过预调查反馈数据对试测问卷进行了修改，最终形成的正式调查问卷能有效命中调查目标，具有良好效度。

① 吴明隆．问卷统计分析实务——SPSS操作与应用［M］．重庆：重庆大学出版社，2010：195.

5.3.3 数据分析方法

针对深度访谈数据及调查问卷中的质性数据，采用质性研究的三级编码方式进行分析。

针对调查问卷中的定量数据，采用以下统计分析方法。

1）描述性统计分析

对调查对象的基本信息进行整理与统计，了解调查对象的基本特征和分布，大致判断调查对象的选取是否符合研究要求，以为后续数据处理服务。

2）独立样本 t 检验

检验两个组别群体的平均数之间是否存在差异。

3）配对样本 t 检验

检验来自同一组样本的两个观测值之间是否存在显著性差异。

4）方差分析

用于检验三个或以上组别群体间的平均数的差异。

5）相关分析

检验研究变量间是否存在相关关系，确定相关关系的表现形式，并通过相关系数来测定变量间的相关程度及相关方向。

5.4 学术用户网络信息查寻中的信息偶遇行为实证数据分析

5.4.1 学术用户个体背景特征描述性统计分析

表 5-3 是此次调查样本的个体背景特征统计分析结果。其中，对学科门类的聚类统计依据是填答者自填的专业和研究方向（用户所属专业的抽样分布情况详见附录 14），以及教育部《学位授予和人才培养学科目录（2011）》和《授予博士、硕士学位和培养研究生的学科、专业目录》（1997 年颁布）；在统计被试在课题中所担任的角色时，将目前正在撰写毕业论文和专业论文的被试担任的角色归为“课题负责人”。此外，对过于分散的年龄数据，采用可视离散化方式将其分成四组进行统计分析。

表 5-3　学术用户个体背景特征描述性统计分析结果

个体背景特征	类别	人数/人	比例/%
性别	男	203	48.0
	女	220	52.0
年龄/周岁	≤25	331	78.3
	26～30	72	17.0
	31～40	14	3.3
	≥41	6	1.4
学科部类	应用技术（工学、农学、医学）	161	38.1
	自然科学（理学）	97	22.9
	社会科学（管理学、经济学、教育学、法学）	90	21.3
	人文学科（文学、历史学、哲学、艺术学）	75	17.7
学科门类	工学	146	34.5
	理学	97	22.9
	管理学	41	9.7
	文学	40	9.5
	经济学	25	5.9
	历史学	20	4.7
	教育学	18	4.3
	哲学	14	3.3
	农学	12	2.8
	法学	6	1.4
	医学	3	0.7
	艺术学	1	0.2
所关注的其他学科领域数量	0	186	44.0
	1	113	26.7
	2	76	18.0
	3	36	8.5
	≥4	12	2.8
身份	本科生	18	4.3
	硕士研究生一年级	149	35.2
	硕士研究生二年级	162	38.3
	硕士研究生三年级	52	12.3
	博士研究生	23	5.4
	讲师/助理研究员	4	0.9

续表

个体背景特征	类别	人数/人	比例/%
身份	副教授/副研究员	6	1.4
	教授/研究员	5	1.2
	其他	4	0.9
最高学位	无	18	4.3
	本科	382	90.3
	硕士	10	2.4
	博士	13	3.1
日均上网时长 T/h	$0<T\leq1$	13	3.1
	$1<T\leq3$	112	26.5
	$3<T\leq5$	126	29.8
	$T>5$	172	40.7
课题来源	国家课题	46	10.9
	省部（或直辖市）级课题	17	4.0
	地市级、厅局级课题	9	2.1
	校级课题	13	3.1
	学院级课题	4	0.9
	横向或委托项目	19	4.5
	毕业（学位）论文	150	35.5
	课程论文	78	18.4
	其他	5	1.2
	以上课题均没有	82	19.4
课题性质	基础研究	160	37.8
	应用研究	95	22.5
	综合研究	83	19.6
	其他	3	0.7
在课题中所担任的角色	课题负责人	254	60.0
	核心成员	36	8.5
	一般成员	51	12.1
课题所处研究阶段	确定研究课题	30	7.1
	设计研究方案	45	10.6
	资料或数据搜集	104	24.6
	资料或数据的汇总与分析	58	13.7
	撰写研究成果	99	23.4
	其他	5	1.2

续表

个体背景特征	类别	人数/人	比例/%
对课题相关领域知识的熟悉程度	很熟悉	23	5.4
	较熟悉	174	41.1
	一般	126	29.8
	较不熟悉	17	4.0
	很不熟悉	1	0.2
近3个月的课题数量/个	0	80	18.9
	1	234	55.3
	2	71	16.8
	3	27	6.4
	4	8	1.9
	5	3	0.7

5.4.2 学术用户信息偶遇行为的描述性统计分析

此处根据问卷第二部分学术信息偶遇行为测量的调查数据，对学术用户信息偶遇行为各个维度的具体情况进行描述性统计分析。

(1) 信息偶遇的发生频度分析

在423份有效问卷中，395位答卷人经历过网络学术信息偶遇；其余28人未经历过（信息偶遇的发生频度得分计0）；对于395人，分别按其对第2~5题的回答情况，归纳为“非学术-自己”（在网上检索或浏览生活、娱乐、休闲等非学术信息时，偶遇过自己感兴趣的学术信息）、“学术-自己”（在网上检索或浏览与主题A相关的学术信息时，偶遇过自己感兴趣的主题B相关的学术信息）、“非学术-熟人”（在网上检索或浏览非学术信息时，偶遇过熟人感兴趣的学术信息）、“学术-熟人”（在网上检索或浏览学术信息时，偶遇过熟人感兴趣的学术信息），并用5分制对前述四类行为的发生频度进行赋值，即“经常”“较常”“一般”“不常”“从未”分别赋予4分、3分、2分、1分、0分，然后将每人在这四题中的得分相加，得到每人的学术信息偶遇行为总体发生频度的得分。学术信息偶遇发生频度的得分分布情况如表5-4所示。

表5-4 学术信息偶遇发生频度的得分分布情况

得分	人数/人	比例/%
0	28	6.6
(0, 4]	34	8.0

续表

得分	人数/人	比例/%
(4, 8]	233	55.1
(8, 12]	112	26.5
(12, 16]	16	3.8
合计	423	100.00

借鉴 Erdelez 按信息偶遇的发生频度对偶遇用户进行分类的办法①，此处将得分为 0 的用户归为非偶遇者，得分为（0，4］和（4，8］的用户归为偶尔偶遇者，得分为（8，12］的用户归为偶遇者，得分为（12，16］的偶遇者归为超级偶遇者。调查结果显示，6.6% 的样本属于非偶遇者，63.1% 的样本属于偶尔偶遇者，26.5% 的样本属于偶遇者，3.8% 的样本属于超级偶遇者。

此外，配对样本 t 检验表明，用户在查寻非学术信息和查寻学术信息时，其学术信息偶遇的发生频度存在显著性差异——在查寻学术信息时，用户更容易经历学术信息偶遇；用户偶遇到自己感兴趣的学术信息和偶遇到熟人感兴趣的学术信息的频度也存在显著性差异——他们往往更频繁地偶遇到自己感兴趣的学术信息（表 5-5）。

表 5-5　学术信息偶遇发生频度的配对样本 t 检验

项目		成对差分					t	df	显著性（双侧）
		均值	标准差	均值的标准误	差分的 95% 置信区间 下限	差分的 95% 置信区间 上限			
对 1	非学术-自己——学术-自己	-0.162	0.911	0.046	-0.252	-0.072	-3.531	394	0.000
对 2	非学术-熟人——学术-熟人	-0.174	0.964	0.048	-0.269	-0.079	-3.597	394	0.000
对 3	非学术-自己——非学术-熟人	0.247	1.026	0.052	0.146	0.349	4.800	394	0.000
对 4	学术-自己——学术-熟人	0.235	1.030	0.052	0.133	0.337	4.537	394	0.000

(2) 偶遇信息的特征分析

除特殊说明外，以下所有描述性统计分析、方差分析和相关分析均以 395 份有过网络学术信息偶遇经历的问卷作为数据来源。

表 5-6 为偶遇到的学术信息的特征分布情况。

① Erdelez S. Information Encountering: An Exploration beyond Information Seeking [D]. Syracuse: Syracuse University, 1995.

表 5-6 偶遇到的学术信息的特征分布

项目	偶遇信息特征的具体项目情况				
	具体项目	不同得分对应的样本量比例/%			均值/分
		1～2 分	3 分	4～5 分	
有用性大小	有用性大小	17.0	55.4	27.6	3.13
需求主体	对自己有用	10.9	49.1	40.0	3.33
	对熟人有用	36.7	49.9	13.4	2.73
作用效果	激发创新灵感	20.5	45.3	34.2	3.14
	解决学术困惑	21.8	46.8	31.4	3.11
	增加知识储备	3.5	23.3	73.2	3.88
需求时间	过去所需要	34.7	46.6	18.7	2.80
曾被查找过与否	曾被查找过	28.1	47.8	24.1	2.96
所作用的课题研究阶段（多选）	确定研究课题阶段	37.3%			
	设计研究方案阶段	41.4%			
	资料或数据搜集阶段	68.3%			
	资料或数据的汇总与分析阶段	36.3%			
	撰写研究成果阶段	27.4%			
	其他阶段	2.0%			
	还没有被应用到学术研究任务中	4.8%			

由表 5-6 可知：①从偶遇到的学术信息的有用性大小来看，17.0% 的样本认为几乎无用，55.4% 的样本认为比较有用，27.6% 的样本认为发挥了比较大的作用。此外，开放式题项中的回答显示，信息源质量与偶遇信息有用性大小密切相关。②从偶遇信息需求主体来看，近 90% 的样本表示它们对自己有用，超过 60% 的样本表示它们对熟人有用。③从偶遇到的学术信息的作用效果来看，偶遇信息最明显的价值在于增加用户的知识储备，其次是激发创新灵感，最后是解决学术困惑。④对于“我偶遇到的学术信息是偶遇发生之前所需要但是偶遇时已经不需要了的信息”一问，认为“不符合”“一般符合”“符合”自己情况的用户分别占 34.7%、46.6%、18.7%。⑤从偶遇到的信息曾被查找过与否来看，近一半用户表示，其偶遇信息是之前已经查找过却一直没有找到的信息。⑥偶遇信息被应用最多的课题研究阶段是资料或数据搜集阶段，其次是设计研究方案阶段。根据对部分样本的深度访谈，用户在资料或数据搜集阶段需要获得一些具有突破性的信息，用以支持对调查、实验方案等进行反复修整、调试，因而许多偶遇信息多在此阶段发挥了作用。此外，还有 4.8% 的调查对象反馈偶遇信息还没有被应用到学术研究任务中，这部分样本多是一年级硕士研究生，其学术研究活动偏少，即使有信息偶遇，也容易被忽略。

(3) 信息偶遇过程中各阶段行为的特征分析

表5-7所示的配对样本 t 检验结果显示，相较于偶遇到熟人感兴趣的学术信息这一情形，用户在偶遇到自己感兴趣的学术信息时，更容易产生“注意”、“停驻”与“当场评估”行为。

表5-7 “注意”“停驻-结束”“再次相关性判断”阶段行为特征的配对样本 t 检验

项目		成对差分					t	df	显著性（双侧）
		均值	标准差	均值的标准误	差分的95%置信区间				
					下限	上限			
对1	注意-自己——注意-熟人	0.429	0.855	0.043	0.345	0.514	9.987	394	0.000
对2	停驻-自己——停驻-熟人	0.848	1.166	0.059	0.733	0.964	14.482	394	0.000
对3	当场评估-自己——当场评估-熟人	0.781	1.113	0.056	0.671	0.892	13.920	394	0.000

偶遇过程中各阶段行为的得分均值如表5-8所示。其中，均值越大，表示与用户的偶遇经历越相符合。

表5-8 偶遇过程中各阶段行为的特征分布

偶遇过程	偶遇过程中各阶段行为特征的具体项目情况	
	具体项目	均值
“注意”阶段	注意-自己	3.16
	注意-熟人	2.73
“暂停-结束”阶段	停驻-自己	3.68
	停驻-熟人	2.83
	未暂停，事后及时返回处理	3.27
“再次相关性判断”阶段	当场评估-自己	3.61
	当场评估-熟人	2.85
	评估-自有知识提取	3.55
	评估-查找更多信息	3.32
	评估-询问他人	2.95
“偶遇信息的利用”阶段	立刻自用	3.26
	共享	3.33
	存储	3.92
“结束-重启”阶段	重启中断的查寻活动	3.67

由表5-8可知：①用户在网络上检索或浏览信息时，基本上能够注意到自己感兴趣的其他主题相关的学术信息，但是不大可能注意到熟人感兴趣的学术信息。②注意到自己感兴趣的学术信息后，多数情况下，用户愿意停下手头上的查寻任务去处理该偶遇信息；而注意到熟人感兴趣的学术信息后，则倾向于放弃处理。后期的深度访谈也印证了这一点。③用户对偶遇信息进行再次相关性判断的方法，依次为“自有知识提取”“查找更多信息”“询问他人”，这可用最小努力原则来解释。④偶遇信息的利用情况依次为存储以备将来使用、共享给他人、立刻自用。深度访谈发现，对偶遇信息的共享与立刻自用主要取决于当时的时间压力、需求的紧迫程度、与学术研究任务的相关度等。⑤在处理完偶遇信息后，用户通常会返回去继续执行被中断的查寻活动。

(4) 偶遇经历后的感受分析

由表5-9可知，在意外获得有用的学术信息之后，71.9%的用户会有比较强烈的“惊喜或高兴”情绪体验，23.8%的用户能体验到一定程度上的“惊喜或高兴”；因为耽误了初始查寻任务而产生较强烈“内疚或不安”心理的用户为14.2%，因为偶遇低质量学术信息而产生较强烈“烦躁或不快”情绪的用户为21.3%。总体而言，信息偶遇给用户带来的积极情绪体验要比消极情绪体验强烈。

表5-9 学术信息偶遇经历后的感受

项目	偶遇经历后的感受的具体项目情况			
	具体项目	不同得分对应的样本量比例/%		
		1~2分	3分	4~5分
情绪	惊喜或高兴	4.3	23.8	71.9
	内疚或不安	54.7	31.1	14.2
	烦躁或不快	44.3	34.4	21.3
态度	希望偶遇发生	5.8	28.3	65.8

在对待信息偶遇行为的态度上，65.8%的用户都比较希望信息偶遇发生，他们认为“偶遇的学术信息很多时候都是比较有用的”“至少多见识一些信息总是没有坏处的，反正也不需要花什么精力”；28.2%的用户对于信息偶遇的发生既不期待也不刻意避免，一位机械工程专业的博士研究生在访谈中就提到：“这种现象还是比较常见的，遇见了就看看呗，即使没有遇见这些信息，说不定自己也能够比较容易找得到……”；5.8%的用户则比较不希望甚至排斥信息偶遇的发生。例如，“我本来是想要找跟我的论文相关的信息，结果出来了其他信息，虽然将来可能会对我有用，但是这不是我这次查找的目标，对于我来说，这样的信息就是不相关的，而且还要花我的时间去看”，另一位机械工程专业的博士研究生如是说。

5.4.3 不同个体背景特征学术用户的信息偶遇行为的方差分析

此处将通过独立样本 t 检验和方差分析，分别比较不同个体背景特征用户在信息偶遇的发生频度、偶遇信息的特征、偶遇过程中各阶段行为的特征、偶遇经历后的感受这 4 个维度是否存在差异。

（1）性别

不同性别的用户在信息偶遇行为各维度上的独立样本 t 检验结果见表 5-10。由于篇幅限制，只列出存在显著性差异的项目及其检验结果（简称“简表”）。

表 5-10 性别与信息偶遇行为的独立样本 t 检验结果简表

维度	项目		方差方程的 Levene 检验		均值方差的 t 检验				
			F	显著性	t	df	P（双侧）	均值差值	标准误差值
信息偶遇的发生频度	非学术-自己	假设方差相等	0.895	0.345	2.542	393	0.011	0.236	0.093
		假设方差不相等			2.533	381.420	0.012	0.236	0.093
偶遇信息的特征	激发创新灵感	假设方差相等	6.585	0.011	2.012	393	0.045	0.176 44	0.087 72
		假设方差不相等			2.006	385.031	0.046	0.176 44	0.087 94
偶遇过程中各阶段行为的特征	注意-熟人	假设方差相等	0.240	0.625	2.524	393	0.012	0.180	0.071
		假设方差不相等			2.518	385.991	0.012	0.180	0.071
偶遇经历后的感受	惊喜或高兴	假设方差相等	8.686	0.003	-3.246	393	0.001	-0.241	0.074
		假设方差不相等			-3.231	378.205	0.001	-0.241	0.074

由表 5-10 可知，在“信息偶遇的发生频度”维度，不同性别的用户在“非学术-自己”项上存在显著性差异，即在查寻非学术信息时，男性比女性更容易偶遇自己感兴趣的学术信息。这一结果与王婧文①、田立忠和俞碧飏②的研究成果有一定出入，原因可能与研究对象或研究颗粒度的不同有关。

在“偶遇信息的特征”维度，不同性别的用户在“激发创新灵感”项上存在显著性差异。与女性相比，偶遇信息更能激发男性用户的创新灵感。

在“偶遇过程中各阶段行为的特征”维度，不同性别的用户在“注意-熟人”项上存在显著性差异，男性比女性更容易注意到熟人感兴趣但自己不感兴趣的学术信息。这一结果也与王婧文关于男性与女性在“注意”阶段无显著性差

① 王婧文. 网络环境下信息偶遇的影响因素模型构建及实证研究［D］. 北京：北京大学硕士学位论文，2012.

② 田立忠，俞碧飏. 科研人员信息偶遇的影响因素研究［J］. 情报科学，2013，31（4）：69-75，83.

异的结果有出入。

在“偶遇经历后的感受”维度，不同性别的用户在“惊喜或高兴”项上存在显著性差异，在经历学术信息偶遇后，男性比女性体验到的惊喜或高兴情绪更为强烈。

(2) 年龄

年龄的特征分组变量超过 2 个，需使用单因素方差分析法（one-way ANOVA）进行方差分析，并进行各特征组均值的多重比较（表 5-11）。

在方差分析中，先查看方差分析摘要表（即 ANOVA 表），当 *P* 值小于 0.05 时，进行多重比较，否则进行方差齐性检验。若方差齐性检验的 *P* 值大于 0.05，则选取最小显著性差异法（least-significant difference，LSD）分析进行多重比较；若 *P* 值小于 0.05，则应选取 Tamhane's T2 方法进行多重比较。

由于篇幅限制，在方差分析时，若方差分析摘要表中的结果表明需要进行多重比较，并且多重比较结果呈现出显著性差异，则直接列出差异显著的多重比较结果；若方差分析摘要表中的结果表明不需进行多重比较，或虽需进行多重比较但多重比较结果没有显著性差异，则一般不再列出其方差分析摘要表或方差齐性检验表。

表 5-11　年龄各特征组均值的多重比较结果简表

维度	具体项目	比较方法	(*I*) 年龄/周岁	(*J*) 年龄/周岁	均值差 (*I*–*J*)	标准误	*P*
信息偶遇的发生频度	非学术–自己	LSD	≤25	31～40	–0.721*	0.271	0.008
			26～30	31～40	–0.726*	0.289	0.012
偶遇信息的特征	增加知识储备	LSD	≤25	31～40	–0.572*	0.218	0.009
			31～40	≥41	0.917*	0.370	0.014
偶遇过程中各阶段行为的特征	注意–自己	LSD	≤25	31～40	–0.647*	0.208	0.002
			26～30	31～40	–0.466*	0.222	0.036
	评估–自有知识提取	Tamhane's T2	≤25	31～40	–0.585*	0.155	0.014
	评估–查找更多信息	LSD	≤25	26～30	–0.251*	0.112	0.025
			26～30	31～40	0.621*	0.260	0.018
	评估–询问他人	LSD	≤25	31～40	0.808*	0.261	0.002
			26～30	31～40	0.848*	0.278	0.002

* 均值差的显著性水平为 0.05

“信息偶遇的发生频度”维度：在“非学术–自己”项上，31～40 周岁年龄组用户比≤25 周岁年龄组、26～30 周岁年龄组更常偶遇到自己感兴趣的学术信息。这一研究结果与王婧文关于年龄与信息偶遇的发生频度无显著性差异的结果①不相同。

"偶遇信息的特征"维度：在"增加知识储备"项上，相较于≤25 周岁年龄组和≥41 周岁年龄组，偶遇信息更能增加 31～40 周岁年龄组的知识储备。这可能与用户"身份"相关。数据显示，31～40 周岁年龄组多为讲师、副教授，他们的科研与教学工作压力较大，信息需求范围更广、需求量更大，所以偶遇信息在增加其知识储备上所产生的效果可能更明显。

"偶遇过程中各阶段行为的特征"维度：①在"注意-自己"项上，31～40 周岁年龄组比≤25 周岁年龄组和 26～30 周岁年龄组更容易注意到自己感兴趣的其他主题相关的学术信息；②在再次相关性判断的方式上，31～40 周岁年龄组倾向于利用自有知识，26～30 周岁年龄组较多采用查找更多相关信息的方式，≤25 周岁年龄组则喜欢通过询问他人的方式去评估偶遇信息的价值。这可能与不同年龄组用户的自身知识储备及学习科研环境等有较大关系，同时也与用户的"身份"相关。

在"偶遇经历后的感受"维度上，不同年龄组用户不存在显著性差异。

(3) 身份

由表 5-12 可知，就"信息偶遇的发生频度"维度来看，在"学术-自己"项上，硕士研究生一年级与博士研究生、讲师/助理研究员之间存在显著性差异，硕士研究生二年级、硕士研究生三年级均与博士研究生存在显著性差异；在"学术-熟人"项上，硕士研究生一年级、硕士研究生二年级均与博士研究生存在显著性差异。总体而言，博士研究生和讲师/助理研究员比硕士研究生更多地偶遇到学术信息，这可能与前者科研经历较长、信息查寻经验较丰富等原因相关。

表 5-12　身份各特征组均值的多重比较结果简表

维度	具体项目名称	比较方法	(*I*) 身份	(*J*) 身份	均值差 (*I*–*J*)	标准误	*P*
信息偶遇的发生频度	学术-自己	LSD	硕士研究生一年级	博士研究生	−0.623*	0.187	0.001
				讲师/助理研究员	−0.941*	0.475	0.048
			硕士研究生二年级	博士研究生	−0.579*	0.185	0.002
			硕士研究生三年级	博士研究生	−0.623*	0.208	0.003
	学术-熟人	LSD	硕士研究生一年级	博士研究生	−0.631*	0.201	0.002
			硕士研究生二年级	博士研究生	−0.550*	0.199	0.006

① 王婧文．网络环境下信息偶遇的影响因素模型构建及实证研究［D］．北京：北京大学硕士学位论文，2012.

续表

维度	具体项目名称	比较方法	(*I*) 身份	(*J*) 身份	均值差 (*I–J*)	标准误	*P*
偶遇信息的特征	解决学术困惑	Tamhane's T2	硕士研究生一年级	博士研究生	-0.609*	0.130	0.001
			硕士研究生二年级	博士研究生	-0.595*	0.121	0.001
	曾被查找过	LSD	本科生	硕士研究生一年级	-0.600*	0.233	0.010
				硕士研究生二年级	-0.678*	0.253	0.008
				硕士研究生三年级	-1.055*	0.289	0.000
			硕士研究生一年级	博士研究生	-0.595*	0.198	0.003
			硕士研究生二年级	博士研究生	-0.455*	0.196	0.021
			博士研究生	讲师/助理研究员	1.121*	0.531	0.035
偶遇过程中各阶段行为的特征	注意–自己	LSD	硕士研究生一年级	博士研究生	-0.547*	0.162	0.001
			硕士研究生二年级	博士研究生	-0.553*	0.160	0.001
			硕士研究生三年级	博士研究生	-0.381*	0.180	0.034
	评估–自有知识提取	LSD	硕士研究生一年级	博士研究生	-0.547*	0.182	0.003
				副教授/副研究员	-0.793*	0.361	0.029
				教授/研究员	-0.793*	0.361	0.029
			硕士研究生二年级	博士研究生	-0.442*	0.181	0.015
	评估–询问他人	LSD	硕士研究生一年级	硕士研究生二年级	-0.281*	0.103	0.007
			硕士研究生二年级	硕士研究生三年级	0.327*	0.143	0.022
				博士研究生	0.511*	0.200	0.011
偶遇经历后的感受	惊喜或高兴	Tamhane's T2	硕士研究生一年级	博士研究生	-0.485*	0.123	0.008
	烦躁或不快	LSD	本科生	副教授/副研究员	-1.450*	0.483	0.003
			硕士研究生一年级	副教授/副研究员	-1.496*	0.429	0.001
			硕士研究生二年级	副教授/副研究员	-1.469*	0.428	0.001
			硕士研究生三年级	副教授/副研究员	-1.680*	0.442	0.000
			博士研究生	副教授/副研究员	-1.564*	0.467	0.001
			副教授/副研究员	教授/研究员	1.800*	0.596	0.003

* 均值差的显著性水平为0.05

“偶遇信息的特征”维度：在“解决学术困惑”项上，硕士研究生一年级、硕士研究生二年级与博士研究生存在显著性差异。这与他们各自学术科研任务的压力及存在的学术困惑多寡有一定关系。在“曾被查找过”项上，本科生与各年级硕士生之间，以及硕士研究生一年级、硕士研究生二年级与博士研究生之间均存在显著性差异。这与他们各自的信息活动频度与信息查寻经历相关。例如，博士研究生的科研任务繁重，信息查寻活动频繁，所以更多的偶遇信息就可能是曾经被查找过的。

“偶遇过程中各阶段行为的特征”维度：在“注意-自己”“评估-自有知识提取”“评估-询问他人”项上，不同身份的用户组别存在显著性差异。这与表5-11分析结果中的年龄变量结果相印证。深度访谈也发现，相对于一、二年级硕士生，博士研究生、副教授/副研究员、教授/研究员已经构建起比较完善的专业领域知识结构，因而所拥有的知识更能支撑其对偶遇信息价值的独立评估。

“偶遇经历后的感受”维度：在“惊喜或高兴”项上，硕士研究生一年级与博士研究生存在显著性差异。在经历学术信息偶遇后，相较于一年级硕士生，博士研究生因意外获得有用信息所体验到的“惊喜或高兴”情绪更强烈。在“烦躁或不快”项上，各年级的学生、教授/研究员与副教授/副研究员存在显著性差异；表中的均值差说明，在经历信息偶遇后，相较于学生、教授/研究员，副教授/副研究员因偶遇低质量学术信息而产生的“烦躁或不快”情绪更强烈。

(4) 最高学位

最高学位这一变量在“信息偶遇的发生频度”维度、“偶遇过程中各阶段行为的特征”维度上存在显著性差异。多重比较结果见表5-13。

表5-13　已获最高学位各特征组均值的多重比较结果简表

维度	具体项目	比较方法	(*I*) 已获最高学位	(*J*) 已获最高学位	均值差 (*I–J*)	标准误	*P*
信息偶遇的发生频度	非学术-熟人	LSD	硕士	博士	–0.631*	0.201	0.002
偶遇过程中各阶段行为的特征	注意-自己	LSD	硕士	学士	0.533*	0.240	0.027
	注意-熟人	LSD	硕士	学士	0.508*	0.239	0.034
				无	0.660*	0.295	0.026
	停驻-熟人	LSD	博士	硕士	0.859*	0.392	0.029
				学士	0.825*	0.267	0.002
				无	0.886*	0.342	0.010
	当场评估-自己	LSD	博士	学士	–0.737*	0.250	0.003
	评估-自有知识提取	Tamhane's T2	博士	学士	0.577*	0.168	0.031

* 均值差的显著性水平为0.05

由表5-13可知，就“信息偶遇的发生频度”维度而言，在“非学术-熟人”项上，博士比硕士更容易偶遇到熟人感兴趣的学术信息。这可能是因为，在调查对象中，已获博士学位的用户都是教学科研人员，平时更需要关注团队成员的信息需求。

就“偶遇过程中各阶段行为的特征”维度来看，在“注意-自己”项上，硕士比学士更容易注意到自己感兴趣的其他主题相关的学术信息；“注意-熟人”项显示，与学士、尚无学位的用户相比，硕士更容易注意到熟人感兴趣的学术信息；“停驻-熟人”项表明，在注意到熟人感兴趣的学术信息后，相比硕士、学士、尚无学位的用户，博士更有可能暂停初始查寻任务并转而处理偶遇信息。此外，就再次相关性判断行为来看，当偶遇到自己感兴趣的学术信息时，博士比学士更有可能当场对其进行评估，且倾向于利用自有知识去进行判断。

(5) 日均上网时长

在“偶遇信息的特征”维度、“偶遇过程中各阶段行为的特征”维度、“偶遇经历后的感受”维度，不同日均上网时长的用户组别之间表现出了显著性差异，多重比较结果见表5-14。

表5-14　日均上网时长各特征组均值的多重比较结果简表

维度	因变量	比较方法	(*I*) 日均上网时长 *T*/h	(*J*) 日均上网时长 *T*/h	均值差 (*I*–*J*)	标准误	*P*
偶遇信息的特征	对熟人有用	LSD	$0<T\leqslant1$	$1<T\leqslant3$	0.892*	0.235	0.000
				$3<T\leqslant5$	0.682*	0.233	0.004
				$T>5$	0.719*	0.229	0.002
偶遇过程中各阶段行为的特征	注意-熟人	LSD	$0<T\leqslant1$	$1<T\leqslant3$	0.657*	0.207	0.002
				$3<T\leqslant5$	0.500*	0.205	0.015
				$T>5$	0.445*	0.203	0.029
			$1<T\leqslant3$	$T>5$	-0.211*	0.089	0.018
	当场评估-自己	LSD	$1<T\leqslant3$	$3<T\leqslant5$	0.323*	0.111	0.004
				$T>5$	0.234*	0.104	0.024
偶遇经历后的感受	惊喜或高兴	Tamhane's T2	$0<T\leqslant1$	$3<T\leqslant5$	0.532*	0.171	0.036
			$1<T\leqslant3$	$3<T\leqslant5$	0.299*	0.101	0.020

*均值差的显著性水平为0.05

“偶遇信息的特征”维度：在“对熟人有用”项上，相较于$1<T\leqslant3$、$3<T\leqslant5$、$T>5$组，$0<T\leqslant1$组偶遇到更多对熟人有用的信息。这可能是因为$0<T\leqslant1$组对网络资源的依赖较小，更倾向于通过现实的人际渠道来认知世界、获取和交流信息，从而能更多获悉熟人的信息需求。

“偶遇过程中各阶段行为的特征”维度：在“注意-熟人”项上，$0<T\leqslant1$组与$1<T\leqslant3$、$3<T\leqslant5$、$T>5$组之间存在显著性差异，$1<T\leqslant3$组与$T>5$组有显著性差异；在“当场评估-自己”项上，$1<T\leqslant3$组与$3<T\leqslant5$、$T>5$组有显著性差异。

“偶遇经历后的感受”维度：在“惊喜或高兴”项上，$0<T\leqslant1$、$1<T\leqslant3$组与$3<T\leqslant5$组之间存在显著性差异。这可能是因为，日均上网时长较少的用户在短暂的

网上停留期间就能获取有价值的意外信息，会更加“惊喜或高兴”。

(6) 学科部类

本章将学科部类划分为四大类：人文学科（含文学、历史学、哲学、艺术学4个学科门类），社会科学（含管理学、经济学、教育学、法学4个学科门类）、自然科学（含理学1个学科门类）、应用技术（含工学、农学、医学3个门类）。

方差分析结果表明，在“信息偶遇的发生频度”和“偶遇信息的特征”维度上，不同学科部类的用户组别之间并没有表现出显著性差异，无须进行多重比较。

由表5-15可知，在“偶遇过程中各阶段行为的特征”维度，不同学科部类的用户在“停驻-自己”“评估-查找更多信息”“评估-询问他人”“存储”项上存在显著性差异。具体而言，相比社会科学用户，人文学科用户在注意到自己感兴趣的学术信息后，更有可能会暂停手头查寻活动转而去处理偶遇信息；相比社会科学用户，应用技术和人文学科用户更多地通过“查找更多信息”这一方式去帮助自己当场进行相关性判断；相比应用技术和社会科学用户，自然科学用户更多通过“询问他人”的方式来进行判断；相比应用技术和自然科学用户，人文学科用户更喜欢将偶遇信息存储起来以备后用。

表5-15　学科部类各特征组均值的多重比较结果简表

维度	具体项目	比较方法	(*I*) 学科部类	(*J*) 学科部类	均值差 (*I*-*J*)	标准误	*P*
偶遇过程中各阶段行为的特征	停驻-自己	Tamhane's T2	社会科学	人文学科	-0.384*	0.126	0.016
	评估-查找更多信息	LSD	社会科学	应用技术	-0.292*	0.115	0.011
				人文学科	-0.393*	0.134	0.004
	评估-询问他人	LSD	自然科学	应用技术	0.327*	0.117	0.006
				社会科学	0.269*	0.135	0.047
	存储	LSD	人文学科	应用技术	0.232*	0.097	0.018
				自然科学	0.325*	0.106	0.002
偶遇经历后的感受	希望信息偶遇发生	Tamhane's T2	自然科学	人文学科	-0.354*	0.121	0.024

*均值差的显著性水平为0.05

不同学科部类用户在“偶遇过程中各阶段行为特征”维度上的差异，与不同学科本身的学术活动特征及用户信息需求特征相关。例如，自然科学的认识主体的创造者是不定的，原则上无个人专断特征，断言的正确与错误与本人身份无关，因而即便从非正式交流渠道获取到说法不一的信息，也很容易得到确认辨析。人文学科往往针对主观精神或思维的问题进行研究，主要采用体验、理解的主观主义研究方法，其论据来源主要强调历史的、日常的、经验的非理性逻辑①，意外获得的信息有时就会成为其解决问题的突破口，因而他们会更加重视学术信息的获取与偶遇信息的保存。正如一受访的历史学教授所言，“我们的研究主要就是靠文献，查找大量的文献资料、史实去论证、支撑一件史事、一个观点甚至是一个说法”。社会科学介于自然科学和人文学科之间，其研究人员需要系统地从文献中吸取相关理论与方法成果，也需要搜集反映社会现实的原始资料来进行实证研究，因而对学术信息偶遇的依赖可能会弱于人文学科。

就“偶遇经历后的感受”维度来看，在“希望信息偶遇发生”项上，不同学科部类用户表现出了显著性差异：相较于自然科学用户，人文学科用户更希望学术信息偶遇的发生。这与前文分析相吻合。

（7）学科门类

学科门类是在学科部类基础上的细分。不同学科门类用户的信息偶遇行为，在“信息偶遇的发生频度”维度上无显著性差异。其他三个维度的多重比较结果见表5-16。

表5-16　学科门类各特征组均值的多重比较结果简表

维度	具体项目	比较方法	(*I*) 专业领域	(*J*) 专业领域	均值差 (*I*–*J*)	标准误	*P*
偶遇信息的特征	激发创新灵感	Tamhane's T2	历史学	文学	0.775*	0.215	0.024
				理学	0.839*	0.168	0.001
				工学	0.677*	0.171	0.014
				管理学	0.913*	0.196	0.001
	增加知识储备	Tamhane's T2	历史类	经济学	0.642*	0.168	0.016
				理学	0.456*	0.133	0.049
				工学	0.463*	0.124	0.027
				管理学	0.756*	0.178	0.003
偶遇过程中各阶段行为的特征	评估-查找更多信息	Tamhane's T2	历史学	经济学	0.833*	0.204	0.007
				文学	0.675*	0.185	0.026
				理学	0.681*	0.165	0.009
				工学	0.657*	0.164	0.013
				管理学	0.938*	0.212	0.002

① 李醒民．知识的三大部类：自然科学、社会科学和人文科学［J］．学术界，2012，(8)：5-33.

续表

维度	具体项目	比较方法	(*I*) 专业领域	(*J*) 专业领域	均值差 (*I–J*)	标准误	*P*
偶遇过程中各阶段行为的特征	评估－询问他人	LSD	哲学	经济学	-0.628*	0.303	0.039
				历史学	-0.712*	0.314	0.024
				理学	-0.632*	0.261	0.016
				农学	-0.825*	0.361	0.023
			教育学	历史学	-0.550*	0.279	0.049
				理学	-0.470*	0.217	0.031
				农学	-0.664*	0.331	0.045
			工学	历史学	-0.461*	0.211	0.030
				理学	-0.381*	0.119	0.001
				农学	-0.574*	0.276	0.038
			理学	管理学	0.358*	0.180	0.048
偶遇经历后的感受	惊喜或高兴	LSD	教育学	工学	0.356*	0.176	0.044
				农学	0.736*	0.276	0.008
				管理学	0.506*	0.210	0.016
			文学	历史学	-0.400*	0.201	0.048
				农学	0.536*	0.250	0.033
				管理学	0.306	0.174	0.080
			历史学	哲学	0.608*	0.262	0.021
				理学	0.460*	0.181	0.012
				工学	0.556*	0.176	0.002
				农学	0.936*	0.276	0.001
				管理学	0.706*	0.210	0.001
			农学	经济学	-0.553*	0.268	0.040
				理学	-0.477*	0.234	0.043

*均值差的显著性水平为 0.05

“偶遇信息的特征”维度：在“激发创新灵感”“增加知识储备”项上，相比文学、理学、工学、管理学用户，历史学用户偶遇到学术信息后，更能激发其创新灵感，也更能增加其知识储备。这再次印证了偶遇学术信息对于人文学科用户的重要价值。

“偶遇过程中各阶段行为的特征”维度：在“评估–查找更多信息”项上，相比经济学、文学、理学、工学、管理学用户，历史学用户更多地通过“查找更多信息”的方式去当场评估偶遇到的学术信息；在“评估–询问他人”项上，不同学科门类用户均存在显著性差异。

“偶遇经历后的感受”维度：不同学科门类的用户经历信息偶遇后，在“惊喜或高兴”情绪体验上存在显著性差异。

（8）所关注的其他学科领域数量

此为调查问卷第一部分“学术用户个体背景资料调查”中的第4题，即，“除了您在第3题中所填写的学科（专业，研究方向/研究领域）外，您所关注的其他学科（或专业，或研究方向/研究领域）还有哪些？（请填写名称或数量；如没有，请填写‘无’）”。数据分析结果表明，在“信息偶遇的发生频度”维度、“偶遇信息的特征”维度及“偶遇经历后的感受”维度，不同用户组别所关注的除本专业领域以外的其他学科领域数量之间无显著性差异，因而无需作多重比较。显著性差异仅反映在“偶遇过程中各阶段行为的特征”维度上，多重比较结果见表5-17。

表5-17 所关注的除本专业领域以外的其他学科领域数量各特征组均值的多重比较结果简表

维度	具体项目	比较方法	(*I*) 关注的其他学科领域数量	(*J*) 关注的其他学科领域数量	均值差 (*I*–*J*)	标准误	*P*
偶遇过程中各阶段行为的特征	当场评估–自己	Tamhane's T2	≥4	0	0.444*	0.139	0.049
				1	0.514*	0.149	0.022
	评估–自有知识提取	LSD	0	2	–0.331*	0.112	0.003
	评估–查找更多信息	LSD	0	1	–0.218*	0.103	0.035
				2	–0.280*	0.117	0.017
	存储	LSD	0	2	–0.287*	0.096	0.003

*均值差的显著性水平为0.05

由“当场评估–自己”项可知，相较于完全不关注或只关注1个其他学科领域的用户（分别简称“0”组、“1”组），关注4个以上其他学科领域的用户（“≥4”组）更倾向于当场去评估偶遇到的学术信息的价值。究其原因，可能是因为“≥4”组比“0”组、“1”组的兴趣更为广泛、好奇心更强，所以在偶遇到自己感兴趣的信息后，就更喜欢当场进行较为深入的相关性判断。

就“评估–自有知识提取”项而言，“2”组比“0”组更倾向于利用自有知识去当场评估偶遇信息的价值，这可能与“2”组的兴趣范围广泛、知识积累丰富有关，其拥有的知识更能支撑其对相关性的独立判断。

在“评估–查找更多信息”项上，“1”组、“2”组比“0”组更多地通过“查找更多信息”这种方式去当场评估偶遇信息的有用性。部分原因可能是，所关注的其他学科领域数量越多，用户的兴趣越广泛，背景信息需求越多，更乐于搜集更多的相关信息，因而会及时查找更多与偶遇信息相关的信息以满足自己的求知欲和好奇心。

在“存储”项上，“0”组与“2”组存在显著性差异，后者更倾向于保存偶遇信息以备将来使用。

(9) 课题研究情况

此处的课题研究情况，具体包括用户当前所承担课题的课题来源、课题性质，以及用户所在课题中担任的角色、课题所处研究阶段、对课题相关领域知识的熟悉程度（参见表5-3）。在395份“有过网络学术信息偶遇经历”的问卷中，仅有318份问卷的填答者当前承担有课题，因而此处的方差分析数据来自这318份问卷。

出于研究精力和可行性的考虑，对于同时承担和参与了多个研究课题的用户，此次重点针对他们在当前投入精力最多的那个课题，考察其在查寻该课题相关信息时的学术信息偶遇行为的总体发生频度。

由表5-18～5-22可知，经方差分析所得到的 P 值均大于0.05，这表明在“与当前承担课题相关的学术信息偶遇发生频度”项上，不同的“课题来源”组别之间、不同的“课题性质”组别之间、不同的“担任角色”组别之间、不同的“课题研究阶段”组别之间、不同的“课题相关领域知识的熟悉程度”组别之间均无显著性差异。

表5-18 ANOVA——方差分析摘要表（课题来源）

与当前承担课题相关的学术信息偶遇发生频度	平方和	*df*	均方	*F*	*P*
组间	3.082	8	0.385	0.575	0.798
组内	207.085	309	0.670		
总数	210.167	317			

表5-19 ANOVA——方差分析摘要表（课题性质）

与当前承担课题相关的学术信息偶遇发生频度	平方和	*df*	均方	*F*	*P*
组间	1.375	3	0.458	0.689	0.559
组内	208.792	314	0.665		
总数	210.167	317			

表5-20 ANOVA——方差分析摘要表（担任角色）

与当前承担课题相关的学术信息偶遇发生频度	平方和	*df*	均方	*F*	*P*
组间	0.156	2	0.078	0.117	0.889
组内	210.010	315	0.667		
总数	210.167	317			

表 5-21　ANOVA——方差分析摘要表（课题研究阶段）

与当前承担课题相关的学术信息偶遇发生频度	平方和	df	均方	F	P
组间	3. 481	5	0. 696	1. 051	0. 388
组内	206. 686	312	0. 662		
总数	210. 167	317			

表 5-22　ANOVA——方差分析摘要表（课题相关领域知识的熟悉程度）

与当前承担课题相关的学术信息偶遇发生频度	平方和	df	均方	F	P
组间	4. 377	4	1. 094	1. 664	0. 158
组内	205. 790	313	0. 657		
总数	210. 167	317			

（10）课题数量

表 5-23 展示了在“信息偶遇的发生频度”上，近 3 个月承担课题数量不等的用户组别之间的方差分析结果。

表 5-23　课题数量各特征组均值的多重比较结果简表

因变量	比较方法	（I）近 3 个月的课题数量/个	（J）近 3 个月的课题数量/个	均值差（I–J）	标准误	P
信息偶遇的发生频度	Tamhane's T2	0	3	–0. 760*	0. 215	0. 017
		1	3	–0. 664*	0. 199	0. 036

* 均值差的显著性水平为 0. 05

由表 5-23 可知，在“信息偶遇的发生频度”上，承担课题数量为 0 个与 3 个的用户之间、1 个与 3 个的用户之间分别存在显著性差异，且均值差均为负，说明课题数量为 3 个比 0 个和 1 个的用户更容易经历学术信息偶遇，也证明了信息偶遇发生频率与用户兴趣的广泛程度（或背景信息需求数量）呈现正相关关系①这一观点。

综合以上数据分析发现，在“信息偶遇的发生频度”维度上，不同性别、年龄、身份、最高学位、课题数量的用户表现出了显著性差异，可认为假设 2. 1“不同个体背景特征学术用户的学术信息偶遇的发生频度存在显著性差异”基本成立；在“偶遇信息的特征”维度上，不同性别、年龄、身份、日均上网时长、学科门类的用户表现出了显著性差异，可认为假设 2. 2“不同个体背景特征学术

① Erdelez S. Information encountering: a conceptual framework for accidental information discovery [C] // Vakkari P, Savolainen R, Dervin B. Proceedings of An International Conference on Information Seeking in Context. London: Taylor Graham, 1996: 412-421.

用户偶遇到的学术信息的特征存在显著性差异”基本成立；在“信息偶遇过程中各阶段行为的特征”维度上，不同性别、年龄、身份、最高学位、日均上网时长、学科部类、学科门类、所关注的其他学科领域数量的用户均表现出了显著性差异，由此认为假设 2.3“不同个体背景特征学术用户的学术信息偶遇过程中各阶段行为的特征存在显著性差异”成立；在“偶遇经历后的感受”维度，不同性别、身份、日均上网时长、学科部类、学科门类的用户表现出了显著性差异，可认为假设 2.4“不同个体背景特征学术用户经历学术信息偶遇后的感受存在显著性差异”基本成立。

5.4.4 人格特质与学术用户信息偶遇行为的相关分析

(1) 人格特质与信息偶遇发生频度的相关分析

由表 5-24 可知，“神经质”与“信息偶遇的发生频度”维度中的“学术-熟人”显著负相关，“宜人性”与“非学术-自己”显著负相关，“外倾性”与“学术-熟人”显著正相关，“经验开放性”分别与“学术-自己”、“学术-熟人”显著正相关，由此可认为假设 3.1“学术用户的人格特质与其学术信息偶遇的发生频度显著相关”基本成立。这一结果与 Heinström 的结果部分吻合，如他也发现，“神经质”和“宜人性”与信息偶遇发生频度显著负相关，“外倾性”与信息偶遇发生频度显著正相关；但是，他发现“经验开放性”与信息偶遇发生频度之间无显著相关①。

表 5-24 人格特质与学术信息偶遇的发生频度的相关分析

具体项目		神经质	外倾性	经验开放性	宜人性	严谨性
非学术-自己	Spearman 相关性	0.017	0.041	0.064	-0.129*	-0.069
	显著性（双侧）	0.731	0.416	0.203	0.010	0.171
学术-自己	Spearman 相关性	-0.029	0.042	0.147**	-0.019	0.056
	显著性（双侧）	0.565	0.406	0.003	0.704	0.271
非学术-熟人	Spearman 相关性	0.054	0.092	0.011	-0.069	0.007
	显著性（双侧）	0.282	0.069	0.830	0.170	0.890
学术-熟人	Spearman 相关性	-0.136**	0.099*	0.105*	0.032	0.060
	显著性（双侧）	0.007	0.048	0.038	0.524	0.234

** 在 0.01 水平（双侧）上显著相关

* 在 0.05 水平（双侧）上显著相关

① Heinström J. Psychological factors behind incidental information acquisition [J]. Library & Information Science Research, 2006, 28 (4): 579-594.

"神经质"与"学术-熟人"显著负相关，说明在查寻学术信息时，低神经质用户更容易偶遇到熟人感兴趣的学术信息。出现这种结果的原因可能是，低神经质用户比较平静、放松、不情绪化，正如Heinström所指出的那样，具有放松、积极情绪的用户更容易经历信息偶遇①。在查寻非学术信息的休闲、娱乐情境中，几乎所有用户可能都处于一种放松的状态，低神经质用户的优势在此情境中不明显，因而"神经质"与"非学术-自己"和"非学术-熟人"均没有显著相关性。在查寻学术信息的情境中，用户可能更关注自己的信息需求，对学术信息偶遇起主导作用的是自己的信息需求，偶遇到自己感兴趣的学术信息的频度主要受自己信息需求的数量和范围的影响，此时人格特质中的"神经质"所起的作用并不明显，因而"神经质"与"学术-自己"之间没有显著相关性；此外，在查寻学术信息的情境中，氛围通常比较严肃，低神经质所具有的放松和冷静表现得更为明显，对熟人感兴趣的学术信息的注意受此影响较大，这可能是低神经质用户更容易偶遇熟人感兴趣的学术信息的原因所在。

"外倾性"与"学术-熟人"显著正相关，说明在查寻学术信息时，外倾性越高的用户越容易偶遇熟人感兴趣的学术信息。出现以上结果可能是因为，高外倾性用户热情、好社交、活跃、重感情，相较于低外倾性用户，他们可能更多地偶遇到熟人感兴趣的信息。而在查寻非学术信息的情境中，学术信息偶遇的发生频度本身就比较低，因而不同外倾性得分的用户在偶遇到熟人感兴趣的学术信息的频度上就难以表现出显著性差异。

"经验开放性"与"学术-自己""学术-熟人"显著正相关，说明在查寻学术信息的情境中，经验开放性得分高的用户更容易偶遇到学术信息。这可能是因为，高经验开放性用户具有好奇、兴趣广泛、有创造力、富于想象、对新鲜事物的接受能力强等特点，更易接受意外出现的查寻目标以外的信息。而在查寻非学术信息的情境中，经验开放性得分高与低的用户均处于一种放松、愉悦的状态，难以表现出显著性差异。

"宜人性"与"非学术-自己"负相关，说明在查寻非学术信息时，宜人性得分越低的用户越容易偶遇到自己感兴趣的学术信息。其原因可能是，低宜人性用户更具有竞争性、不合作、自负等特征，通常以自己的需求为先，即便在非学术信息查寻过程中，仍处于一种竞争的状态，较为关注自己所需的学术信息。而在查寻学术信息的情境中，不同宜人性得分的用户可能普遍都是更为关注自己的信息需求，此时，低宜人性用户所体现出来的特征可能就被淡化，这可能是"宜人性"与"学术-自己""学术-熟人"均无显著相关性的原因。

---

① Heinström J. Psychological factors behind incidental information acquisition［J］. Library & Information Science Research，2006，28（4）：579-594.

(2) 人格特质与偶遇信息的特征的相关分析

表5-25显示了人格特质与用户偶遇到的学术信息的特征之间的相关分析结果。“神经质”与“增加知识储备”显著负相关;“外倾性”与“有用性大小”“对熟人有用”“解决学术困惑”显著正相关;“经验开放性”与“对熟人有用”“激发创新灵感”“增加知识储备”显著正相关;“宜人性”与偶遇信息的特征之间无显著相关性;“严谨性”与“激发创新灵感”“增加知识储备”显著正相关,与“过去所需要”显著负相关;可认为假设3.2“学术用户的人格特质与其偶遇到的学术信息的特征显著相关”基本成立。

表5-25 人格特质与偶遇到的学术信息的特征的相关分析

具体项目		神经质	外倾性	经验开放性	宜人性	严谨性
有用性大小	Spearman 相关性	-0.069	0.111*	0.069	0.002	0.079
	显著性(双侧)	0.170	0.027	0.168	0.972	0.115
对自己有用	Spearman 相关性	0.005	-0.002	0.055	-0.074	0.007
	显著性(双侧)	0.918	0.961	0.276	0.144	0.896
对熟人有用	Spearman 相关性	-0.044	0.113*	0.107*	0.014	0.039
	显著性(双侧)	0.388	0.025	0.033	0.774	0.439
激发创新灵感	Spearman 相关性	-0.058	0.070	0.209**	0.023	0.106*
	显著性(双侧)	0.253	0.163	0.000	0.649	0.034
解决学术困惑	Spearman 相关性	-0.037	0.148**	0.084	-0.016	0.020
	显著性(双侧)	0.468	0.003	0.095	0.756	0.689
增加知识储备	Spearman 相关性	-0.190**	0.092	0.178**	0.085	0.133**
	显著性(双侧)	0.000	0.068	0.000	0.093	0.008
过去所需要	Spearman 相关性	0.041	-0.016	0.000	-0.081	-0.101*
	显著性(双侧)	0.414	0.746	0.997	0.107	0.045
曾被查找过	Spearman 相关性	0.054	0.068	-0.040	0.016	0.039
	显著性(双侧)	0.282	0.181	0.426	0.746	0.439

** 在0.01水平(双侧)上显著相关

* 在0.05水平(双侧)上显著相关

“神经质”与“增加知识储备”显著负相关,这可能与高神经质用户更易体验到紧张、焦虑与不安全感,以及易低估偶遇信息对增加知识储备的作用等有关。

“外倾性”与“有用性大小”“对熟人有用”“解决学术困惑”显著正相关。其原因可能是,高外倾性用户更乐观,从而更倾向于对偶遇信息的价值给予乐观评价;此外,该类用户好社交,重感情,因而会偶遇到更多对熟人有用的学术信息。

“经验开放性”与“对熟人有用”“激发创新灵感”“增加知识储备”显著正相关。其原因可能是，高经验开放性用户兴趣广泛，与熟人拥有相同兴趣的概率更大，偶遇到的学术信息对熟人有用的概率也就更大；他们有较强的创造力，好奇性强、富于想象，所以偶遇信息激发其创新灵感、增加其知识储备的作用会更为明显。

“严谨性”与“激发创新灵感”“增加知识储备”显著正相关，与“过去所需要”显著负相关。其原因可能是，高严谨性用户思维缜密、有条理、细心，容易从偶遇信息中解析并提炼出他人难以发现的新思想、新观点，并充分发挥偶遇信息在增加知识储备上的作用。同时，该类用户勤奋、自律、有抱负、有毅力，能在一件事、一个问题上持之以恒，因此，即便偶遇信息是过去所需要的，但他们在内心却会坚持将之视为现在的信息需求目标。

（3）人格特质与偶遇过程中各阶段行为的特征的相关分析

表5-26表明，“神经质”“外倾性”“经验开放性”“严谨性”与信息偶遇过程中各个阶段的行为特征显著相关，“宜人性”与信息偶遇过程中各阶段行为的特征之间无显著相关性，可认为假设3.3“学术用户的人格特质与其学术信息偶遇过程中各阶段行为的特征显著相关”基本成立。

表5-26 人格特质与学术信息偶遇过程中各阶段行为的特征的相关分析

具体项目		神经质	外倾性	经验开放性	宜人性	严谨性
注意-自己	Spearman 相关性	-0.045	0.036	0.143**	-0.024	0.055
	显著性（双侧）	0.377	0.479	0.004	0.632	0.277
注意-熟人	Spearman 相关性	0.021	0.047	-0.019	-0.093	-0.098
	显著性（双侧）	0.678	0.354	0.702	0.064	0.052
停驻-自己	Spearman 相关性	-0.105*	0.063	0.142**	0.067	0.131**
	显著性（双侧）	0.038	0.211	0.005	0.182	0.009
停驻-熟人	Spearman 相关性	0.002	0.065	0.041	0.071	0.002
	显著性（双侧）	0.968	0.195	0.419	0.160	0.972
未暂停，事后及时返回处理	Spearman 相关性	0.021	0.049	0.017	0.086	0.072
	显著性（双侧）	0.677	0.333	0.738	0.089	0.154
当场评估-自己	Spearman 相关性	-0.048	0.046	0.118*	0.028	0.069
	显著性（双侧）	0.346	0.358	0.019	0.576	0.171
当场评估-熟人	Spearman 相关性	0.060	0.039	-0.014	0.052	0.032
	显著性（双侧）	0.237	0.445	0.782	0.303	0.531

续表

具体项目		神经质	外倾性	经验开放性	宜人性	严谨性
评估-自有知识提取	Spearman 相关性	-0.031	-0.048	0.172**	-0.039	0.053
	显著性（双侧）	0.540	0.345	0.001	0.442	0.295
评估-查找更多信息	Spearman 相关性	-0.045	0.036	0.055	0.079	0.065
	显著性（双侧）	0.371	0.475	0.276	0.117	0.196
评估-询问他人	Spearman 相关性	0.038	0.157**	0.006	-0.040	0.050
	显著性（双侧）	0.446	0.002	0.903	0.423	0.318
立刻自用	Spearman 相关性	0.071	-0.033	0.118*	-0.036	0.103*
	显著性（双侧）	0.162	0.514	0.019	0.479	0.041
共享	Spearman 相关性	-0.088	0.159**	0.082	0.060	0.142**
	显著性（双侧）	0.080	0.001	0.105	0.236	0.005
存储	Spearman 相关性	-0.156**	0.103*	0.134**	0.067	0.250**
	显著性（双侧）	0.002	0.041	0.008	0.184	0.000
重启中断的查寻活动	Spearman 相关性	-0.055	0.039	0.025	0.056	0.154**
	显著性（双侧）	0.273	0.435	0.618	0.264	0.002

** 在 0.01 水平（双侧）上显著相关

* 在 0.05 水平（双侧）上显著相关

“神经质”与“停驻-自己”“存储”显著负相关，这与前文所分析的高神经质用户更易体验到紧张、焦虑与不安全感，以及易低估偶遇信息对增加知识储备的作用等情况相类似。

“外倾性”与“评估-询问他人”“共享”“存储”显著正相关。对此，可以认为，高外倾性用户好社交、活跃、健谈、乐群、重感情，更有可能通过询问他人的方式来帮助自己进行再次相关性判断，也更愿意将偶遇信息分享给他人。同时，高外倾性用户倾向于对偶遇信息的价值给予乐观评价，因而更有可能将此保存起来以备将来使用。

“经验开放性”与“注意-自己”“停驻-自己”“当场评估-自己”“评估-自有知识提取”“立刻自用”“存储”显著正相关。对于此结果，可作如下解释：高经验开放性用户因其兴趣广泛、好奇心强烈、对新鲜事物的接受能力强、思维开阔等特点，容易注意到与背景信息需求相关的学术信息并倾向于暂时中断初始查寻任务而去处理偶遇信息并评估其价值。在进行再次相关性判断时，高经验开放性用户因兴趣广泛、思维开阔、信息储备丰富，可以独立利用自有知识去评估偶遇信息的价值；此外，在其人格特质影响下，一经确认偶遇信息有价值，他们也会立刻加以自用并存储。

“严谨性”与“停驻-自己”“立刻自用”“共享”“存储”“重启中断的查寻

活动”显著正相关。这可能是因为，高严谨性用户做事缜密、细心，因而容易停驻于自己感兴趣的意外信息并立刻自用并存储。就信息的共享来看，严谨性越高的用户知识共享意愿也越高，这与许雅婷①的结论相似，究其原因，可能与该类用户具有较高的责任感有关。此外，该类用户做事有条理、有毅力，在处理完偶遇信息后，通常会立刻返回继续执行之前被中断的信息查寻任务。

（4）人格特质与偶遇经历后的感受的相关分析

表5-27显示，在“偶遇经历后的感受”维度，“神经质”“外倾性”“经验开放性”“宜人性”“严谨性”均与不同的项目显著相关，可认为假设3.4“学术用户的人格特质与其学术信息偶遇经历后的感受显著相关”成立。

表5-27　人格特质与学术信息偶遇经历后的感受的相关分析

具体项目		神经质	外倾性	经验开放性	宜人性	严谨性
惊喜或高兴	Spearman 相关性	−0.026	−0.006	0.175**	0.110*	0.182**
	显著性（双侧）	0.606	0.899	0.000	0.029	0.000
内疚或不安	Spearman 相关性	0.177**	−0.109*	−0.053	−0.114*	−0.153**
	显著性（双侧）	0.000	0.031	0.293	0.024	0.002
烦躁或不快	Spearman 相关性	0.217**	−0.081	0.113*	−0.114*	−0.140**
	显著性（双侧）	0.000	0.109	0.025	0.023	0.005
希望偶遇发生	Spearman 相关性	0.012	0.015	0.112*	0.075	0.093
	显著性（双侧）	0.813	0.768	0.027	0.137	0.065

** 在0.01水平（双侧）上显著相关

* 在0.05水平（双侧）上显著相关

“神经质”与信息偶遇后的“内疚或不安”“烦躁或不快”显著正相关，可能是因为高神经质个体有较高的焦虑水平，易烦恼、紧张，情绪调节能力较差，所以这样的用户在经历信息偶遇后，容易因为耽误了初始查寻任务而自责，或因偶遇了低质量信息而心生烦意。

“外倾性”与信息偶遇后的“内疚或不安”显著负相关。其原因可能是，高外倾性用户充满活力和自信，倾向于认为“尽管信息偶遇耽误了初始查寻任务，但是这种耽误是值得和必要的”，因而不易产生“内疚或不安”情绪。

“经验开放性”与“惊喜或高兴”“烦躁或不快”“希望偶遇发生”显著正相关。这可能是因为，高经验开放性用户兴趣广泛，对外界事物持有好奇、开放的态度，所以在获得有用信息后更容易产生积极情绪，也更加希望信息偶遇的发生；同时，由于对偶遇信息充满好奇与较高期待，一旦偶遇低质量信息，他们可

① 许雅婷．人格特质与团队组合对知识分享．创新绩效的影响［D］．台北：东吴大学硕士学位论文，2002.

能会更加失望与烦躁。

“宜人性”与“惊喜或高兴”显著正相关，与“内疚或不安”“烦躁或不快”显著负相关。其原因可能是，高宜人性个体脾气好、信任人、易轻信，在意外获得有用的学术信息之后便易产生喜悦之情；同时，他们宽宏大量，即使偶遇到低质量学术信息或因信息偶遇耽误了初始查寻活动，也更能容忍宽恕，不至于产生过多的自责或烦躁情绪。

“严谨性”与“惊喜或高兴”显著正相关，与“内疚或不安”“烦躁或不快”显著负相关。这与人格特质与偶遇过程中各阶段行为的特征的相关分析中“严谨性”与“停驻-自己”“立刻自用”“重启中断的查寻活动”等显著正相关这一发现关系密切。高严谨性用户做事缜密、细心，容易停驻于自己感兴趣的意外信息并立刻加以自用，因而更易对偶遇信息的效用产生积极情绪。同时，该类用户自律性强，能在偶遇信息后很快“重启中断的查寻活动”，因而也就较好地避免了因耽误初始查寻任务而产生的内疚或不安。此外，他们心思缜密，对偶遇信息价值的预估和期望偏于保守，这就能够在一定程度上减少因偶遇低质量信息所带来的消极情绪。

5.4.5 认知风格与学术用户信息偶遇行为的相关分析

在 395 份有过网络学术信息偶遇经历的问卷中，352 份问卷的“镶嵌图形测验”部分的测量结果有效，此处的相关分析便以这 352 份问卷作为数据来源。

(1) 认知风格与信息偶遇的发生频度的相关分析

由表 5-28 可知，“认知风格”与“非学术-熟人”显著负相关，与“学术-熟人”显著正相关，由此可以认为假设 4.1“学术用户的认知风格与其学术信息偶遇的发生频度显著相关”基本成立。

表 5-28 认知风格与信息偶遇的发生频度的相关分析

具体项目		认知风格
非学术-自己	Spearman 相关性	-0.027
	显著性（双侧）	0.614
学术-自己	Spearman 相关性	-0.021
	显著性（双侧）	0.698
非学术-熟人	Spearman 相关性	-0.109*
	显著性（双侧）	0.041
学术-熟人	Spearman 相关性	0.123*
	显著性（双侧）	0.021

*在 0.05 水平（双侧）上显著相关

“认知风格”与“非学术–熟人”显著负相关，即在“镶嵌图形测验”中得分越低（场依存倾向越强）的用户，越容易在非学术信息查寻情境中偶遇到熟人感兴趣的学术信息。“认知风格”与“学术–熟人”显著正相关，即得分越高（场独立倾向越强）的用户，越容易在学术信息查寻情境中偶遇到熟人感兴趣的学术信息。

其原因可能是，在非学术信息查寻情境中，学术信息的可辨识度更高，更容易从大量的非学术信息中被识别出来，此时场独立型用户的独立判断风格就体现不出明显的优势，然而，场依存型用户注重人际交往、关注他人需求的风格却在偶遇熟人感兴趣的学术信息方面发挥出了优势。而在学术信息查寻情境中，要从与前景信息需求吻合的众多学术信息中识别出符合背景信息需求的学术信息，需要用户具备较强的独立判断能力，此时场独立型用户的独立判断能力就会表现出更明显的优势。

（2）认知风格与偶遇信息的特征的相关分析

由表5-29可知，在偶遇到的学术信息的八个特征中，认知风格仅仅只与“对熟人有用”这一个特征显著负相关，可认为假设4.2“学术用户的认知风格与其偶遇到的学术信息的特征显著相关”基本不成立。

表5-29　认知风格与偶遇信息的特征的相关分析

具体项目		认知风格
有用性大小	Spearman 相关性	0.011
	显著性（双侧）	0.831
对自己有用	Spearman 相关性	0.097
	显著性（双侧）	0.070
对熟人有用	Spearman 相关性	−0.107*
	显著性（双侧）	0.044
激发创新灵感	Spearman 相关性	0.050
	显著性（双侧）	0.352
解决学术困惑	Spearman 相关性	0.034
	显著性（双侧）	0.522
增加知识储备	Spearman 相关性	0.046
	显著性（双侧）	0.387
过去所需要	Spearman 相关性	−0.072
	显著性（双侧）	0.178
曾被查找过	Spearman 相关性	−0.071
	显著性（双侧）	0.183

*在0.05水平（双侧）上显著相关

(3) 认知风格与偶遇过程中各阶段行为的特征的相关分析

由表5-30可知，“认知风格”与“注意-自己”显著正相关，与“当场评估-熟人”“评估-询问他人”显著负相关。“认知风格”只与偶遇过程中的三个阶段的行为特征显著相关，可以认为假设4.3“学术用户的认知风格与其学术信息偶遇过程中各阶段行为的特征显著相关”基本不成立。

表5-30 认知风格与信息偶遇过程中各阶段行为的特征的相关分析

具体项目		认知风格
注意-自己	Spearman 相关性	0.112*
	显著性（双侧）	0.035
注意-熟人	Spearman 相关性	0.023
	显著性（双侧）	0.665
停驻-自己	Spearman 相关性	-0.008
	显著性（双侧）	0.883
停驻-熟人	Spearman 相关性	-0.069
	显著性（双侧）	0.199
未暂停，事后及时返回处理	Spearman 相关性	-0.056
	显著性（双侧）	0.297
当场评估-自己	Spearman 相关性	-0.054
	显著性（双侧）	0.312
当场评估-熟人	Spearman 相关性	-0.130*
	显著性（双侧）	0.015
评估-自有知识提取	Spearman 相关性	0.018
	显著性（双侧）	0.734
评估-查找更多信息	Spearman 相关性	-0.006
	显著性（双侧）	0.905
评估-询问他人	Spearman 相关性	-0.111*
	显著性（双侧）	0.038
立刻自用	Spearman 相关性	0.004
	显著性（双侧）	0.936
共享	Spearman 相关性	0.019
	显著性（双侧）	0.725
存储	Spearman 相关性	-0.034
	显著性（双侧）	0.519
重启中断的查寻活动	Spearman 相关性	-0.008
	显著性（双侧）	0.882

*在0.05水平（双侧）上显著相关

（4）认知风格与偶遇经历后的感受的相关分析

由表5-31可见，“认知风格”与“偶遇经历后的感受”维度的任何一项都不存在显著相关性，可认为假设4.4“学术用户的认知风格与其学术信息偶遇经历后的感受显著相关”不成立。

表5-31　认知风格与学术信息偶遇经历后感受的相关分析

具体项目		认知风格
惊喜或高兴	Spearman 相关性	0.017
	显著性（双侧）	0.748
内疚或不安	Spearman 相关性	-0.042
	显著性（双侧）	0.434
烦躁或不快	Spearman 相关性	0.004
	显著性（双侧）	0.941
希望偶遇发生	Spearman 相关性	-0.019
	显著性（双侧）	0.722

5.4.6　学术用户网络信息查寻中的信息偶遇行为实证研究小结

本章利用自建的学术信息偶遇行为测量框架，探索了学术用户网络信息查寻中的学术信息偶遇情况，包括信息偶遇的发生频度、偶遇信息的特征、偶遇过程中各阶段行为的特征、偶遇经历后的感受，分析了不同个体背景特征的学术用户在学术信息偶遇行为各个维度上的差异性，以及人格特质、认知风格与学术信息偶遇行为的相关性。

研究发现，①不同个体背景特征学术用户网络信息查寻中的信息偶遇行为存在显著性差异；②人格特质与学术用户网络信息查寻中的信息偶遇行为显著相关；③学术用户的认知风格仅与其学术信息偶遇的发生频度显著相关。特别地，本章针对Heinström等学者关于“经验开放性”与信息偶遇行为关系的分歧性结论，给出了明确的回答。

表5-32呈现了方差分析和相关分析的结果。表中的个体背景特征（方差分析）项目下，以灰色填充的单元格表示未做方差分析，划“√”的单元格表示有显著性差异，其余单元格表示无显著性差异。在人格特质（相关分析）和认知风格（相关分析）项目下，划“+”的单元格表示显著正相关，划“-”的单元格表示显著负相关，其余单元格表示无显著相关性。

表 5-32 方差分析和相关分析结果汇总

维度	具体项目	个体背景特征（方差分析）														人格特质（相关分析）					认知风格（相关分析）
		性别	年龄	学科部类	学科门类	所关注的其他学科领域数量	身份	最高学位	日均上网时长	课题研究情况					近3个月的课题数量	神经质	外倾性	经验开放性	宜人性	严谨性	
										课题来源	课题性质	在课题中所担任的角色	课题所处研究阶段	对课题相关领域知识的熟悉程度							
信息偶遇的发生频度	非学术–自己	√	√																–		
	学术–自己						√								√			+			
	非学术–熟人							√													–
	学术–熟人						√									–	+	+			+
偶遇信息的特征	有用性大小																+				
	对自己有用																				
	对熟人有用								√								+	+			–
	激发创新灵感	√			√													+		+	
	解决学术困惑						√										+				
	增加知识储备		√		√											–		+		+	
	过去所需要																				
	曾被查找过						√													–	
偶遇过程中各阶段行为的特征	注意–自己		√				√	√										+			+
	注意–熟人	√						√	√												
	停驻–自己			√												–		+		+	
	停驻–熟人							√													
	未暂停，事后及时返回处理																				
	当场评估–自己					√		√	√									+			
	当场评估–熟人																				–
	评估–自有知识提取		√			√	√	√										+			
	评估–查找更多信息		√	√	√	√															
	评估–询问他人		√	√	√		√										+				–
	立刻自用																	+		+	
	共享																+			+	
	存储			√		√										–	+	+		+	
	重启中断的查寻活动																			+	

续表

维度	具体项目	个体背景特征（方差分析）														人格特质（相关分析）					认知风格（相关分析）
		性别	年龄	学科部类	学科门类	所关注的其他学科领域数量	身份	最高学位	日均上网时长	课题研究情况					近3个月的课题数量	神经质	外倾性	经验开放性	宜人性	严谨性	
										课题来源	课题性质	在课题中所担任的角色	课题所处研究阶段	对课题相关领域知识的熟悉程度							
偶遇经历后的感受	惊喜或高兴				√		√		√									+	+	+	
	内疚或不安	√														+	−		−	−	
	烦躁或不快						√									+		+	−	−	
	希望偶遇发生			√														+			

5.5 学术用户网络信息查寻中的信息偶遇行为机理分析与对策探讨

根据本章实证研究结果，在此从信息需求理论、过滤器理论、人格特质理论，以及创造学、行为生态学视角，对学术用户网络信息查寻中的学术信息偶遇行为机理进行分析，并对改善学术用户信息偶遇行为的相关对策进行探讨。

5.5.1 学术用户网络信息查寻中的信息偶遇行为机理分析

（1）信息需求理论视角的分析

学术用户信息偶遇行为的发生，与信息需求的驱动密不可分。根据 Belkin 的 ASK 理论①和 Mizzaro 的信息需求四层次理论②，信息需求的产生是由于知识非常态和不确定性的存在，即用户自身的知识体系无法支撑其理解或解释已存在的事物，所有因知识非常态和不确定性的存在而产生的信息需求均是用户的真实信息需求；在真实信息需求中，一部分被用户感知而成为意识到的信息需求，另一部分则会隐

① Belkin N J, Oddy R N, Brooks H M. Ask for information retrieval-Part I: background and theory [J]. Journal of Documentation, 1982, 38 (2): 61-71.

② Mizzaro S. Relevance: the whole history [J]. Journal of the American Society for Information Science, 1996, 48 (9): 810-832.

藏于用户的潜意识之中；在意识到的信息需求中，有的信息需求能被用户表达出来，有的信息需求却因任务特征、用户个体特征或用户/交互等多种原因而未能即刻表达或充分表达出来。这些在当前查寻活动中未表达出的信息需求，作为潜在信息需求①、长期信息需求②，或背景信息需求，为用户的信息偶遇行为埋下了伏笔。

用户的潜在信息需求处于潜意识中，会影响用户的思维和行为。然而，潜在信息需求必须在外界刺激物作用下，才能由潜在形式转变为正式形式③。学术用户在网络信息查寻中意外发现的学术信息就属于刺激物。这类信息充当间接刺激物，可将用户潜意识中的信息需求提取至其意识之中，并同时充当直接刺激物④，触发或部分触发潜在信息需求向显性信息需求转换，最终引发信息偶遇行为——将注意力从前景信息需求转向背景信息需求，甚至暂停正在执行的与前景信息需求相关的初始信息查寻活动，转而去处理偶遇信息。

（2）过滤器理论视角的分析

过滤器理论是认知心理学中用于解释选择性注意的重要理论。早期过滤器理论的提出者唐纳德·布罗德本特（Donald Broadbent）认为，神经系统在加工信息的容量方面是有限度的，不可能对所有的感觉刺激进行加工；当信息通过各种感觉通道进入神经系统时，要先经过一个过滤机制，只有部分信息可以通过这个机制，接受进一步加工，而其他信息被阻断在机制外面，完全湮灭⑤。该理论随后被衰减理论修正。后者认为，未被注意的信息，并非完全从个体的系统中过滤掉，而是减弱了。例如，当个体特别熟悉的信息出现在当前未被关注的通道时，通常仍然能够为个体察觉或注意到；熟悉的事物其相对被知觉到的阈限较低，因此在减弱的情况下仍有可能诱发、引导个体的注意⑥。

在用户的信息查寻过程中，其信息需求的全域既包括当前信息需求，也包括背景信息需求。虽然背景信息需求最初位于用户的潜意识之中，并非用户当前的关注点，但如果它是用户特别熟悉或感兴趣的信息，用户的过滤机制就会降低阈限，让其通过过滤机制，从而诱发信息偶遇行为的产生。

（3）人格特质理论视角的分析

人格特质理论认为，人格具有相对的稳定性和跨时间跨情境的一致性，是区

---

① Lancaster F W. Information retrieval systems: characteristics, testing and evaluation [J]. Journal of the American Society for Information Science, 1982, 33 (2): 109-110.

② Taylor R S. Question-negotiation and information-seeking in libraries [J]. College and Research Libraries, 1968, 29 (3): 178-194.

③ 胡昌平，乔欢. 信息服务与用户 [M]. 武汉：武汉大学出版社，2000：155.

④ Hider P. Search goal revision in models of information retrieval [J]. Journal of Information Science, 2005, 32 (4): 352-361.

⑤ 葛明贵. 普通心理学 [M]. 合肥：合肥工业大学出版社，2011：153-154.

⑥ 陈烜之. 认知心理学 [M]. 广州：广东高等教育出版社，2006：112

分个体间差异的主要标志；而作为人格核心成分的人格特质，是个体思维、情感、行为过程中独特的、具有一贯倾向的心理特征，它会使同一个体以其独特的方式知觉情境，并对极不相同的情境做出相同的反应方式，也会使不同个体在相同情境下产生各不相同的反应行为①。

具体到用户信息行为领域，相关研究证实了用户人格特质与信息行为的相关性②。而就信息偶遇行为而言，本书证实，人格特质对学术用户网络信息查寻中的信息偶遇行为显著相关。对此，可从人格特质理论视角加以解释。例如，信息偶遇多发于高经验开放性用户身上，该类用户兴趣广泛、好奇心强、有创新性、富于想象，对新事物持有开放、包容的态度，乐于接受与其认知相符或不符的信息，善于从他人看来微不足道、毫无价值的信息中挖掘出隐含信息，因而他们更容易在信息查寻活动中注意到与背景信息需求相关的学术信息，同时也更倾向于产生停驻、评估与利用偶遇信息的一系列相关行为。再如，高神经质个体焦虑水平偏高，易烦恼、紧张，情绪调节能力较差，因而在偶遇意外信息时，更可能会因耽误初始查寻任务而自责，或因偶遇低质量信息而烦躁不快，也更易低估偶遇信息对增加知识储备的作用。

（4）创造学视角的分析

对学术用户的信息偶遇行为，也可从创造学视角加以分析。一方面，用户在学术研究过程中产生的“背景信息需求”及“有准备的头脑”，是信息偶遇行为产生的必要条件；另一方面，用户偶遇的学术信息又往往充当着诱发其知识创新灵感的“偶然因素”。

灵感是知识创新的重要元素，它可以使创新主体的认识发生突变，将潜意识转化为显意识，催生敏锐的顿悟。具体而言，当个体思维受某个偶然因素的诱发，潜意识思维达到一定阶段，即大脑思维接通某种联系时，其内容立即呈现为显意识，灵感便突然降临③。对于学术用户来说，其大脑通常存在一些学术研究中遇到的困惑和问题，若经长期思索和主动查寻尚未得到解决，它们就会进入用户的潜意识之中；而当某一学术信息在用户毫无准备的情况下进入其视野，这一刺激便会促成思维上的跳跃，大脑思维接通了偶遇信息与潜意识中的困惑或问题之间的联系，潜意识中的困惑或问题便上升到显意识层面，灵感瞬间被触发，思绪突涌、豁然开朗。由此可见，学术用户信息偶遇行为与其知识创新活动密不可分。

---

① 葛明贵．普通心理学［M］．合肥：合肥工业大学出版社，2011：311-312.

陈少华．不同认知任务中人格特质对信息加工的影响［D］．广州：华南师范大学博士学位论文，2002.

Pervin L A. The Science of Personality. 2nd ed.［M］. New York：John Wiley & Sons，Inc.，1996.

② 邓胜利，杨丽娜．用户个性特征对信息行为影响的研究进展［J］．情报理论与实践，2014，37（5）：119-123.

③ 肖云龙．创造学［M］．长沙：湖南大学出版社，2004：139-143.

(5) 行为生态学视角的分析

人作为生命有机体，除了遵从人类心理与认知规律之外，也会受到生物规律的制约，因而也需从非人类物种行为研究的视角来对信息偶遇行为机理进行审视。本章类比生物的偶遇行为过程与学术用户的信息偶遇行为过程，发现二者多有相似之处。这或许可以在一定程度上反映生物界偶遇行为的共同特征：在本能驱使之下，从趋利心理出发，产生注意、停驻、判断、利用等偶遇行为方式。

在偶遇行为的影响因素研究方面，可作类比的情况也不少见。以人格特质因素为例，研究结果表明，好社交、活跃、健谈、乐群、重感情的高外倾性用户，信息偶遇发生频度相对较高，且在相关性判断及信息分享中的人际交互特征更为明显。而行为生态学也发现，对很多非人类物种来说，某一种特质的个体差异往往伴随其他行为或生理特质的差异①，如喜好定居且生性孤僻的吼猴觅食范围小，主要只能以树叶为食；灵活好动、善于交际的蛛猴却喜欢四处搜寻，因而更易偶遇到林中稀少的成熟果实，他们还会向同伙传递信息，将意外发现的果实分享给同伴②。此外，不同学科领域在偶遇行为特征上的差异性，也反映了类似生物种群的特性。再就人格特质而言，五因素人格理论的提出者曾特别强调，大五人格测量的重点不是后天形成的、受文化制约的人格，而是具有生物基础、带有更多遗传性质的气质③，因而 NEO-FFI 也被广泛运用于对动物人格的测量④。综上，动物人格研究与人类人格研究的问题具有较多的可比较性⑤；对非人类物种人格与行为机制的研究，有助于从生物学基础、遗传因素、环境因素等多方面加深我们对于人类行为的理解，包括对学术用户信息偶遇行为形成机理的理解。

5.5.2 学术用户网络信息查寻中的信息偶遇行为优化建议

根据本章实证研究结果，在此就学术用户信息偶遇行为的引导问题，分别对学术用户和学术信息服务机构提出优化建议。

(1) 对学术用户的建议

1）适度提高信息偶遇的发生频率

实证研究数据表明，多数用户较为认可偶遇学术信息的有用性及信息偶遇带来的积极情绪体验，因而，从总体上看，用户可以适当考虑提高信息偶遇的发生

---

① 苏彦捷．动物个体差异研究对人格心理学的贡献［J］．心理科学进展，2007，15（2）：260-266.

② 李难．行为与进化：人类和动植物行为的奥秘［M］．上海：复旦大学出版社，2009：33.

③ McCrae R R，Costa P T，Ostendorf F，et al. Nature over nurture：temperament，personality，and life span development［J］．Journal of Personality and Social Psychology，2000，78（1）：173-186.

④ 苏彦捷．动物个体差异研究对人格心理学的贡献［J］．心理科学进展，2007，15（2）：260-266.

⑤ Gosling S D. From mice to men：what can we learn about personality from animal research?［J］．Psychological Bulletin，2001，127（1）：45-86.

频度。例如，有意识地训练自己对信息的敏感性与洞察力，主动留心与背景信息需求相关的信息线索，尽量对各种信息保持一种开放、包容的态度，以获取更多有价值的学术信息。

2）合理选择偶遇信息时的行为方式

信息偶遇行为可能干扰当前信息查寻任务的进行，因而有效利用偶遇行为，十分必要。例如，在初始查寻任务较为重要或紧迫的情况下，建议用户可暂时先保存偶遇信息，而非中断初始查寻任务的执行；反之，在时间压力小、目的性弱的查寻情境下，可及时执行停驻、再次相关性判断、利用或分享等行为方式。

3）有效规避信息偶遇经历后的消极情绪

部分用户会因耽误了初始查寻任务而产生较强烈的内疚或不安心理，或因偶遇低质量学术信息而产生较强烈烦躁或不快情绪，因而用户自身可采取相应措施，有效规避信息偶遇经历后的消极情绪。例如，面对无用信息的干扰，可抱以"试错"心态去进行自我心理调节；提升信息素养，确保所选信息源的权威性、可靠性、典型性，增强初次相关性判断的快速反应水平，避免信息超载与信息迷航，以减少不必要的时间与精力浪费。

（2）对学术信息服务机构的建议

1）完善信息组织与评价机制

为避免用户偶遇到低质量信息或不相关信息，信息服务机构应优化信息收录与信息标引质量。例如，对期刊论文数据库而言，可广泛吸纳传统文献计量学与替代计量学的研究成果，完善单篇学术论文的质量评价机制与显式反馈方式，以帮助用户迅速判断论文的学术影响力与社会影响力；为减少用户对不相关信息的偶遇频度，可将数据库中的文献分类目录或分组浏览细化到一级学科，以方便用户准确定位所需相关信息。

2）改进相关性反馈与个性化推荐

为进一步提升用户的信息服务体验，信息服务系统可考虑将用户人格特质因素纳入相关性反馈与个性化推荐服务之中。例如，对于较易偏离初始查寻目标而乐于停驻、评估与利用偶遇信息的高经验开放性用户，系统可向其扩大结果反馈的主题范围，以满足其好奇心和求知欲。而对于不喜偶遇信息的高神经质用户，系统则只需进行少而精的相关性反馈，同时也可在结果页面以醒目方式推荐相关主题信息，由此，既可节省用户浏览查寻结果的时间和精力，也可在一定程度上帮助该类用户触发信息偶遇行为。

3）设置方便快捷的分享功能

从实证数据可知，部分用户会关注熟人感兴趣的学术信息，且其中不少用户还会将偶遇到的此类信息分享给有需求的熟人。为方便用户间的信息分享，学术信息系统尤其是学术数据库，可借鉴学术社交网络的交互分享做法，在用户权限许可范围内设置信息分享模块，以丰富信息系统的实时交互功能，实现学术信息开放互联与无障碍交流，从而放大偶遇信息的学术效益与社会效益。

6 学术用户网络信息查寻中的认知失调研究

[**本章摘要**] 借鉴认知失调理论，通过问卷调查与深度访谈法，分析了不同个体背景特征的学术用户在认知失调表现特征各维度上的差异性，以及个体归因因素、信息系统因素、情境因素等对用户认知失调的影响。

6.1 学术用户网络信息查寻中的认知失调研究概述

6.1.1 信息查寻中认知失调问题研究的必要性

互联网信息资源的爆炸式增长及信息传播速度的加快，无疑提高了学术用户信息查寻的效率，但与此同时，学术用户在信息海洋中准确获取所需信息的难度却并未得到有效缓解，信息查寻和获取的效率不容乐观①。而这一现象在某种程度上反映了学术用户的信息查寻过程并不顺利，当学术用户信息查寻失败或受挫时，他们就会处于一种失调的状态，即本章将探讨的认知失调（cognitive dissonance）。

认知失调是一种暂时性的心理失衡，它可能会使学术用户产生一系列心理不适，影响学术用户查寻和利用信息的积极性，继而干扰其学术研究效率。因此，十分有必要对学术用户网络信息查寻中的认知失调进行研究，了解学术用户在查寻信息过程中产生认知失调的表现特征和相关影响因素，探索学术用户网络信息查寻中认知失调的内在规律与机制，寻求缓解学术用户认知失调的措施，以从根本上帮助学术用户在学术研究中减少障碍，保障他们能以轻松、愉快的心情投入知识创新。

6.1.2 认知失调及相关理论观点

认知失调理论（cognitive dissonance theory）由美国心理学家利昂·费斯汀格

① 高依旻．网络科技用户的信息搜索行为研究［D］．南京：南京理工大学硕士学位论文，2004.

（Leon Festinger）于1957年提出。他认为，人类努力在观点、态度、知识、价值之间建立内在的调和、一致及和谐，即存在着一种朝向认知间协调的驱力。人类的认知元素①（有关环境、自我，或一个人行为的任何知识、观点和信念）之间可能存在着无关、协调和失调的关系；在单独考虑两个认知元素的情况下，如果一个元素紧跟着另一个元素的反面，那么这两个元素便会存在一种失调关系，即存在认知失调。

当人们存在某种失调时，一般会产生两种结果。一是失调造成心理上的不舒服，这会驱动人们努力去减少失调，达到协调状态；二是产生失调后，人们不仅会努力减少失调，还会主动避免可能增加失调的情境和信息②。

人们对认知失调的缓解方式主要有三种：①改变失调关系所涉及的一个或多个元素（如改变环境、态度或行为的方式缓解失调）；②增加新的认知元素（如增加与自己态度或行为一致的新信息来减少失调）；③减少失调关系所涉及元素的重要性③。

6.1.3 认知失调概念界定

基于费斯汀格的认知失调理论及相关同类研究成果，在此将学术用户网络信息查寻过程中的认知失调界定为认知失调是同时出现两种相矛盾认知元素的失衡状态，即当学术用户信息欲求不满时，信息查寻失败或信息查寻受阻与学术用户迫切需要获取信息这两个认知元素处于矛盾和冲突的失衡状态。

6.1.4 学术用户网络信息查寻中认知失调的研究内容与方法

6.1.4.1 主要内容

从行为生态学视角切入，借鉴费斯汀格的认知失调理论，系统考察学术用户网络信息查寻中的认知失调表现特征及影响因素。主要研究内容包括以下几方面：①探索学术用户网络信息查寻中的认知失调表现特征；②分析学术用户网络信息查寻中的认知失调影响因素；③根据以上研究结果，归纳与总结学术用户网络信息查寻认知失调行为模式，解释学术用户认知失调行为机制，对学术用户认知失调提出应对措施。

---

① 利昂·费斯汀格．认知失调理论［M］．郑全全译．杭州：浙江教育出版社，1999：3，8.

② 利昂·费斯汀格．认知失调理论［M］．郑全全译．杭州：浙江教育出版社，1999：2.

③ 利昂·费斯汀格．认知失调理论［M］．郑全全译．杭州：浙江教育出版社，1999：218-221.

6.1.4.2 研究方法

1）问卷调查法

对调查对象的个体背景资料进行调查，获取学术用户网络信息查寻中的认知失调表现特征及影响因素。

2）访谈法

访谈法包括两种情况：①用作正式研究之前的预研性调查，以搜集用户的认知失调测量项目，辅助设计正式调查问卷。②深度访谈。在问卷调查的基础上，对部分典型用户进行深度访谈，以弥补问卷调查的不足。

3）观察法

观察法用作正式研究之前的预研性调查，以搜集用户的认知失调测量项目，辅助设计正式调查问卷。

6.2 关于认知失调的国内外同类研究状况

认知失调理论被提出以后，受到多个领域学者的广泛关注。此处仅对行为生态学领域、认知心理学领域和信息查寻行为领域中的认知失调研究成果进行梳理。

6.2.1 行为生态学领域的认知失调研究

6.2.1.1 理论研究

行为生态学研究表明，非人类物种的认知失调现象常有发生，较为典型的是动物觅食活动中的认知失调。它们追求觅食效益最大化的同时，时常会遇到各种挫折，从而产生不同情境下的认知失调①。

1）饥饿情境下的认知失调

研究发现，在饥饿情境下，动物的觅食需要表现得尤为迫切，觅食受到阻碍或失败就会产生认知失调；动物的饥饿程度越大，觅食失败产生的认知失调就越强；在此情境下，它们对食物的选择性也较弱，在难以获取最有利的食物时会寻找一些收益较小的食物作为替代品。

2）觅食决策情境中的认知失调

动物的最优觅食决策包括环境斑块选择决策、食谱选择决策等。在环境斑块

---

① 尚玉昌．行为生态学［M］．北京：北京大学出版社，1999：20-57.

选择决策中，动物面临的关键问题是，何时离开当前斑块转向另一斑块？斑块选择需要捕食者花费时间和能量成本，且需捕食者承担难以寻觅到更有利环境斑块的风险，因而斑块选择中的认知失调在所难免。在食谱选择中，选择最优食物时存在的消极元素（需花费大量时间成本和能量成本）与选择次优食物时的积极元素（更易获得食物），是动物觅食中的核心问题，只有在觅食收益与成本投入之间取得平衡，才能减少其决策中的认知失调。

3）最适搜寻路线选择情境中的认知失调

动物在觅食过程中，往往会选择最适搜寻路线。一旦所选路线与其期望不符合时，便会产生认知失调；而且，对搜寻路线的试错次数越多，能量投资就越多，产生的认知失调的强度也就越大。为了减少失调，动物通常借助于模仿学习、限制搜寻区域、标记信息素等方式来改进搜寻路线，或控制对同一环境斑块的重访率。

4）亲代抚育情境中的认知失调

亲代抚育决定动物的生殖成功率，最常见的两种形式是护卵和育幼，其中育幼工作与动物觅食有关。在生殖繁荣季节，亲代抚育后代的压力很大，因而觅食的压力也很大，觅食受挫引起的认知失调就更为常见。为了减少失调，亲代便会通过经验总结、模仿学习等改进觅食策略，或通过同伴求助、吸纳成员共享领地等办法分担抚育工作。

此外，动物行为中也存在其他情境下的认知失调，如食物运量决策中的失调（一次运太多的食物会降低食物搜寻效率但可节省往返时间，一次运少量食物会增加往返的时间但可减少食物搜寻时间）、觅食与危险决策中的失调（如松鼠在地面觅食可使能量摄入量达最高，但却易遭受捕食；相反，待在树上可保安全，却要忍受饥饿）。还有，面对陌生食物，也存在认知失调问题，即究竟应去试探，还是应该规避？

6.2.1.2　实证研究

在实证研究方面，学者主要通过控制实验条件来观察动物在认知失调情境下的行为变化。

从学者对老鼠的迷津实验研究可以发现，动物的认知失调情况主要有三类：一是对特定目标物（如食物、水）的需求情境下的认知失调；二是内驱力改变情境下的认知失调；三是迷津特征发生改变时的认知失调。

1）对特定目标物的需求情境下的认知失调

爱德华·C. 托尔曼（Edward C. Tolman）认为，动物始终存在着对特定目标物的某种或多或少的内在期待。奥托·利夫·廷克波（Otto Leif Tinklepaugh）实验证实，当猴子找到了出乎意料、与认知期望不相符的食物时，会产生行为混乱和分裂，具体表现为一种“惊人的搜寻行为”——对着实验者愤怒地尖叫①。这在爱德华·C. 托尔曼和 Honzik 的老鼠迷津学习实验中得到证实②。

2）内驱力改变情境下的认知失调

Elliott 进行了相关实验。他发现，动物在口渴内驱力的驱使下，寻找的目标物是水；历经多日之后，其内驱力会由口渴转向饥饿，但因它们的行为在某种程度上仍受“水”这种“旧的”认知期望所支配，所以，面对“食物”这一新出现的目标物，它们便会产生一定程度的行为分裂③。

3）迷津特征发生改变时的认知失调

爱德华·C. 托尔曼发现，老鼠在学会一种迷津之后，会对该迷津的特征（如迷津通道的长度、宽窄、转弯方式，以及迷津中的气味等）产生某种内在的期望，当老鼠发现一些“出乎意料的”迷津特征时，它们会表现出烦躁和行为混乱，Carr、Macfarlance、Elliott 的类似迷津实验都证实了这个现象④。

6.2.2 认知心理学领域的认知失调研究

6.2.2.1 理论研究

认知失调属于认知心理学中的态度研究领域。除了费斯汀格认知失调理论之外，认知相符理论、认知平衡理论、印象整饰理论、自我一致性理论等都在认知失调研究方面各有见解。

（1）认知相符理论

Osgood 与 Tannenbaum 提出的认知相符理论（consistency theory）认为，当个体的态度不协调、不一致时，个体态度的改变倾向于使原来不协调、不一致的态度朝着折中、调和的方向移动，以此来减少或消除个体内心的紧张与不安。该理论涉及三个变量：个人对信息源的态度、个人对信息源所评价的概念的态度、信息源对这个概念的论断性质。如果个人喜欢的信息源提出一个他同意的看法，那么这个论断就适合于他内部的参照框架，此时不会发生态度改变问题；否则就可能发生认知失调⑤。

（2）认知平衡理论

认知平衡理论（balance theory）是态度转变理论之一。其提出者 Heider 认

---

① 爱德华·C. 托尔曼. 动物和人的目的性行为［M］. 李维译. 杭州：浙江教育出版社，1999：84-85.

② 爱德华·C. 托尔曼. 动物和人的目的性行为［M］. 李维译. 杭州：浙江教育出版社，1999：86.

③ 爱德华·C. 托尔曼. 动物和人的目的性行为［M］. 李维译. 杭州：浙江教育出版社，1999：81-82.

④ 爱德华·C. 托尔曼. 动物和人的目的性行为［M］. 李维译. 杭州：浙江教育出版社，1999：88-89.

⑤ 杨治良，郝兴昌. 心理学辞典［M］. 上海：上海辞书出版社，2016.

为，个人对某一对象的态度受和自己有关的他人的影响；当个人、他人、态度对象三者之间的单元关系和情感关系相协调时，其认知体系便呈现平衡状态，反之则呈现不平衡状态。这种不平衡状态将引起个体心理紧张，产生不满意的情绪，从而成为态度改变的动力①。

（3）印象整饰理论

印象整饰理论（impression management theory）指出，用单一的假设可以更有逻辑性地解释认知失调现象，即参与认知失调实验中的被试都在整饰他们留给实验者的印象；言语与行为相一致，提高了个人的可信度，使他们更成功地影响其他人；只有被试认为其他人知觉到了自己的不一致时，矛盾的认知才使他们感到不舒服②。

（4）自我一致性理论

Aronson 的自我一致性理论（self-consistency theory）认为，自我概念与行为的不一致是产生失调的原因；由于大多数人的自我概念是积极的，当自己的行为被视为非理性、不道德，或者不能胜任时，个体就会体验到失调③。Cooper 和 Fazio 对自我一致性理论的进一步解释认为，失调是由于个体产生了不希望对发生的结果负责的感觉④。

6.2.2.2 实证研究

相关实证研究主要集中在认知失调的消极情绪体验、缓解失调压力的行为表现，以及影响因素研究等方面。

（1）认知失调情绪体验

Harmon-Jones 对认知失调情绪体验进行了实验研究，研究结果证明了认知失调的确引起个体产生消极的情绪体验。实验将被试随机分为两个组，即低选择水平组和高选择水平组，要求两组被试各自分别撰写一篇短文对一段十分枯燥的文字进行评价；结果显示，高选择水平组被试对枯燥文字做出更多有趣的评价，且他们报告自己有更高程度的不舒适感和消极情绪体验⑤。Elliott 和 Devine 进行了

---

① 杨治良，郝兴昌．心理学辞典［M］．上海：上海辞书出版社，2016；袁世全，冯涛．中国百科大辞典［M］．北京：华夏出版社．1990：118.

② Tedeschi J T. Schlenker B R，Bonoma T V. Cognitive dissonance：private ratiocination or public spectacle?［J］．American Psychologist，1971，26（8）：685-695.

③ Abelson R P. Theories of Cognitive Consistency：A Sourcebook［M］．Chicago：Rand McNally，1968：5-27.

④ Cooper J，Fazio R H. A new look at dissonance theory［J］．Advances in Experimental Social Psychology，1987，17：229-266.

⑤ Harmon-Jones E. Cognitive dissonance and experienced negative affect：evidence that dissonance increases experienced negative affect even in the absence of aversive consequences［J］．Personality and Social Psychology，2000，26：1490-1501.

一项对照实验，要求两组被试撰写一篇与自己观点矛盾的文章——赞成增加学费；随后，令一组被试立即报告自己的情感状态，让另一组被试先报告自己对增加学费的态度之后再报告自己的情感状态；结果发现，后一组被试具有更低水平的消极情绪和心理不适①。

(2) 认知失调自我调节方式

学界为费斯汀格指出的三种认知失调自我调节方式提供了实证依据。例如，在改变认知元素方面，人们一旦发现吸烟有害健康，很多人就会主动戒烟；如果一个人拟动身外出野餐，但注意到天下雨了，那么他很可能返回家中②。就增加新的认知元素而言，McBride 等对非洲裔美国人低收入者进行的有关戒烟理由的调查发现，很多吸烟者都会找各种借口来支持自己的吸烟行为，如吸烟对自己的危害很小、吸烟可以达到放松效果、吸烟可以减肥等③。在减少失调关系所涉及的元素重要性方面，Simon 等的实验证明，当人们认为与认知失调有关的任何态度、行为都不重要时，二者之间的冲突就不会对他们产生影响④。

(3) 认知失调影响因素

认知失调受多种因素影响。

1）选择决策情境的影响

费斯汀格指出，在两个或更多个备择物之间做出选择之后，几乎总存在着失调⑤。Ehrlich 等对新车购买者的研究表明，车主在购买新车后存在极大的失调：他会考虑自己未选汽车的所有“好”的特征，以及自己已选中汽车的所有“坏”的特征，这便同他现在拥有这辆汽车之间产生了失调；为了减少失调，他们可能会更多地阅读与选中汽车有关的广告，或者避免阅读自己未选汽车的广告⑥。此谓决策后失调。

2）强迫服从情境的影响

在强迫服从情境中，个体会因受外力影响（奖励或惩罚）而采取与其先前信念或态度相反的行为，从而产生认知失调。对此，Festinger 和 Carlsmith 进行的旋转线轴实验表明，在强迫服从情境下，当个体被迫公开支持与自己内心态度不

---

① Elliot A J, Devine P G. On the motivational nature of cognitive dissonance: dissonance as psychological discomfort [J]. Journal of Personality and Social Psychology, 1994, 67 (3): 382-394.

② 利昂·费斯汀格. 认知失调理论 [M]. 郑全全译. 杭州: 浙江教育出版社, 1999: 17.

③ McBride C M, Pollak K I. Bepler G, et al. Reasons for quitting smoking among low-income African American smokers [J]. Health Psychology, 2001, 20 (5): 334-340.

④ Simon L, Greenberg J, Brehm J. Trivialization: the forgotten mode of dissonance reduction [J]. Journal of Personality and Social Psychology, 1995, 68 (2): 247-260.

⑤ 利昂·费斯汀格. 认知失调理论 [M]. 郑全全译. 杭州: 浙江教育出版社, 1999: 219.

⑥ 利昂·费斯汀格. 认知失调理论 [M]. 郑全全译. 杭州: 浙江教育出版社, 1999: 43-45.

一致的观点时，认知失调便会产生①。王瑜超和马费成也实证研究了强制情景下养老院内的老人对医疗信息系统的采纳意愿，发现个体的任务价值对认知失调情绪起着关键性的消除作用②。

3）归因方式的影响

Abramson 等发现，如果一个人倾向于把生活中负性事件的原因归结为一些内在的因素，则有较大可能出现抑郁症状③。这说明内部归因是产生个体认知失调的原因之一。Stalder 和 Baron 的实验研究④也证明了归因方式对认知失调的影响。而外部归因往往是减少认知失调的重要手段，如当教师在实施新课程的过程中受到阻碍而产生认知失调时，他们都会列举很多客观因素作为辩解的理由，以此来减少失调⑤。

4）个体差异的影响

费斯汀格的认知失调理论并未提及个体差异问题。郑全全在《认知失调理论》中文版译序中指出，人们在认知失调方面至少表现出三种个别差异：①在忍受失调的能力上的差异，即一些人比另一些人需要更大的失调程度才能引发他们减少失调的行为；②在选择减少失调的方式上存在差异，如一些人将某件事情的失败归因于客观因素，另一些人则通过改变自己的观点减少失调；③对于一个人是失调的情境对另一个人就不是失调⑥。

6.2.3 信息查寻行为领域中的认知失调研究

20 世纪 70 年代以来，随着情报学界认知学派⑦的产生，学界开始对信息查寻过程中的认知失调进行研究，并在理论和实证方面均取得了代表性成果。

6.2.3.1 理论研究

（1）Brookes 方程与 ASK 理论的认知失调解释

Brookes 提出的情报认知范式，阐述了信息作用于知识结构的过程，在一定

---

① Festinger L，Carlsmith J M. Cognitive consequences of forced compliance［J］. The Journal of Abnormal and Social Psychology，1959，58（2）：203-210.

② 王瑜超，马费成. 强制情景下最终用户的采纳意愿研究［J］. 管理科学，2017，30（2）：80-93.

③ Abramson L Y，Metalsky T E，Alloy L B. Hopelessness depression：a theory-based subtype of depression［J］. Psychological Review，1989，96（2）：358-372.

④ Stalder D R，Baron R S. Attributional complexity as a moderator of dissonance-produced attitude change［J］. Journal of Personality and Social Psychology，1998，75（2）：249-255.

⑤ 景敏，谢慧. 影响初中教学教师实施新课程的归因分析［J］. 数学教育学报，2005，14（2）：64-67.

⑥ 利昂·费斯汀格. 认知失调理论［M］. 郑全全译. 杭州：浙江教育出版社，1999：18.

⑦ 杨韬，周永利. 情报学的认知学派及其研究进展［J］. 情报杂志，2008，27（6）：114-116.

程度上可解释用户认知过程中的认知失调及自我调节机制。该理论认为，当用户原有的知识结构不足以解决其遇到的问题时，就会使其处于一种不平衡的状态，从而激发用户获取新的信息；用户只有将获取的信息整合于自己已有的知识结构或对原有的知识结构进行革新，才能使自己趋向于一种新的平衡①。

Belkin 的 ASK 理论认为，用户产生信息需求的原因是其认识到自己存在着知识的非常状态，无法面对某种问题与情况；事实上，这是用户的知识结构不足以解决其遇到的问题而产生的心理失调，而查寻和利用信息完善原有的知识结构或重建新的知识结构则是缓解其失调的途径之一②。

（2）Kuhlthau 信息查寻过程模型中的情感研究

Kuhlthau 信息查寻过程模型从情感、认知、行动三个方面对用户信息查寻过程进行了描述，且呈现了用户在信息查寻各个阶段的情感变化及认知失调表现③。

用户在任务开始阶段，觉察到信息需求，但此时对查寻问题尚缺乏充分了解，因而会在情感上产生不确定性并在认知上处于模糊状态；在主题选择阶段，识别出查寻主题或相关（relevant）信息，最初的不确定性有所消减，对查寻结果持有乐观的期待；在观点形成前的探索阶段，因难以准确表达内心的真实信息需求，可能再次产生不确定性、挫败感或疑惑，甚至放弃查寻；而随着观点的形成和查寻目标的明晰化，不确定性有所减少；到了信息搜集阶段，查寻到与真实信息需求相吻合的适切（pertinent）信息，此时完成任务的信心与兴趣增强；之后，进入信息的呈现阶段，若查寻成功，则情绪放松，继而利用查寻到的信息来回答或解决最初的问题或任务，需求至此便得到满足；若查寻不成功，则会产生不满足或失望感。

（3）Nahl 的情感负荷理论

Nahl 的情感负荷理论（affective load theory，ALT）是一种从社会生物信息视角来分析用户信息行为中的思想与情感的理论④。它可对认知失调中的用户情感认知进行解释，包括用户对外部环境的不确定性感觉、对技术的恐惧感觉等⑤。

---

① Brookes B C. The foundations of information science：Part Ⅰ philosophical aspects［J］. Journal of Information Science，1980，(2)：125-133.

② Belkin N J，Oddy R N，Brooks H M. Ask for information retrieval-Part I：background and theory［J］. Journal of Documentation，1982，38（2）：61-71.

③ Kuhlthau C C. Inside the search process：information seeking from the user's perspective［J］. Journal of the American Society for Information Science，1991，42（5）：361-371.

④ Nahl D. Affective load［C］//Fisher K E，Erdelez S，McKechnie E F. Theories of Information Behavior. Medford，NJ：Information Today，Inc.，2005：39-43.

Case D O，Given L M. Looking for information：a survey of research on information seeking，needs，behavior［M］. 4th ed. Bingley：Emerald Group Publishing Limited，2016：189.

黄崑，李京津，吴英梅. 信息行为研究中的情感负荷理论及应用研究综述［J］. 图书情报工作，2018，62（12）：116-124.

⑤ 乔欢. 信息行为学［M］. 北京：北京师范大学出版社，2010：77.

用户的情感认知对其行为的影响表现在两个层面：在一般层面上，情感负荷直接影响着人的信息行为动机，如乐观、悲观情绪对信息查寻行为的影响；在微观层面上，人的情感认知对信息查找策略、任务和过程、期待和满意度都会产生影响；其间关系可表示为 $AL=U\times TP$。其中，AL 为情感负荷，指要求工作记忆存储和信息处理的需求；U 为不确定性（烦恼、沮丧、焦虑和愤怒）；TP 为时间压力。用户的情感负荷由其不确定性和时间压力的交互作用决定；用户在信息查寻过程中，当认知行为没有效果时，其情感负荷就会加重，从而产生认知失调①。

6.2.3.2 实证研究

此处重点将学术用户网络信息查寻中的相关实证研究成果归纳如下。

（1）用户网络信息查寻中的认知失调表现特征

1）认知失调情绪体验

关于认知失调的心理反应，目前既有针对用户信息查寻过程中的多种消极情绪、情感状态进行的研究，也有聚焦于信息查寻过程中的某一消极情绪反应（如信息焦虑）进行的研究。

第一，信息查寻过程中的多种消极情绪、情感表现

Nahl 和 Bilal 归纳了用户的四类不确定性情绪，即烦恼、沮丧、焦虑和愤怒②。Tenopir 等对高校学术用户的研究表明，用户查寻中的情绪体验分为积极、消极和中立三种情绪，不同阶段用户的情绪各不相同③。Orlu 对研究生的访谈研究显示，学术用户信息查寻中最常见的消极情绪包括恐惧、不确定性、困惑、挫折、焦虑、怀疑等④。Lopatovska 和 Arapakis 的研究发现，信息查寻过程中引起的情绪可分为积极情绪和消极情绪，其中与消极情绪有关的表现包括使用系统的挫折、对搜索任务的不确定、混乱的搜索策略、软件使用困难、搜索前的不确定、查找问题答案遇到困难及系统知识的缺乏等⑤。Carlos 等发现，用户在线信息搜索情绪表现由四个方面的因素决定，即最初的情感状态、在搜索中感知到的

---

① Nahl D，Bilal D. Information and Emotion：the Emergent Affective Paradigm in Information Behavior Research and Theory ［M］. Medford：Information Today，Inc.，2007.

李亚丹. 特质情感和状态情感对创造性思维的影响［D］. 重庆：西南大学硕士学位论文，2016.

② Nahl D，Bilal D. Information and Emotion：the Emergent Affective Paradigm in Information Behavior Research and Theory ［M］. Medford：Information Today，Inc.，2007.

③ Tenopir C，Wang P，Zhang Y，et al. Academic users' interactions with ScienceDirect in search tasks：affective and cognitive behaviors ［J］. Information Processing & Management，2008，44（1）：105-121.

④ Orlu A D. Information seeking behaviour of masters students：affective and behavioural dimensions ［J］. Library Philosophy and Practice，2016，（3）：1-65.

⑤ Lopatovska I，Arapakis I. Theories，methods and current research on emotions in library and information science，information retrieval and human-computer interaction ［J］. Information Processing and Management，2011，47（4）：575-592.

成功、对在线搜索做出的努力、在线搜索过程中的情绪体验；当用户感知搜索的过程失败时，就会感到厌恶、挫折、绝望或失望等，消极的情绪也会随之产生①。

第二，信息查寻过程中的单一消极情绪心理

对信息查寻过程中的单一消极情绪心理的研究，较多集中于焦虑问题，包括信息查寻过程中的信息焦虑。刘锦源和曹树金的研究表明，当用户进入焦虑通道时，会表现为心神不宁、手足无措，出现挫折感②。李玉玲和曹锦丹指出，信息焦虑由一系列复杂的情绪状态（如紧张、焦急、忧虑、恐惧、慌张、不安等）组成③。Mellon 的质性研究发现，75% ~85% 的大学生在初次查寻图书馆资源时会产生迷失、压迫、恐惧、迷惑、害怕等焦虑症状④。刘根勤和曹博林的问卷调查发现，高校学生信息焦虑主要表现为害怕、担忧、紧张、烦恼等情绪⑤。

2）认知失调自我调节方式

文献调研表明，用户在信息查寻中产生认知失调时，会采取相应的自我调节手段以缓解失调。例如，邓小昭指出，网络信息用户减少认知失调的手段包括寻找替代性信息、寻求替代性服务、引进新的认知元素、重新审视自己的原有信息需求及目标以降低对其某些方面的较高要求，倾诉、发泄、攻击、抑制⑥。

此外，部分学者对信息查寻中的抱怨、攻击行为进行了研究。例如，逯泉逞将网络学术数据库用户的抱怨行为的表现形式概括为5种：向周围人抱怨、向数据库方面抱怨、向中介机构抱怨、向第三方投诉、不再使用网络学术数据库⑦。阎军和孙坦分析了在数字环境下用户抱怨的行为表现，指出用户的抱怨包括对资源的抱怨、对获取途径和方法的抱怨及对服务的抱怨，抱怨的方式主要有直接抱怨、私下抱怨、向第三方抱怨⑧。石颖和邓小昭还对认知失调中的攻击行为进行了研究，认为挫折可以诱发网络用户的攻击行为，同时网络的匿名性、符号化和虚拟性也为网络攻击行为创造了条件⑨。

---

① Carlos F B，Raquel G S，Carlos O S. Analyzing the emotional outcomes of the online search behavior with search engines [J]. Computers in Human Behavior，2011，27 (1)：540-551.

② 刘锦源，曹树金．心流理论视角下信息检索体验测量与分析 [J]．图书情报工作，2017，61 (8)：1-6.

③ 李玉玲，曹锦丹．信息焦虑的概念界定 [J]．图书馆学研究，2011，(2)：2-4.

④ Mellon C A. Library anxiety：a grounded theory and its development [J]. College & Research Libraries，1986，47 (2)：160-165.

⑤ 刘根勤，曹博林．高校学生网络接触与信息焦虑实证研究 [J]．中国青年研究，2012，(9)：53-57.

⑥ 邓小昭．因特网用户信息需求与满足研究 [D]．武汉：武汉大学博士学位论文，2002：81-82.

⑦ 逯泉逞．网络学术数据库用户信息查寻中的抱怨行为探讨 [J]．情报杂志，2011，30 (12)：183-185.

⑧ 阎军，孙坦．数字环境下的用户抱怨行为分析 [J]．图书馆论坛，2009，29 (2)：19-21.

⑨ 石颖，邓小昭．试析诱发网络攻击行为的诱因 [J]．现代传播，2007，(1)：117-119.

(2) 用户网络信息查寻中认知失调的影响因素

邓小昭发现，认知失调产生及失调程度与任务的重要性、目标清晰度相关，也与个体因素（如期望、责任、承诺、意志、先前经验）等相关①。Liaw 和 Huang 的研究表明，搜索引擎用户的计算机经验、搜索系统的质量、用户积极性、科技接受观点是影响用户认知失调的关键性因素②。Nahl 的实证研究表明，紧迫性信息未得满足时，用户感受到的情感负荷强度最大；情感负荷随时间延长而增强③。韩正彪等的实验研究表明，情感控制可有效调节学术用户检索过程中的负面情感，进而影响其检索绩效④。计算机焦虑也是影响用户在网络信息查寻中产生认知失调的因素之一，它是当用户使用计算机或者想到有关计算机使用技术时而产生的害怕、恐惧等消极情绪⑤。张照臣指出，计算机焦虑产生的消极情绪在一定程度上会降低计算机的使用绩效，影响个体对计算机的兴趣，如果短时间内得不到消除，负面影响可能长期存在⑥。邓小昭团队发现，研究生学术信息查寻中的消极情绪与唤醒度相关，也与查寻行为所处阶段相关⑦。

在对焦虑等单一消极情绪的影响因素研究方面，Pollar 指出，用户不知道在哪里查寻信息和知道在哪里查寻信息但不知道查寻途径，是产生信息焦虑的两个因素⑧；Bawden 和 Robinson 发现，获取信息过多和信息不足都可能引起信息焦虑⑨；曹锦丹团队指出，用户可能会因查寻不到所需信息、信息中断、找到过多信息、对信息数量不满足、查寻能力不足等因素而产生困惑、痛苦和焦虑情绪，其中成就动机比较高的个体表现尤甚⑩；此外，检索系统质量、信息检索能力、信息

---

① 邓小昭．因特网用户信息需求与满足研究［D］．武汉：武汉大学博士学位论文，2002：81-82.

② Liaw S S，Huang H M. An investigation of user attitudes toward search engines as an information retrieval tool［J］．Computer in Human Behavior，2003，19（6）：751-765.

③ Nahl D. Affective load and engagement in second life：experiencing urgent，persistent，and long-term information needs［J］．International Journal of Virtual and Personal Learning Environments，2010，1（3）：1-16.

④ 韩正彪，罗瑞，赵杰．学术用户情感控制与心智模型对信息检索绩效影响的实验研究［J］．情报理论与实践，2017，40（1）：59-64.

⑤ 张旋旋．大学生计算机自我效能感在计算机焦虑及使用绩效关系中的中介效应研究［D］．天津：天津师范大学硕士学位论文，2008.

⑥ 张照臣．计算机焦虑探讨［J］．昆明学院学报，2009，31（6）：133-135.

⑦ 牟元樵，邓小昭．硕士研究生网络学术信息查寻行为中的情绪作用机制［J］．图书情报工作，2019，63（23）：87-96.

⑧ Pollar O. Anxiety over information glut inhibits performance［J］．National Underwriter，1996，100（25）：20-23.

⑨ Bawden D，Robinson L. The dark side of information：overload，anxiety and other paradoxes and pathologies［J］．Journal of Information Science，2009，35（2）：180-191.

⑩ 李玉玲，曹锦丹．信息焦虑概念界定［J］．图书馆学研究，2011，（2）：2-4.
梅松丽，曹锦丹．信息焦虑的心理机制探析［J］．医学与社会，2010，23（10）：93-94，99.

利用能力、认知类型、信息需求、知识结构等也都可能是引发焦虑的重要因素①。

就合作查寻或社交网络查寻情境而言，Shah 与 Roberto 的实验结果显示，用户在合作信息查寻中的消极情感更易产生于开始与选择阶段②；查先进等对微博用户学术信息搜寻行为的研究发现，信息质量正向影响用户情感及其搜寻行为③。

此外，非学术信息查寻任务情境下的情绪、情感相关研究成果也具有重要的启发价值。例如，Bilal 和 Kirby 发现，就儿童用户而言，先验知识越少、信息评价与选择能力越低，越易产生认知失调④。邓胜利和赵海平指出，认知失调程度可分为无、轻微和强烈三类⑤。吴丹团队的研究显示，复杂任务往往导致负面情绪的产生，并且从整体上影响检索效果⑥；袁红团队对协同搜索任务的研究表明，任务类型、问题解决能力、成员间关系、搜索进程等均与负面情绪的产生具有相关性⑦；姜婷婷等发现，任务复杂度对情感强度和情感持续时长都有显著影响；时间压力是用户负面情绪积蓄的影响因素之一⑧。

6.2.4 认知失调同类研究状况小结

通过对以往相关文献的回顾，可以发现：①认知心理学领域、行为生态学领域和用户信息查寻行为领域均有对认知失调的研究，相比之下，认知心理学领域的认知失调研究比较深入、成果显著，行为生态学领域的认知失调研究较好地揭示了在不同情境下动物的认知失调自我调节行为表现，而用户信息查寻行为领域的认知失调研究尚未形成体系；②在信息查寻中的认知失调研究上，已有研究多集中于不同类型的情绪情感表现，以及失调后的抱怨、攻击等消极行为的研究，而对用户缓解认知失调的积极行为研究偏少；③目前尚未发现专门针对学术用户

① 冯雪梅. 风格用户信息检索焦虑研究 [J]. 图书馆学刊，2008，(4)：130-132.
王畅. 信息焦虑量表的编制研究 [D]. 长春：吉林大学硕士学位论文，2010.

② Shah C，Roberto G. Exploring information seeking processes in collaborative search tasks [C] //American Society for Information Science (ASIS). Proceedings of the American Society for Information Science. Medford：Information Today，Inc.，2010.

③ 查先进，张晋朝，严亚兰. 微博环境下用户学术信息搜寻行为影响因素研究——信息质量和信源可信度双路径视角 [J]. 中国图书馆学报，2015，41 (3)：71-86.

④ Bilal D，Kirby J. Differences and similarities in information seeking：children and adults as web users [J]. Information Processing and Management，2002，38 (5)：649-670.

⑤ 邓胜利，赵海平. 基于认知失调理论的偏差信息搜寻行为与认知的作用机理研究 [J]. 情报科学，2019，37 (1)：9-15.

⑥ 邱璀，吴丹. 协同信息检索行为中的情感研究 [J]. 图书与情报，2013，(2)：105-110.

⑦ 袁红，赵宇珺. 协同搜索行为中的用户任务感知及情绪状态研究 [J]. 图书情报工作，2015，59 (17)：89-98.

⑧ 姜婷婷，贺虹虹，张正楠. 搜索任务复杂度对用户情感的影响研究 [J]. 图书情报知识，2016，(4)：74-82.

信息查寻中认知失调现象及其影响因素的系统研究。

6.3 学术用户网络信息查寻中的认知失调研究设计

6.3.1 数据搜集方法与过程

为系统揭示学术用户网络信息查寻中的认知失调现象及影响因素，本章主要基于文献调研与访谈观察结果，编制测量项目体系，继而采用问卷调查法对较大样本的数据进行分析，同时采用深度访谈法对较为特殊的个体情况进行挖掘，以期获得较为全面深入的数据。

6.3.1.1 测量项目体系的编制

根据研究内容，在文献调研的基础上，对本研究组所在高校不同学科专业的12名学术用户（均有承担课题任务，学科跨度包括文科、理科、工科）进行了观察和访谈，初步确定出测量项目体系的总体构成要素：学术用户认知失调表现特征、学术用户个体背景特征、学术用户认知失调影响因素。

（1）学术用户认知失调表现特征的测量

对学术用户认知失调表现特征的测量，涉及对认知失调概念内涵与外延的理解。

认知失调是学术用户信息查寻过程中同时出现两种相矛盾认知元素的失衡状态，即当学术用户信息欲求不满时，信息查寻失败或信息查寻受阻与学术用户迫切需要获取信息处于矛盾和冲突的失衡状态。

在以往的研究中，一部分学者根据人类产生消极情绪体验的情况来判断其是否产生了认知失调①，而另有一部分学者则认为认知失调既有情绪因素又有行为方面的因素，并根据人类的某种行为表现来判断其是否产生了认知失调，如在Festinger的旋转线轴经典实验中，主试根据被试对实验的趣味性评价来判断被试是否产生了认知失调②。

本书认为，后者更为全面准确地揭示了认知失调的内涵与外延，因而本章将基于这一概念框架来展开讨论，即将认知失调的表现特征界定为两个方面：一是

① Linder D E, Cooper J, Jones E E. Decision freedom as a determinant of the role of incentive magnitude in attitude change [J]. Journal of Personality and Social Psychology, 1967, 6 (3): 245-254.

Zanna M P, Cooper J. Dissonance and the pill: an attribution approach to studying the arousal properties of dissonance [J]. Journal of Personality and Social Psychology, 1974, 29 (5): 703-709.

② Festinger L, Carlsmith J M. Cognitive consequences of forced compliance [J]. The Journal of Abnormal and Social Psychology, 1959, 58 (2): 203-210.

心理上的反应，即信息欲求不满的消极情绪体验；二是行为上的表现，即学术用户对信息欲求不满这种失调的自我调节行为，包括努力减少失调和避免增加失调两个方面的行为方式。

1）认知失调情绪体验

该部分主要反映学术用户在网络信息查寻情境中，因信息查寻失败或信息需求得不到满足而产生的消极情绪体验。

在认知失调情绪测量方面，Elliott 和 Devine 编制了首个认知失调情绪测量量表（cognitive dissonance emotion scale，CDES）。该量表采用 7 点计分，内含心理不适因子、负性自我因子、积极因子、尴尬因子等，具有较高信度①，因而被许多学者引用或借鉴。例如，Gosling 和 Denizeau 对 CDES 进行修改后，形成了新版本的认知失调情绪测量量表（简称 CDES-N）。CDES-N 包含三个子量表，分别是积极情绪量表（反映积极情绪状态，包括的词汇有“good”“happy”“optimistic”“friendly”，Cronbach's Alpha 系数为 0.79）、一般心理不适情绪量表（反映认知失调概念描述的状态，包括的词汇有“uncomfortable”“uneasy”“bothered”，Cronbach's Alpha 系数为 0.79）和自我指向负性情绪量表（包括的词汇有“angry with myself”“ashamed”“disgusted with myself”“guilty”“self-critical”，Cronbach's Alpha 系数为 0.82）②。

考虑到认知失调与信息查寻这一特定情境密切关联，在此借鉴 Kuhlthau 信息查寻过程模型等关于用户情绪情感的相关研究成果，对本研究组所在高校——西南大学不同学科专业的 12 名学术用户进行了访谈，同时结合研究组成员的自身体验及观察，对 CDES-N 进行了修改，结果如表 6-1 所示。

表 6-1 CDES-N 修改情况

认知失调情绪测量子量表	CDES-N 量表项目	修改后的 CDES-N 量表项目
积极情绪量表	总的来说是愉快的、积极的、幸福的、友好的	总的来说是愉快的、积极的、自信的、轻松的、满足的
一般心理不适情绪量表	感觉有点不舒服、有点不安、烦躁的	感觉有点不舒服、有点不安、烦躁的、焦虑的、紧张的、不确定的
自我指向负性情绪量表	对自己生气的、对自己厌恶的、感觉有些丢人的、内疚的、嫌弃自己的	对自己生气的、对自己厌恶的、对自己失望的、沮丧的

2）认知失调自我调节行为表现

该部分主要用于反映学术用户产生认知失调中的自我调节行为，包括学术用

① Elliot A，Devine P G. On the motivational nature of cognitive dissonance：dissonance as psychological discomfort [J]. Journal of Personality and Social Psychology，1994，67 (3)：382-394.

② Gosling P，Denizeau M. Denial of responsibility：a new mode of dissonance reduction [J]. Journal of Personality and Social Psychology，2006，90 (5)：727-729.

户缓解失调的行为和避免增加失调的行为。

借鉴关于认知心理学及信息行为研究领域的同类研究成果，以及学术用户访谈与研究组成员的体验观察，将认知失调自我调节行为测量项目确定为：改变一个或多个认知元素，增加新的认知元素，减少失调关系所涉及的元素的重要性，以及避免增加失调。

综上，学术用户网络信息查寻中的认知失调表现特征的测量项目见表6-2。

表 6-2　学术用户网络信息查寻中的认知失调表现特征的测量项目

测量部分	测量方面	测量项目
认知失调情绪体验	积极情绪量表	总的来说是愉快的、积极的、自信的、轻松的、满足的
	一般心理不适情绪量表	感觉有点不舒服、有点不安、烦躁的、焦虑的、紧张的、不确定的
	自我指向负性情绪量表	对自己生气的、对自己厌恶的、对自己失望的、沮丧的
认知失调自我调节行为表现	改变一个或多个认知元素	抱怨、倾诉；寻找替代性信息；降低对信息的要求；改变查寻策略（如更换查寻系统、查寻语言、检索式）；向别人求助
	增加新的认知元素	将查寻失败归因于客观因素（如系统功能、网络资源、网络基础设施等）；将查寻失败归因于主观因素（如自身查寻能力、外语水平）
	减少失调关系所涉及的元素的重要性	降低信息需求的重要性；暗示自己，研究任务不紧迫，暂时查不到信息也没关系
	避免增加失调	暂时放弃查寻，转移注意力，以避免信息查寻失败带来的消极体验

（2）学术用户个体背景特征测量项目提取

个体背景特征主要反映学术用户的自然属性和社会角色特征。个体背景特征包含的内容众多且部分特征难以测量，因此，本书将重点考察与信息查寻相关的个体背景特征，以考察不同个体背景特征的学术用户在认知失调上的差异性。结合认知心理学及信息行为研究领域的相关成果及学术用户访谈与观察结果，最终确定出的学术用户个体背景特征测量项目包括性别、年龄、学科领域、身份、学历、日均上网时长、课题来源、课题性质、在课题中所担任的角色、课题研究所处的阶段、课题研究是否依赖网络学术信息、是否有过网络学术信息欲求不满的经历。其中，就学术用户承担课题的相关特征而言，如果学术用户当前承担有多个课题，则仅测量目前投入精力最多的那一个课题的情况。

(3) 学术用户认知失调影响因素提取

从本章文献调研可知，认知心理学研究表明，选择决策情境、强迫服从情境、归因方式都会对认知失调产生影响。这些因素，有的属于情境因素，有的可归于个体归因因素。而信息行为研究领域的研究也表明，计算机经验、搜索系统的质量等信息系统因素也会对用户使用系统查寻信息的情绪状态造成影响。综合以上分析，结合学术用户访谈与研究组成员的体验观察，在此将学术用户认知失调影响因素归纳为个体归因因素、信息系统因素、情境因素三个方面。

1）个体归因因素

学术用户个体归因是指学术用户对自己信息查寻失败或受挫的原因进行解释的过程。

归因方式是影响个体产生认知失调的因素之一。美国心理学家伯纳德·韦纳认为，人们对行为成败原因的解释可分为4个主要的原因：能力、努力、任务难度、运气①。其中能力、努力属于内部归因，任务难度、运气则属于外部归因。在信息查寻领域，邓小昭将网络用户信息行为中的认知失调归因方式分为内因和外因两类，其中前者指与信息行为相关的用户本身的特征，如品质、人格、情绪、心境、能力、动机、努力等，后者包括任务难度、机遇、信息环境、他人影响等②。

访谈研究发现，学术用户在信息查寻失败后，相比外部归因方式，内部归因方式更容易让其产生焦虑等心理不适；且他们多将失败原因归为个体能力（如信息需求的识别与表达能力、信息查寻能力、信息利用能力）或个人努力不足。此外，大部分被访学术用户表示，外语文献查寻对他们造成了困扰。

综合考虑以上情况，在此从以下五个方面提取学术用户个体归因因素：信息需求的识别与表达能力；基于信息需求识别与表达的信息查寻能力，如查寻工具选择与利用、查寻策略调整等；对信息查寻结果的利用能力，如结果信息的评价与判断、信息吸收利用；外语水平；信息查寻中的个人努力程度。

2）信息系统因素

行为生态学领域的一些学者发现，动物的认知失调受系统因素的影响，这种系统因素相当于动物所处的物理环境，如迷津特征（迷津通道的长度、宽窄、转弯方式，以及迷津中的气味等）。与之相似，人类在利用信息系统进行信息查寻时，也会因系统因素而引起认知失调。这在文献调研中也得到初步证实。例如，已有成果显示，用户对查寻系统的期望、查寻系统的质量、软件使用困难、使用系统的挫折等都是导致用户认知失调的常见因素。

鉴于本书聚焦于信息查寻中的认知失调问题，需要分别考虑到信息系统因素

① 伯纳德·韦纳．动机和情绪的归因理论［M］．林钟敏译．福州：福建教育出版社，1999.

② 邓小昭．因特网用户信息需求与满足研究［D］．武汉：武汉大学博士学位论文，2002.

对信息查寻和认知失调的影响特征，在此借鉴 Saracevic 分层交互模型①和认知失调相关理论，同时综合对学术用户的访谈与访谈结果，提取出了三类可能影响学术用户认知失调的信息系统因素，即①硬件因素，如学术用户可感知的信息查寻电脑终端的一般性能（如反应速度、内存大小等）；②软件因素，包括查全率、查准率、易用性等；③信息组织与信息资源环境，如信息组织的科学性、搜索引擎和学术数据库信息资源质量、信息获取权限、信息导航等。

3）情境因素

在动物行为生态学领域，认知失调通常受个体所处情境因素的影响。本书 6.2.1.1 节提及的饥饿情境、觅食决策情境、最适搜寻路线选择情境等，就是较为典型的认知失调情境。它们与用户信息查寻中的认知失调情境存在相似之处。同样，人类认知心理学领域的相关研究也证实了选择决策情境、强迫服从情境等不同情境对个体认知失调的影响。

鉴于本书中的认知失调产生于用户学术研究任务驱动下的信息查寻过程之中，它依赖于学术用户所处的学术研究情境，故而本章重点关注与学术用户当前所承担的课题研究任务相关的情境因素。

已有相关研究多将信息查寻中的任务情境归纳为任务目的、主题、规模、复杂度、时间限制等维度②；而本章对学术用户的访谈与观察结果表明，学术用户查寻学术信息过程中所产生的认知失调多源自以下方面：课题复杂、工作量大、自身研究能力的限制、课题相关的领域知识的不足，完成课题的时间压力，以及来自团队成员、同行等的外界压力。

综上，在此将情境因素确定为对领域知识的熟悉程度、课题复杂度、课题工作量、自身研究能力评价、时间压力及外界压力。

---

① Saracevic T. The stratified model of information retrieval interaction: extension and applications [C] // Schwartz G S. Proceedings of the American Society for Information Science. Medford: Information Today, Inc., 1997: 313-327.

② Hölscher C, Strube G. Web search behavior of Internet experts and newbies [J]. Computer Networks, 2000, 33 (1/6): 337-346.

Bystrom K, Järvelin K. Task complexity affects information seeking and use [J]. Information Processing and Management, 1995, 31 (2): 191-213.

Li Y L. Exploring the relationship between work task and search task in information search [J]. Journal of the American Society for Information Science and Technology, 2009, 60 (2): 275-291.

Kim J. Describing and predicting information-seeking behavior on the web [J]. Journal of the American Society for Information Science and Technology, 2009, 60 (4): 679-693.

Solomon P. Discovering information in context [J]. Annual Review of Information Science and Technology, 2005, 36 (1): 29-64.

Agarwal N K. A context-based investigation into source use by information seekers [J]. Journal of the American Society for Information Science and Technology, 2011, 62 (6): 1087-1104.

6.3.1.2 测量研究框架、研究问题与研究假设

综合以上分析，得出本章研究框架示意图（图 6-1），并据此提出本章的主要研究问题与假设。

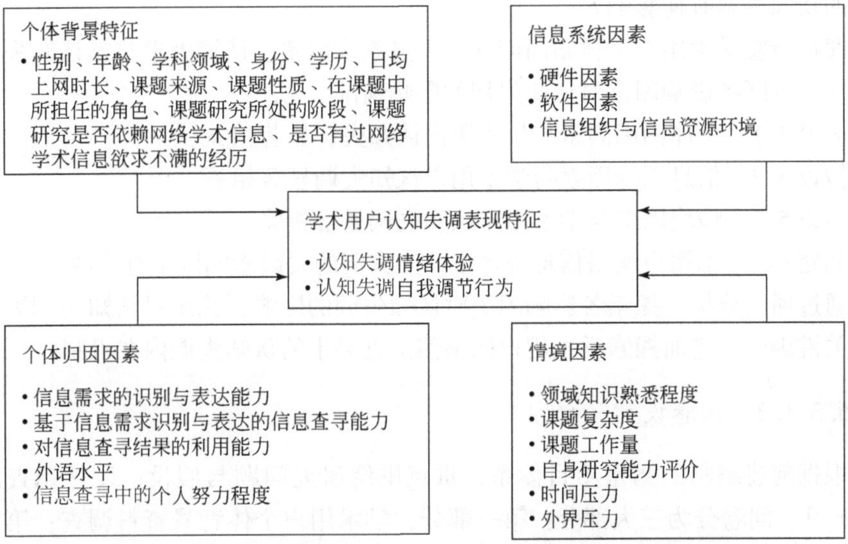

图 6-1 学术用户网络信息查寻中的认知失调研究框架示意图

问题 1：学术用户网络信息查寻中的认知失调会有怎样的心理反应和缓解失调压力的行为表现？

假设 1.1：学术用户网络信息查寻中产生的情绪体验分为三个维度：积极情绪、一般心理不适情绪、自我指向负性情绪。

假设 1.2：认知失调产生以后，学术用户缓解失调压力的行为表现为改变一个或多个认知元素、增加新的认知元素、减少失调关系所涉及的元素的重要性、避免增加失调。

问题 2：认知失调产生以后，学术用户缓解失调压力的积极自我调节行为和消极自我调节行为的分布情况是怎样的？

根据因子分析得到的各类型认知失调自我调节行为的均值及标准差，分析学术用户缓解认知失调的自我调节行为中的积极行为和消极行为的分布情况。

问题 3：学术用户网络信息查寻中的认知失调的影响因素有哪些？

假设 3.1：学术用户网络信息查寻中的认知失调影响因素可分为个体归因因素、信息系统因素、情境因素。

问题 4：不同个体背景特征的学术用户的认知失调表现特征是否存在差异？

通过单因素方差分析和独立样本 t 检验方法，分析不同个体背景特征的学术用户的认知失调表现特征是否存在差异。

假设4.1：不同个体背景特征的学术用户的认知失调心理反应存在显著性差异。

假设4.2：不同个体背景特征的学术用户缓解失调压力的行为表现存在显著性差异。

问题5：学术用户个体归因因素、信息系统因素、情境因素对其网络信息查寻中的认知失调有何影响?

通过检验学术用户个体归因因素、信息系统因素、情境因素与其认知失调的相关性，判断各影响因素对认知失调的影响情况。

假设5.1：个体归因因素与学术用户认知失调显著相关。

假设5.2：信息系统因素与学术用户认知失调显著相关。

假设5.3：情境因素与学术用户认知失调显著相关。

问题6：学术用户网络信息查寻中认知失调的关键影响因子有哪些?

通过回归分析，探索各影响因子对认知失调的影响，找出对认知失调影响较大的关键因子，进而探索学术用户网络信息查寻中的认知失调内在机制。

6.3.1.3 问卷设计

根据前述编制的测量项目体系，重点围绕研究问题与假设，设计调查问卷(试测)[①]。问卷分为三大部分：第一部分，学术用户个体背景资料调查；第二部分，“认知失调测量量表”，包含两个量表：“学术用户网络信息查寻中的认知失调情绪测量量表”（简称“认知失调情绪测量量表”)、“学术用户网络信息查寻中的认知失调自我调节行为测量量表”（简称“认知失调自我调节行为测量量表”)；第三部分，认知失调影响因素测量，包含一个量表：“学术用户网络信息查寻中的认知失调影响因素测量量表”（简称“认知失调影响因素测量量表”)。

在进行正式调查之前，采用试测问卷进行预调查。考虑到预调查的可行性和方便性，选取西南大学教学科研人员、在读博士研究生和在读硕士研究生为调查对象，以现场发放问卷并当场回收的形式，共发放问卷56份，剔除无效问卷6份后，剩余有效问卷50份，有效率达89.3%。

其后，根据对试测问卷的分析，针对试测问卷中存在的问题，对问项设计与表达方式进行修改，并通过CR项目分析进行了项目净化，删除了“电脑性能”“系统易用性”“查准率”等CITC值均小于0.3的题项。在项目净化后，“认知失调情绪测量量表”“认知失调自我调节行为测量量表”“认知失调影响因素测量量表”的Cronbach's Alpha系数分别为0.918、0.757、0.829，均高于0.7，证明试测问卷在经过项目净化后具有良好的信度，可以进行正式调查。正试调查问

① 范敏．学术用户网络信息查寻中的认知失调及其调节机制研究［D］．重庆：西南大学硕士学位论文，2013.

卷详见附录 15。

6.3.1.4 调查实施

（1）样本选取规则

正式调查对象主要是高校教学科研人员、在读博士研究生和在读硕士研究生。考虑到学术用户的代表性和取样的方便性与可行性，对于研究生样本，选取了成都、重庆地区 4 所有代表性的重点高校进行了本次调查；对于教学科研人员样本，主要采用方便取样原则，以邮件发放问卷或由现场发放问卷的形式对部分院校的教学科研人员进行调查。在成都地区，选取了四川大学和电子科技大学；在重庆地区，选取了重庆大学、西南大学。其中，四川大学、重庆大学、西南大学是综合性大学，电子科技大学是以工为主、理工结合的研究型大学，比较满足学术用户的取样标准。

（2）样本数量

共发放问卷 480 份，回收问卷 453 份，回收率为 94.4%。剔除无效问卷 52 份后，共得到 401 份有效问卷，有效率为 88.5%。问卷具体的发放学校与回收数量见表 6-3。

表 6-3　问卷回收情况

序号	学校名称	回收问卷数量/份
1	西南大学	134
2	四川大学	130
3	重庆大学	80
4	电子科技大学	78
5	其他	31

6.3.2 问卷的信度与效度

1）信度分析

信度分析结果见表 6-4。问卷各部分 Cronbach's Alpha 系数均在 0.8 以上，总体信度在 0.9 以上，因而具有较高的信度。

表 6-4　问卷信度分析结果

分析对象	问项数	Cronbach's Alpha 系数
认知失调	26	0.850
认知失调影响因素	22	0.913
总体	48	0.919

2）效度分析

在内容效度评估方面，调查问卷以国内外相同成果为基础，全面涵盖了相关主题概念和内容；结合访谈与观察数据，在测量项目体系编制及问项设计上保证了逻辑严谨性，并且在正式调查前通过预调查反馈数据对试测问卷进行了修改，正式调查问卷符合内容效度评估标准①。在建构效度评估方面，采用因子分析来对量表效度进行检验，详细分析见 6.4.2 节因子分析。

6.3.3 数据分析方法

对深度访谈数据及调查问卷中的质性数据，采用质性研究的三级编码方式进行分析。

对调查问卷中的定量数据，采用以下统计分析方法。

1）描述性统计分析

对调查对象的基本信息进行整理与统计，了解调查对象的基本特征和分布，大致判断调查对象的选取是否符合研究要求，为后续数据处理服务。

2）因子分析

从变量群中提取共性因子，减少变量的数目。

3）独立样本 t 检验

检验两个组别群体的平均值之间是否存在差异。

4）方差分析

用于三个或以上组别群体间的平均值的差异检验。

5）相关分析

检验研究变量间是否存在相关关系，确定相关关系的表现形式，并通过相关系数来测定变量间的相关程度及相关方向。

6）回归分析

用于建立相关关系的回归方程，以数学模型来表现变量间的具体关系。

6.4 学术用户网络信息查寻中的认知失调实证数据分析

6.4.1 学术用户个体背景特征描述统计分析

表 6-5 是对样本用户个体背景特征的描述性统计结果。在此需重点说明：①根

① 吴明隆．问卷统计分析实务——SPSS 操作与应用［M］．重庆：重庆大学出版社，2010：195.

据用户填答的专业和研究方向，参考教育部《学位授予和人才培养学科目录(2011)》对学科部类进行聚类；②鉴于学术用户所属一级学科与二级学科（专业）的数据过于分散，此处采用可视离散化方式对“学科专业”进行分组统计(专业抽样分布情况详见附录 16)；③在担任角色方面，41.4%的学术用户在课题中担任的是课题负责人，这与调查问卷中把承担毕业（学位）论文和课程论文的学术用户也归为课题负责人有关。

表 6-5 学术用户个体背景特征描述统计分析结果

个体背景特征	类别	人数/人	比例/%
性别	男	218	54.4
	女	183	45.6
年龄/周岁	≤25	261	65.1
	26～30	86	21.4
	31～40	43	10.7
	≥41	11	2.7
学科部类	社会科学（管理学、经济学、教育学、法学）	138	34.4
	自然科学（理学）	123	30.7
	应用技术（工学、农学、医学）	91	22.7
	人文学科（文学、历史学、哲学、艺术学）	49	12.2
学科专业	管理学	55	13.7
	计算机科学与技术	45	11.2
	化学	43	10.7
	心理学	40	10.0
	物理学	34	8.5
	农学	32	8.0
	教育学	28	7.0
	文学	23	5.7
	机械工程	23	5.7
	电气工程	23	5.7
	历史学	17	4.2
	政治学	15	3.7
	数学	14	3.5
	哲学	9	2.2

续表

个体背景特征	类别	人数/人	比例/%
身份	硕士研究生一年级	95	23.7
	硕士研究生二年级	100	24.9
	硕士研究生三年级	106	26.4
	博士研究生	47	11.7
	讲师/助理研究员	22	5.5
	副教授/副研究员	20	5.0
	教授/研究员	11	2.7
最高学历	本科	2	0.5
	研究生（硕士）	313	78.1
	研究生（博士）	86	21.4
日均上网时长 T/h	$0<T\leqslant1$	18	4.5
	$1<T\leqslant3$	105	26.2
	$3<T\leqslant5$	94	23.4
	$T>5$	184	45.9
课题来源	国家课题	89	22.2
	省部（或直辖市）级课题	35	8.7
	地市级、厅局级课题	9	2.2
	校级课题	24	6.0
	学院级课题	7	1.7
	横向或委托项目	30	7.5
	毕业（学位）论文	90	22.4
	课程论文	31	7.7
	其他	3	0.7
	以上课题均没有	83	20.7
课题性质	基础研究	138	34.4
	应用研究	96	23.9
	综合研究	81	20.2
	其他	3	0.7
担任角色	课题负责人	166	41.4
	核心成员	54	13.5
	一般成员	98	24.4

续表

个体背景特征	类别	人数/人	比例/%
课题研究阶段	确定研究课题	31	7.7
	设计研究方案	56	14.0
	资料或数据搜集	93	23.2
	资料或数据的汇总与分析	59	14.7
	撰写研究成果	76	19.0
	其他	3	0.7

6.4.2 学术用户认知失调表现特征及影响因素的因子分析

为了探索认知失调表现特征与影响因素的相关关系、合并重复信息、获得认知失调表现特征测量项目和影响因素体系，采用因子分析法对情绪体验、自我调节行为表现及其影响因素各变量进行分析。

在做因子分析之前，检验调查样本是否适合做因子分析。根据因子分析的要求，样本量最少是变量数的5倍。本调查问卷共48个变量，最低要求为48×5=240个样本，而本次调查的样本量为401个，因此调查样本在样本量上符合因子分析的要求。采用KMO（Kaiser-Meyer-Olkin）测度和巴特利特球体检验（Bartlett's test of spherieity）检验样本数据是否适合做因子分析。

（1）学术用户认知失调表现特征的因子分析

1）学术用户情绪体验的因子分析

KMO测度和巴特利特球体检验结果见表6-6。Kaiser认为，KMO值小于0.5时，较不宜进行因子分析，进行因子分析的KMO值至少在0.6以上①。此处KMO值为0.899，巴特利特球体检验的卡方统计值的显著概率（显著性）为0.000，达到显著，说明该样本数据适合做因子分析。

表6-6 学术用户情绪体验KMO测度和巴特利特球体检验结果

取样足够度的KMO度量		0.899
巴特利特的球体度检验	近似卡方	3253.377
	df	105
	显著性	0.000

通过因子分析，得到解释的总方差和旋转后的因子负荷矩阵，分别见表6-7

① 吴明隆．问卷统计分析实务——SPSS操作与应用［M］．重庆：重庆大学出版社，2010：217.

和表6-8。

表6-7 学术用户情绪体验特征值及解释的总方差

成分	初始特征值			提取平方和载入			旋转平方和载入		
	特征值	方差贡献率/%	累计方差贡献率/%	特征值	方差贡献率/%	累计方差贡献率/%	特征值	方差贡献率/%	累计方差贡献率/%
1	6.517	43.449	43.449	6.517	43.449	43.449	3.824	25.493	25.493
2	1.918	12.785	56.234	1.918	12.785	56.234	3.185	21.236	46.729
3	1.244	8.292	64.525	1.244	8.292	64.525	2.669	17.796	64.525
4	0.792	5.277	69.803						
5	0.696	4.642	74.445						
6	0.584	3.894	78.339						
7	0.553	3.685	82.024						
8	0.532	3.546	85.569						
9	0.457	3.044	88.613						
10	0.400	2.666	91.279						
11	0.341	2.272	93.551						
12	0.313	2.089	95.641						
13	0.295	1.964	97.605						
14	0.208	1.390	98.995						
15	0.151	1.005	100.000						

注：提取方法为主成分分析

表6-8 学术用户情绪体验旋转成分矩阵

具体项目	成分		
	1	2	3
烦躁的	0.791	0.265	0.178
焦虑的	0.769	0.329	0.177
有点不安	0.743	0.292	0.177
紧张的	0.693	0.372	0.119
感觉有点不舒服	0.691	0.091	0.226
不确定的	0.585	0.210	0.181
对自己失望的	0.232	0.877	0.080
对自己厌恶的	0.208	0.868	0.142
对自己生气的	0.307	0.810	0.051
沮丧的	0.416	0.655	0.203

续表

具体项目	成分		
	1	2	3
积极的	0. 034	0. 218	0. 776
愉快的	0. 194	0. 191	0. 769
自信的	0. 164	0. 152	0. 735
满足的	0. 267	-0. 131	0. 593
轻松的	0. 503	0. 000	0. 567

注：提取方法为主成分分析；旋转法采用具有 Kaiser 标准化的正交旋转法；旋转在 6 次迭代后收敛

由表 6-7 可知，共提取出 3 个特征值大于 1 的公因子，这 3 个公因子的累计方差贡献率为 64. 525%，即用这 3 个公因子代替原有 15 个变量可以概括原始变量所包含的 64. 525% 的信息，说明此 3 个公因子能够较好地描述学术用户网络信息查寻中产生的情绪体验。

由表 6-8 可知，第一个公因子包括的具体项目有“烦躁的”“焦虑的”“有点不安”“紧张的”“感觉有点不舒服”“不确定的”，它们都反映了学术用户网络信息查寻中产生的轻微不适情绪体验，因而可将该公因子命名为“一般心理不适情绪”；第二个公因子包括的具体项目“对自己失望的”“对自己厌恶的”“对自己生气的”“沮丧的”均反映了学术用户产生的自我指向负性情绪，可将该因子命名为“自我指向负性情绪”；第三个公因子包括的具体项目“积极的”“愉快的”“自信的”“满足的”“轻松的”均反映了学术用户的积极情绪体验，因此可将该公因子命名为“积极情绪”。

2）学术用户自我调节行为的因子分析

KMO 测度和巴特利特球体检验结果见表 6-9。KMO 值为 0. 623，巴特利特球体检验的卡方值的显著性概率（显著性）为 0. 000 达到显著，说明该样本数据适合做因子分析。

表 6-9　学术用户自我调节行为 KMO 测度和巴特利特球体检验结果

取样足够度的 KMO 度量		0. 623
巴特利特球体检验	近似卡方	491. 882
	df	55
	显著性	0. 000

通过因子分析得到解释的总方差和旋转后的因子负荷矩阵，分别见表 6-10 和表 6-11。

表 6-10　学术用户自我调节行为特征值及解释的总方差

成分	初始特征值			提取平方和载入			旋转平方和载入		
	特征值	方差贡献率/%	累计方差贡献率/%	特征值	方差贡献率/%	累计方差贡献率/%	特征值	方差贡献率/%	累计方差贡献率/%
1	2.086	18.960	18.960	2.086	18.960	18.960	1.963	17.847	17.847
2	1.840	16.729	35.689	1.840	16.729	35.689	1.593	14.479	32.325
3	1.160	10.549	46.237	1.160	10.549	46.237	1.503	13.667	45.992
4	1.114	10.131	56.368	1.114	10.131	56.368	1.141	10.376	56.368
5	0.955	8.679	65.047						
6	0.857	7.792	72.840						
7	0.709	6.446	79.286						
8	0.656	5.960	85.246						
9	0.629	5.721	90.967						
10	0.555	5.047	96.013						
11	0.439	3.987	100.000						

注：提取方法为主成分分析

表 6-11　学术用户认知失调自我调节行为旋转成分矩阵

具体项目	成分			
	1	2	3	4
信息需求抑制	0.802	0.013	-0.016	0.103
任务不紧迫的自我安慰	0.774	-0.009	0.013	0.090
放弃查寻	0.535	0.146	0.189	-0.138
倾诉	0.131	0.793	-0.048	0.000
抱怨	0.091	0.654	0.114	-0.228
寻求帮助	-0.283	0.544	0.151	0.287
寻找替代信息	0.044	-0.002	0.789	0.034
降低对信息的要求	0.116	0.079	0.769	-0.084
改变查寻策略	-0.401	0.303	0.420	0.084
查寻失败内部归因	0.325	0.149	0.107	0.770
查寻失败外部归因	0.215	0.314	0.169	-0.600

注：提取方法为主成分分析；旋转法采用具有 Kaiser 标准化的正交旋转法；旋转在 6 次迭代后收敛。因变量名过长，限于篇幅，这里主要提取变量名中的关键词，完整变量名请参照附录 15 调查问卷

由表6-10可知，共析出4个特征值大于1的公因子，这4个公因子的累计方差贡献率为56.368%，即用这4个公因子代替11个变量可以概括原始变量所包含的56.368%的信息，因此这4个公因子能够较好地描述学术用户认知失调中的自我调节行为。

由表6-11可知，第一个公因子包括的自我调节行为具体项目有“信息需求抑制”“任务不紧迫的自我安慰”“放弃查寻”，可将该公因子命名为“降低对认知元素重要性的认识”；第二个公因子包括的具体项目有“倾诉”“抱怨”“寻求帮助”，可将该公因子命名为“改变认知策略”；第三个公因子包括的具体项目有“寻找替代信息”“降低对信息的要求”“改变查寻策略”，可将该公因子命名为“改变查寻行为”；第四个公因子包括的具体项目有“查寻失败内部归因”“查寻失败外部归因”，可将该公因子命名为“增加新的认知元素”。

综上所述，通过因子分析，在学术用户的情绪体验方面共形成三大因子，在认知失调自我调节行为方面共形成四大因子。

在情绪体验方面，三大因子分别为“一般心理不适情绪”“自我指向负性情绪”“积极情绪”。这与假设1.1完全吻合，因此假设1.1“学术用户网络信息查寻中产生的情绪体验分为三个维度：积极情绪、一般心理不适情绪、自我指向负性情绪”完全成立。

在认知失调自我调节行为方面，四大因子分别为“降低对认知元素重要性的认识”“改变认知策略”“改变查寻行为”“增加新的认知元素”。其中，“改变认知策略”和“改变查寻行为”均属于改变一个或多个认知元素范畴。另外，个别因子的聚合情况与研究假设存在细微差异，如研究假设中将“放弃查寻”归为“避免增加失调”，而该因子分析结果则将“放弃查寻”归入了“降低对认知元素重要性的认识”维度。但是，根据访谈，学术用户通过“信息需求抑制”和“任务不紧迫的自我安慰”这两种方式减少失调的结果之一是“放弃查寻”，其动机则是为了避免增加失调，这三个因子在某种程度上有着一定相关关系。由此可认为，假设1.2“认知失调产生以后，学术用户缓解失调压力的行为表现为改变一个或多个认知元素、增加新的认知元素、减少失调关系所涉及的元素的重要性、避免增加失调”基本成立。

（2）学术用户认知失调影响因素的因子分析

学术用户认知失调影响因素KMO测度和巴特利特球体检验结果见表6-12。

表6-12 学术用户认知失调影响因素KMO测度和巴特利特球体检验结果

取样足够度的KMO度量		0.876
巴特利特球体检验	近似卡方	3807.313
	df	231
	显著性	0.000

检验结果中，KMO 值为 0.876，巴特利特球体检验的卡方值的显著性概率（显著性）为 0.000，达到显著，说明该样本数据适合做因子分析。

通过因子分析得到解释的总方差和旋转后的因子负荷矩阵，分别见表 6-13 和表 6-14。

表 6-13　学术用户认知失调影响因素特征值及解释的总方差

成分	初始特征值			提取平方和载入			旋转平方和载入		
	特征值	方差贡献率/%	累计方差贡献率/%	特征值	方差贡献率/%	累计方差贡献率/%	特征值	方差贡献率/%	累计方差贡献率/%
1	7.875	35.794	35.794	7.875	35.794	35.794	3.749	17.040	17.040
2	1.913	8.694	44.488	1.913	8.694	44.488	3.053	13.875	30.915
3	1.667	7.576	52.064	1.667	7.576	52.064	2.970	13.502	44.417
4	1.115	5.068	57.132	1.115	5.068	57.132	1.908	8.672	53.089
5	1.004	4.565	61.698	1.004	4.565	61.698	1.894	8.608	61.698
6	0.964	4.383	66.081						
7	0.845	3.842	69.923						
8	0.826	3.753	73.676						
9	0.730	3.318	76.994						
10	0.681	3.097	80.091						
11	0.579	2.632	82.723						
12	0.548	2.492	85.214						
13	0.497	2.261	87.475						
14	0.480	2.182	89.657						
15	0.473	2.152	91.809						
16	0.409	1.857	93.666						
17	0.352	1.601	95.266						
18	0.347	1.575	96.842						
19	0.283	1.286	98.128						
20	0.202	0.918	99.046						
21	0.185	0.841	99.887						
22	0.025	0.113	100.000						

注：提取方法为主成分分析

表 6-14　学术用户认知失调影响因素旋转成分矩阵

具体项目	成分				
	1	2	3	4	5
外界压力	0.795	0.196	0.129	0.163	0.181
紧迫程度	0.763	0.111	0.181	0.133	0.179
课题复杂度	0.688	0.168	0.234	−0.037	0.004
课题工作量	0.685	0.000	0.245	0.067	0.022

续表

具体项目	成分				
	1	2	3	4	5
自身研究能力评价	0.669	0.264	0.005	0.249	0.369
领域知识熟悉度	0.657	0.286	0.022	0.251	0.365
不清楚信息需求表达	0.191	0.740	0.163	0.017	0.072
不清楚信息需求	0.007	0.720	0.175	-0.024	0.118
不能很好利用查寻工具	0.277	0.643	0.162	0.147	0.002
不清楚信息查寻途径	0.049	0.635	0.135	0.174	0.187
不知如何筛选相关信息	0.201	0.615	0.092	0.423	0.110
不知如何下载全文信息	0.331	0.511	0.070	0.344	0.208
学术数据库覆盖范围	0.232	0.133	0.719	0.155	-0.161
学术数据库更新速度	0.202	0.175	0.715	0.067	-0.201
信息组织分类体系	0.003	0.103	0.682	0.128	0.354
网络搜索引擎信息质量	0.202	0.051	0.641	0.055	0.178
信息组织系统性	0.073	0.162	0.607	0.162	0.325
查全率	0.100	0.187	0.506	0.079	0.114
信息过载	0.152	0.149	0.214	0.809	0.063
信息迷航	0.176	0.197	0.222	0.777	0.170
努力程度不够	0.347	0.226	0.172	0.186	0.736
外语水平不足	0.353	0.251	0.194	0.094	0.730

注：提取方法为主成分分析；旋转法采用具有 Kaiser 标准化的正交旋转法；旋转在 6 次迭代后收敛。因变量名过长，限于篇幅，这里主要提取变量名中的关键词，完整变量名请参照附录 15 调查问卷

由表 6-13 可知，在认知失调影响因素中共提取出 5 个特征值大于 1 的公因子，这 5 个公因子的累计方差贡献率为 61.698%，即用这 5 个公因子代替原有的 22 个变量可以概括原始变量 61.698% 的信息。因此，这 5 个公因子能够较好地描述学术用户网络信息查寻中的认知失调影响因素。

由表 6-14 可知，第一个公因子包括的具体项目有“外界压力”“紧迫程度”“课题复杂度”“课题工作量”“自身研究能力评价”“领域知识熟悉度”，将该公因子命名为“情境因素”；第二个公因子包括的具体项目有“不清楚信息需求表达”“不清楚信息需求”“不能很好利用查寻工具”“不清楚信息查寻途径”“不知如何筛选相关信息”“不知如何下载全文信息”，将该公因子命名为“信息查寻能力归因”；第三个公因子包括的具体项目有“学术数据库覆盖范围”“学术数据库更新速度”“信息组织分类体系”“网络搜索引擎信息质量”“信息组织

系统性”“查全率”，将该公因子命名为“信息查寻系统质量”；第四个公因子包括的具体项目有“信息过载”“信息迷航”，将该公因子命名为“信息过滤与导航”；第五个公因子包括的具体项目有“努力程度不够”“外语水平不足”，将该公因子命名为“其他内部归因”。

综上所述，通过因子分析，在学术用户的认知失调影响因素方面共形成五大影响因子，分别为“情境因素”“信息查寻能力归因”“信息查寻系统质量”“信息过滤与导航”“其他内部归因”。其中，“信息查寻能力归因”和“其他内部归因”属于个体归因因素，“信息查寻系统质量”“信息过滤与导航”属于信息系统因素。因此，学术用户网络信息查寻中的认知失调影响因素可细分为个体归因因素、信息系统因素、情境因素，假设3.1“学术用户网络信息查寻中的认知失调影响因素可分为个体归因因素、信息系统因素、情境因素”成立。

6.4.3 学术用户认知失调表现特征的描述统计分析

根据“认知失调情绪测量量表”“认知失调自我调节行为测量量表”的调查数据，从认知失调情绪体验、自我调节行为两个方面对学术用户的认知失调分别进行描述性统计分析。

(1) 认知失调情绪体验的分析

根据问卷调查数据，将“认知失调情绪测量量表”按照五级评分制进行评分（即“很不符合”为1分，“较不符合”为2分，“一般”为3分，“较符合”为4分，“很符合”为5分），将反向题目（第1～5题）进行反向计分，最终得到如表6-15所示的总得分区间。

表6-15 学术用户认知失调水平分布

得分区间/分	人数/人	比例/%
(15, 30]	76	19.0
(30, 45]	237	59.1
(45, 75]	88	21.9

根据量表的编制规则，每个题项后的数字1～5代表了从“很不符合”到“很符合”的程度，所有题项的总得分代表消极情绪体验的强度；总得分在(15, 30]区间者完全没有失调，总得分在(30, 45]区间者有一定程度的失调，总得分在(45, 75]区间者有比较严重的失调。根据调查结果可以看出，超过80%（得分在(30, 75]区间的人数所占比例）的学术用户在网络上查寻学术信息时会产生一定程度或比较严重的认知失调。

此外，按照“认知失调情绪测量量表”的总得分情况对样本进行排序，在

(45，75］得分区间的样本中确定了15名愿意继续参与调查的学术用户（6男9女）并对其进行了访谈，以了解其认知失调的具体情况。心理学科的用户A提到："在查寻信息过程中，我经常遇到各种阻碍，有时候查寻不到文献，我会非常焦虑、烦躁，研究生期间最煎熬的就是写文章"。管理学科的学生B称，他目前处于学位论文开题阶段，信息查寻过程非常不顺利；当查寻遇到阻碍时，他会产生严重的消极情绪，有时甚至会吃不下饭、失眠，可见信息查寻中认知失调的程度已经影响了他的正常生活。

（2）认知失调自我调节行为的分析

根据样本用户的"认知失调自我调节行为测量量表"测量得分，计算出各因子的均值大小，并按其均值大小排序，结果见表6-16。

表6-16 认知失调自我调节行为表现情况

公因子	认知失调自我调节行为具体项目情况					公因子情况	
	具体项目	最小值	最大值	均值	排序	均值	排序
降低对认知元素重要性的认识	信息需求抑制	1	5	2.24	11	2.54	4
	任务不紧迫的自我安慰	1	5	2.42	10		
	放弃查寻	1	5	2.96	8		
改变认知策略	倾诉	1	5	3.18	5	3.48	2
	抱怨	1	5	3.35	4		
	寻求帮助	1	5	3.90	2		
改变查寻行为	寻找替代信息	1	5	3.42	3	3.59	1
	降低对信息的要求	1	5	3.17	6		
	改变查寻策略	1	5	4.19	1		
增加新的认知元素	查寻失败内部归因	1	5	2.87	9	2.93	3
	查寻失败外部归因	1	5	2.99	7		

由表6-16可见，为缓解认知失调，学术用户最常采用的自我调节行为依序为"改变查寻行为""改变认知策略""增加新的认知元素""降低对认知元素重要性的认识"。

在这些自我调节行为中，"改变查寻行为"包括寻找替代信息、降低对信息的要求、改变查寻策略。总体而言，这是一种积极的自我调节行为。在"改变认知策略"中，抱怨和倾诉属于一种发泄性的自我调节机制，寻求帮助则是一种积极的自我调节方式。"增加新的认知元素"这一自我调节行为涉及对查寻失败的归因，如将查寻失败归因于内部可能是学术用户认为自己查寻能力有限、查寻不到信息是正常的，而将查寻失败归因于外部则可能是学术用户认为系统中根本不存在某方面的信息或系统性能太差，因而查寻不到该方面的信息。学术用户通过为查寻失败寻找合理化解释来缓解失调。“降低对认知元素重要性的认识”是学术用户以逃避性和消极性的方法去减轻失调带来的心理不适。其中，信息需求抑制是一种自骗性的自我调节机制，即学术用户通过暗示自己不需要某些信息来缓解信息查寻失败产生的心理不适，含有自欺欺人的成分；任务不紧迫的自我安慰和放弃查寻是一种逃避性的自我调节机制，即学术用户将认知失调带来的消极情绪体验进行有目的的遗忘，从而获得暂时性解脱。

根据访谈数据，受访用户均曾使用以上自我调节方式或其他类似方式来缓解网络信息查寻中的认知失调，其中被提及最多的行为方式是更换关键词、更换数据库、寻求帮助（如向团队成员、同行、作者、BBS 等求助）、去图书馆查寻纸质文献或去书店购买纸质图书等。例如，教育学科的研究生 C 陈述的自我调节行为：“通过更换关键词、查寻系统等方式，将自己知道的关键词和查寻系统全部尝试一次，如果还是查寻不到信息就暂时放弃；通过看电影、听音乐、逛街转移注意力；与同学集体讨论，如果别人也遇到与自己类似的问题，会感觉比较安慰；与导师沟通，告诉导师自己遇到的问题和心理上的困扰；与家人沟通，向他们倾诉自己在学习上遇到的困难；自我安慰，暗示自己反正将来不走学术路，凑合查一些信息就行了，或暗示自己可能是兼职花去的时间太多而很难静下来查寻信息，（或许）过段时间就好了”。

6.4.4 不同个体背景特征学术用户的认知失调表现特征的方差分析

本小节将通过独立样本 t 检验和方差分析这两种统计学方法，分别比较不同个体背景特征的学术用户，在认知失调相关的情绪体验与自我调节行为方面是否存在差异。

（1）性别

不同性别的情绪体验和自我调节行为独立样本 t 检验结果分别见表 6-17 和表 6-18。

表 6-17 学术用户性别与情绪体验因子的独立样本 t 检验

项目		方差方程的 Levene 检验		均值方差的 t 检验				
		F	显著性	t	df	P（双侧）	均值差值	标准误差值
一般心理不适情绪	假设方差相等	0.411	0.522	−2.922	399	0.004	−0.290 051 28	0.099 276 84
	假设方差不相等			−2.921	386.689	0.004	−0.290 051 28	0.099 300 83

续表

项目		方差方程的 Levene 检验		均值方差的 t 检验				
		F	显著性	t	df	P（双侧）	均值差值	标准误差值
自我指向负性情绪	假设方差相等	3.089	0.080	-1.709	399	0.088	-0.169 093 68	0.098 956 83
	假设方差不相等			-1.700	378.549	0.090	-0.169 093 68	0.099 453 85
积极情绪	假设方差相等	0.100	0.752	-1.068	399	0.286	-0.106 326 48	0.099 528 23
	假设方差不相等			-1.062	376.464	0.289	-0.106 326 48	0.100 136 84

表 6-18 学术用户性别与认知失调自我调节行为因子的独立样本 t 检验

项目		方差方程的 Levene 检验		均值方差的 t 检验				
		F	显著性	t	df	P（双侧）	均值差值	标准误差值
降低对认知元素重要性的认识	假设方差相等	2.738	0.099	0.063	399	0.950	0.006 350 88	0.100 272 66
	假设方差不相等			0.064	396.975	0.949	0.006 350 88	0.099 366 86
改变认知策略	假设方差相等	1.696	0.194	-4.037	399	0.000	-0.397 143 05	0.098 365 49
	假设方差不相等			-4.081	397.884	0.000	-0.397 143 05	0.097 322 00
改变查寻行为	假设方差相等	1.215	0.271	-2.137	399	0.033	-0.213 465 71	0.099 879 22
	假设方差不相等			-2.151	394.925	0.032	-0.213 465 71	0.099 235 45
增加新的认知元素	假设方差相等	0.703	0.402	1.047	399	0.296	0.104 997 75	0.100 305 57
	假设方差不相等			1.053	394.126	0.293	0.104 997 75	0.099 742 38

由表 6-17 中可见，“一般心理不适情绪”“自我指向负性情绪”“积极情绪”因子方差同质性检验结果 F 值均未达到显著水平（$P>0.05$），说明这些数据的方差具有同质性。再由 P（双侧）列中“假设方差相等”行的结果可知，“一般心理不适情绪”的 P（双侧）值为 $0.004<0.05$，“自我指向负性情绪”和“积极情绪”的 P（双侧）值均大于 0.05，说明不同性别的学术用户在“一般心理不适情绪”上存在显著性差异，而在“自我指向负性情绪”“积极情绪”两个维度上不存在显著性差异。t 值为负数，说明女性学术用户比男性学术用户更容易产生不适情绪，由此可认为，不同性别的学术用户在情绪体验上存在显著性差异，女性比男性更容易产生不适情绪。

由表 6-18 中可知，“降低对认知元素重要性的认识”“改变认知策略”“改变查寻行为”“增加新的认知元素”因子方差同质性检验检验结果 F 值均未达到显著水平（$P>0.05$），说明这些数据的方差具有同质性。由 P（双侧）列中“假设方差相等”行的结果可知，仅有“改变认知策略”和“改变查寻行为”因子

的 P（双侧）值小于 0.05，说明不同性别的学术用户只在这两个维度存在显著性差异。t 值为负数，说明女性学术用户比男性学术用户更倾向于通过改变认知策略（抱怨、倾诉、寻求帮助）和改变查寻行为（寻找替代信息、降低对信息的要求、改变查寻策略）来缓解失调压力。

此外，访谈数据也表明，在受访用户的 6 男 9 女中，当出现信息欲求不满时，女性用户表现出了更多的抱怨、倾诉行为。

（2）年龄

在年龄与情绪体验的方差分析中，进行方差齐性检验，结果见表 6-19。由表 6-19 可知，所有因子的 P 值均大于 0.05，故应选取 LSD 行的结果。

以下方差分析方法参见本书 5.4.3 相关内容。由于篇幅限制，后文直接列出差异显著的多重比较结果，即方差分析时，方差分析摘要表中的结果表明需要进行多重比较，并且多重比较结果呈现出显著性差异。

表 6-19　方差齐性检验（年龄）

因变量	Levene 统计量	分子自由度（df_1）	分母自由度（df_2）	P
一般不适情绪	1.010	3	397	0.388
自我指向负性情绪	2.123	3	397	0.097
积极情绪	2.507	3	397	0.059

均值多重比较结果见表 6-20。在“一般心理不适情绪”维度，≤25 周岁年龄组（以下简称“≤25”组，其他组类同）与“31～40”组和“≥41”组存在显著性差异，均值差为正，说明“≤25”组比“31～40”组和“≥41”组更倾向于产生一般心理不适情绪。在“自我指向负性情绪”维度，“≤25”组和“26～30”组均与“31～40”组存在显著性差异，其中，“≤25”组和“26～30”组比“31～40”组更倾向于出现自我指向负性情绪。在“积极情绪”维度，“≤25”组比“31～40”“≥41”组更倾向于产生积极情绪，“26～30”组比“≥41”组有更多的积极情绪体验。综上，可以认为，不同年龄的学术用户在情绪体验上存在显著性差异。

表 6-20　各特征组均值多重比较结果简表（年龄）

因变量	比较方法	(I) 年龄（周岁）	(J) 年龄（周岁）	均值差（I–J）	标准误	P
一般心理不适情绪	LSD	≤25	31～40	0.392 494 33*	0.163 109 60	0.017
			≥41	0.661 118 73*	0.305 045 81	0.031
自我指向负性情绪	LSD	≤25	31～40	0.323 932 80*	0.162 431 97	0.047
		26～30	31～40	0.397 790 87*	0.184 331 95	0.032

续表

因变量	比较方法	(I) 年龄（周岁）	(J) 年龄（周岁）	均值差（I-J）	标准误	P
积极情绪	LSD	≤25	31~40	0.358 323 16*	0.161 799 59	0.027
			≥41	0.796 341 86*	0.302 595 85	0.009
		26~30	≥41	0.710 461 04*	0.314 800 50	0.025

*均值差的显著性水平为0.05

从以上结果可知，学术用户随着年龄的增大，在情绪上的表现更为稳定，这可能与其较丰富的学术研究经验、较强的信息查寻技能与自我效能感有关；而小年龄组用户的情绪同时出现了消极与积极倾向，其情绪表现不甚稳定，这可能与他们的经验不足或盲目乐观等心理相关。

在年龄与认知失调自我调节行为的方差分析中，均值多重比较结果见表6-21。相较于“31~40”组，“≤25”组和“26~30”组更多采用“降低对认知元素重要性的认识”这一自我调节方式。相较于“26~30”组，“≤25”组更多采用“改变认知策略”这一调节方式。相较于“31~40”组，“≤25”组和“26~30”组更多采用“增加新的认知元素”这一调节方式。

表6-21　各特征组均值多重比较结果简表（年龄）

因变量	比较方法	(I) 年龄/周岁	(J) 年龄/周岁	均值差（I-J）	标准误	P
降低对认知元素重要性的认识	LSD	≤25	31~40	0.393 798 42*	0.163 424 49	0.016
		26~30	31~40	0.493 522 70*	0.185 458 29	0.008
改变认知策略	LSD	≤25	26~30	0.284 217 35*	0.123 574 49	0.022
增加新的认知元素	LSD	≤25	31~40	0.446 954 21*	0.163 339 67	0.006
		26~30	31~40	0.394 664 85*	0.185 362 02	0.034

*均值差的显著性水平为0.05

(3) 学科部类

表6-22显示，在“一般心理不适情绪”维度，不同学科部类的学术用户在情绪体验上存在显著性差异。具体而言，相比自然科学用户，社会科学用户和应用技术用户更多地产生了一般心理不适情绪；相比人文学科用户，社会科学用户和应用技术用户也存在更多的一般心理不适情绪体验。

表 6-22 各特征组均值多重比较结果简表（学科部类）

因变量	比较方法	(*I*) 学科类型	(*J*) 学科类型	均值差 (*I*-*J*)	标准误	*P*
一般心理不适情绪	LSD	自然科学	社会科学	-0.463 881 20*	0.121 500 21	0.000
			应用技术	-0.379 528 45*	0.135 231 28	0.005
		社会科学	人文学科	0.475 827 03*	0.163 959 61	0.004
		人文学科	应用技术	-0.391 474 29*	0.174 378 76	0.025

* 均值差的显著性水平为 0.05

在学科部类与认知失调自我调节行为的方差分析中，均值多重比较结果见表6-23。不同学科部类的学术用户在“改变认知策略”和“改变查寻行为”维度存在显著性差异。具体而言，在“改变认知策略”维度，社会科学用户与人文学科用户、应用技术用户存在显著性差异。在“改变查寻行为”维度，社会科学用户与人文学科用户存在显著性差异。

表 6-23 ANOVA——方差分析摘要表（学科部类）

因变量	比较方法	(*I*) 学科部类	(*J*) 学科部类	均值差 (*I*-*J*)	标准误	*P*
改变认知策略	LSD	社会科学	人文学科	0.367 236 05*	0.166 218 59	0.028
			应用技术	0.334 488 80*	0.133 441 68	0.013
改变查寻行为	LSD	社会科学	人文学科	0.372 485 38*	0.166 998 13	0.026

* 均值差的显著性水平为 0.05

(4) 学科专业

各组用户的情绪体验均值多重比较结果见表6-24。在“一般心理不适情绪”维度，数学学科专业用户（以下简称“数学”组用户，其余组类同）与“化学”“农学”“心理学”“教育学”“管理学”“计算机科学与技术”“机械工程”“电气工程”组之间存在显著性差异；“物理学”组与“心理学”“教育学”“管理学”“计算机科学与技术”“机械工程”组存在显著性差异；“管理学”组与“文学”组存在显著性差异。在“积极情绪”维度，“数学”组与“物理学”“化学”“农学”“心理学”“教育学”“管理学”“哲学”“文学”“计算机科学与技术”“电气工程”组存在显著性差异，“物理学”组与“政治学”组存在显著性差异，“农学”“政治学”“心理学”组分别与“文学”组存在显著性差异。由此可认为，不同学科专业的用户在情绪体验上存在显著性差异。

表 6-24　各特征组均值多重比较结果简表（学科专业）

因变量	比较方法	(*I*) 学科专业	(*J*) 学科专业	均值差 (*I*–*J*)	标准误	*P*
一般心理不适情绪	LSD	数学	化学	-0.674 850 60 *	0.303 650 50	0.027
			农学	-0.770 225 83 *	0.316 209 36	0.015
			心理学	-0.789 808 83 *	0.306 434 52	0.010
			教育学	-0.854 049 77 *	0.323 010 34	0.009
			管理学	-0.962 354 14 *	0.295 402 39	0.001
			计算机科学与技术	-0.887 282 69 *	0.301 988 60	0.003
			机械工程	-0.897 218 84 *	0.334 508 95	0.008
			电气工程	-0.660 328 61 *	0.334 508 95	0.049
		物理学	心理学	-0.475 475 02 *	0.230 187 23	0.040
			教育学	-0.539 715 96 *	0.251 832 74	0.033
			管理学	-0.648 020 33 *	0.215 282 64	0.003
			计算机科学与技术	-0.572 948 89 *	0.224 234 61	0.011
			机械工程	-0.582 885 03 *	0.266 421 25	0.029
		管理学	文学	0.528 976 46 *	0.245 039 93	0.031
积极情绪	LSD	数学	物理学	-1.053 348 16 *	0.312 157 23	0.001
			化学	-0.716 905 22 *	0.302 479 14	0.018
			农学	-0.630 226 42 *	0.314 989 56	0.046
			心理学	-0.607 532 73 *	0.305 252 42	0.047
			教育学	-0.864 573 13 *	0.321 764 31	0.008
			管理学	-0.818 156 32 *	0.294 262 85	0.006
			哲学	-0.828 170 24 *	0.419 986 08	0.049
			文学	-1.164 796 62 *	0.333 218 56	0.001
			计算机科学与技术	-0.770 908 12 *	0.300 823 66	0.011
			电气工程	-0.979 787 29 *	0.333 218 56	0.003
		物理学	政治学	-0.615 261 89 *	0.304 697 72	0.044
		农学	文学	-0.534 570 19 *	0.268 719 20	0.047
		政治学	文学	-0.726 710 35 *	0.326 240 97	0.026
		心理学	文学	-0.557 263 89 *	0.257 236 51	0.031

* 均值差的显著性水平为 0.05

在认知失调自我调节行为方面，方差分析结果见表6-25。表中各因子的 *P* 值均大于0.05，这表明在认知失调自我调节行为方面，不同学科专业用户组别之间无显著性差异，无须进行多重比较。

表 6-25 ANOVA——方差分析摘要表（学科专业）

项目		平方和	df	均方	F	P
降低对认知元素重要性的认识	组间	13.507	13	1.039	1.043	0.409
	组内	385.615	387	0.996		
	总数	399.122	400			
改变认知策略	组间	21.218	13	1.632	1.669	0.065
	组内	378.553	387	0.978		
	总数	399.771	400			
改变查寻行为	组间	13.249	13	1.019	1.018	0.432
	组内	387.276	387	1.001		
	总数	400.525	400			
增加新的认知元素	组间	11.622	13	0.894	0.890	0.564
	组内	388.855	387	1.005		
	总数	400.477	400			

(5) 身份

由均值多重比较结果可知，不同身份的学术用户在情绪体验上存在显著性差异（表 6-26）。

表 6-26 各特征组均值多重比较结果简表（身份）

因变量	比较方法	(I) 身份	(J) 身份	均值差 (I−J)	标准误	P
一般心理不适情绪	LSD	硕士研究生一年级	硕士研究生三年级	−0.545 037 30*	0.137 85 496	0.000
		硕士研究生二年级	硕士研究生三年级	−0.281 508 90*	0.136 025 33	0.039
			教授/研究员	0.747 931 40*	0.309 959 01	0.016
		硕士研究生三年级	副教授/副研究员	0.701 255 04*	0.237 879 19	0.003
			教授/研究员	1.029 440 30*	0.309 088 44	0.001
		博士研究生	教授/研究员	0.712 549 28*	0.326 819 41	0.030
		讲师/助理研究员	教授/研究员	0.815 627 24*	0.360 320 03	0.024
积极情绪	LSD	硕士研究生一年级	教授/研究员	0.823 134 96*	0.312 828 56	0.009
		硕士研究生二年级	教授/研究员	1.093 427 32*	0.312 015 92	0.001
		硕士研究生三年级	教授/研究员	0.888 366 98*	0.311 139 58	0.005
		博士研究生	教授/研究员	0.947 449 12*	0.328 988 20	0.004
		讲师/助理研究员	教授/研究员	0.749 375 72*	0.362 711 14	0.039
		副教授/副研究员	教授/研究员	0.756 703 66*	0.368 706 77	0.041

* 均值差的显著性水平为 0.05

具体而言，在“一般心理不适情绪”维度，“硕士研究生一年级”与“硕士研究生三年级”存在显著性差异，“硕士研究生二年级”与“硕士研究生三年级”“教授/研究员”存在显著性差异，“硕士研究生三年级”与“副教授/副研究员”“教授/研究员”存在显著性差异，“博士研究生”与“教授/研究员”存在显著性差异，“讲师/助理研究员”与“教授/研究员”存在显著性差异；总体而言，学生比教学科研人员更易产生不适情绪。在“积极情绪”维度，“硕士研究生一年级”“硕士研究生二年级”“硕士研究生三年级”“博士研究生”“讲师/助理研究员”“副教授/副研究员”均分别与“教授/研究员”存在显著性差异。

此外，在问卷调查的过程中，根据参与调查的教学科研人员的配合情况和空闲时间情况，抽取部分教学科研人员进行了访谈。结果表明，由于科研及信息查寻经验较为丰富，教学科研人员的认知失调发生频度小于在读研究生；此外，当教学科研人员查寻不到所需信息时，他们更倾向于外部归因（如归因于相关信息资源提供不足）。

在认知失调自我调节行为方面，均值多重比较结果见表6-27。不同身份的学术用户在“降低对认知元素重要性的认识”和“增加新的认知元素”两种行为上存在显著性差异。

表6-27　各特征组均值多重比较结果简表（身份）

因变量	比较方法	(*I*) 身份	(*J*) 身份	均值差 (*I*–*J*)	标准误	*P*
降低对认知元素重要性的认识	LSD	硕士研究生一年级	副教授/副研究员	0.679 221 77*	0.243 084 00	0.005
		硕士研究生二年级	博士研究生	0.363 371 55*	0.174 740 67	0.038
			副教授/副研究员	0.805 804 30*	0.242 024 80	0.001
		硕士研究生三年级	副教授/副研究员	0.728 626 81*	0.240 880 47	0.003
		讲师/助理研究员	副教授/副研究员	0.808 526 72*	0.305 268 90	0.008
增加新的认知元素	Tamhane's T2	硕士研究生三年级	副教授/副研究员	0.749 854 98*	0.222 490 70	0.043

*均值差的显著性水平为0.05

具体而言，在“降低对认知元素重要性的认识”维度，“硕士研究生一年级”“硕士研究生三年级”“讲师/助理研究员”分别与“副教授/副研究员”存在显著性差异，“硕士研究生二年级”与“博士研究生”“副教授/副研究员”存在显著性差异；在“增加新的认知元素”维度，“硕士研究生三年级”与“副教授/副研究员”存在显著性差异。

(6) 学历

由表6-28可知，经方差分析得到的 P 值均大于0.05，这表明在情绪体验表现方面，不同学历的学术用户组别之间没有体现出显著性差异，无须进行多重比较。不同学历的学术用户在情绪体验上不存在显著性差异，这与刘根勤和曹博林对信息焦虑的研究成果①基本一致。

表 6-28 ANOVA——方差分析摘要表（学历）

项目		平方和	df	均方	F	P
一般心理不适情绪	组间	1.227	2	0.613	0.613	0.542
	组内	398.373	398	1.001		
	总数	399.600	400			
自我指向负性情绪	组间	3.622	2	1.811	1.858	0.157
	组内	387.935	398	0.975		
	总数	391.556	400			
积极情绪	组间	4.072	2	2.036	2.077	0.127
	组内	390.266	398	0.981		
	总数	394.338	400			

表 6-29 中的均值多重比较结果表明，在认知失调自我调节行为方面，不同学历的学术用户仅在“降低对认知元素重要性的认识”维度存在显著性差异。

表 6-29 各特征组均值多重比较结果简表（学历）

因变量	比较方法	(I) 学历	(J) 学历	均值差 (I-J)	标准误	P
降低对认知元素重要性的认识	LSD	研究生（硕士）	研究生（博士）	0.300 279 20 *	0.120 935 60	0.013

* 均值差的显著性水平为 0.05

（7）日均上网时长

由表 6-30 可知，经方差分析得到的 P 值均大于 0.05，说明在情绪体验方面，不同日均上网时长的用户组别之间没有体现出显著性差异，无须进行多重比较。这可能与日均上网时长不能完全代表学术用户的信息查寻经验有关，如有的用户在上网期间较多进行的是休闲娱乐活动（如看电影、聊天、玩游戏等）而非学术信息查寻。

① 刘根勤，曹博林．高校学生网络接触与信息焦虑实证研究［J］．中国青年研究，2012，(9)：53-57.

表 6-30　不同上网时长用户在情绪体验方面的 ANOVA——方差分析摘要表

项目		平方和	df	均方	F	P
一般心理不适情绪	组间	7.396	3	2.465	2.496	0.059
	组内	392.203	397	0.988		
	总数	399.600	400			
自我指向负性情绪	组间	1.472	3	0.491	0.499	0.683
	组内	390.084	397	0.983		
	总数	391.556	400			
积极情绪	组间	1.631	3	0.544	0.550	0.649
	组内	392.708	397	0.989		
	总数	394.338	400			

在认知失调自我调节行为表现方面，方差分析结果见表 6-31。表中各因子的 *P* 值均大于 0.05，这表明在认知失调自我调节行为方面，不同日均上网时长的用户组别之间未体现出显著性差异，无须进行多重比较。

表 6-31　不同上网时长用户在认知自我调节行为表现方面的 ANOVA——方差分析摘要表

项目		平方和	df	均方	F	P
降低对认知元素重要性的认识	组间	2.275	3	0.758	0.759	0.518
	组内	396.847	397	1.000		
	总数	399.122	400			
改变认知策略	组间	12.568	3	4.189	4.295	0.050
	组内	387.203	397	0.975		
	总数	399.771	400			
改变查寻行为	组间	1.561	3	0.520	0.518	0.670
	组内	398.964	397	1.005		
	总数	400.525	400			
增加新的认知元素	组间	0.361	3	0.120	0.119	0.949
	组内	400.116	397	1.008		
	总数	400.477	400			

(8) 课题来源

如前所述，就学术用户承担课题的相关特征而言，如果学术用户当前承担有多个课题，则仅测量学术用户目前投入精力最多的那一个课题的来源和性质，在该课题中所担任的角色，以及课题研究所处的阶段等变量。

就课题来源来看，在情绪体验方面，均值多重比较结果见表 6-32。

表 6-32　各特征组均值多重比较结果简表（课题来源）

因变量	比较方法	(*I*) 课题来源	(*J*) 课题来源	均值差 (*I–J*)	标准误	*P*
自我指向负性情绪	LSD	国家课题	地市级、厅局级课题	0.704 021 20*	0.345 484 40	0.042
		地市级、厅局级课题	校级课题	0.794 463 38*	0.386 066 18	0.040
			以上课题均没有	0.706 550 38*	0.346 629 30	0.042
积极情绪	LSD	省部（或直辖市）级课题	毕业（学位）论文	-0.527 420 18*	0.194 956 65	0.007

* 均值差的显著性水平为 0.05

在“自我指向负性情绪”维度，承担“国家课题”组与承担“地市级、厅局级课题”组之间存在显著性差异，“地市级、厅局级课题”组与“校级课题”“以上课题均没有”组之间存在显著性差异。在“积极情绪”维度，“省部（或直辖市）级课题”组与“毕业（学位）论文”组存在显著性差异。

但总体而言，表中多个 *P* 值大于 0.04，说明显著性差异偏弱。这可能与参与调查的用户在课题中所担任角色的重要性有关。例如，部分承担国家课题的用户可能仅仅是团队中的实验操作者，只需要执行课题负责人或核心研究成员下达的实验任务，而不需要进行过多的信息查寻。

由表 6-33 可知，经方差分析得到的 *P* 值均大于 0.05，这表明在认知失调自我调节行为方面，不同课题来源组别之间没有体现出显著性差异，无须进行多重比较。

表 6-33　ANOVA——方差分析摘要表（课题来源）

项目		平方和	df	均方	*F*	*P*
降低对认知元素重要性的认识	组间	14.555	9	1.617	1.644	0.101
	组内	384.567	391	0.984		
	总数	399.122	400			
改变认知策略	组间	12.560	9	1.396	1.409	0.182
	组内	387.211	391	0.990		
	总数	399.771	400			
改变查寻行为	组间	10.166	9	1.130	1.131	0.339
	组内	390.359	391	0.998		
	总数	400.525	400			
增加新的认知元素	组间	15.993	9	1.777	1.807	0.065
	组内	384.484	391	0.983		
	总数	400.477	400			

(9) 课题性质

在本书中，课题性质分为基础研究、应用研究、综合研究等。由表 6-34、表 6-35 可知，经方差分析得到的 P 值均大于 0.05，这表明在情绪体验、认知失调自我调节行为方面，不同课题性质的用户组别之间均无显著性差异，无须进行多重比较。

表 6-34　不同课题性质用户在情绪体验方面的 ANOVA——方差分析摘要表

项目		平方和	df	均方	F	P
一般不适情绪	组间	3.152	3	1.051	0.982	0.401
	组内	335.931	314	1.070		
	总数	339.083	317			
自我指向负性情绪	组间	4.691	3	1.564	1.516	0.210
	组内	323.772	314	1.031		
	总数	328.463	317			
积极情绪	组间	0.939	3	0.313	0.309	0.819
	组内	318.350	314	1.014		
	总数	319.289	317			

表 6-35　不同课题性质用户在认知失调自我调节行为方面的 ANOVA——方差分析摘要表

项目		平方和	df	均方	F	P
降低对认知元素重要性的认识	组间	0.590	3	0.197	0.177	0.912
	组内	348.372	314	1.109		
	总数	348.962	317			
改变认知策略	组间	1.598	3	0.533	0.500	0.683
	组内	334.518	314	1.065		
	总数	336.116	317			
改变查寻行为	组间	1.027	3	0.342	0.323	0.809
	组内	332.907	314	1.060		
	总数	333.934	317			
增加新的认知元素	组间	5.759	3	1.920	1.865	0.135
	组内	323.121	314	1.029		
	总数	328.879	317			

(10) 担任角色

用户在课题中担任的角色被划分为三种情况：课题负责人、核心成员、一般成员。表 6-36 数据分析显示，在课题中担任不同角色的学术用户在情绪体验上存在显著性差异。

表 6-36　各特征组均值多重比较结果简表（担任角色）

因变量	比较方法	(I) 担任角色	(J) 担任角色	均值差 (I–J)	标准误	P
一般心理不适情绪	LSD	课题负责人	一般成员	0.297 914 35 *	0.130 374 23	0.023
		核心成员	一般成员	0.473 907 73 *	0.173 447 78	0.007
自我指向负性情绪	LSD	核心成员	一般成员	0.432 392 23 *	0.171 331 27	0.012

* 均值差的显著性水平为 0.05

具体而言，在"一般心理不适情绪"维度，"课题负责人""核心成员"均与"一般成员"存在显著性差异。在"自我指向负性情绪"维度，"核心成员"与"一般成员"存在显著性差异。

由表 6-37 可知，经方差分析得到的 P 值均大于 0.05，这表明在认知失调自我调节行为方面，担任不同角色的组别之间没有体现出显著性差异，无须进行多重比较。

表 6-37　ANOVA——方差分析摘要表（担任角色）

项目		平方和	df	均方	F	P
降低对认知元素重要性的认识	组间	1.542	2	0.771	0.699	0.498
	组内	347.420	315	1.103		
	总数	348.962	317			
改变认知策略	组间	1.605	2	0.803	0.756	0.470
	组内	334.511	315	1.062		
	总数	336.116	317			
改变查寻行为	组间	1.417	2	0.709	0.671	0.512
	组内	332.517	315	1.056		
	总数	333.934	317			
增加新的认知元素	组间	2.477	2	1.238	1.195	0.304
	组内	326.402	315	1.036		
	总数	328.879	317			

（11）课题研究阶段

处于不同课题研究阶段的学术用户在情绪体验方面存在显著性差异。均值多重比较结果见表 6-38。

表 6-38　各特征组均值多重比较结果简表（课题研究阶段）

因变量	比较方法	(*I*) 研究阶段	(*J*) 研究阶段	均值差 (*I*–*J*)	标准误	*P*
一般心理不适情绪	LSD	确定研究课题	资料或数据搜集	0.617 232 05*	0.210 467 31	0.004
			资料或数据的汇总与分析	0.493 671 18*	0.225 118 16	0.029
			撰写研究成果	0.684 771 18*	0.216 272 03	0.002
		设计研究方案	资料或数据搜集	0.399 998 88*	0.171 653 94	0.020
			撰写研究成果	0.467 538 00*	0.178 723 75	0.009
自我指向负性情绪	LSD	确定研究课题	资料或数据搜集	0.515 042 67*	0.206 394 26	0.013
			资料或数据的汇总与分析	0.578 040 22*	0.220 761 58	0.009
			撰写研究成果	0.443 936 98*	0.212 086 66	0.037
		设计研究方案	资料或数据搜集	0.510 168 47*	0.168 332 02	0.003
			资料或数据的汇总与分析	0.573 166 02*	0.185 668 40	0.002
			撰写研究成果	0.439 062 78*	0.175 265 02	0.013

* 均值差的显著性水平为 0.05

具体而言，在“一般心理不适情绪”维度，“确定研究课题”组分别与“资料或数据搜集”“资料或数据的汇总与分析”“撰写研究成果”组之间存在显著性差异，“设计研究方案”组分别与“资料或数据搜集”“撰写研究成果”组之间也存在显著性差异。在“自我指向负性情绪”维度，“确定研究课题”组分别与“资料或数据搜集”“资料或数据的汇总与分析”“撰写研究成果”组之间存在显著性差异，“设计研究方案”组分别与“资料或数据搜集”“资料或数据的汇总与分析”“撰写研究成果”组之间存在显著性差异。

据访谈了解，学术用户在确定研究课题和设计研究方案阶段的信息需求量大，也更易产生消极情绪。例如，计算机科学与技术学科的研究生 D：“在确定研究课题阶段，需要阅读非常多的中外文文献，了解目前的研究现状，确定研究内容和创新点，有时候下载了上百篇相关论文，阅读完后发现有用的论文仅存几篇，这时候会产生严重的焦虑、烦躁情绪”。管理学科的研究生 E：“毕业论文是我首次独立承担的研究课题，不知道该选取何种研究方法和研究工具；即使知道一些方法，也仅仅是听人提到过或在论文中看到过，自己没有任何实施经验，因此在研究设计时，需要查阅大量的文献来学习相应的研究方法，整个过程都非常焦虑和不确定”。

由表 6-39 可知，经方差分析得到的 *P* 值均大于 0.05，这表明在认知失调自我调节行为方面，处于不同课题研究阶段的组别之间没有体现出显著性差异，不需要做多重比较。

表 6-39 ANOVA——方差分析摘要表（课题研究阶段）

项目		平方和	df	均方	F	P
降低对认知元素重要性的认识	组间	3.471	5	0.694	0.627	0.679
	组内	345.491	312	1.107		
	总数	348.962	317			
改变认知策略	组间	1.156	5	0.231	0.215	0.956
	组内	334.960	312	1.074		
	总数	336.116	317			
改变查寻行为	组间	7.873	5	1.575	1.507	0.187
	组内	326.061	312	1.045		
	总数	333.934	317			
增加新的认知元素	组间	7.924	5	1.585	1.541	0.177
	组内	320.955	312	1.029		
	总数	328.879	317			

综合以上分析可见，在认知失调消极情绪体验方面，用户在性别、年龄、学科部类、学科专业、身份、课题来源、担任角色、课题研究阶段等多个个体背景特征上均存在显著性差异，由此可认为，假设 4.1 “不同个体背景特征的学术用户的认知失调心理反应存在显著性差异” 基本成立。

在认知失调自我调节行为表现方面，用户仅在性别、年龄、学科部类、身份、最高学历等少数个体背景特征上表现出了显著性差异，因此，可认为假设 4.2 “不同个体背景特征的学术用户缓解失调压力的行为表现存在显著性差异” 基本不成立。

6.4.5 认知失调影响因子与认知失调的相关分析

本节以 6.4.2 节中提取的学术用户认知失调五个影响因子为自变量、三个情绪体验因子为因变量，采用 Pearson 积差相关方法，重点分析影响因子与学术用户认知失调心理反应之间的相关关系。

从表6-40 可知，情境因素、信息查寻能力归因、信息查寻系统质量、信息过滤与导航、其他内部归因与一般心理不适情绪显著正相关；情境因素、信息查寻能力归因、信息过滤与导航、其他内部归因与自我指向负性情绪显著正相关；情境因素、信息查寻能力归因、信息查寻系统质量、信息过滤与导航、其他内部归因与积极情绪负相关，其中情境因素与积极情绪显著负相关。

表 6-40 认知失调影响因子与认知失调相关分析

项目		情境因素	信息查寻能力归因	信息查寻系统质量	信息过滤与导航	其他内部归因
一般心理不适情绪	Pearson 相关性	0.479 **	0.259 **	0.289 **	0.262 **	0.130 *
	显著性（双侧）	0.000	0.000	0.000	0.000	0.021
	N	318	318	318	318	318
自我指向负性情绪	Pearson 相关性	0.329 **	0.190 **	−0.002	0.135 *	0.276 **
	显著性（双侧）	0.000	0.001	0.972	0.016	0.000
	N	318	318	318	318	318
积极情绪	Pearson 相关性	−0.400 **	−0.007	−0.037	−0.034	−0.075
	显著性（双侧）	0.000	0.905	0.516	0.546	0.182
	N	318	318	318	318	318

** 在 0.01 水平（双侧）上显著相关

* 在 0.05 水平（双侧）上显著相关

由于“信息查寻能力归因”“其他内部归因”属于个体归因因素，因此假设 5.1“个体归因因素与学术用户认知失调显著相关”成立。由于“信息查寻系统质量”“信息过滤与导航”属于信息系统因素，因此假设 5.2“信息系统因素与学术用户认知失调显著相关”基本成立。假设 5.3“情境因素与学术用户认知失调显著相关”成立。

此外，通过对问卷中开放式问题和访谈结果的分析，对上述定量研究结果进行以下补充。

（1）个体归因因素对认知失调的影响

参与访谈的 15 名学术用户多倾向于将查寻中的认知失调归因于自身信息需求表达与查寻（如检索词的确定、查寻工具的选择等）能力低下，其次是归因于自身外语水平不足，再次是归因于自己对结果信息评价与判断能力不足（如难以从过多的结果信息中筛选出核心相关信息）。例如，物理学科的研究生 F：“我认为自己查寻信息的能力存在严重的问题，经常不知道输入什么关键词，在查寻方式上基本上完全使用关键词进行检索，对系统的高级检索和专业检索完全不了解，也从没使用过。……每次对查寻结果的筛选是我最头疼的事，有时候在筛选相关文献过程中，浏览了上百条的结果，发现查寻出来的信息基本上不符合自己的初衷，浪费了大量的时间”。计算机科学与技术学科的研究生 G：“在外语文献的查寻过程中，我经常不确定一些专业术语的外语形式，不知道该输入什么关键词；在查寻和阅读外语文献时，我很容易因查不到或看不懂而焦躁。我感觉自己负担特别重，但又不得不看，因而会长期处于烦躁、郁闷中”。

（2）信息系统因素对认知失调的影响

在访谈过程中发现，参与访谈的多数学术用户认为信息系统因素是影响其查寻中认知失调的因素之一。信息系统的具体影响表现在以下 4 方面。

1）对查全率和查准率的影响

如数据库收录资源少、更新速度慢，未提供一站式检索服务。教育学科的研究生 C："读研两年多以来，导师曾因为我没有读到一些核心相关的文献多次责备我，我也经常会担心自己查不全文献，但是学校购买的数据库资源（尤其是外语资源）实在太有限了，我经常都需要向导师索要文献。"心理学科的研究生 A 反映，由于所在学校缺乏一站式检索系统，她不得不逐一在常用数据库中挨个检索，由此常引发担心、不确定甚至焦虑的情绪。

在查准率方面，所有的被访谈人员对系统的查准率评价都不高。计算机科学与技术学科的用户 G（承担的课题名称为"基于关键字树和滑动窗口的 DNA 多序列星比对算法研究"）抱怨到，他在查寻文献时，系统总会反馈出大量与自己的研究课题完全不相关的生物学文献，这就导致他必须浪费大量时间来进行相关性判断。

2）对网络信息资源质量的影响

例如，就学术数据库而言，除了问卷中考察的信息资源更新速度和覆盖范围之外，受访学术用户提到了数据库中收录的垃圾刊物引发的情绪问题。管理学科的研究生 B："有时候我查寻到的相关文献很少，仔细看了，发现好些文献出自本学科中很差的期刊，在这种情况下，我会比较郁闷。"就网络搜索引擎而言，受访用户一致认为百度收录的学术信息资源质量很差，他们基本上不使用；Google 中的学术资源质量相对较好，但很多文献的版权信息不明确，因而在参考文献著录上给他们带来了麻烦。

3）信息过滤与导航

大部分受访学术用户认为网络信息杂乱分散，垃圾信息和广告过多；一些专业门户网站导航分类体系不合理（如类目标签与内容不相符合，分类粗略）；一些链接需要进行多次跳转，或存在死链接，或易致信息迷航；在系统反馈的结果信息中，无关信息偏多且排序混乱，致使学术用户将过多精力消耗在与学术无关的信息行为上，因而难免认知失调。

4）信息获取权限

几乎所有受访学术用户都认为信息获取权限问题是其在信息查寻中产生不适情绪的因素之一。其中，提及最多的问题是外语全文文献的下载。心理学科的学术用户 A："校内的外语资源很少有能免费下载的。我经常用 Google 学术查寻信息，但 Google 上也有很多资源只提供链接，找不到原文信息，有时花很多时间找到一篇非常相关的文献，但这篇文献需要付费，这时我会非常郁闷。"

此外，在问卷开放式数据及访谈数据中，还搜集到了影响学术用户认知失调的信息系统方面的其他因素，包括网络速度慢、系统稳定性差（如页面崩溃）、防火墙影响对外文网站的查寻、硬件设备问题、网费问题、部分数据库的功能设置不符合个人的操作习惯等。

（3）情境因素对认知失调的影响

由前文相关分析可知，情境因素与“一般心理不适情绪”“自我指向负性情绪”显著正相关，与“积极情绪”显著负相关。通过问卷开放式数据和访谈数据，进一步对各类具体情境因素的影响进行分析。

1）领域知识熟悉程度

数据显示，学术用户的认知失调常常出现在新兴或交叉学科领域。例如，计算机科学与技术学科的学术用户 G 承担的研究课题需要查寻大量的生物遗传基因序列，要求具备生物学、数学领域的背景知识，但他对生物学知识了解甚少，他在提炼关键词及进行相关性判断时困难重重，这也是他产生消极情绪的根源。

2）课题复杂度

此处的课题复杂度由被调查者主观感知判断。在自认为所承担课题较为复杂的学术用户中，由于对研究经验及相关知识掌握不足，他们对信息的需求量偏大，对于信息查寻失败也有较强的负面情绪反应。

3）课题工作量

访谈数据表明，课题工作量大小与学术用户的消极情绪反应有一定关系，但这种消极情绪完全来源于研究课题本身，与学术用户的信息查寻成败基本无关。

4）对自身研究能力的评价

虽然研究能力通常并不直接与信息查寻相关，但调查显示，认知失调多出现在对自身研究能力评价较低的学术新人中。管理学科的研究生 H 目前正在进行学位论文写作，其课题来源于导师的国家课题，在研究的每一个阶段，她都需要导师的详细指导（如文献的查寻、研究方法的选取等），“在研究过程中，我不断地遇到很多新问题，每个问题都需要查寻文献去自学、思考、解决，如果一个问题长期得不到解决，就会一直处于压抑的状态，心里尤其憋闷，直到问题得到解决才会豁然开朗、心情愉悦。总的来说，愉快是短暂的，总会遇到各种让人烦的问题，焦虑长期存在”。计算机科学与技术学科的研究生 D 也是首次承担课题，自认为研究能力很差，找不到研究的切入点，不清楚信息需求，因而遇到问题很容易焦虑，甚至有一段时间焦虑到失眠。

5）课题的时间压力与外界压力

来自课题的时间压力，常常与来自团队成员或同行等的外界压力一起，引发用户学术信息查寻中的认知失调。无论是来自课题研究质量和进度要求，还是来自奖学金评定、学位申请或职称晋升、同行认可等方面的压力，均对信息质量提出了较高要求，如果不能准确全面及时获取有用信息，可能导致学术用户的认知失调。

此外，通过对问卷开放式数据和访谈数据的整理，还发现了影响学术用户认知失调的其他因素，包括学术用户主体因素和客观环境因素。其中，学术用户主体因素包括原有情绪状态（非信息查寻引起的消极情绪，如生活琐事引起的坏心情）、人格特质、查寻信息的耐心、对认知失调的忍耐力、个人近期身体状况（如注意力不集中、感冒、疲劳、失眠）、对课题的责任感，对查寻结果的期望值、对工具性知识与技能（如数学、统计方法）的掌握情况等。客观环境因素包括外界环境的舒适程度（如太冷、太热、周围环境吵闹均易产生不良情绪）、课题冷门导致参考资料稀少、研究方法与研究条件限制（如数据获取困难、经费有限、研究方法缺陷）等。

6.4.6 认知失调影响因子与认知失调的回归分析

本节采用逐步多元回归分析法，建立回归方程式，以进一步探明认知失调影响因子对认知失调的影响程度，并找出其中的关键影响因子。

（1）影响因子与一般心理不适情绪的回归分析

进行拟合优度检验，结果见表6-41。表中的 r 是相关系数；R^2 是决定系数，代表预测变量对因变量的解释程度，决定系数越大则回归模型拟合程度越高。由表6-41 可知，“情境因素”“信息查寻系统质量”“信息过滤与导航”“信息查寻能力归因”“其他内部归因”为预测变量可以解释“一般心理不适情绪”46.6%的方差。根据 Cohen 观点，解释方差为16%以上者为强度关联，因此该回归模型具有良好的回归拟合度。

表 6-41　影响因子与一般心理不适情绪拟合优度检验表

模型	r	R^2	调整 R^2	估计的标准误	变更统计量				
					R^2 改变量	F 改变	分子自由度（df_1）	分母自由度（df_2）	显著性 F 改变
1	0.479[a]	0.230	0.227	0.909 451 90	0.230	94.338	1	316	0.000
2	0.560[b]	0.313	0.309	0.860 178 09	0.083	38.240	1	315	0.000
3	0.618[c]	0.382	0.376	0.817 260 30	0.069	34.953	1	314	0.000
4	0.670[d]	0.449	0.442	0.772 855 65	0.067	38.118	1	313	0.000
5	0.683[e]	0.466	0.457	0.762 195 71	0.017	9.816	1	312	0.002

a 预测变量：（常量），情境因素

b 预测变量：（常量），情境因素，信息查寻系统质量

c 预测变量：（常量），情境因素，信息查寻系统质量，信息过滤与导航

d 预测变量：（常量），情境因素，信息查寻系统质量，信息过滤与导航，信息查寻能力归因

e 预测变量：（常量），情境因素，信息查寻系统质量，信息过滤与导航，信息查寻能力归因，其他内部归因

其回归方程线性关系显著性检验见表6-42。以“情境因素”“信息查寻系统

质量”“信息过滤与导航”“信息查寻能力归因”“其他内部归因”为预测变量，线性关系显著性检验的结果显著性 $P=0.000<0.01$，表明回归方程线性关系极显著。

表 6-42　影响因子与一般心理不适情绪回归方程方差分析

模型		平方和	df	均方	F	P
1	回归	78.027	1	78.027	94.338	0.000[a]
	残差	261.364	316	0.827		
	总计	339.391	317			
2	回归	106.321	2	53.160	71.848	0.000[b]
	残差	233.070	315	0.740		
	总计	339.391	317			
3	回归	129.666	3	43.222	64.712	0.000[c]
	残差	209.725	314	0.668		
	总计	339.391	317			
4	回归	152.435	4	38.109	63.801	0.000[d]
	残差	186.957	313	0.597		
	总计	339.391	317			
5	回归	158.137	5	31.627	54.442	0.000[e]
	残差	181.254	312	0.581		
	总计	339.391	317			

a 预测变量：(常量)，情境因素

b 预测变量：(常量)，情境因素，信息查寻系统质量

c 预测变量：(常量)，情境因素，信息查寻系统质量，信息过滤与导航

d 预测变量：(常量)，情境因素，信息查寻系统质量，信息过滤与导航，信息查寻能力归因

e 预测变量：(常量)，情境因素，信息查寻系统质量，信息过滤与导航，信息查寻能力归因，其他内部归因

因变量：一般心理不适情绪

影响因子与一般心理不适情绪最终回归方程统计量见表 6-43。各因子对“一般心理不适情绪”的影响程度从大到小依次为情境因素、信息查寻系统质量、信息过滤与导航、信息查寻能力归因、其他内部归因，且所有系数均为正。可以得到回归方程：一般心理不适情绪=0.082+0.496×情境因素+0.299×信息查寻系统质量+0.271×信息过滤与导航+0.268×信息查寻能力归因+0.134×其他内部归因。

表 6-43 影响因子与一般心理不适情绪最终回归方程统计量

模型		未标准化系数		标准化系数	t	P
		B	标准误	Beta 分布		
1	（常量）	0.082	0.051		1.604	0.110
	情境因素	0.496	0.051	0.479	9.713	0.000
2	（常量）	0.082	0.048		1.696	0.091
	情境因素	0.496	0.048	0.479	10.269	0.000
	信息查寻系统质量	0.299	0.048	0.289	6.184	0.000
3	（常量）	0.082	0.046		1.785	0.075
	情境因素	0.496	0.046	0.479	10.808	0.000
	信息查寻系统质量	0.299	0.046	0.289	6.509	0.000
	信息过滤与导航	0.271	0.046	0.262	5.912	0.000
4	（常量）	0.082	0.043		1.888	0.060
	情境因素	0.496	0.043	0.479	11.429	0.000
	信息查寻系统质量	0.299	0.043	0.289	6.883	0.000
	信息过滤与导航	0.271	0.043	0.262	6.252	0.000
	信息查寻能力归因	0.268	0.043	0.259	6.174	0.000
5	（常量）	0.082	0.043		1.914	0.056
	情境因素	0.496	0.043	0.479	11.589	0.000
	信息查寻系统质量	0.299	0.043	0.289	6.979	0.000
	信息过滤与导航	0.271	0.043	0.262	6.339	0.000
	信息查寻能力归因	0.268	0.043	0.259	6.260	0.000
	其他内部归因	0.134	0.043	0.130	3.133	0.002

注：因变量为一般心理不适情绪

（2）影响因子与自我指向负性情绪的回归分析

由表6-44 可知，“情境因素”“其他内部归因”“信息查寻能力归因”“信息过滤与导航”为预测变量可以解释“自我指向负性情绪”23.9% 的方差。因此，该回归模型具有较好的回归拟合度。

表 6-44 影响因子与自我指向负性情绪拟合优度检验表

模型	r	R^2	调整 R^2	估计的标准误	变更统计量				
					R^2 改变量	F 改变	分子自由度（df_1）	分母自由度（df_2）	显著性 F 改变
1	0.329[a]	0.109	0.106	0.972 686 73	0.109	38.485	1	316	0.000
2	0.430[b]	0.185	0.180	0.931 645 74	0.076	29.454	1	315	0.000

续表

模型	r	R^2	调整 R^2	估计的标准误	变更统计量				
					R^2 改变量	F 改变	分子自由度（df_1）	分母自由度（df_2）	显著性 F 改变
3	0.470[c]	0.221	0.213	0.912 240 48	0.036	14.544	1	314	0.000
4	0.489[d]	0.239	0.229	0.902 929 17	0.018	7.510	1	313	0.006

a 预测变量：（常量），情境因素

b 预测变量：（常量），情境因素，其他内部归因

c 预测变量：（常量），情境因素，其他内部归因，信息查寻能力归因

d 预测变量：（常量），情境因素，其他内部归因，信息查寻能力归因，信息过滤与导航

其回归方程线性关系显著性检验见表 6-45。以“情境因素”“其他内部归因”“信息查寻能力归因”“信息过滤与导航”为预测变量，线性关系显著性检验的结果为显著性 $P=0.000<0.01$，表明回归方程线性关系非常显著。

表 6-45　影响因子与自我指向负性情绪回归方程方差分析

模型		平方和	df	均方	F	P
1	回归	36.412	1	36.412	38.485	0.000[a]
	残差	298.974	316	0.946		
	总计	335.386	317			
2	回归	61.977	2	30.988	35.702	0.000[b]
	残差	273.409	315	0.868		
	总计	335.386	317			
3	回归	74.080	3	24.693	29.673	0.000[c]
	残差	261.305	314	0.832		
	总计	335.386	317			
4	回归	80.203	4	20.051	24.594	0.000[d]
	残差	255.183	313	0.815		
	总计	335.386	317			

a 预测变量：（常量），情境因素

b 预测变量：（常量），情境因素，其他内部归因

c 预测变量：（常量），情境因素，其他内部归因，信息查寻能力归因

d 预测变量：（常量），情境因素，其他内部归因，信息查寻能力归因，信息过滤与导航

因变量：自我指向负性情绪

影响因子与自我指向负性情绪的最终回归方程统计量见表 6-46。各因子对“自我指向负性情绪”的影响程度从大到小依次为情境因素、其他内部归因、信息查寻能力归因、信息过滤与导航，且所有系数均为正。可以得到回归方程：自

我指向负性情绪=0.031+0.339×情境因素+0.284×其他内部归因+0.195×信息查寻能力归因+0.139×信息过滤与导航。

表 6-46　影响因子与自我指向负性情绪最终回归方程统计量

模型		未标准化系数		标准化系数	t	P
		B	标准误	Beta 分布		
1	（常量）	0.031	0.055		0.566	0.572
	情境因素	0.339	0.055	0.329	6.204	0.000
2	（常量）	0.031	0.052		0.591	0.555
	情境因素	0.339	0.052	0.329	6.477	0.000
	其他内部归因	0.284	0.052	0.276	5.427	0.000
3	（常量）	0.031	0.051		0.604	0.547
	情境因素	0.339	0.051	0.329	6.615	0.000
	其他内部归因	0.284	0.051	0.276	5.543	0.000
	信息查寻能力归因	0.195	0.051	0.190	3.814	0.000
4	（常量）	0.031	0.051		0.610	0.542
	情境因素	0.339	0.051	0.329	6.683	0.000
	其他内部归因	0.284	0.051	0.276	5.600	0.000
	信息查寻能力归因	0.195	0.051	0.190	3.853	0.000
	信息过滤与导航	0.139	0.051	0.135	2.740	0.006

注：因变量为自我指向负性情绪

（3）影响因子与积极情绪的回归分析

由表6-47可见，“情境因素”为预测变量可以解释“积极情绪”16.0%的方差。因此，该回归模型具有较好的回归拟合度。

表 6-47　拟合优度检验表（影响因子与积极情绪）

模型	r	R^2	调整 R^2	估计的标准误	变更统计量				
					R^2 改变量	F 改变	分子自由度（df_1）	分母自由度（df_2）	显著性 F 改变
1	0.400[a]	0.160	0.157	0.928 135 01	0.160	60.258	1	316	0.000

a 预测变量：（常量），情境因素

其回归方程线性关系显著性检验见表6-48。由表6-48可知，以“情境因素”为预测变量，线性关系显著性检验的结果为显著性 $P=0.000<0.01$，表明回归方程线性关系非常显著。

表 6-48 影响因子与积极情绪回归方程方差分析

模型		平方和	df	均方	F	P
1	回归	51.908	1	51.908	60.258	0.000[a]
	残差	272.213	316	0.861		
	总计	324.121	317			

a 预测变量：(常量)，情境因素

因变量：积极情绪

由表 6-49 可知，只有“情境因素”对“积极情绪”有影响，且系数为负。可以得到回归方程：积极情绪=-0.021+（-0.405）×情境因素。

表 6-49 影响因子与积极情绪最终回归方程统计量

模型		未标准化系数		标准化系数	t	P
		B	标准误	Beta 分布		
1	(常量)	-0.021	0.052		-0.394	0.694
	情境因素	-0.405	0.052	-0.400	-7.763	0.000

注：因变量为积极情绪

综合以上回归分析，得出认知失调因子的回归方程分别为

一般心理不适情绪=0.082+0.496×情境因素+0.299×信息查寻系统质量+0.271×信息过滤与导航+0.268×信息查寻能力归因+0.134×其他内部归因；

自我指向负性情绪=0.031+0.339×情境因素+0.284×其他内部归因+0.195×信息查寻能力归因+0.139×信息过滤与导航；

积极情绪=-0.021+（-0.405）×情境因素。

从以上回归方程中可以看出，对“一般心理不适情绪”起关键作用的因子的影响程度从大到小依次为“情境因素”“信息查寻系统质量”“信息过滤与导航”“信息查寻能力归因”“其他内部归因”，且影响方向为正向，这说明这些因素表现得愈明显，学术用户体验到的不适情绪愈强；对“自我指向负性情绪”起关键作用的因子的影响程度从大到小依次为“情境因素”“其他内部归因”“信息查寻能力归因”“信息过滤与导航”，其中“其他内部归因”“信息查寻能力归因”属于个体归因因素，其影响程度高于“信息过滤与导航”（属于信息系统因素），这说明与信息系统因素相比，个体归因因素更容易使学术用户产生“自我指向负性情绪”；而对“积极情绪”起关键作用的因子仅有“情境因素”，且影响方向为负向，即情境因素愈明显，学术用户体验到的积极情绪愈少。

6.4.7 学术用户网络信息查寻中的认知失调实证研究小结

本章利用自建的认知失调测量工具，探索了学术用户网络信息查寻中的认知

失调表现特征，包括消极情绪体验（认知失调心理反应）与自我调节行为；分析了不同个体背景特征的学术用户在认知失调表现特征各维度的差异性，以及个体归因因素、信息系统因素、情境因素等对学术用户认知失调的影响。

研究发现：①多数学术用户在网络上查寻学术信息时会产生认知失调现象；认知失调主要表现为心理上的一般不适情绪和自我指向负性情绪；②为缓解认知失调，学术用户最常采用的自我调节行为方式依序为“改变查寻行为”“改变认知策略”“增加新的认知元素”“降低对认知元素重要性的认识”；③不同个体背景特征的学术用户的认知失调心理反应存在显著性差异；④学术用户个体归因因素、信息系统因素、情境因素与学术用户认知失调显著相关，其中情境因素是引发学术用户认知失调最为关键的影响因子。

表6-50呈现了方差分析、相关分析和回归分析的结果。表中的个体背景特征（方差分析）项目下，划“√”的单元格表示有显著性差异，其余单元格表示无显著性差异。在认知失调影响因子（相关分析）项目下，划“+”的单元格表示显著正相关，划“−”的单元格表示显著负相关，其余单元格表示无显著相关；以灰色填充的单元格表示未做相关分析。在认知失调影响因子（回归分析）项目下，单元格中的数值为回归系数；以灰色填充的单元格表示未做回归分析。

表6-50　方差分析、相关分析、回归分析结果汇总

表现特征	维度	个体背景特征（方差分析）：性别	年龄	学科部类	学科专业	身份	最高学历	日均上网时长	课题来源	课题性质	担任角色	课题研究阶段	认知失调影响因子（相关分析）：个体归因因素：信息查寻能力归因	个体归因因素：其他内部归因	信息系统因素：信息查寻系统质量	信息系统因素：信息过滤与导航	情境因素	认知失调影响因子（回归分析）：个体归因因素：信息查寻能力归因	个体归因因素：其他内部归因	信息系统因素：信息查寻系统质量	信息系统因素：信息过滤与导航	情境因素
情绪体验	一般不适情绪	√	√	√	√	√					√	√	+	+	+	+	+	0.268	0.134	0.299	0.271	0.496
	自我指向负性情绪		√						√		√	√	+	+		+	+	0.195	0.284		0.139	0.339
	积极情绪		√		√	√			√				−	−	−	−	−					−0.405

续表

表现特征	维度	个体背景特征（方差分析）											认知失调影响因子（相关分析）					认知失调影响因子（回归分析）				
													个体归因因素		信息系统因素		情境因素	个体归因因素		信息系统因素		情境因素
		性别	年龄	学科部类	学科专业	身份	最高学历	日均上网时长	课题来源	课题性质	担任角色	课题研究阶段	信息查寻能力归因	其他内部归因	信息查寻系统质量	信息过滤与导航		信息查寻能力归因	其他内部归因	信息查寻系统质量	信息过滤与导航	
自我调节行为	降低对认知元素重要性的认识		√			√	√															
	改变认知策略	√	√	√																		
	改变查寻行为	√		√																		
	增加新的认知元素		√			√																

6.5 学术用户网络信息查寻中的认知失调机理分析与对策探讨

根据本章实证研究结果，在此从行为生态学、人格结构与认知图式理论视角，对学术用户网络信息查寻中认知失调的产生机理进行分析，并对改善用户认知失调的相关对策进行探讨。

6.5.1 学术用户网络信息查寻中的认知失调机理分析

（1）认知失调理论视角的分析

认知失调是同时出现两种相矛盾认知元素的失衡状态。个体产生认知失调的根本原因，就是两种或多种认知因素之间出现了不一致①，即相冲突的认知是一种原动力，它会引发个体内心的消极情绪或失衡状态，继而要求将认知间相冲突的程度减到最低。个体产生认知失调的具体原因可能是多方面的。例如，当出现个体无法控制的新情况或新信息时，它们便会与个体已有的知识、观点或行为有关的认知产生暂时的失调②。具体到学术用户的网络信息查寻活动，遭遇信息迷航、死链或无法获取全文文献等突发情况，都可能导致学术用户的认知失调。再如，逻辑上的不一致、文化习俗的差异、观点的不一致和过去的经验相抵触等，也可能导致认知失调③。此外，对领域知识欠熟悉、信息查寻经验不足等，也会使认知失调的发生在所难免。

（2）人格结构理论视角的分析

弗洛伊德认为，完整的人格由三部分组成，即本我、自我、超我④，三者相互联系、相互作用。本我完全处于潜意识之中，只要求满足欲望而不顾现实；超我按照道德标准对人的欲望和行为进行限制，与本我处于对立地位；自我属于意识结构，它奉行现实原则，它既要满足本我的需要，又要调节本我与现实的冲突，并使行为符合超我的要求。所以，自我的力量必须足够强大，以保证协调三者之间的冲突和矛盾，否则，人格结构就会处于失衡状态。

在学术用户网络信息查寻情境中，本我遵循快乐原则，使学术用户拥有占有信息的无限欲望和冲动，是学术用户为了完成课题任务而追求信息的一种本能反应。自我为满足本我的信息需求而努力，但通常会受现实环境的限制（如信息系统的硬件、软件、信息组织与信息资源环境等方面的限制），从而无法满足本我的信息需求，同时，超我的道德准则也不允许自我采取任何非法手段获取信息来满足本我的需求。在这种情况下，自我受外界系统环境等因素的影响以及超我的制约，导致自我的力量不能满足本我的信息需求，亦不能协调本我和超我的矛盾和冲突，此时，学术用户的人格结构便会处于失调状态，并出现一系列不愉快的心理反应（如焦虑、烦躁等）。

（3）认知发展理论视角的分析

皮亚杰的认知发展理论认为，人类认知结构的发展涉及图式、同化、顺应和平衡，是主体通过动作对客体的适应过程⑤。学术用户在网络信息查寻中，遇到某种新的刺激，而在大脑中找不到相应的图式与之对应时，学术用户和这一刺激

---

① 杨治良，郝兴昌．心理学辞典［M］．上海：上海辞书出版社，2016.

② 利昂・费斯汀格．认知失调理论［M］．郑全全译．杭州：浙江教育出版社，1999：3-4.

③ 项光勤．关于认知失调理论的几点思考［J］．学海，2010，(6)：52-55.

④ 弗洛伊德．弗洛伊德的智慧［M］．刘烨编译．北京：中国电影出版社，2005：7-25.

⑤ B. J. 瓦兹沃思．皮亚杰的认知和情感发展理论［M］．徐梦秋，沈明明译．厦门：厦门大学出版社，1989：13-22.

之间就会发生“认知冲突”，从而导致不平衡（失调）的状态。在此情况下，学术用户可能会通过调整查寻行为以重建平衡，即通过努力查寻信息，将获取的信息进行吸收并纳入原有认知图式（同化）；也可能会创建新的认知图式或修订原有认知图式（顺应），以使自己的认知最终达到平衡状态（协调）。进一步看，学术用户网络信息查寻行为的产生本身就是源于一种认知失调，即学术用户面对一个学术研究问题时，其现有知识结构会处于失调状态，他（她）需要通过信息查寻获得有效信息，对认知图式进行同化或顺应，才能恢复协调。

（4）行为生态学视角的分析

从行为生态学视角来看，作为生物意义上的人，学术用户信息查寻中的认知失调与动物活动中的认知失调具有类似的特征。

对于动物而言，内驱力通常是引发认知失调及其自我调节行为的重要原因。例如，动物身上的一级内驱力（如食物和厌恶）一旦得到激发，就会使动物处于一种“要求”最终出现某种生理静止的状态（如饥饿-吃饱、口渴-喝足），或者处于一种“反对”最终出现某种生理干扰（如伤害、生理阻碍）的状态①。当这些“要求”或“反对”得不到满足或者动物对现实的认知期望与现实不相吻合的时候，它们就会产生认知失调并表现出不同程度的行为混乱和分裂。研究表明，学术用户身上也存在着某种倾向于协调的内驱力，当学术用户而希望获得信息与信息查寻失败这两个认知元素同时出现而产生认知失调时，这种内驱力就会使学术用户自觉或不自觉地采取各种自我调节行为，减轻失调带来的生理与心理不适，以恢复平衡和稳定。

认知失调与个体因素及环境因素均有较大关系。例如，不同学科领域用户在信息查寻中的认知失调心理与行为上的表现特征，就反映出了类似生物种群的差异性。就环境因素而言，迷津特征（迷津通道的长度、宽窄、转弯方式，以及迷津中的气味等）是引发动物认知失调的物理环境因素，与之相似，人类在利用信息系统进行信息查寻时，也会因信息系统因素（如网络信息资源堪忧、信息过滤与导航功能不佳等）而引起认知失调。

此外，在认知失调自我调节行为上，动物对陌生食物的回避和试探、向同伴求助分担抚育后代工作、选择有利性较小的食物作为替代品、借助经验和学习改进觅食策略等行为②，与学术用户信息查寻失败后所采取的放弃查寻、寻求帮助、寻找替代信息、降低对信息的要求、改变查寻策略等认知失调自我调节行为也具有较大的相似性。

---

① 爱德华·托尔曼．动物和人的目的性行为［M］．李维译．杭州：浙江教育出版社，1999：34.

② 尚玉昌．行为生态学［M］．北京：北京大学出版社，1999：20-57.

6.5.2 学术用户认知失调的调节对策探讨

根据本章实证研究结果，在此就学术用户认知失调的调节对策，分别对学术用户和学术信息服务机构提出建议。

（1）对学术用户的建议

1）提升信息查寻能力，减少认知失调的发生率

根据相关分析，将查寻失败归因于自身信息查寻能力和自身其他因素（外语水平、努力程度）的学术用户更容易产生“自我指向负性情绪”。对此，需要学术用户有意识地增强自身信息查寻能力，熟悉与自身研究相关的信息资源，掌握常用信息查寻系统的查寻技巧，以及提高相关性判断能力，以减少信息查寻能力不足带来的认知失调发生率。

2）积极应对复杂课题，提高对领域知识的熟悉程度

实证研究结果显示，“情境因素”是“一般心理不适情绪”“自我指向负性情绪”的关键影响因子之一；领域知识熟悉度、课题复杂程度、自身研究能力评价等课题情境因素均对学术用户认知失调有较大影响。鉴于此，学术用户应自觉夯实课题研究所需知识基础，准确把握课题内涵、充分细化研究内容，以保证对查寻主题的科学表达和对结果信息的准确判断。

3）采取积极的自我调节方式，促进信息需求的满足

实证研究表明，部分学术用户常有采用信息需求抑制、自我安慰、放弃查寻等方式来缓解认知失调的情况。这些自我调节方式虽能平衡心理不适，但也有将真正的信息需求进行弱化、简化甚至扼制性处理的倾向，而这与学术用户通过网络信息查寻来满足信息需求的初衷是相背离的。为此，学术用户应正确认识各种自我调节方式的利弊，尽可能多地采取有利于信息需求满足的积极方式，减少使用消极的自我调节方式。

（2）对学术信息服务机构的建议

实证研究显示，“信息查寻系统质量”“信息过滤与导航”也是“一般心理不适情绪”“自我指向负性情绪”的关键影响因子；系统的查全率和查准率、网络信息资源质量、信息过滤与导航、信息获取权限等信息系统因素均在不同程度上对学术用户的认知失调产生影响。因而，有必要进一步改善信息资源环境，提升信息服务质量，以减少学术用户查寻失败概率及认知失调的产生。

1）提高信息资源搜集与标引质量

查全率和查准率是评价信息查寻系统的重要指标。为提升学术用户信息查寻效率，需要采取相应措施，进一步优化信息资源的搜集与标引描述，包括提升信息资源的学术品质与网罗度，强化智能语义组织、知识融合、数据关联、知识组

织系统在信息资源组织中的应用，保证对多源异构信息的精准描述与个性化推荐①。此外，还应重视对学术用户需求数据的采集和感知，探索面向学术用户需求的信息组织方法②。

2）关注信息过载与信息迷航问题

鉴于信息过载与信息迷航也是引发学术用户认知失调不可忽视的影响因素，应对信息过载与信息迷航现象予以足够的重视。例如，优化信息过滤机制，改进系统界面设计，推进各学科主题门户网站的建设并提升主题页面间的内容关联度，以节约学术用户的时间与注意力资源，从而减少认知失调的发生概率。

3）完善信息系统的情感支持功能

密切关注情感计算、深度学习、强化学习及认知科学、脑科学等领域的最新理论及应用研究，探索学术用户情感表示与情感度量技术，尽早达成信息系统对学术用户情感的识别、理解、表达及智能化适应目标，构建智能、灵敏、友好的信息查寻系统，实现人/机对话过程中自然和谐的情感应答与交互③。

（3）对学术用户所在学术机构的建议

1）保障学术用户的信息获取权限

访谈数据表明，难以获取文献全文是学术用户网络信息查寻中的常见障碍，也是导致认知失调的重要因素之一。对此，学术用户所属管理单位应充分调研本单位各学科领域用户的信息需求与信息利用情况，保障学术数据库的覆盖范围与更新速度，积极参与学术信息资源共建共享，从而有效解决学术用户的信息获取权限问题。

2）强化对学术用户的心理疏导

认知失调是一种消极情绪状态，它既是认知上的失调，也是心理上的失调。缓减这种失调，除了学术用户自身采取的调节行为之外，还需借助外界力量的帮助。其中，心理疏导就是一种必要的外力介入。例如，管理部门应重视学术研究人员的压力与情绪管理，合理调整工作强度，创造一个和谐宽松的学术研究环境；针对较易产生认知失调的研究生群体，培养单位可在信息素养讲座中专题介绍学术信息查寻中的心理现象及其调适方式，帮助他们及时解决心理不适。

---

① 马翠嫦，司徒俊峰，曹树金．网络学术文档细粒度关联与聚合的信息组织机制研究［J］．现代情报，2019，39（12）：37-45，54.

贾君枝．面向数据网络的信息组织演变发展［J］．中国图书馆学报，2019，45（5）：51-60.

② 曾建勋．开创用户需求的信息组织［J］．数字图书馆论坛，2019，(7)：1.

③ 饶元，吴连伟，王一鸣，等．基于语义分析的情感计算技术研究进展［J］．软件学报，2018，29（8）：2397-2426.

7 学术用户群的信息查寻生境研究

[**本章摘要**] 引入生境理论，结合生物进化论、进化博弈论、种群动力学、认知心理学等理论或方法，重点探索了学术用户群信息查寻生境演化的驱动力、演化机理、演化过程与演化路径，并运用种群动力学对学术用户群内信息查寻的合作策略演化进行建模。

7.1 学术用户群的信息查寻生境研究概述

研究表明，随着任务完成复杂程度的增加，单个学术用户难以有效胜任各种类型、各个阶段的信息查寻任务（尤其是学术用户缺乏足够的信息查寻素养及领域知识时），并且随着团队工作方式的普及，多人共同合作完成信息查寻任务将是普遍的工作模式①。鉴于信息查寻行为是社会因素和环境因素等动态交互作用于学术用户这一学术研究主体的结果，对学术用户群信息查寻行为所处环境进行深入研究，可为学术用户群信息查寻良好环境的营造提供优化建议。

学术用户群的信息查寻行为具有类似于生物种群的行为特征，而网络环境下的学术用户群也是一个具有生态学特征的社会生态系统，因此运用行为生态学中的生境理论来研究学术用户群的信息查寻环境，以期能在理论上取得一定突破。

行为生态学中的生境理论关注个体与个体、个体与环境的整合。本章将学术用户群的信息查寻环境与行为生态学中的生境进行类比，从生态学的视角来研究学术用户群所处的生态环境，在理论上探讨学术用户群信息查寻生境的基本问题，构建信息查寻生境演化模型，深化和拓展现有信息查寻的研究理论与方法；在应用上，为学术用户群信息查寻生境的营造提供合理化的解释和优化建议。

7.1.1 学术用户群与生境相关概念界定

7.1.1.1 学术用户群

行为生态学中的种群指特定时间内栖息于特定空间的同种生物的集合群②。

---

① 韩毅．合作信息查寻与检索的几个问题探析［J］．图书情报工作，2012，56（6）：38-41.

② 卢升高．环境生态学［M］．杭州：浙江大学出版社，2010：30-30.

本书中的学术用户群是作为信息用户的学术团队，即为了实现共同的学术研究目标而由知识或技能互补、团结协作的学术人员及其相互关系组成的集合体。

一个学术用户群主要包含以下特征：在性质上，是一个学术组织；通常以稳定、半稳定或临时的学术团队形式存在；通常有一位学术带头人；一般具有较稳定的课题经费来源；除了进行学术研究和培养人才之外，还要经常进行学术讨论和学术交流①。学术用户群包括学术活动的基层组织如课题组、学术梯队、“导师+学生”模式的学术集体等。

7.1.1.2 生境

美国约瑟夫·格林内尔（Joseph Grinnell）于1917提出的生境（habitat）一词，是指恰好被一个种或一个亚种所占据的最后单位（utimate unit）②，是生物个体或种群生存和发展的环境；其中，“最后单位”指外环境给生物生长繁衍所需要的最基本的生态条件和空间。从环境来看，具体生物所生存的具体环境，即该生物的生境③。生境已经成为现代行为生态学中一个重要而抽象的概念。也有很多研究者将生境（habitat）译为小生境。

与生境一词易混淆的是生态位（niche）这一概念。对于生态位的定义，最具代表性的有三种，分别是格林内尔给出的“空间生态位”、查尔斯·埃尔顿（Charles Elton）给出的“功能生态位”和乔治·伊夫林·哈钦森（George Evelyn Hutchinson）提出的“功能生态位”④。三种生态位研究的侧重点各不相同。埃尔顿认为某种动物的生态位意味着其生物环境中的位置，即动物的捕食与被捕食关系；哈钦森认为生态位是每种生物对环境变量（温度、湿度、营养等）的选择范围；而格林内尔定义的“空间生态位”则对应本书所指的生境⑤。

7.1.2 学术用户群信息查寻生境的研究内容与思路

本章的研究内容主要包括：①生境理论在学术用户群信息查寻研究中的适应性分析，分别从认知心理学的生态化趋势、生境理论关注个体与环境的整合，以及人类行为的独特性和复杂性决定其研究方法与研究视角的多元化三个方面进行

① 秦亮生，李玉荣．高校学术团队建设刍议［J］．中国成人教育，2007，(9)：24-25.

② ［美］R. M. 梅，等．理论生态学［M］．孙儒泳译．北京：科学出版社，1982：116-143.

③ 曹凑贵．生态学概论［M］．北京：高等教育出版社，2006.

④ 李契，朱金兆，朱清科．生态位理论及其测度研究进展［J］．北京林业大学学报，2003，25（1）：100-107.

⑤ 朱春全．生态位理论及其在森林生态学研究中的应用［J］．生态学杂志，1993，12（4）：41-46.

适应性分析；②学术用户群信息查寻生境的基本问题探讨，具体包括学术用户群信息查寻生境的概念界定、构成要素、进化稳定策略、适应性学习，以及生境系统、生境演化等，并重点对生境演化进行探讨分析；③重点分析学术用户群信息查寻生境的演化，具体包括演化的驱动力、演化的主要机理、演化过程、演化路径及合作演化模型等。

研究思路：根据行为生态学、信息生态学、信息行为学的相关理论知识和对国内外已有研究成果的回顾，讨论并分析生境理论在学术用户群信息查寻研究中的适用性；借鉴行为生态学中生境的概念，界定学术用户群信息查寻生境的含义，并在此基础上阐述学术用户群信息查寻生境的基本理论问题，包括生境选择、进化稳定策略、适应性学习、生境系统、生境演化等；重点分析学术用户群信息查寻生境的发展演化过程，并进一步运用种群动力学对学术用户群信息查寻生境内的合作演化进行理论建模；在此基础上，有针对性地提出营造信息查寻生境的建议。

7.2　关于生境研究的国内外同类研究状况

生境理论被提出来之后，受到许多领域的学者的广泛关注。除了生态学领域的生境研究外，还有人类及社会领域的生境研究如对企业生境、课堂生境、文化生境的研究。

7.2.1　生态学领域的生境研究

生态学认为生境包括生物生活的空间和其中全部生态因子的总和，强调决定生物分布的生态因子，并且通常将生态因子划分为生物因子和非生物因子。该领域的研究认为，生态因子对生物发生的作用称为生态作用；生态因子对生物的作用包括对生物的结构、过程、行为、功能、寿命和分布等的影响。

生态学领域的生境研究常着眼于对生境的非生物因子进行研究①。非生物因子对生物的作用形式体现在因子的质、量和持续时间三个方面：因子的“质”相当于“开关变量”，对生物来说是“有”和“无”的关系；因子的“量”是在因子的“质”对生物有意义的前提下，因子对生物的作用程度随其“量”的变化而变化，属于连续变量，对生物来说是“多”与“少”的关系；因子的持续时间是在“质”和“量”的基础上，因子对生物的作用必须有一定的持续时间才能对生物起作用。

① 尚玉昌．普通生态学［M］．北京：北京大学出版社，2002：8.

生态学中关于生境的研究主要针对各类动、植物与其赖以生存的生境之间的关系进行研究，如诸葛海锦等①以食物、地形、水系等藏羚关键生境因子为干扰因子，对青藏高原寒冷荒漠区藏羚的潜在及其有效生境适宜性进行了模拟分析；施璐璐等②对亚热带中山常绿阔叶林幼苗种类组成、数量动态及其与生境之间相关性进行了研究；王桂琴等③对胡杨茎次生维管组织特点与其适应性生境之间的关系进行了研究。

觅食生境是生境的最主要组成部分。行为生态学中，针对动物觅食生境选择的研究，主要是针对各个动物各季节的觅食生境选择的研究。例如，吴庆明、邹红菲④针对扎龙湿地保护区内白枕鹤各种类各个时期及丹顶鹤各种类各时期的觅食生境进行了一系列的研究；孙砚峰⑤对河北平山湿地的黑鹳觅食生境地进行了研究；夏茜⑥对黑熊不同季节的觅食生境选择进行了研究。这些研究主要是运用试验的方法搜集数据，然后运用 Vanderploeg & Scavia 选择指数、主成分分析、资源选择函数对动物选择的觅食生境地的生态因子特征进行分析，并分析出影响动物觅食生境地选择的主要生态因子。

余国忠和陈涛⑦在研究我国聚落的生境模式时指出，所谓聚落的生境是指聚落赖以存在的具体而直接的环境，包括聚落所在地的地质、地貌、气候、植被、水文、土壤等自然因素及社会经济等方面的具体特点，尤其强调各个地理要素的组合而显示出的整体特征；聚落这一生境模式起初只是为了生存的需要，后来上升到生产条件的优越与否。

相关研究还涉及生境破坏这一主题。生境破坏被普遍认为是影响动物行为的主要原因，是动物灭绝的最主要原因。目前，认为生境破坏主要包括生境丧失、生境破碎化、生境片段化三种形式。人类活动引起的生境丧失、生境破碎化、生

① 诸葛海锦，李晓文，张翔，等．青藏高原高寒荒漠区藏羚适宜生境识别及其保护状况评估［J］．应用生态学，2014，(12)：3483-3490.

② 施璐璐，骆争荣，夏家天．亚热带中山常绿阔叶林木本植物幼苗数量动态及其与生境的相关性［J］．生态学报，2014，34（22）：6510-6518.

③ 王桂芹，郑玉华，胡顶超．胡杨茎次生维管组织特点与生境之间的关系［J］．植物研究，2015，35（1）：11-15.

④ 邹红菲，吴庆明，牛茂刚．扎龙湿地野生与散养白枕鹤繁殖前期觅食生境选择对比分析［J］．动物学杂志，2005，40（6）：45-50.

邹红菲，吴庆明，焦为屹．扎龙保护区散养与野生丹顶鹤孵化期觅食生境选择比较［J］．东北林业大学学报，2007，35（11）：56-59.

吴庆明，邹红菲．扎龙湿地白枕鹤孵化期觅食生境选择［J］．应用生态学，2009，(7)：1716-1722.

⑤ 孙砚峰．河北平山湿地水鸟群落结构及黑鹳的觅食生境选择［D］．石家庄：河北师范大学硕士学位论文，2006.

⑥ 夏茜．黑熊觅食生境选择及植物性食物营养分析［D］．哈尔滨：东北林业大学硕士学位论文，2009.

⑦ 余国忠，陈涛．论我国聚落的生境模式［J］．信阳师范学院学报（自然科学版），1994，7（6）：212-216.

境片段化对动物行为的影响已有大量研究，这些成果中既有针对特定地区生境破坏对特定物种行为和存活的影响的实地调查研究，如赵紫华等①关于苜蓿草地生境丧失和生境破碎化对昆虫物种的影响的研究，刘红玉等②对小三江平原湿地生境丧失对东方白鹳的影响的研究，姜广顺等③对黑龙江省完达山地区马鹿生境破碎化对马鹿的影响的研究；也有关于生境破坏对物种活动和生存的影响的研究，如武正军和李义明④关于生境破碎化对动物种群行为和存活的影响的研究，张海明和马建章⑤对生境破碎化在种群、群落、生态系统中引起的生态效应的研究等。

7.2.2 人类及社会领域的生境研究

7.2.2.1 企业经济领域的生境研究

Levinthal⑥ 认为小生境的本质其实是一种选择环境，而选择环境的不同又为其中存在着的技术提供了不同的发展方向，进一步形成了不同的演化路径；创新在技术小生境中形成，然后攻占市场小生境，最后占领并改变体制。以 Levinthal 理论为基础，王浩宇⑦对基于战略小生境管理的中国绿色技术创新进行了研究。

罗发友和刘友金⑧运用行为生态学的理论对技术创新群落的形成与演化进行了研究，指出技术创新群落形成的原因在于生境选择。在此基础上，毛荐其和刘娜⑨从技术生态的视角研究了技术的自组织演化，认为技术的自组织演化必定会受到技术生境的影响，且新技术的涌现依赖于技术、技术生态因子及生境因子间复杂的非线性相互作用。

---

① 赵紫华，王颖，贺达汉，等．苜蓿草地生境丧失与破碎化对昆虫物种丧失与群落重建的影响［J］．生物多样性，2011，19（4）：453-462.

② 刘红玉，李兆富，李晓民．小三江平原湿地东方白鹳生境丧失的生态后果［J］．生态学报，2007，27（7）：2678-2683.

③ 姜广顺，张明海，马建章．黑龙江省完达山地区马鹿生境破碎化及其影响因子［J］．生态学报，2005，25（7）：1691-1698.

④ 武正军，李义明．生境破碎化对动物种群存活的影响［J］．生态学报，2003，23（11）：2424-2432.

⑤ 张明海，马建章．野生动物生境破碎化理论探讨［J］．野生动物学报，2014，35（1）：6-14.

⑥ Levinthal D A. The slow pace of rapid technological change：gradualism and punctuation in technological change［J］. Industrial and Corporate Change，1998，7（2）：217-247.

⑦ 王浩宇．基于战略小生境管理的我国绿色技术创新研究［D］．合肥：中国科学技术大学硕士学位论文，2014.

⑧ 罗发友，刘友金．技术创新群落形成与演化的行为生态学研究［J］．科学学研究，2004，22（1）：99-103.

⑨ 毛荐其，刘娜．基于技术生态的技术自组织演化机理研究［J］．科学学研究，2011，29（6）：819-824.

毛荐其，刘娜．技术生态视野下的新技术涌现机理探析［J］．管理世界，2011，（12）：182-183.

王宇露和陈瑛[①]、王宇露[②]将企业生境定义为企业个体、种群、群落所在地区的生态环境，认为企业生境由九大生态因子构成，从而划分了九种企业生境类型，并分别阐述了每种生境下企业应该采取的生态对策。

此外，刘冬梅[③]、孙振华[④]、王雪莲[⑤]等也分别引入生境概念，对人力资本生境、品牌生境等进行了研究。

7.2.2.2 教育学中的生境研究

Super 和 Harkness[⑥]、Harkness 和 Hughes[⑦] 提出“发展的小生境”这一概念作为考察儿童发展的文化构建框架，并将“发展的小生境”视为一个包含以下部分的系统：儿童生活的自然环境和社会环境；抚养和照顾子女的通俗方式；抚养人的心理特征。这三个子系统构成了一个相互作用的个性发展生态圈，且与外部大环境系统开放相连[⑧]。

倪胜利将生境的概念运用到教育环境培育中，认为生境是环境中纳入主体视野并能够被利用的部分，是适合一个个体生命生存方式的独特的生态龛[⑨]。马旭明和闫蒙钢提出课堂生境概念，认为一切可能影响课堂教学目标达成的因素都是课堂生态系统的生态因子[⑩]。许慧英则将生境引入家庭生态中，认为家长与儿童双方的相连和互动应克服限制因子的效应和生境效应[⑪]。

7.2.2.3 社会学、文化学中的生境研究

赵倩提出了“社会小生境”的概念，探讨了农民工社会小生境对心理融合

---

① 王宇露，陈瑛．基于生态学的企业生境与企业成长关系理论构建［J］．上海机电学院学报，2006，(6)：26-29.

② 王宇露．企业生境及不同生境下企业成长的生态对策探讨［J］．科技管理研究，2008，(6)：327-329.

③ 刘冬梅．我国高新区科技人力资本生态拟合度研究［D］．天津：天津大学博士学位论文，2010.

④ 孙振华．基于生态系统理论的人才流动机理研究［D］．南京：南京财经大学硕士学位论文，2008.

⑤ 王雪莲．基于组织生态理论的品牌扩张机理研究［D］．天津：天津大学博士学位论文，2007.

⑥ Super C M, Harkness S. The developmental niche: a conceptualization at the interface of child and culture［J］. International Journal of Behavioral Development, 1986, 9 (4): 545-569.

⑦ Harkness S, Hughes M. Entering the Developmental Niche: Mixed Methods in An Intervention Program for Inner-City Children［M］. London: The University of Chicago, 2005.

⑧ 许思安，郑雪．论“发展的小生境”与人格的关系［J］．华南师范大学学报（社会科学版），2005，(6)：146-147.

⑨ 倪胜利．混沌边缘涌现的生命及教育生境培育［J］．西南师范大学学报（人文社会科学版），2006，(3)：76-80.

⑩ 马旭明，闫蒙钢．生态学视野下课堂和谐生境的创设［J］．赤峰学院学报（自然科学版），2012，(6)：205-207.

⑪ 许慧英．重视家庭生态改善人格教育［J］．学前教育研究，2004，(11)：34-36.

的影响作用①。任义科进一步构建了社会小生境的结构，讨论了其内部互动关系与演化②。

张海超③从文化生境角度探索了文化的演化进程。陈守湖④、李林原⑤、符伟⑥、龚丽娟⑦分别探讨了侗族大歌生境、东兰民歌的文化生境、阳戏与民族生境，以及民族经典生境的问题。

此外，新闻传媒领域⑧也有学者使用“媒体群落生境”来研究媒体多样性问题。

7.2.2.4　科技哲学中的生境研究

盛晓明将小生境的概念引入到常规科学及其规范性问题的研究中，认为小生境是自然地、历史地形成的随时变迁着的生态圈，是小生境中的“原住民”及其生活方式的集合，存在着特定的规范，使得生境内的“原住民”能够自觉地遵守规则⑨。这对于考察当今信息社会中的用户群体行为具有一定的启发作用。

7.2.3　图书情报领域中的生境研究

虽然鲜有对信息查寻生境的专题研究，但仍可从相关研究中发现一些启示。

7.2.3.1　图书馆学领域的生境研究

刘朝晖⑩、刘晓辉⑪分别将生境研究引入图书馆管理，认为生境调研是图书馆生态管理策略的首要步骤。此外，在赵益民等关于公共图书馆的竞争研究⑫，

① 赵倩．农民工社会小生境对心理融合的影响［D］．西安：陕西师范大学硕士学位论文，2014.

② 任义科．社会小生境的概念、特征及其结构演化［J］．广东社会科学，2015，(3)：181-188.

③ 张海超．商业开发背景下的民族文化传承——基于文化生境理论的探讨［J］．黑龙江民族丛刊，2009，(1)：86-90.

④ 陈守湖．侗族大歌生境探析［J］．贵州社会科学，2014，(11)：90-94.

⑤ 李林原．论东兰民歌良性传承的文化生境［J］．柳州师专学报，2014，(6)：1-5.

⑥ 符伟．阳戏与民族生境［J］．当代艺术观察，2015，(10)：123-125.

⑦ 龚丽娟．民族经典与多维生境的耦合与整生［J］．贵州大学学报，2014，(4)：101-107.

⑧ Mizukoshi S 著，刘雪雁译．媒体群落生境——媒体生态系的设计论［J］．新建筑，2010，(6)：12-16.

⑨ 盛晓明．常规科学及其规范性问题——从“小生境”的观点看［J］．哲学研究，2015，(10)：109-114.

⑩ 刘朝晖．公共图书馆生态管理策略生成模式研究［J］．图书馆，2011，(5)：34-37.

⑪ 刘晓辉．专业图书馆图像信息生态管理策略［J］．图书馆学刊，2012，(10)：14-16.

⑫ 赵益民，詹越，柯平．基于生态竞争的公共图书馆定位研究［J］．国家图书馆学刊，2008，(4)：35-39.

毛刚关于图书馆生态系统服务评价指标的研究①，莫再英基于生态位理论的公共图书馆服务优化研究②，欧阳剑的泛在信息环境下图书馆信息资源组织研究③，以及黄建年关于图书馆信息咨询服务的研究④都论及了生境理论在图书馆学领域中的运用。此外，常春团队引入生态位法则，对叙词表概念数量与含义稳定性规律进行了研究⑤。

7.2.3.2 情报学领域的相关研究

张新丽的研究指出，电子政务生态系统要素中的信息环境与生态学中的生境类似，是局部的信息环境，并且这种局部的信息环境对具体个体或组织而言更具有实际意义⑥。张星在研究市场机遇信息搜索的社会网络结构时指出，企业内部网络中某些微观个体因为比其他节点更为紧密连接，而有利于形成小生境，并能带动其他小生境的不断涌现⑦。

此外，刘志峰和李玉杰关于信息生态位的研究⑧、国佳关于信息生态系统下的企业信息协同模式的研究⑨、闫奕文的企业信息生态系统构建研究⑩、王洋基于信息生态理论的企业信息系统开发与实施研究⑪、袁烨基于生态理论的企业信息系统重构的研究⑫，以及肖钠对我国信息生态理论研究的综述⑬等成果，都论及了生境的概念并阐释了生境在信息管理领域中的重要性。

7.2.4 生境研究同类研究状况小结

通过对以往相关文献的回顾，可以发现：①生境理论被广泛应用到人类与社

---

① 毛刚．图书馆用户需求生态服务系统研究［D］．长春：吉林大学博士学位论文，2013.

② 莫再英．基于生态位理论的公共图书馆服务优化研究［D］．大连：辽宁师范大学硕士学位论文，2011.

③ 欧阳剑．泛在信息环境下图书馆信息资源组织研究［D］．南宁：广西民族大学硕士学位论文，2010.

④ 黄建年．信息咨询服务的生态学考察［J］．图书馆学研究，2010，(9)：90-93.

⑤ 杨婧，常春．基于生态位法则的概念稳定性研究［J］．图书情报工作，2016，60（13）：27-32.

⑥ 张新丽．我国电子政务信息生态系统建设研究［D］．保定：河北大学硕士学位论文，2011：18.

⑦ 张星．市场机遇信息搜索的社会网络模式及其系统的研究［D］．武汉：华中师范大学博士学位论文，2009.

⑧ 刘志峰，李玉杰．信息生态位的概念、模型及基本原理研究［J］．情报杂志，2008，29（5）：28-30.

⑨ 国佳．信息生态系统下的企业信息协同模式研究［D］．长春：吉林大学硕士学位论文，2009.

⑩ 闫奕文．企业信息生态系统的构建与运行机制研究［D］．长春：吉林大学硕士学位论文，2010.

⑪ 王洋．基于信息生态理论的企业信息系统开发与实施研究［D］．长春：吉林大学硕士学位论文，2011.

⑫ 袁烨．基于生态理论的企业信息系统重构［D］．长春：吉林大学博士学位论文，2011.

⑬ 肖钠．我国信息生态理论研究综述［J］．情报科学，2011，29（7）：1114-1120.

会研究领域的研究，且在信息管理领域中也产出了相关成果，这为本章研究的开展提供了有益的启示和良好基础；②目前，将生境理论引入信息查寻行为领域的研究尚不多见，因此对其进行相关研究，有望在理论上有所创新。

7.3 生境理论在学术用户群信息查寻行为研究中的适应性分析

众所周知，用户的信息查寻行为不可能独立存在，它必须依赖于自身所利用的资源，并与所处的环境发生交互，才能够得以施行。从这个意义上看，用户的信息查寻行为包含在一个庞大的社会生态系统中，是一个具有生态学特征的社会生态系统。生态学领域中的生境理论和方法在学术用户群信息查寻行为研究中具有良好的适应性。具体地，这二者的结合，可从以下方面得到支撑：生境理论对个体与个体、个体与环境整合的关注；认知研究“生态化”趋势的启发；人类行为研究方法与研究视角的多元化要求。

7.3.1 生境理论对个体与个体、个体与环境整合的关注

生境理论关注个体与个体、个体与环境的整合。生境的重点在于生命的系统关联性，关注的是生命无法选择的依存，如每一种动物都生存在一定的土壤与基质之中或之上，并要求适宜温度和适宜的光照范围；要想生存，企鹅必须生活在南极，而北极熊必须生活在北极，它们的生存和繁衍凭借的是适宜的生命环境。此外，生境理论强调的是完整的生存系统，关注的是组成生境的各要素之间的相互关系及其他生物种群如竞争者、捕食者等的相互依存关系，个体或者物种的存在必须以这些条件的存在为前提，有时候一个环节的断裂就会导致物种的消失①。人们至今解释不清为什么曾经统治地球多年的恐龙会突然灭绝，但有一点不容置疑，那就是恐龙生活的生境中的某种或某些要素或者要素关系出现了问题从而导致了恐龙的灭绝。从这个意义上讲，生境理论揭示了生命存在的规律。

关于人类行为的大量研究也表明，个体和环境的融合对于个体行为的影响已经超越了个体自身因素本身。而生境理论恰恰关注的就是这种融合。也就是说，生境理论为研究人类行为与环境的关系提供了一种普遍的方法论工具。由此，可将生境理论移植到学术用户群信息查寻行为研究中，以图在探讨其微观机理和内在机制方面有所突破，从而把创新研究引向深入。

---

① 肖不然．生境［EB/OL］．http://blog.sina.com.cn/s/blog_4c5023130100cllv.html［2019-10-10］．

7.3.2 认知研究“生态化”趋势的启发

在知识爆炸的现在，对于用户的信息查寻心理与行为规律的研究已经成为当前各相关学科关注的热点问题，而在这些研究中，基于认知研究模式的构建，关注对用户个体内在的信息加工的认知理解①，更是为研究用户的信息查寻行为提供了独特的视角。然而，尽管运用认知心理学来解释信息查寻行为能在一定程度上解释用户行为中的内部心理过程，但这些成果对信息查寻的解释和说明还远远不够。特别是，认知心理学的主流研究取向（符号加工研究范式和联结主义加工范式）所采用的实验室研究忽视了社会和具体情境对行为的影响，受到了人们的质疑②。

因此，20 世纪 80 年代起，认知研究领域出现了“生态化”的研究取向③。这种研究范式认为，人的心理生活更多的是发生在实验室之外，主张在具体的现实环境中研究人的心理与行为。这种生态化研究取向以“人的生活经验和生活历史”作为隐喻基础，研究人的现实行为和自然发生的心理过程；认为认知不会发生在文化背景之外，而是在人所从事的各种活动的基础上④。认知科学的生态化研究取向既是认知科学的一种改造运动，又是日益受到关注的一种方法论取向，已被许多心理学家接受并广泛运用。

生态化研究取向为认知科学研究提供了方法论层面的重要改变，也为本书学术用户群信息查寻行为研究提供了重要启迪。在此背景下，本书顺应当代认知科学研究中的生态化趋势，引入行为生态学的生境理论方法论工具，以弥补传统认知研究忽视生活情境而引起的研究缺陷。

7.3.3 人类行为研究方法与研究视角的多元化要求

人类行为的独特性和复杂性决定了学术用户群信息查寻生境研究方法与研究视角的多元化走向。

学术用户群，在科学研究活动中，是作为学术研究主体而存在的。学术研究主体是智能体，具有查寻、认知和情感功能，从而对其客观行为产生影响。学术

① 张凡迪，范立国．信息查寻行为的认知心理学模式述评［J］．心理学研究，2005，(3)：114-117.

② 贾林祥．试析认知心理学的三种研究取向及其未来发展［J］．徐州师范大学学报，2005，(3)：83-85.

③ 王勇慧，张莉琴，霍涌泉．认知科学研究取向的转换及其意义［J］．西北师大学报（社会科学版），2011，48 (5)：123-126.

④ 易芳，郭本禹．心理学研究的生态学取向［J］．江西社会科学，2003，(11)：46-48.

用户群的信息查寻行为包含行为取向、行为目的、行为动机、行为战略、行动策略和行为效益等重要构件。同时，在学术用户群中，每一个体的不同类型行为之间和不同具体行为之间的相互关系是一个非线性的关系，它们彼此之间相互作用，耦合成一个复杂行为系统①。该行为系统中的各类行为之间的联系广泛，构成一个多层次、多功能的结构网络，并且具有开放性及动态性。这些都构成了用户信息查寻行为复杂性的根源。鉴于用户个体的行为系统具有复杂性特征，是一个复杂行为系统，在此情形下，如若引入生境研究的理论与方法，把多种理论与方法相整合，将有助于增强解释性研究的力度，为学术用户信息查寻行为研究拓展新的研究路向。

综上所述，将生境理论引入学术用户群信息查寻行为研究中，有其充分的适应性，也有足够的必要性。

7.4 学术用户群信息查寻生境的基本问题探讨

7.4.1 学术用户群信息查寻生境的概念

借鉴行为生态学中关于生境概念的定义，将学术用户群信息查寻生境的概念定义为保证学术用户群任务相关的所有的信息查寻活动能够得以展开和完成的空间。这个空间虽然无形，但却是现实存在着的。从这一概念可知，学术用户群信息查寻生境是由学术用户群对资源和环境的选择范围构成的集合。

动物的生境是具体的，是可以观察、测量的，如动物在哪个范围内活动、这个范围内有哪些动物的食物及哪些资源可以作为动物的结构资源，这些都可实际观察到。而学术用户群信息查寻生境，可以是基于现实空间的信息查寻，也可以是基于网络的信息查寻。因此，信息查寻生境既包括现实空间部分，也包括虚拟空间部分。

从学术用户群信息查寻生境的外延来看，学术用户群信息查寻生境可划分为学术用户群信息浏览生境和学术用户群信息检索生境。若再进一步细分，则可按照信息查寻所包含的行为类型，将学术用户群信息查寻生境划分为学术用户群信息需求识别与表达生境、学术用户群查寻策略制定生境、学术用户群查寻策略实施生境、学术用户群查寻结果评估判断生境等；按照信息查寻所处的背景环境，可将学术用户群信息查寻生境划分为学术用户群传统信息查寻生境和学术用户群网络信息查寻生境等；按照用户所使用的资源的形态，可将学术用户群信息查寻生境划分为有形的学术用户群信息查寻生境和无形的学术用户群信息查寻生境。

① 李长江，曾鸣晔．个体行为系统复杂性特征初探［J］．科学决策，2009，(2)：79-84.

通过以上分析，可以得出学术用户群信息查寻生境的基本内涵：①信息查寻生境是客观存在的实体，是具有时空概念的功能单元；②它从价值链、信息链各个环节上获取价值，以学术用户为主体；③信息查寻生境中的各要素间有机地组织在一起，具有整体的功能；④它是学术用户群信息查寻活动得以生存和持续发展的基础。

7.4.2 学术用户群信息查寻生境的构成要素

野生动物的生境包括三大要素：食物、隐蔽物和水①，其中，食物是指能被食用并经消化吸收后构成机体供给活动所需能量或调解生理机能的无毒物质，满足野生动物的食物需要是生境的基本功能之一，没有食物生物便不能生存、生长和繁殖；水是组成生物机体的重要成分，生命起源于水环境，没有水就没有生命，生物体的一切生理代谢活动都必须依赖于水；隐蔽物是指生境中能提高动物生存或提高繁殖或提高动物生存和繁殖的所有结构资源，这里的结构资源是指除了营养因子之外的其他所有生境因子，影响野生动物的生境结构资源主要包括植被、地形地貌、水面、雪被、土壤和小气候。

借鉴野生动物生境的三要素，可以认为，学术用户群信息查寻生境也包含三大要素：信息、结构资源、信息技术。其中，信息对应于生态学中的食物要素，结构资源对应于生态学中的隐蔽物要素，信息技术对应于生态学中的水要素。

7.4.2.1 信息

信息查寻是用户为了填补自身知识差而获取信息的有意识的努力。所以，满足学术用户群的信息需求，也应该是学术用户群信息查寻生境的基本功能之一。此处所指的信息并不包括所有的信息，正如自然界中有很多的食物，但是特定野生动物的食性和食物种类是固定的，所以此处的信息也仅仅是信息资源中能够满足用户信息查寻需求的那一部分信息。信息是联系学术用户群与信息查寻生境的纽带。对于从事某领域研究的学术用户群而言，如果缺乏所在学科专业领域或相关学科领域的信息资源，其信息查寻活动就无法展开，或查寻的结果就难以满足其信息需求。

此外，学术用户群在不同的研究阶段所需要的信息的类型和加工层次也各不相同，这类似于动物不同季节对需求的食物的质与量的变化。学术用户的信息查寻行为大多是以课题为中心而进行的。在确定研究课题阶段，学术用户需要查寻大量国内外关于此课题或项目的研究历史或现状的信息，了解其最新动态、水平

---

① 陈化鹏，高中信．野生动物生态学［M］．哈尔滨：东北林业大学出版社，1992：87-98.

及发展趋势等，以此来判断课题的研究价值和研究方向；在设计研究方案阶段，用户需要查寻大量国内外关于此课题目前的研究水平、技术路线及研究广度和深度的信息，以此来确定课题的研究思路和技术路线并对其做出适当的调整；在资料或数据搜集、资料或数据的汇总与分析以及撰写研究成果阶段，用户则需要查寻大量有关课题成果应用方面的信息①。

7.4.2.2　结构资源

野生动物的隐蔽物是指生境中能提高动物生存或提高繁殖或能提高动物生存和繁殖的所有结构资源。而本书中的学术用户群信息查寻生境的结构资源要素，则指信息查寻活动所处的外部环境，包括政策环境、法律环境、伦理环境，与其他学术用户群之间的关系（包括合作、竞争、互惠）等。政策环境是指国家或各级学术管理机构等用于调控学术信息查寻活动的行为规范准则，涉及信息查寻活动的各个环节；法律环境是指国家制定的用以调整在学术信息查寻活动中所产生的各种利益问题和安全问题的相关法律规范；伦理环境作为学术用户群内成员所必须遵守的群体内的行为规范，涉及用户进行信息查寻活动所必须遵守的知识产权保护、信息共享等伦理学问题。学术用户群信息查寻生境的结构资源要素对于完成信息查寻活动不可或缺，对信息查寻活动起着指导、调节、干预规范等作用②。

7.4.2.3　信息技术

学术用户群的信息查寻行为必须依托一定的信息技术才能够实现，就如同自然界中的水之于动物一样，动物没有水就没有生命，同样，没有信息技术就没有信息查寻，特别是在当今网络环境下，网络基础设施、各类计算机设备及其附属设备，软件和技术等信息技术在很大程度上直接决定着信息查寻活动的进展。信息技术是一个由硬件、软件和相应技术构成的系统。它不仅为信息查寻提供技术平台，而且还可以把信息资源以最优的量、最恰当的路径配置到最恰当的地方，以提高信息查寻效率和资源的利用率③。

在理想状态下，这三大要素应该在学术用户群信息查寻生境中分别处于三角形的一个顶点（图 7-1），构成学术用户群信息查寻活动三角区。然而在现实世界中，学术用户群的信息查寻生境很少有呈三角配置的三大要素，而是多呈不规则形状的。从理论上讲，这三大要素所构成的生境空间不应该太大，如果空间太大，会使用户在信息查寻过程中消耗过多的能量，从而影响信息查寻活动。所

① 胡昌平，贺娜，张俊娜．网络环境下高校科研人员信息查询行为的调查与分析［J］．情报理论与实践，2008，31（2）：222-225.

② 严丽．信息生态因子分析［J］．情报杂志，2008，27（4）：77-79.

③ 张真继，张润彤．网络社会生态学［M］．北京：电子工业出版社，2008：85-87.

以，应该在能够满足学术用户群完成信息查寻活动的情况下尽可能地缩小生境空间，以便学术用户群能在最短时间、最小能耗的情况下获得三个顶点的资源。

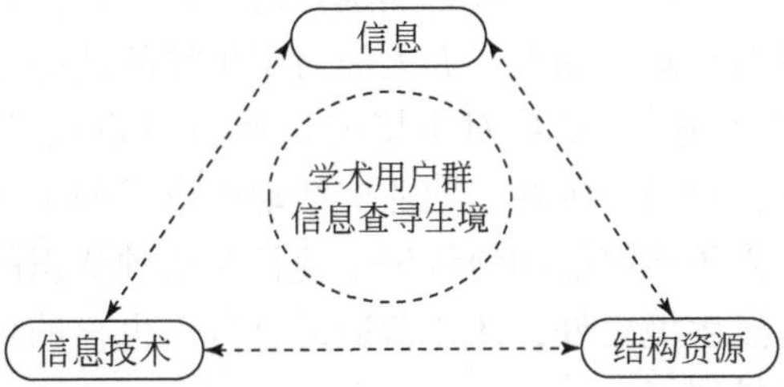

图 7-1　学术用户群信息查寻生境三角区

此外，在将信息、结构资源与信息技术集合起来的学术用户群信息查寻生境中，各个要素都不是静态的排列，而是动态的组合。各要素之间相互影响、相互作用，是导致学术用户群信息查寻生境复杂性的根源，使得学术用户群信息查寻生境从简单趋于复杂。同时，信息生态环境下的学术用户群信息查寻生境不仅是复杂的还是动态的，其始终处于不断的演化之中。

7.4.3　学术用户群的信息查寻生境选择

学术用户群的信息查寻生境选择行为导致了学术用户聚集现象，从而导致学术用户群的形成。所以，生境选择也是学术用户群生境研究的基本问题之一。

生境选择是指某一动物个体或群体为了某一生存目的（如觅食、卧息，以及迁移、繁殖或者逃避敌害等），在可达的生境之中寻找某一相对适宜生境的过程；如所有的动物都生活在环境中的一定空间范围内，这种分布状况便与动物的生境选择有关①。由于自然界中的资源有限，按照竞争排斥原理，一般情况下两个不同的物种不能处于同一生境中。在特定的生境中赢得竞争的胜利者，是能够最有效地利用食物资源和生存空间的物种。每一种生物占有各自的空间，在群落中具有各自的功能和营养位置，以及在温度、湿度、土壤等环境变化梯度中所处的地位。因此，在自然界中，具有密切的亲缘关系、具有非常接近的生活方式的物种，通常不会分布在相同的地理区域，或者生活在同一地理区域的不同栖息地，或者采用不同的生活方式，如活动时间上的区别、食性的区别等以避免竞争②；这种生存竞争中的自然选择机制，使自然界形形色色的生物物种各就各位，处在不同的生境中。

---

① 尚玉昌．行为生态学［M］．北京：北京大学出版社，1998：240.
② 王殿华．格乌司原理与适度竞争［J］．百科知识，1999，(9)：43-44.

7.4.3.1 学术用户群信息查寻生境选择的主观能动性

动植物对特定的生境选择是一种自然选择的过程，依据自然界的规律和其自身的特征而进行，具有相对被动性；而人类对于生境的选择过程不是消极被动而是积极主动地去改造生境①。动物对生境的选择虽然也在某种程度上具有能动性，但它是无意识的，只是一种在长期适应活动中形成的本能，这与人类有目的的选择具有差异性。人类能够能动地认识生境且在这种认识的指导下能动地改造生境，除了能适应自然生境之外，还能营造适合自己生存的生境，这就使得人类生境选择的范围大大扩展了。

而学术用户作为人类中优秀分子组成的群体，在选择有利于自己发展的信息查寻生境过程中，还会表现出更加突出的主观能动性和行为目的性；他们不仅对来自生境内部的影响因子比一般人更为敏感和自觉，而且对自己信息查寻生境的选择和改造也更为主动，效果也更大②。除此之外，学术用户比一般人掌握了更方便快捷和更多样化的信息查寻手段及途径，并且能利用生境内的信息、结构资源和信息技术来提升自己的能力，扩展自己的领域知识，提升自己的查寻素养，这便进一步强化了他们对信息查寻生境选择的理性把握。

7.4.3.2 学术用户群信息查寻生境选择的特征

学术用户群对于信息查寻生境的选择具有如下特征。

1）具有种的特异性

这是因为信息查寻生境本身具有种的特异性，它为特定的学术用户群提供信息查寻所需的空间单位。某一学术用户群一旦选择了某种类型的信息查寻生境，通常都会将其活动和分布的范围限制在这种信息查寻生境之中。这一特征，明显反映在不同学科专业的用户群所需信息的差异当中。

2）对信息查寻生境中的结构资源要求十分严格

换言之，学术用户群在选择信息查寻生境时，除了看重信息查寻生境中已有的信息、信息技术外，对于信息查寻生境的信息时空及信息制度等生境因素也较注重。

3）具有时间和空间上的变化性

这是因为组成信息查寻生境的各种要素总在不断地发生着变化，迫使学术用户群对信息查寻生境的选择也随之发生相应的变化；另外，学术用户群在不同的

① 桂学斌．生态位在人力资源市场竞争中的应用研究［D］．长沙：中南大学硕士学位论文，2005：30-32.

② 孙振华．基于生态系统理论的人才流动机理研究［D］．南京：南京财经大学硕士学位论文，2008：53-54.

研究阶段会产生对信息查寻生境的不同要求，这也会导致学术用户群在信息查寻生境选择上的变化。

7.4.4 学术用户群信息查寻生境的进化稳定策略

进化稳定策略决定学术用户群信息查寻生境的稳定发展。如果种群中的大多数个体都采取某种行为策略，而这种策略的好处又为其他对策所不及，这种策略就可称为进化稳定策略（evolutionarily stable strategy，ESS）①；它由 Smith 和 Price 提出，是生境理论中最重要的概念之一，有助于理解一个由许多独立个体构成的群体（学术用户群）如何最终变成一个稳定的有组织的实体。所以，这一理论不仅适用于单个学术用户群，也适用于由许多个独立学术用户群组成的学术群落和学术系统。

学术用户群信息查寻生境中的 ESS 基本思想：假设存在一个在信息查寻过程中全部选择某一特定策略的学术用户群和一个选择不同策略的突变的规模很小的学术用户群（与大型学术用户群相比，这个小型学术用户群的规模非常小），且这个突变的小型学术用户群有可能进入大型学术用户群而形成一个混合学术用户群，如果突变的小型用户群在混合学术用户群的博弈中所得到的收益大于原学术用户群个体信息查寻中所得到的收益，那么突变的小型学术用户群就能够侵入大型学术用户群；反之，就不能侵入大型学术用户群而在演化过程中消失。如果一个学术用户群能够消除任何突变的小型学术用户群的侵入，那么就称该学术用户群进入了一个进化稳定状态。此时，该学术用户群在信息查寻中所选择的策略就是稳定进化策略。用于研究学术用户的群体行为时，突变的小型学术用户群的消失是指该小群体在查寻过程中改变策略而选择与大型学术用户群一样的策略②。

在学术用户群信息查寻生境的每次变动之后，学术用户群内可能出现一个系统动荡的不稳定阶段，但是具备有限信息的学术用户群会根据其得到的利益不断地调整策略，以追求群体利益的改善。一旦 ESS 确定下来，学术用户群就会达到一种最终的动态平衡，从而使学术用户群的学术活动达到稳定发展。

7.4.5 学术用户群信息查寻生境的适应性学习

在生物群落中，生物个体的适应性学习有助于生物积累生活经验、改进行

① 余顺慧．行为生态学［M］．成都：西南交通大学出版，2009：10.

② 莫艳梅．演化博弈视角下发电企业日前市场竞价实证研究［D］．长沙：湖南大学硕士学位论文，2008：11-12.

为，缓冲所受到的自然选择压力，甚至改良基因，更好地适应生存的环境①。在信息查寻活动中，适应性学习则促进学术用户群落的持续成长。

由于学术用户群的信息查寻生境是一个复杂的生态系统，其复杂性不仅产生于学术用户内个体用户之间的相互作用，同时要受各要素之间的层次性、多样性、创新性及外部环境的复杂性等因素的影响，任何一个因素的变化都有可能使学术用户群的信息查寻活动偏离原来的主题，所以需要学术用户不断地进行适应性学习，并改进或者淘汰不相适应的行为方式。

在信息查寻生境中的适应性学习，主要指在学术信息查寻过程中，用户在外界干预下及查寻结果反馈影响下的学习查寻知识、方法、策略的外显活动②。在学术用户群中，用户个体的认知风格、对信息的需求程度、任务复杂度、当前知识水平和所处信息环境等，都会对其整个用户群的学习行为产生影响，甚至会改进其所遵循的信息查寻生境惯例（即做事的程序和方式③）。通过这种适应性学习，学术用户群便能更好地适应信息查寻生境，协调群内个体用户之间的关系，从而促进信息查寻生境的持续成长。

7.4.6 学术用户群的信息查寻生境系统

娄策群和赵桂芹将信息生态系统定义为信息人与信息生态环境相互联系、相互作用的有机整体④，借鉴已有研究并结合以上分析，本书认为学术用户群信息查寻生境符合信息生态系统的定义，即学术用户群信息查寻生境可以被视为一个信息生态系统。

学术用户群信息查寻生境作为一个由各要素相互联系、相互作用的复杂信息生态系统，其产生和发展具有以下特性。

1）复杂性和多样性

这与学术用户群信息查寻生境构成要素中信息、结构资源和信息技术的复杂多样直接相关。首先，满足学术用户群信息查寻需求的信息的种类多种多样。随着科研任务越来越复杂，单个学科或者单一方面的信息已无法满足学术用户的信息查寻需求，所以信息查寻生境内的信息种类繁多，并且不同种类之间的信息互

---

① 罗发友，刘友金．技术创新群落形成与演化的行为生态学研究［J］．科学学研究，2004，22（1）：99-103.

② 张萍，甘利人，薛春香．不同干预下高级信息检索方法的学习行为分析［J］．现代情报，2011，31（11）：3-8.

③ 周立华，王天立，张明晶．演化与企业演化机制的探析［J］．长春工业大学学报（社会科学版），2013，（6）：23-26.

④ 娄策群，赵桂芹．信息生态平衡及其在构建和谐社会中的作用［J］．情报科学，2006，24（11）：1606-1610.

相联系、相互作用才能满足学术用户群信息查寻的需要。其次，结构资源存在复杂多样性。结构资源是一个结构复杂、功能多样的资源综合体，这决定了结构资源复杂多样性。最后，信息技术存在复杂多样性。不同的信息查寻任务或者处理不同信息所需要的信息技术种类各不相同，这也导致了学术用户群信息查寻生境内部的信息技术种类的多样性。综上，学术用户群信息查寻生境构成要素的多样性和层次性，造就了学术用户群信息查寻生境的复杂性和多样性。

2）动态演化性

一个健康的学术用户群信息查寻生境系统应该是动态发展、螺旋上升的，处于不断的演化当中，具有自我调节机制和向更高层次跃迁发展的能力。学术用户群信息查寻生境内学术用户的信息查寻活动本身发展的需要，以及信息查寻生境外部各因素之间的耦合推动，共同促进了学术用户群信息查寻生境的演化。学术用户群在信息查寻生境内的信息集聚及传播、信息与信息之间的协作、学术用户个体之间的协作、信息查寻过程的反馈调节、各构成要素突变等机理的作用下，呈现出常规稳定演化、超常规非线性演化及生境破坏等演化的多极性，并在整个演化过程中呈现出螺旋上升式演化路径。

3）开放性

学术用户群信息查寻生境既有系统内部开放性，又有对外开放性。系统内部开放是指只有生境内各构成要素之间相互作用才能形成稳定的信息查寻生境。此外，学术用户群信息查寻生境必须与其他的学术用户群信息查寻生境、外部环境等交换信息、技术资源及物质资源等才能得到演化发展，这也驱使学术用户群信息查寻生境必须对外开放。

4）非线性和突现性

信息生态系统内部的构成要素之间具有非线性作用。各构成要素之间相互影响，发生耦合作用，这是产生学术用户群信息查寻生境系统非线性问题的根本原因。构成要素之间的非线性相互作用，使得学术用户群信息查寻生境在演化的过程中有许多新的特性突现出来，从而促使学术用户群信息查寻生境打破原来的稳定演化状态，向着更高层次的信息查寻生境跃迁。

5）协同性

学术用户群信息查寻生境中存在的各个子生境、组成部分之间在生境发展过程中表现出协调与合作的性质。它们之间的协调、协作形成拉动效应，使得学术用户群信息查寻生境在协同互动中实现演化，这就要求在营造生境时须充分考虑信息查寻生境间各部分之间相互关系的影响。另外，信息查寻生境之间各部分有效的协同互动，依赖于信息生态环境中的各项规范和标准，只有遵循各项规范和标准，各组成部分之间才能保持有序健康的发展，否则就会出现杂乱无章甚至生境破坏的现象。

以上对学术用户群信息查寻生境的概念、要素构成、生境选择、进化稳定策略、适应性学习、生境系统等基本问题进行了分析。生境演化理论虽然也属于学术用户群信息查寻生境的基本问题，但是信息查寻生境内学术用户的合作演化对于整个学术用户群的查寻效率有至关重要的影响，其研究结果的实践意义更明显，所以下文将重点对演化这一内容进行深入探讨并建模。

7.5 学术用户群信息查寻生境的演化——理论分析

演化（evolution）一词源于拉丁文，意思是展开，也就是把卷紧的东西松开，在生物学中被译为进化；但是达尔文认为生物进化不一定都是进步的，所以在他的《物种起源》一书中，使用“有变化的传衍”（descent with modification）来表示演化，即生物随时间既变化又连续的过程①。

广义的演化包括系统的发育、生长、成熟和老化，狭义的演化仅指系统的生成（发生）、转型和消亡；新系统从无到有的变化过程为系统的生成，现存系统从有到无的变化过程为系统的消亡，系统从一种类型转变成另一种类型的变化过程为系统的转型演化；迄今为止的研究主要关心系统的生成和转型，很少考虑系统的消亡②。

而具体到本书，本书更倾向将“演化”一词用来形容学术用户群及其信息查寻生境随时间变化的过程。这里主要包含两方面的意思。①信息查寻生境演化的时间性。信息查寻生境无时不变，学术用户群也处于动态变化之中，信息查寻生境的任何一方面如资源、信息技术、任务阶段等发生了变化，均可视为查寻生境进行了演化；②信息查寻生境演化的多样性，即信息查寻生境的演化过程可能进化也可能退化，并且进化或退化程度也多种多样。作为具有主观能动性的群体，学术用户应该关注整个信息查寻生境的协同演进，成为生境系统演化的主导力量。

7.5.1 学术用户群信息查寻生境演化的驱动力

任何事物的发展都不是任意的，都有其最基本的原始驱动力，这种驱动力主要来自两个方面：一是系统内部的矛盾发展；二是系统外部环境的耦合推动力。学术用户群信息查寻生境的演化也同样如此。内部矛盾主要是学术用户信息查寻活动本身发展的需要，外部环境主要是信息查寻生境内部各要素之间的矛盾，二

① 张昀．生物进化［M］．北京：北京大学出版社，1998：7.

② 苗东升．系统科学大学讲稿［M］．北京：中国人民大学出版社，2007：84-85.

者共同作用促进学术用户群信息查寻生境的演化。

7.5.1.1 信息查寻活动本身发展的需要

无论是传统的纸质版信息语境还是当前的数字化网络语境，信息查寻活动都不仅仅是一个信息获取的过程，更是一个社会化的意义构建与共享过程。这种构建与共享过程不仅是学术用户对查寻结果的语义语用共享，还应该包括用户对作者的思维创造过程、查寻系统的信息组织过程的操作共享①。在用户的学术研究活动中，各个研究阶段信息活动的侧重点不同，其意义构建与共享操作的侧重点也就不相同，由此带来的信息查寻任务也各不相同。在不同类型、不同阶段的信息查寻任务中，意义构建与共享过程也都受诸多因素的影响，随时不断地发生着变化。同时，随着研究阶段的变化、信息查寻活动的深入，学术用户可能会面临领域知识缺乏等问题，对于信息查寻系统的要求也会越来越多。因而，一成不变的学术用户群信息查寻生境是无法适应这些变化的，它也应该随着学术活动、研究阶段等的变化而发生演化，以保证整个学术活动的信息查寻活动能够完成。

7.5.1.2 系统外部环境的耦合推动

学术用户群信息查寻任务的完成不仅受查寻活动本身的影响，还要受生境内很多其他因素的影响。例如，信息查寻生境内学术用户的信息认知，主要包括以前成功的查寻经验和对所需查寻信息的熟悉度、信息可信度及帮助度，信息获取的便利性、时效性、成本效益，以及学术用户群内的人际关系、组织结构、信息制度等。这些因素会直接或间接影响学术用户群信息查寻活动的完成。尽管学术用户群信息查寻生境在学术活动开始的时候，这些因素的耦合能够满足学术用户群的信息查寻活动，但是随着这些因素本身的不断变化，学术用户群信息查寻生境也必将不断地演化，从而保证学术用户群信息查寻任务的完成。

7.5.2 学术用户群信息查寻生境的演化机理

机理是指为实现某一特定功能，一定的系统结构中各要素的内在工作方式及诸要素在一定环境条件下相互联系、相互作用的运行规则和原理。学术用户群信息查寻生境的演化机理就是学术用户与各要素之间相互作用并实现演化这一复杂过程的实质和原理。

以社会信息学、协同学、系统论、突变论等为基础，从学术用户群信息查寻

---

① 韩毅．合作信息查寻与检索的几个问题探析［J］．图书情报工作，2012，56（3）：38-41，68.

的角度来分析信息查寻生境演化中的主要运行机理，并进一步阐述各机理之间的作用关系。

7.5.2.1 学术用户群信息查寻生境的信息传播机理

学术用户群信息查寻生境内的信息传播是一种关于学术用户群信息查寻需求信息的共享活动。学术用户群对于信息的共享主要包括查寻过程信息的共享及查寻结果信息的共享，其中，查寻过程中的信息共享主要包括选择信息源、确定查寻策略、构造查寻式等方面的共享，查寻结果信息的共享主要包括交流、共享和推荐有关的信息查寻结果信息的共享①。信息在传播共享的过程中，充分体现了其社会性；这一传播活动是在一定的群体内用户之间的生境关系中发生的，同时信息传播又是一定生境关系的体现②。用户成员的信息传播过程是为了适应新的信息查寻生境和各要素的变化，同时还会创造出新的生境关系，因而学术用户群信息查寻生境内信息的传播必然会朝着有利于生境内信息查寻活动有效完成的方向运动，并在这一社会性的传播中得到发展演化。

7.5.2.2 学术用户群信息查寻生境的协同机理

学术用户群信息查寻生境是一个各要素之间相互依存与共生的复杂系统。协同学的创始人赫尔曼·哈肯把他的理论称为协同学，目的在于强调系统的有序运行起源于组分之间的协同行动③。从演化的视角考察，学术用户群信息查寻生境内的各要素不是单独进化，而是共同进化的，生境内的各要素不断改变自身的特征和行为方式以适应学术用户群信息查寻生境演化的要求，使得学术用户之间通过各种行为共同推动着信息查寻生境的演化。这里所说的协同主要包括学术用户与学术用户之间的协同、信息与信息之间的协同、学术用户与信息之间的协同、信息技术与信息之间的协同等。通过协同，学术用户群信息查寻生境的总体能效大于各个要素之间能效的简单叠加之和，信息查寻的各个方面相互集成和补充，丰富生境内信息，完善学术用户信息查寻的素养，推动信息查寻活动向更高层次跃迁，促进学术用户群信息查寻生境的动态演化。

7.5.2.3 学术用户群信息查寻生境的反馈调节机理

学术用户群信息查寻生境内的各要素之间的交互关系、信息的传递与流动并非是单向流动的关系，各个要素之间存在着反馈互动机制。学术用户群信息查寻

---

① 褚峻，张咏，巢乃鹏．信息查寻活动中的合作行为与合作式信息查寻［J］．大学图书馆学报，2003，21（4）：35-39.

② 郭庆光．传播学教程［M］．北京：中国人民大学出版社，2012：5.

③ 苗东升．系统科学大学讲稿［M］．北京：中国人民大学出版社，2007：313-318.

生境中的反馈调节机制是指学术用户根据信息查寻生境的信息查寻结果的全部或者一部分，与信息查寻的预期目标进行比较，从而对信息查寻的有效性做出反应，同时将结果反馈给其他相关的学术用户，后者根据该反应对信息查寻活动进行调整，最终达到学术用户群内信息查寻活动的自我完善和调节。学术用户、信息、结构资源与信息技术之间的反馈互动可以促进信息查寻生境内信息的优化，提高学术用户领域知识的丰裕程度，从而促进学术用户群信息查寻生境的动态演化。

7.5.2.4 学术用户群信息查寻生境的突变机理

学术用户群信息查寻生境存在两种演化方式，即突变和渐变。突变的本质在于变化率在变化点附近有无“不连续”。突变与渐变，一个属于间断性范畴，另一个属于连续性范畴。勒内·托姆区分了两种意义的突变[①]：普通意义的突变和突变论意义的突变。系统遭受破坏并不可逆转地让位于另一个系统，这是普通意义下的突变。而学术用户群信息查寻生境的演化突变机理，在更多意义上，属于勒内·托姆所说的突变论意义的突变，即学术用户群信息查寻生境未必遭受破坏，但其内部状态将会突跃到连续状态上方的某一点，并从那一点开始继续演化。这一突跃使得信息查寻生境能够继续存在，不会像通常情况那样消失。这种突变论意义的突变是学术用户群信息查寻生境得以生存的手段，它帮助学术用户群信息查寻生境脱离通常的特征状态，并向更高层次跃迁。因此，学术用户群信息查寻生境的突变对于生境来说具有积极意义。这种突变论意义的突变取决于生境内各要素的相对关系、相互作用及生境与外部环境的相对关系，这些相互作用使得生境具有采取某种趋向的能力，从而向更高层次跃迁[②]。

7.5.3 学术用户群信息查寻生境的演化过程

在各种机理的作用下，学术用户群信息查寻生境总是以一定的形式和规律朝着一定的方向演化，这与生态学中群落的演化过程相似。

作为学术用户群信息查寻生境内具有主观能动性的个体，学术用户的主观能动性使整个生境得以演化发展。在学术用户群信息查寻生境演化过程中，无论是信息的准确性、完整性及内容的质量变化，还是信息、结构资源与信息技术之间的相互作用，学术用户都会充分发挥自己的主观能动性，在互动过程中融入自身的认知、情感等因素。他们的这些行为直接影响着信息查寻的效果，而信息查寻

---

① 勒内·托姆．突变论：思想和应用［M］．周仲良译．上海：上海译文出版社，1989：105-106.

② 吴彤．突变论方法及其意义——系统演化路径研究［J］．内蒙古社会科学，1999，(1)：25-32.

效果又会反过来对其未来的查寻行为产生积极或消极的影响。

在生物群落的演化过程中，除了有定向的演化之外，还有非定向的周期演化。同样，在学术用户群信息查寻生境的演化过程中，也存在着线性常规演化过程和超常规非线性演化过程。

7.5.3.1 生境选择视角下学术用户群的形成

一般而言，具有相同属性的学术用户个体对于生境的不同的选择，会引起个体之间知识基因频率的地方差异，而这种知识基因频率的地方差异会导致该种属性的学术用户个体在特定的信息查寻生境中分布，再加上具有不同知识背景又存在各种关联的学术用户个体对于同一信息查寻生境的偏好，这样就形成了学术用户群。

然而，学术用户对于信息查寻生境的选择并不能直接决定学术用户在信息查寻生境中的分布。一方面，是因为同种类型的学术用户和不同类型的学术用户之间的竞争往往会把一些用户从他所喜爱的生境中排挤出去。例如，生境 A 的科研能力、所拥有的各种资源条件都相当强，研究领域也具有很乐观的前景，所以就会有很多学术用户选择进入生境 A，可是由于生境 A 的实际容纳能力有限，必然会导致有一部分学术用户被排挤出去，被排挤出去的学术用户为了生存，又会去选择其他次之的生境，而其他次之的生境中的一些人又会被挤走。另一方面，是因为学术用户进入一定的生境后，有一些学术用户由于适应能力强，生存下来了；也有一些学术用户由于适应能力差，没有生存下来。

由此可见，生境选择导致了学术用户群的形成，但是又不直接决定学术用户在信息查寻生境中的分布。

7.5.3.2 学术用户群信息查寻生境的常规演化过程

常规的线性演化并非学术用户群内各要素之间的简单叠加和积累，而是指信息查寻生境在一个相对稳定的水平上，生境内部信息、结构资源与信息技术及生境外部环境之间的相互作用过程。信息查寻生境在一个发展阶段具备相对的稳定性和长期性，它是一种动态的、演化的过程，而并非是一个最终的状态结果。这是一个渐变的过程，在这个过程中，整个信息查寻生境的发展遵循生境惯例，因而称之为常规线性演化①。

在生态学中，生境惯例指做事的程序和方式②；它可以分解为若干个子惯例

---

① 李北伟，靖继鹏，王俊敏，等．信息生态群落演化过程研究［J］．情报理论与实践，2010，33（4）：1-5.

② 周立华，王天立，张明晶，等．演化与企业演化机制的探析［J］．长春工业大学学报，2013，（6）：23-26.

的组合，并受环境的影响而变化。学术用户群信息查寻生境内也存在着生境惯例。在此可将信息查寻生境中的生境惯例，理解为信息查寻生境发展的某一特定阶段中，生境内各要素之间及各要素同外部环境之间的常规作用方式。学术用户群信息查寻中的生境惯例与基因在生物进化中的作用具有相似性，它包括信息查寻策略、查寻组合策略，以及群内社会规则等，它对信息查寻生境演化具有重要影响。

在学术用户群信息查寻生境的常规线性演化阶段，其演化遵循生境惯例，信息查寻生境要素之间相互作用，在相对稳定的状态下内部结构和功能不断地自我完善，以信息查寻生境内的社会传播机理和互动反馈机理实现信息查寻生境内查寻素养、领域知识等信息的共享，以协同机理和互动机理共同实现信息查寻过程的优化。在这个过程中，整个信息查寻生境在生境惯例的作用下按照固定的规律演化发展。但是，生境又具有一定的惰性和稳定性，信息查寻生境的演化会形成一定程度的依赖性。适当的依赖有利于保持生境演化的优势性，但是过度的依赖将会导致查寻生境演化的“锁定”，对信息查寻生境演化的层次性及阶段性产生影响。

7.5.3.3 学术用户群信息查寻生境的超常规非线性演化过程

学术用户群信息查寻生境作为一个复杂系统，具有复杂系统的基本特性，其自身存在从低级到高级，从简单到复杂的演化，生境内存在非线性作用，生境自组织是演化的主要驱动力。

非线性是相对于线性而言的，在某一变化过程中，因变量和自变量的比值保持不变，则称变量之间是线性关系；否则，称之为非线性关系①。由于学术用户群信息查寻生境演化的复杂性，各要素之前的非均匀分布，使得各要素在不同学术用户之间相互传播并出现新的聚集，出现信息查寻生境的涨落现象。学术用户群信息查寻生境各个要素之间的关系往往不是简单的线性依赖关系。学术用户群信息查寻生境内各要素的非线性作用过程使得各要素不断偏离原来的状态和轨道，并且存在某些临界值，当学术用户群信息查寻生境达到不稳定临界状态时，各要素之间的涨落可能不会衰减，反而会放大成更大的涨落，使得学术用户群信息查寻生境从不稳定状态直接跃迁到更高的生境层次。超常规非线性演化过程往往表现出来的都是质的变化、爆发式的变化。超常规非线性演化发展过程是学术用户群信息查寻生境由低级向高级、由不稳定向稳定的一个过渡发展阶段。

综上，根据学术用户群信息查寻生境的演化的特性和经历的时间不同，将其演化形式分为常规的线性演化过程和超常规的非线性演化过程，也可以说是渐进

---

① 苗东升．系统科学大学讲稿［M］．北京：中国人民大学出版社，2007：282.

式演化和突变式演化。在没有人类活动对自然环境中的生态关系进行促进、抑制、改造和重建的情况下，自然生态系统的演化要经历漫长的时间，这种演化以渐进式演化为主。与自然生态系统的演化不同，学术用户群信息查寻生境的演化以突变式演化为主，这主要是因为在外部环境、结构资源、信息技术、信息需求等因素的动态影响下，一个信息查寻生境可以在较短的时间内演化成另一个信息查寻生境状态①。

7.5.4 学术用户群信息查寻生境演化的多极性

在生物学中，有一种多极演化学说，认为生物界的生态演化会根据需求及环境的影响朝不同的方向演化发展从而形成不同的演化格局，究竟最终会形成哪种演化格局，这是不确定的②。生境演化的多极性是指生境的演化会朝着不同的方向发展。由于学术用户信息查寻所产生的结果具有一定的随机性，这种随机性由学术用户的信息查寻技能、知识素养、信息技术的完备程度，以及生境内信息的质量、数量等导致。这种结果的随机性也使得处在某一阶段的信息查寻生境决定下一阶段演化的状况，致使下一阶段的演化路径也呈现出随机性、非唯一性，由此，信息查寻生境的演化便存在着多极性，具体表现为向更高层次生境跃迁、常规稳定演化、生境破坏等。

鉴于前文已经讨论了超常规非线性演化及常规线性演化的问题，以下重点对生境破坏进行讨论。

生境破坏有三种不同的表现类型，包括生境丧失、生境破碎化和生境退化③。生境丧失是指生境空间的减少或者丧失部分生境；生境破碎化是指连续的大块生境，被其他非适宜的生境分割成很多非连续的、面积较小的小生境斑块；生境退化是指适宜生境的质量降低从而使种群灭绝率增加④；生境丧失和生境破碎化常常同时发生。在自然界中，生境破坏普遍被认为是物种灭绝的最主要原因。同样地，可以认为，在学术用户群的信息查寻生境中，如果外部的人为干扰因素太大，如法律法规制订不合理、政府政策对学术活动的服务性差、生境之间存在不合理的竞争等，也会导致信息查寻生境的破坏，从而使得某一阶段的信息查寻中断、领域知识不完整或质量不高、信息查寻生境土壤营养不良甚至信息查

① 周秀云，娄策群．信息生态群落演替的概念、过程与特征［J］．情报理论与实践，2011，34（6）：12-14.

② 张真继，张润彤．网络社会生态学［M］．北京：电子工业出版社，2008：252.

③ Hui C，Zhang F，Han X Z. Cooperation evolution and self-regulation dynamics in metapopulation：stage-equilibrium hypothesis［J］. Ecological Modeling，2005，184（2/4）：397-412.

④ 张丰盘，汪俭彬，杜书德．生境丧失对空间囚徒困境博弈的影响［J］．山东大学学报（理学版），2012，（5）：98-102.

寻活动无法完成等严重后果。

7.5.5 学术用户群信息查寻生境的演化路径

生物群落的演化状态是一种波浪式前进、螺旋式上升过程，并且在生物群落的进化过程中存在顶级，顶级是指在一定的地区内，生物群落局部或整体最后达到与该地区相适应的最稳定、最平衡的状态①。学术用户群信息查寻生境整个演化过程同生物群落的演替具有相似的特征，但是也有不相适应的特征。在学术用户群信息查寻的各个阶段也可以用螺旋上升来描述其发展过程。在学术用户群演化的每一个阶段，信息查寻生境内各要素在信息传播机理、反馈机理、协同机理、突变机理的作用下，不断自我调节、自我完善，使得信息查寻生境的有序程度不断提高。但是，学术用户群信息查寻生境的演化不会出现顶极，这主要是因为自然生态群落的演替是高级种群代替低级种群，而学术用户群信息查寻生境的演化中不是优势信息种群或关键信息种群替代冗余信息种群。学术用户群信息查寻生境的螺旋上升式演化如图 7-2 所示。

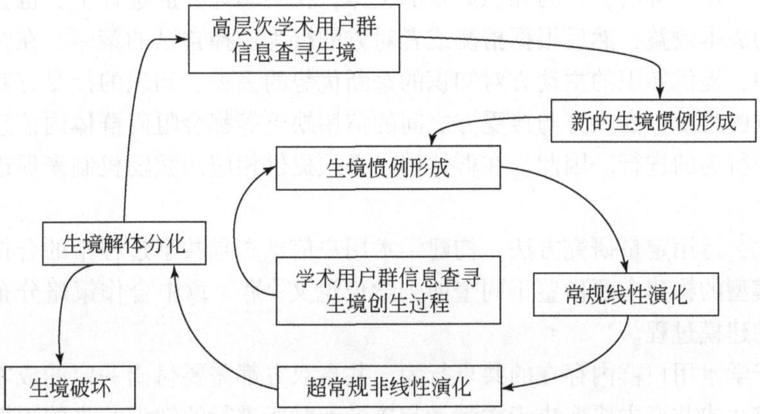

图 7-2 学术用户群信息查寻生境螺旋上升式演化

学术用户的信息查寻生境选择行为导致了学术用户群的形成。在生境演化初始阶段，学术用户群信息查寻生境处于一种平衡与稳定状态，并形成生境惯例。学术用户群信息查寻生境按照生境惯例进行渐变式常规线性演化。当生境处于稳定状态时，生境涨落是一种干扰，它只会引起各要素之前相互作用的混乱状态。当生境内的涨落达到不稳定临界状态时，生境涨落作用被无限放大，使得学术用

① 张德全，牛继宗，陈志敏，等．生态演替螺旋式上升理论的研究［J］．防护林科技，2002，(3)：14-16.

户群信息查寻生境实现突变论意义的突变。当这种突变演化适应了学术用户群的信息查寻要求时，生境将会跃迁至一个新的有序状态，实现进化意义的整体跃迁，否则信息查寻生境将会被破坏至无序混乱状态，并无法满足其学术用户群信息查寻的要求。学术用户群信息查寻生境实现整体跃迁之后会产生新的生境惯例，并进入新一轮的循环。每一次循环都伴随着向更高层次的信息查寻生境演化，使得生境内部信息丰裕程度增加，领域知识、信息查寻素养等更上一层楼，生境更加完善，生境有序程度更高，因而从整体来看，信息查寻生境演化是一个螺旋式上升过程①。

7.6　学术用户群信息查寻生境的演化——模型构建

学术用户群内的个体用户信息查寻行为的典型特征就是学术用户之间的交互作用，这种交互作用主要表现为合作与共享。学术用户群信息查寻生境内的信息查寻行为主要是在学术用户个体的交互过程中实现的。人是理性的人，即使处在同一个学术用户群内，作为知识共享的主体，在共享与否的选择上，也会充分考虑相应的成本效益，然后根据猜测或者对方的行为选择自己的策略。在知识共享的过程中，提供知识的主动方对知识的垄断优势的丢失、知识的接受方对于接受知识吸收的难度、提供方与接受方之间的信用缺乏等都会阻碍群体内信息查寻过程中合作行为的进行。因此，在群体内，必须提供相应的激励机制来促进合作行为的产生。

在此，运用定量研究方法，构建学术用户信息查寻共享过程中的合作演化模型。此模型的构建主要借鉴于同奎博士学位论文②第 3 章中合作策略分布演化动态显式的建模过程。

对于学术用户群内存在的共享行为，共享双方都需要付出一定的成本。双方是否能够达成共享主要取决于贡献者与接受者对所进行的知识共享的预期收益和成本的差值。而在学术用户群内，这种收益可以被分为两类收益：社会关系收益和信息收益。信息收益主要是指学术用户个体通过群体内的信息共享行为获得的信息的价值。社会关系收益又可以间接地影响信息收益。在本书中，将社会关系收益表达为学术用户间相互的信誉评价。此处的信誉，具体到信息查寻生境内，包括信息查寻技能、信息查寻效率、对其他用户提供的帮助价值、知识素养等。

① 李北伟，靖继鹏，王俊敏，等．信息生态群落演化过程研究［J］．情报理论与实践，2010，33(4)：1-5.

② 于同奎．间接互惠、有成本惩罚和社会合作的演化［D］．北京：北京师范大学博士学位论文，2011：37-51.

Sigmund 和 Nowak 的研究表明，个体可以采取一种基于信誉的区分对待策略，即只对信誉超过一定阈值的被动方采取合作行动；通过计算机仿真发现，当合作的成本收益比例较小，信誉信息足够充分时，区分对待策略可以促进社会的合作①。罗伯特·萨格登（Robert Sugden）在此基础上提出了一个信誉保持（standing）机制：将社会上每个个体赋予一个二元信誉，好信誉（good，G）或坏信誉（bad，B），在此机制下，合作将会给主动方带来好信誉，而对信誉为好的对手不合作将会带来坏信誉，对信誉为坏的对手不合作时信誉保持不变；研究表明信誉保持机制能够克服“公正的”不合作问题，并能比形象评分机制带来更高的社会合作水平②。根据上述研究，本书在成本收益的基础上，把信誉作为学术用户是否进行合作行为的评判标准。具体而言，信息查寻技能高、信息查寻效率高、对其他用户提供帮助价值大、知识素养丰富的学术用户会拥有好信誉（G），当这类用户作为被动方时，主动方将会对其产生合作行为；反之，信息查寻技能差、信息查寻效率低、对其他用户几乎不提供帮助或提供帮助的价值很小、知识素养缺乏的学术用户会拥有坏信誉（B），当这类用户作为被动方时，主动方将会拒绝与其合作。换言之，主动方可以根据被动方的信誉情况来选择是否合作。

7.6.1 学术用户群信息查寻生境内的合作演化模型

7.6.1.1 基本规则

考察一个由若干学术用户构成的信息查寻生境。在每个时间间隔 Δt 内，群体社会中的群体成员会被随机地两两配对。配对的双方，一方是共享的提供方（communion），另一方是共享的接受方（recipient）。提供方有两个行动选择：合作共享（cooperation，C），拒绝共享（defection，D）。如果提供方共享，他将花费成本 c 给被动方带来收益 b，这里 c 和 b 均大于 0。如果提供方选择拒绝共享，双方均无成本和收益。这里 c 表示共享提供者的专有优势损失及传递成本等，b 表示接受方对共享信息进行筛选吸收所获得的收益减去消化信息等所花费的成本的总收益。

共享双方的收益不仅包括信息收益，还包括社会关系收益。共享是一个群体互动的过程，在共享的过程中，双方获得的不仅是收益，还包括用户之间建立起来的信任和认同，并为以后的共享行为带来影响。在此，将共享关系收益用个体的信誉值来表示。群体内的每个个体都会有一个信誉值的属性：好（good）或坏

① Sigmund K，Nowak M A. Evolution of indirect reciprocity［J］. Nature，2005，437（7063）：1291-1298.

② Panchanathan K，Boyd R. A tale of two defectors：the importance of standing for evolution of indirect reciprocity［J］. Journal of Theoretical Biology，2003，224（1）：115-126.

(bad)。每个个体的信誉情况对群体内所有成员都是公开透明的。共享提供方会根据接受方的信誉情况决定所要采取的行动（共享或不共享）。在每次交互后，提供方的信誉会及时地根据生境规范来进行更新，而接受方的信誉则不发生改变。在被赋予新信誉的时候，生境规范可能会出现一定概率的错误，提供方会以概率 μ（$0<\mu<0.5$）被赋予一个错误信誉，相应地，以概率 $1-\mu$ 被赋予正确信誉。即便信誉更新时发生了错误，所有的成员对于新赋予的信誉还是一致认同的。

7.6.1.2 个体策略

共享提供方根据接受方信誉来决定自己所采取的行动，在此称之为策略(strategy) s，当遇到信誉为好的接受方时，采取 s（G）策略，当遇到信誉为坏的接受方时，采用 s（B）策略。s（G）和 s（B）的取值均可为共享 C、不共享 D，共有 $2^2=4$ 种可能的策略：s（G）s（B）= CC、CD、DC、DD。CC 表示对信誉为好和信誉为坏的人都采取共享的策略，CD 表示对信誉为好和信誉为坏的人分别采取共享与不共享的策略，DC 表示对信誉为好和信誉为坏的人分别采取不共享与共享的策略，DD 表示对信誉为好和信誉为坏的人都采取不共享的策略。本书将只关注其中正常的策略：CC、CD、DD。DC 策略，即对信誉为好的学术用户采用不共享而对信誉为坏的学术用户采用共享策略是不合乎常理的，也不可能使生境内成员形成共享的演化稳定生境状态，所以在此不予考虑。

7.6.1.3 生境规范

每次交互之后，提供方的信誉会根据生境规范来进行重新评价。根据生境规范，一个对信誉为 J（J=G、B）的接受方采用动作 X（X=C、D）的提供方，信誉更新为 n（J, X)，[n（J, X）= G 或 B]。根据上面的分析，总共会有 $2^4=16$ 种社会规范。在此选取两种典型的生境规范（图 7-3）。其中，生境规范（a）被称为 GGBG，对信誉好的接受方采取共享策略将被重新赋予一个好信誉，对信誉为好的接受方采取拒绝共享策略将会被赋予一个坏信誉，对信誉为坏的被动方采取共享或拒绝共享策略都会获得好信誉。这种生境规范允许提供方对坏信誉的接受方采取共享策略，但是共享不被鼓励，因为学术用户对坏信誉的接受方采取拒绝共享策略也会带来好信誉。生境规范（b）称为 GGBB，它与生境规范（a）的区别在于，对信誉坏的接受方采取拒绝共享策略将会获得坏信誉，只有对坏信誉的接受方采取共享策略才能获得好信誉。在这两种生境规范下，学术用户有三种正常的策略：CC、CD、DD。

7.6.1.4 信誉分布演化

要考虑鼓励在生境内学术用户合作演化路径中的作用，必须对合作策略演化动态进行显式建模。在模型中，假设学术用户是有限理性的，能根据一定时间段

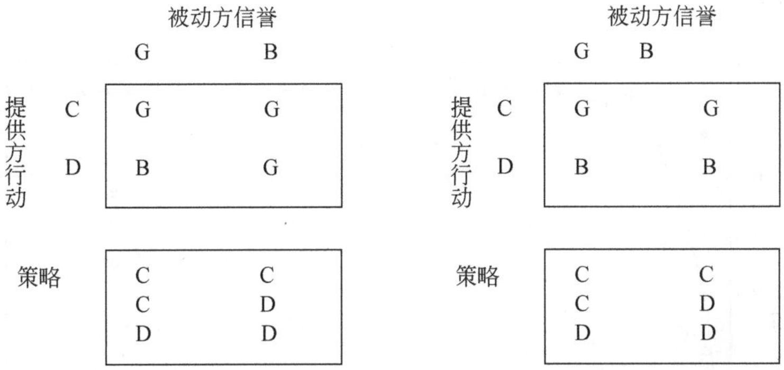

(a) GGBG生境规范　　(b) GGBB生境规范

图 7-3　生境规范

内自己的收益及观察到的生境内其他学术用户所采取的策略的收益状况来调整自己的策略，选择能够为自己带来更高收益的策略，但是不能够完全预测未来。

假设每隔一段时间，群体内的一个学术用户作为策略学习者，将从其他学术用户中随机选取一位，并且比较他与对方在这一段时间内的收益情况，如果对方的收益大于他的收益，他就会放弃当前的策略而采取对方所采用的策略，如果对方的收益小于他的收益，则策略保持不变。

对于策略收益的计算较为困难。特别是在学术用户群内，隐性知识共享占相当一部分比例，其在共享过程中存在着很多不确定性。而且学术用户对于收益的计算过程中存在着很强的主观性。另外收益还与学术用户现在所采用的策略、学术用户自己的角色（共享方、接受方）、共享交互中他人的信誉、他人的策略等有关。

可以证明，当群体内采用各策略的比例达到一个稳定水平时，采用不同策略的学术用户的信誉比例也将以较快的速度收敛至稳定水平。因为信誉是学术用户个体所采取的行为的直接结果，当所有学术用户的策略都保持不变的时候，每个人的信誉会以很快的速度收敛至稳定水平。

假设在 GGBG 和 GGBB 两种生境规范下，采用 CC、CD、DD 策略的学术用户在整个群体内所占的比例分别为 x_1、x_2、x_3（$0 \leqslant x_1$、x_2、$x_3 \leqslant 1$，$x_1+x_2+x_3=1$）。g_1、g_2、g_3 分别为采用 CC、CD、DD 策略的学术用户中信誉为好的比例。g 为群体内拥有好信誉学术用户的比例，$x_1g_1+x_2g_2+x_3g_3=g$。

图 7-4 和图 7-5 给出的分别是 GGBG 和 GGBB 生境规范下采用不同策略的学术用户中拥有好信誉的学术用户比例的演化过程。假设采用 CC、CD、DD 策略的学术用户比例为 0.3、0.3、0.4，即 $x_1=0.3$、$x_2=0.3$、$x_3=0.4$，从给定一个任意的初始信誉比例出发，图 7-4 和图 7-5 中的初始信誉比例为 $g_1=0.8$、$g_2=0.2$、$g_3=0.5$，采用各策略的拥有好信誉的学术用户比例都将会以很快的速度收

敛至稳定水平。

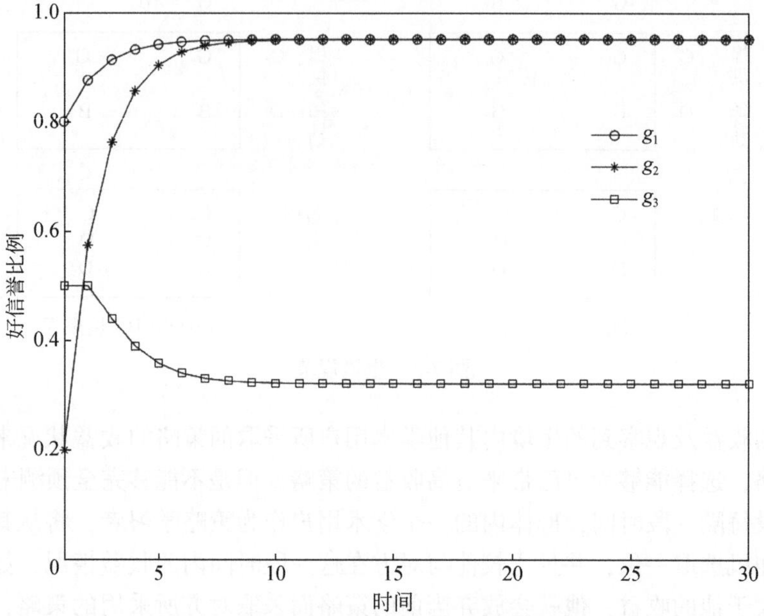

图 7-4　固定策略比例下信誉分布演化（GGBG）

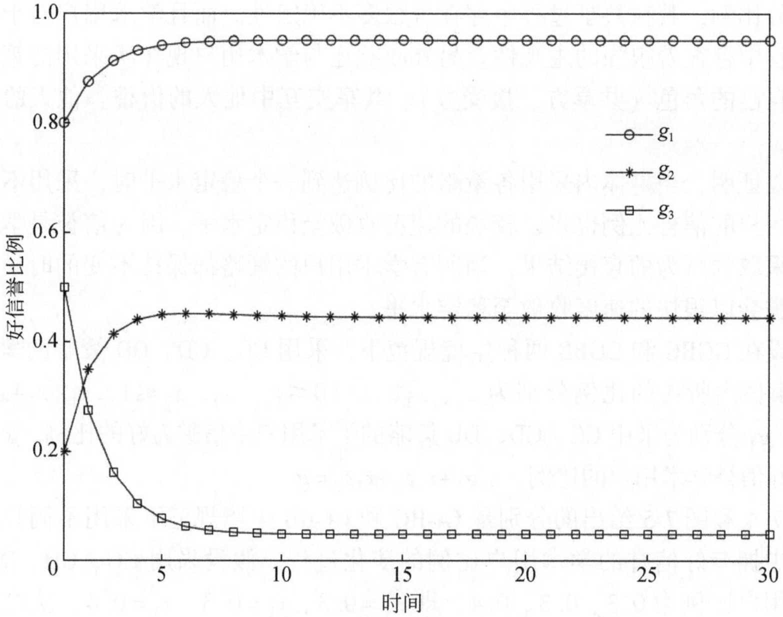

图 7-5　固定策略比例下信誉分布演化（GGBB）

由图 7-4 和图 7-5 可知，当社会中策略比例保持固定不变时，采取不同策略的学术用户中拥有好信誉的学术用户比例 g_i 将快速收敛至一个稳定状态水平。在此，将稳定水平下的好信誉比例，称作固定策略分布下的稳定信誉分布。

由于学术用户的策略更新速度要慢于信誉更新速度，因此学术用户只有在一段时间内真正感受到了各个策略所能带来的收益差异之后才会更新自己的策略，即学术用户在信誉分布达到稳定状态时才更新策略。这样就可将稳定信誉下各策略的收益作为策略更新的标准，使得用数学解析分析策略演化过程成为可能。

7.6.1.5 固定策略分布下的稳定信誉分布

下面对两种生境规范计算在固定策略分布下各策略的稳定信誉分布。

图 7-6 给出的是 GGBB 生境规范下不同策略学术用户的信誉演化状态。首先是 CC 策略的学术用户。学术用户初始信誉为好信誉的概率是 g_1，则为坏的概率是 $1-g_1$。他有 1/2 的概率作为提供共享的一方，因为他对所有学术用户都采用合作策略，所以他将会被赋予好信誉，而在信誉更新的过程中存在以 μ 为概率的错误误差，他将会以 μ 的概率被更新为坏信誉。他还有 1/2 的概率作为接受共享的一方，信誉不被更新，保持初始信誉为好信誉的概率。对于 CD、DD 策略的学术用户用同样的思路来更新信誉。所以，在 GGBB 生境规范下采取 CC、CD、DD 策略的学术用户在一次交互后的信誉演化动态方程可以表示为

$$\begin{cases} g_1^* = \dfrac{1}{2}g_1 + \dfrac{1}{2}(1-\mu) \\ g_2^* = \dfrac{1}{2}g_2 + \dfrac{1}{2}[g(1-\mu)+\mu(1-g)] \\ g_3^* = \dfrac{1}{2}g_3 + \dfrac{1}{2}\mu \end{cases} \tag{7-1}$$

根据上面的假设可知，在信誉分布处于稳定状态下时，采用各策略的学术用户中好信誉的比例不发生变化，那么就有 $g_i^* = g_i$（$i=1, 2, 3$），另外有 $g = x_1g_1+x_2g_2+x_3g_3$，可以求解这个递归的方程组，得到

$$\begin{cases} g_1^* = 1-\mu \\ g_2^* = \dfrac{\mu+(1-2\mu)[x_1(1-\mu)+x_3\mu]}{1-x_2(1-2\mu)} \\ g_3^* = \mu \end{cases} \tag{7-2}$$

$$g^* = \frac{(1-\mu)x_1+\mu x_2+\mu x_3}{1-(1-2\mu)x_2} \tag{7-3}$$

类似地，可以得到 GGBG 生境规范下各策略学术用户好信誉的比例为

$$\begin{cases} g_1^* = 1-\mu \\ g_2^* = 1-\mu \\ g_3^* = \dfrac{(1-\mu)\left[(1-2\mu)x_3+2\mu\right]}{1+(1-2\mu)x_3} \end{cases} \tag{7-4}$$

$$g^* = \frac{1-\mu}{1+(1-2\mu)x_3} \tag{7-5}$$

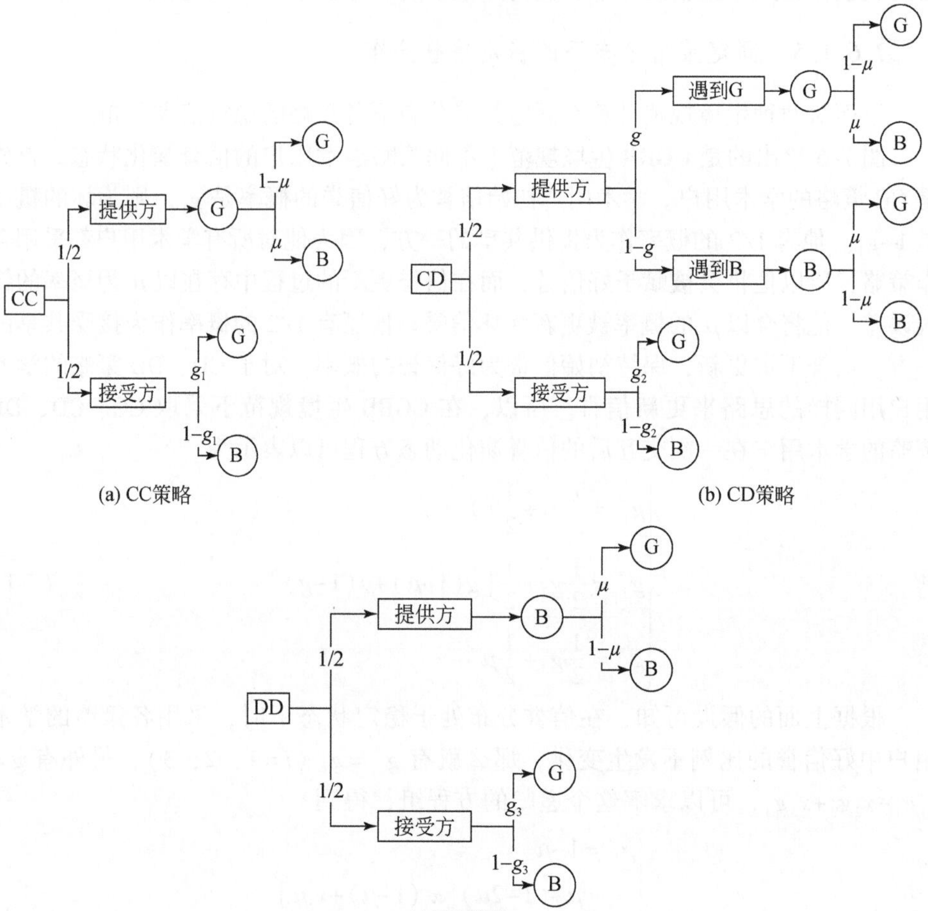

(a) CC策略 (b) CD策略

(c) DD策略

图 7-6 GGBB 生境规范下各策略学术用户的信誉演化

7.6.1.6 固定策略分布下各策略的预期收益

根据 7.6.1.5 节求出的 GGBB 生境规范和 GGBG 生境规范中稳定策略分布下的信誉分布，可以计算出此稳定信誉分布状态下的各个策略的预期收益。

学术用户将会根据计算出的预期收益来做出更新策略的决策。图 7-7 给出的是 GGBB 生境规范和 GGBG 生境规范中各个策略的预期收益的计算方法。

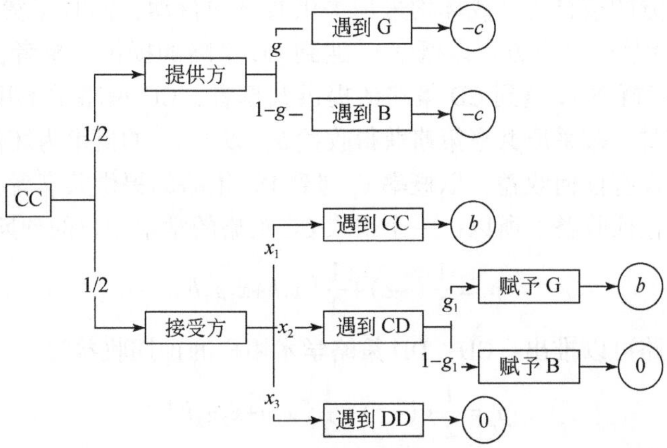

(a) CC策略

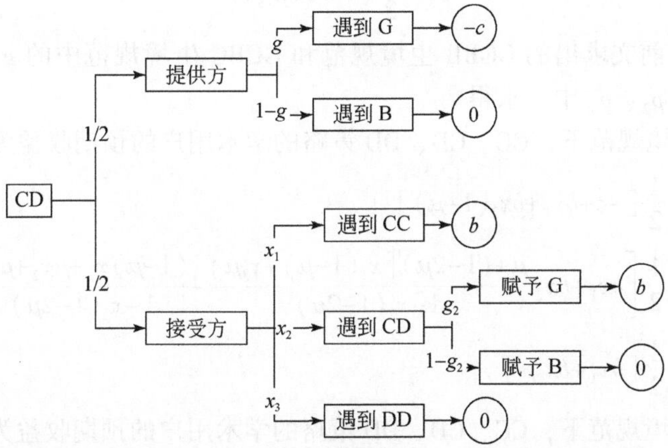

(b) CD策略

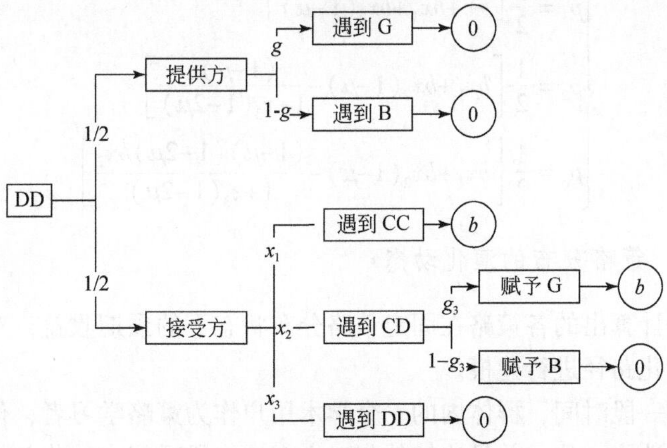

(c) DD策略

图 7-7 各个策略参与者的预期收益

一个 CC 策略学术用户，该 CC 策略学术用户有 1/2 的概率为提供共享者，不管共享接受方的信誉为好或坏均采用提供共享的行动，同时花费成本 c。还有 1/2 的概率作为接受共享方：以概率 x_1 遇到 CC 策略的提供共享者，被提供共享获得收益 b；以概率 x_2 遇到 CD 策略的提供共享者，CC 策略学术用户本身以 g_1 的概率为好信誉，被采取共享策略获得收益 b，以 $1-g_1$ 的概率为坏信誉，被采取拒绝共享策略没有任何收益；以概率 x_3 遇到 DD 策略的提供共享者，被采取拒绝共享策略没有任何收益。所以，一个采取 CC 策略的学术用户的预期收益为

$$p_1=\frac{1}{2}(-c)+\frac{1}{2}[x_1b+x_2g_1b] \tag{7-6}$$

同样的思路可以推出，CD、DD 策略学术用户的预期收益为

$$p_2=\frac{1}{2}g(-c)+\frac{1}{2}[x_1b+x_2g_2b] \tag{7-7}$$

$$p_3=\frac{1}{2}(x_1b+x_2g_3b) \tag{7-8}$$

然后把在前文求出的 GGBB 生境规范和 GGBG 生境规范中的 g、g_1、g_2、g_3 分别代入 p_1、p_2、p_3 中，求得

GGBB 生境规范下，CC、CD、DD 策略的学术用户的预期收益为

$$\begin{cases}p_1=\dfrac{1}{2}[-c+bx_1+bx_2(1-\mu)]\\ p_2=\dfrac{1}{2}\left[bx_1+bx_2\dfrac{\mu+(1-2\mu)[x_1(1-\mu)+x_3\mu]}{1-x_2(1-2\mu)}-\dfrac{(1-\mu)x_1+\mu x_2+\mu x_3}{1-x_2(1-2\mu)}c\right]\\ p_3=\dfrac{1}{2}[bx_1+bx_2\mu]\end{cases} \tag{7-9}$$

GGBG 生境规范下，CC、CD、DD 策略的学术用户的预期收益为

$$\begin{cases}p_1=\dfrac{1}{2}[-c+bx_1+bx_2(1-\mu)]\\ p_2=\dfrac{1}{2}\left[bx_1+bx_2(1-\mu)-\dfrac{(1-\mu)c}{1+x_3(1-2\mu)}\right]\\ p_3=\dfrac{1}{2}\left[bx_1+bx_2(1-\mu)-\dfrac{(1-\mu)(1-2\mu)bx_2}{1+x_3(1-2\mu)}\right]\end{cases} \tag{7-10}$$

7.6.1.7 策略分布的演化动态

下面根据计算出的各策略在固定策略分布状态下的预期收益，对群体内学术用户的策略演化路径进行建模。

假设每隔一段时间，群体内的一个学术用户作为策略学习者，他将从其他学术用户中随机选取一位，并且比较他与对方在这一段时间内的收益情况，如果对方的收益大于他的收益，他就会放弃当前的策略而采取对方所采用的策略，如果

对方的收益小于他的收益，则策略保持不变。

此处，采用复制动态方程来描述学术用户的动态选择过程。采取不同策略学术用户的比例随着时间的变动，可以表示为 $\dot{x}_i=x_i$（$p_i-\bar{p}$）。其中，x_i 为采用各策略的学术用户的比例（$i=1$，2，3），$\dot{x}_i$ 为 x_i 对时间的导数，p_i 为各策略的预期收益，$\bar{p}=p_1x_1+p_2x_2+p_3x_3$ 为整个生境内的平均预期收益。

在各策略的演化过程中，只是各个策略的预期收益的相对大小在发挥作用，而不是具体数值，所以，对各个策略的收益同时加减一个数，是不会改变整个演化过程的。为了消除其中一个维度（采用 DD 策略的学术用户）便于分析，以及消除收益公式中的 1/2，令 $p_i^*=2$（p_i-p_3），那么 $p_1^*=2$（p_1-p_3），$p_2^*=2$（p_2-p_3），$p_3^*=2$（p_3-p_3）$=0$，$\bar{p}^*=x_1p_1+x_2p_2$。

这样，就可计算出两种生境规范下策略分布的演化动力系统：

在 GGBB 生境规范中，策略分布的演化动力系统为

$$\begin{cases}\dot{x}_1=x_1(p_1^*-\bar{p}^*)=\dfrac{x_1[(1-2\mu)x_2b-c][1-x_1-x_2+\mu x_2]}{1-x_2(1-2\mu)}\\ \dot{x}_2=x_1(p_2^*-\bar{p}^*)=\dfrac{\mu x_2[c-(1-2\mu)x_2b][2x_1+x_2-1]}{1-x_2(1-2\mu)}\end{cases}\tag{7-11}$$

在 GGBG 生境规范中，策略分布的演化动力系统为

$$\begin{cases}\dot{x}_1=x_1(p_1^*-\bar{p}^*)=-cx_1+cx_1^2+\dfrac{(1-\mu)\{[(1-2\mu)b+c]x_1x_2-(1-2\mu)bx_1x_2(x_1+x_2)\}}{2(1-\mu)-(1-2\mu)(x_1+x_2)}\\ \dot{x}_2=x_1(p_2^*-\bar{p}^*)=cx_1x_2+\dfrac{(1-\mu)\{-c+[(1-2\mu)b+c]x_2^2-(1-2\mu)bx_2^2(x_1+x_2)\}}{2(1-\mu)-(1-2\mu)(x_1+x_2)}\end{cases}\tag{7-12}$$

在每个演化动力系统中，由于生境规范是不变的，一旦生境内策略的分布稳定了，生境内的信誉分布的稳定状态就确定了，生境内的平均收益也就随之确定了。所以，策略分布可以确定一个生境的状态，策略分布的演化可以完全描述一个生境的演化状态。

7.6.2 学术用户群信息查寻生境的演化结果分析

对这两个生境演化动力系统的演化过程进行分析，比较这两种情况下演化过程中的共享合作比例和生境内的平均收益情况，并进一步考察鼓励在促进共享和生境内收益中的作用。

两种生境规范下，各策略比例的演化示例如图 7-8 和图 7-9 所示。示例中的参数设置为 $b=3$，$c=2$，$\mu=0.2$。

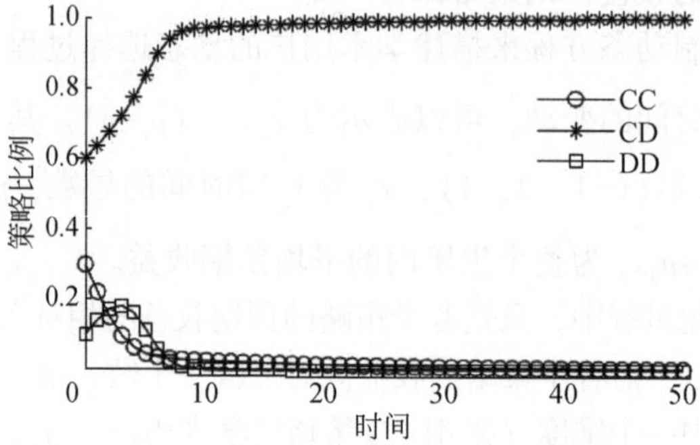

图 7-8　GGBG 生境规范下策略比例演化

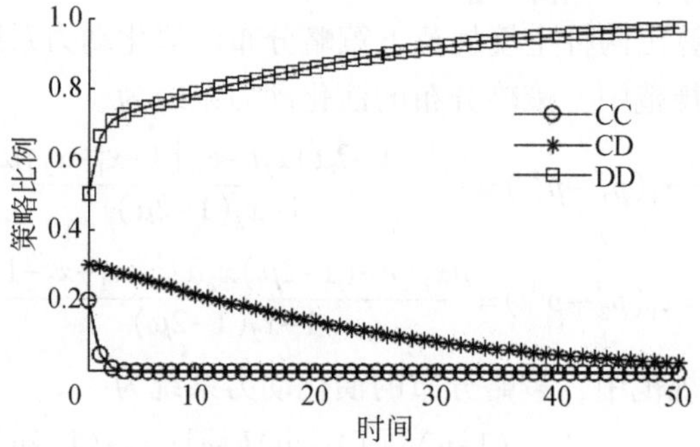

图 7-9　GGBB 生境规范下策略比例演化

7.6.2.1　GGBG 生境规范

在 GGBG 生境规范中，对坏信誉者无论采取共享策略还是拒绝共享策略都将获得一个好的信誉。在此规则下，有两种演化稳定状态。一种是 CD 策略的共享合作演化稳定状态，还有一种是 DD 策略的非合作演化稳定状态。

首先从图 7-8 可知，存在共享合作稳定状态，即生境内所有学术用户都采取 CD 策略，这种合作稳定状态是指当生境内的其他学术用户都采取 CD 策略时，那么对某一学术用户而言，他必须采取 CD 策略才能保证自己的收益最高。因为他只有信誉为好时，才能在作为接受方时被提供方选择对其共享，而要得到好的信誉，在 GGBG 生境规范下，他就必须对信誉为好的接受方采取共享策略，也就是 C 策略，对于信誉为坏的接受方他可以采取共享策略（C 策略），也可以采取拒绝共享策略（D 策略），但是不合作他就不需要付出成本，所以他应该选择拒绝共享策略。所以 CD 策略是该学术用户的最优选择。但是 CD 策略的稳定状态是有条件的。

证明：将 $x_1=0$，$x_2=1$ 代入 GGBG 生境演化动力系统，可以得到 $\dot{x}_1=0$，$\dot{x}_2=$

0，所以点（0，1）是一个不动点。为验证其稳定性，计算系统在（0，1）处的雅克比矩阵：

$$J\bigg|_{\substack{x_1=0\\x_2=0}}=\begin{bmatrix}-\mu c & 0\\ c-(1-\mu)(1-2\mu)b & (1-\mu)[c-(1-2\mu)b]\end{bmatrix}$$。其特征值为 $\lambda_1=-\mu c$，$\lambda_2=(1-\mu)[c-(1-2\mu)b]$。

由模型假设，$0<\mu<1/2$，$c>0$，$b>0$，所以 $\lambda_1<0$。要使（0，1）稳定，必须要 $\lambda_2<0$，即 $c<(1-2\mu)b$。所以，当 $c<(1-2\mu)b$ 时，CD 策略是演化稳定状态。

只有 $c<(1-2\mu)b$ 时，CD 策略才可以达到稳定状态。其中，c 是学术用户作为共享提供方时需要付出的成本，$(1-2\mu)b$ 是学术用户作为共享接受方时获得的预期收益，之所以 b 前面有一个系数 $1-2\mu$，是因为在信誉更新时存在评价的误差，这代表生境的分辨度。也就是说只有当生境中的共享成本小于共享收益时，CD 策略才是演化稳定状态。在此状态下，所有人都采取与信誉好的学术用户共享与信誉坏的学术用户不共享的策略，所有学术用户都拥有好的信誉，绝大多数的共享交互都是成功的，是一个合作型的演化稳定状态。

DD 策略也是一个演化稳定状态，只是这个状态是非合作型的演化稳定状态。

证明：将 $x_1=0$，$x_2=0$ 代入 GGBG 生境演化动力系统，可以得到 $\dot{x}_1=0$，$\dot{x}_2=0$，所以点（0，0）是一个不动点。为验证其稳定性，计算系统在（0，0）处的雅克比矩阵：

$$J\bigg|_{\substack{x_1=0\\x_2=0}}=\begin{bmatrix}-c & 0\\ 0 & -c/2\end{bmatrix}$$。其特征值为 $\lambda_1=-c$，$\lambda_2=-c/2$。由模型假设 $c>0$，所以有 $\lambda_1<0$，$\lambda_2<0$。所以，在 GGBG 生境规范下，不动点（0，0）是稳定的。所以 DD 策略是演化稳定状态。

如果其他所有学术用户都采取 DD 策略，那么学术用户在作为共享接受方时，无论信誉好坏，都会被作为提供方的学术用户采取拒绝共享策略（D 策略），所以生境内学术用户就无所谓信誉好坏，因为他在作为提供方时的最优选择就是选择没有成本的拒绝共享来减少自己的损失。在这种大的环境下，即使在生境的初始阶段有采取其他合作性策略的学术用户，他们也会在这种过程中迅速改变自己的策略。但是，如果所有人都采取无成本也无收益的 DD 策略，生境就会陷入恶性循环的境况，那么整个生境的收益也为 0。

7.6.2.2 GGBB 生境规范

GGBB 生境规范的基本规则是，无论共享接受方的信誉为好为坏，共享提供方均采取共享的策略。为了促进群体内共享行为的产生，群体内往往会存在多种激励机制，来促进共享行为的发生概率。即便是信誉为坏的接受方，群体依然希望共享提供方能够对其进行共享行为以增加整个生境的收益。采用这种激励的目的是使群体内所有学术用户均对群体内成员采取共享行为。

但是从上面的 GGBB 生境示例可以看到，最终只有 DD 策略成为稳定演化状态（图 7-9）。

证明：将 $x_1=0$，$x_2=0$ 代入 GGBB 生境演化动力系统，可以得到 $\dot{x}_1=0$，$\dot{x}_2=0$，所以点（0，0）是一个不动点。为验证其稳定性，计算系统在（0，0）处的雅克比矩阵：

$\boldsymbol{J}\bigg|_{\substack{x_1=0\\x_2=0}}=\begin{bmatrix}-c & 0\\0 & -\mu c\end{bmatrix}$。其特征值为 $\lambda_1=-c$，$\lambda_2=-\mu c$。由模型假设 $c>0$，$0<\mu<0.5$，所以有 $\lambda_1<0$，$\lambda_2<0$。所以，在 GGBG 生境规范下，不动点（0，0）是稳定的。所以 DD 策略是演化稳定状态。

也就是说，如果这种激励机制存在，生境仍然只会陷入互相拒绝共享的恶性循环中。这是因为，激励机制的存在，使学术用户在作为共享接受方时，无论信誉好坏均会被提供方选择合作，那么就无所谓信誉的好坏了，群体内的学术用户都会产生一种“搭便车”的思想。即使存在一定数量的采取 CC 和 CD 策略的学术用户，他们也会在交互的过程中被快速改变。

从以上两种生境规则的分析中可以看到，激励对于群体而言不是一定会产生正面的作用，它在有些时候产生的是负面的作用，阻碍群体内学术用户之间的共享合作。

如何有效地营造生境及生境规则，对于学术用户群来说是一个需要解决的重要课题。

7.7 学术用户群信息查寻生境的营造

本书根据行为生态学、信息生态学、信息行为学的相关理论知识和对国内外已有研究成果的回顾，分析了生境理论在学术用户群信息查寻研究中的适用性，利用行为生态学中对生境要素和概念的界定，确定了学术用户群信息查寻生境的含义，并在此基础上探讨了学术用户群信息查寻生境的基本理论问题。基于这些基本理论，重点深入分析了学术用户群信息查寻生境的发展演化过程，并进一步运用种群动力学对学术用户群信息查寻生境内的合作演化策略进行建模。根据以上研究，可以有针对性地提出信息查寻生境营造的建议。

鉴于学术用户个体、学术用户群内的激励等机制等都会对信息查寻生境产生影响，学术用户群信息查寻生境的营造应该从以下几方面入手。

7.7.1 用户个体对信息查寻生境的营造

研究结果表明，学术用户个体交互作用下的信息传播、共享和反馈使得学术用户群信息查寻生境得以演化，且学术用户个体的共享策略选择对合作路径的影响至关重要，因此要营造一个良好的信息查寻生境，需要从作为信息查寻生境内具有主观能动性的各学术用户个体开始。首先，用户个体应有意识地丰富自身的查寻素养和知识储备，注意查寻方法、查寻策略的积累与总结，以保证在共享过程中通过减少自己消化信息的成本来增加收益，同时也强化自己作为共享提供方的能力；其次，用户个体还应强化创新意识，增强团队的凝聚力，增强归属感；最后，用户个体在进行生境选择时，应尽量选择目标认同感高的信息查寻生境，这样才能在信息查寻生境内全力促进信息查寻生境整体目标利益的实现，同时有助于施行自身对于知识共享的意愿，最终促进群内知识共享的良性循环。

7.7.2 用户群对信息查寻生境的营造

研究结果表明，即使组织中存在激励机制，但当这种激励机制不能够抵消合作行为给自己带来的损失时，学术用户依然不会选择合作。由此可见，在学术用户群内建立合理的激励机制十分必要。具体来说，首先，应重视学术用户信息查寻的内在动机，从其本身出发激发其研究兴趣，而非完全由其所获得的收益主导其行为。其次，尽力促成知识互补非结构性的队伍，以使学术用户之间的利益目标一致，减小学术用户间的竞争性，改进其共享合作博弈模型，从而提升学术用户在信息查寻活动中的预期收益。再次，鉴于学术活动具有特殊性，学术用户信息查寻成果难以衡量，查寻过程难以观察，努力程度难于测量，所以应该探索建立合理的绩效考核来激励学术用户的信息查寻行为。最后，在建立相应激励机制的基础上，也可以适当引入惩罚机制，以适当的惩罚来促进群体的合作状态。

7.7.3 社会环境对信息查寻生境的营造

为保证良好学术用户群信息查寻生境的营造，需要来自社会环境等生境中的结构资源的支撑。例如，国家及各级管理相关政策、标准、管理规则的制订与完善，应力求服务于参与学术研究活动的用户，而不应以实现其他利益为前提。此外，鉴于信息查寻生境是一个具有自我调节机制的生态系统，如果结构资源中的各种因素的干预作用太大，超出了系统能够自我调节的极限，那么信息查寻生境就会遭到破坏。因此，结构资源中各种因素的干预应该适度，只有当仅靠信息查寻生境自身的调节作用不能够完成时，才宜引入外界干预，且须保证干预程度的适度性。

8 研究总结与展望

[**本章摘要**] 总结归纳本书的主要研究成果、创新之处，指出研究中的不足与未来研究展望。

学术用户兼具信息获取者与知识创新者双重角色，其网络信息查寻行为有着不同于一般用户的独特性和重要性，且行为的生物种群特征明显，为此，本书以学术用户为研究对象，从行为生态学与认知科学视角切入，运用隐喻与类比，结合质性与定量研究方法，从查寻策略选择行为、模仿行为、试错行为、信息偶遇行为、认知失调及查寻生境六个方面揭示学术用户网络信息查寻行为的内在规律与机制，构建起一个行为生态学与认知科学整合视角下的信息查寻行为分析框架，力求深化与拓展现有信息查寻行为研究的理论与方法，并为学术用户的网络信息查寻行为机制提供合理化解释与优化对策，同时为改进学术信息交流服务系统提供可资参考或借鉴的依据。

8.1 本书研究成果总结

如图 8-1 所示，从研究内容设计看，本书着力从行为生态学、认知科学视角及有限理性假设出发，深入剖析学术用户网络信息查寻行为的理论基础、行为成因、行为特征、行为过程、行为影响因素及行为效果，并由此构建相关的理论模型，梳理出相关网络信息查寻行为的原理、机制与对策。

从研究方法上看，本书综合运用质性研究与定量研究策略，具体采用了访谈法、问卷调查法、观察法、实验法、扎根理论方法、数学模型方法、结构模型方法、出声思维法、关键事件法、类比与移植方法等。六个子课题中的研究方法运用层层推进，从侧重描述性统计分析的基于觅食理论的网络信息查寻策略选择行为研究，到描述性统计分析、方差分析与相关分析结合使用的信息偶遇行为研究，再到描述性统计分析、因子分析、独立样本 t 检验与方差分析、相关分析、回归分析综合使用的认知失调研究，以及学术用户群内信息查寻的合作策略演化建模研究，定量分析所揭示的研究成果信息丰富度与抽象建模的深入程度不断提升；质性分析方面，合作情境下的模仿行为研究主要采用了基于扎根理论的质性研究方法，而试错行为研究则采用了结合扎根理论、行为统计与相关分析的混合研究方法，并行嵌套的研究设计能同时搜集质性数据和量化数据，将定量研究嵌

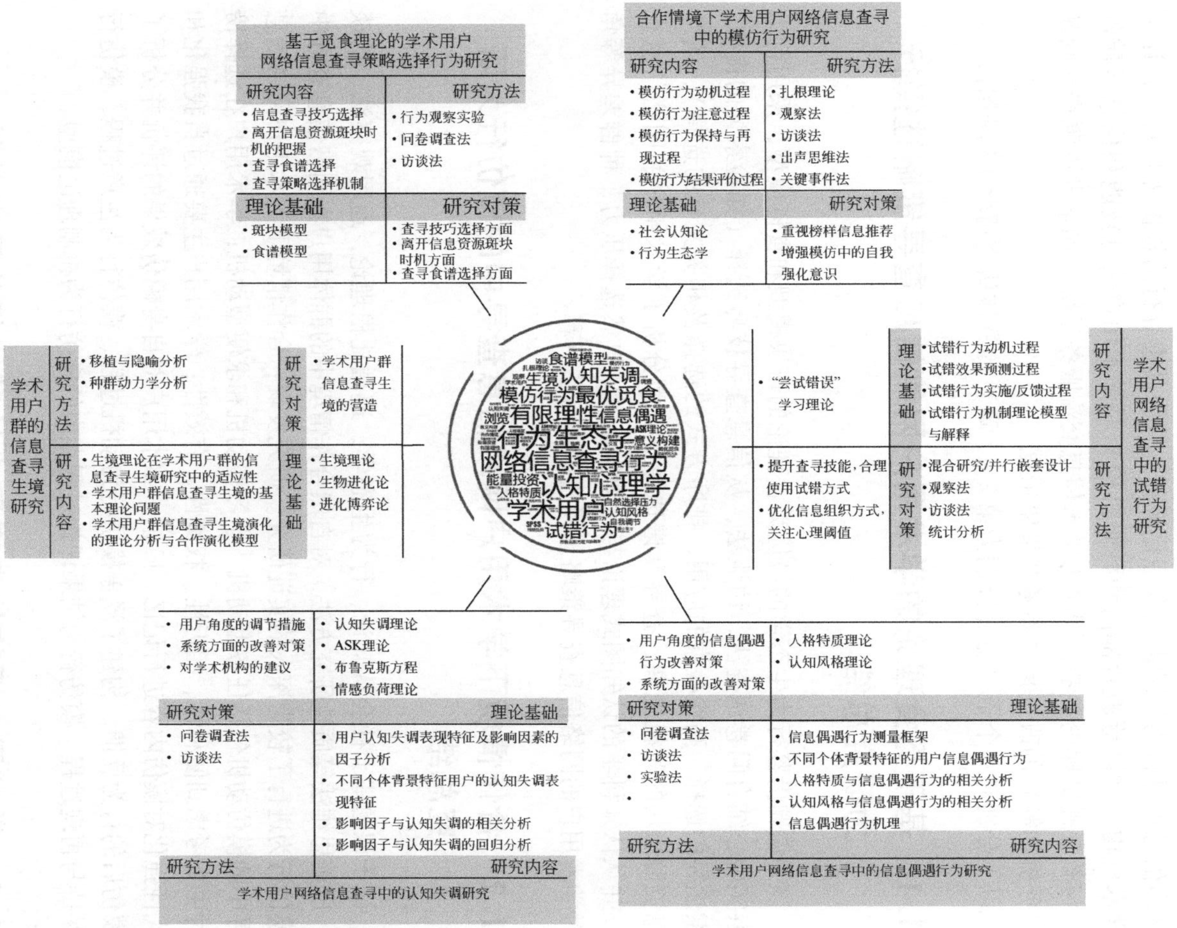

图 8-1 整合视角下的学术用户网络信息查寻行为研究

套到质性研究中，并将两种研究范式搜集的数据在分析阶段整合，从而在不同的层面全面揭示学术用户网络信息查寻中的试错行为内在机制。

本书的研究成果具有重要的学术与应用价值。它不仅可为学术用户深入理解其网络信息查寻行为机理提供合理化解释，并为其查寻行为提供优化对策；还可为学术机构（如高等教育部门和科研机构）对学术用户信息技能和信息素质的培养与教育提供理论参考，同时为学术信息交流服务系统（如学术资源查寻网站和服务机构等）的改进提供参考和借鉴依据。

以下分别对六个子课题（分别为第 2 ~ 7 章）的具体研究情况进行归纳。

8.1.1 基于觅食理论的学术用户网络信息查寻策略选择行为研究总结

该子课题借鉴行为生态学的最优觅食理论的斑块模型和食谱模型，采用行为观察实验，结合问卷调查法、访谈法，从信息查寻技巧选择（如检索词的提取、检索途径的选择、高级检索的应用、排序方式的选择及相关文献的选择）、离开信息资源斑块的时机把握、查寻食谱选择等方面分析了学术用户的网络信息查寻，并从认知科学的认知图式理论与行为生态学的自然选择压力、种群差异等角度对学术用户的网络信息查寻策略选择机制进行了解释。

8.1.2 合作情境下学术用户网络信息查寻中的模仿行为研究总结

该子课题基于社会认知论、行为生态学，遵循扎根理论，运用观察法、访谈法、出声思维法等质性研究方法，对自然合作情境中的群体用户在网络信息查寻中的模仿行为进行了较为深入的实证研究。研究发现：合作情境下学术用户网络信息查寻中的模仿动机包括任务型动机、学习型动机和求便型动机；学术用户在选择榜样时主要考虑到便利性、相近性、权威性、有效性；学术用户主要通过自我强化和替代性强化对模仿内容进行记忆。归纳了学术用户对自身模仿效果的评价并分析了其模仿后的行为反馈。构建了涵盖模仿行为动机过程、模仿行为注意过程、模仿行为保持与再现过程、模仿行为结果评价过程在内的模仿行为机制理论模型。

8.1.3 学术用户网络信息查寻中的试错行为研究总结

该子课题借鉴认知心理学、行为生态学中的“尝试错误”学习理论，采用混合研究策略，运用观察法、访谈法等搜集质性数据和量化数据，对学术用户网络信息查寻中的试错行为进行实证研究。结果显示：①学术用户的试错行为方式主要包括检索式重构、变换查寻系统、翻屏浏览、结果集回巡、点击系统推荐链接；②学术用户试错行为中的定势心理与思维跳转心理共存；③学术用户的试错行为具有较强的理性试错特征，对试错效果先验概率与后验概率的评估构成其试错行为中的重要环节；④影响学术用户不同试错行为方式的因素各不相同。在此基础之上，构建了涵盖试错行为动机过程、试错效果预测过程、试错行为实施/反馈过程在内的试错行为机制理论模型，并对试错行为机制进行了解释。

8.1.4 学术用户网络信息查寻中的信息偶遇行为研究总结

该子课题类比行为生态学中动物觅食时意外发现食物的情况，结合人格特质理论和认知风格理论，采用问卷调查法、访谈法、实验法等方法，利用自建的学术信息偶遇行为测量框架，探索了学术用户网络信息查寻中的学术信息偶遇情况(包括信息偶遇的发生频度、偶遇信息的特征、偶遇过程中各阶段行为的特征、偶遇经历后的感受)，分析了不同个体背景特征的学术用户在学术信息偶遇行为各个维度上的差异性，人格特质、认知风格与学术信息偶遇行为的相关性，并对学术用户网络信息查寻中的学术信息偶遇行为机理进行了阐释。研究发现：①不同个体背景特征学术用户网络信息查寻中的信息偶遇行为存在显著性差异；②人格特质与学术用户网络信息查寻中的信息偶遇行为显著相关；③学术用户的认知风格仅与其学术信息偶遇的发生频度显著相关。

8.1.5 学术用户网络信息查寻中的认知失调研究总结

该子课题以认知失调理论等为基础，采用问卷调查法与深度访谈法等，通过问卷调查与深度访谈法，利用自建的认知失调测量工具，分析了学术用户网络信息查寻中认知失调的表现特征及其影响因素，并对认知失调发生机理进行了阐释。研究发现：①多数学术用户在网络上查寻学术信息时会产生认知失调现象；认知失调主要表现为心理上的一般不适情绪和自我指向负性情绪；②为缓解认知失调，学术用户通常会采用相应的自我调节行为方式，如改变查寻行为、改变认知策略、增加新的认知元素、降低对认知元素重要性的认识；③不同个体背景特征的学术用户的认知失调心理反应存在显著性差异；④用户个体归因因素、信息系统因素、情境因素与学术用户认知失调显著相关，其中情境因素是引发用户认知失调最为关键的影响因子。

8.1.6 学术用户群的信息查寻生境研究总结

该子课题将个体学术用户的网络信息查寻行为置于群体环境中，力求动态地分析二者的共生共长规律。具体地，以行为生态学的生境理论为切入点，结合生物进化论、进化博弈论、种群动力学、认知心理学等学科理论方法，探索了生境理论在学术用户群信息查寻行为研究中的借鉴和应用。研究成果：①分析了生境理论在学术用户群信息查寻行为研究中的适应性；②阐述了学术用户群信息查寻生境的基本理论问题，包括概念界定、构成要素、生境选择、进化稳定策略、适应性学习及生境系统等；③重点探索了学术用户群信息查寻生境演化的驱动力、演化机理、演化过程与演化路径，并运用种群动力学实现了对学术用户群内信息查寻的合作策略演化建模。

此外，各章根据实证研究结果，针对用户信息查寻行为的优化问题，分别提出了对策建议。

8.2 本书的创新、不足与研究展望

8.2.1 本书的总体创新

在研究视角上，从行为生态学与认知科学视角切入，全面而深入地揭示了学术用户网络信息查寻行为的内在规律与机制，初步构建了一个行为生态学与认知科学整合视角下的信息查寻行为分析框架。

在研究内容上，整合行为生态学与认知科学等相关理论，围绕查寻策略选择行为、模仿行为、试错行为、信息偶遇行为、认知失调及查寻生境六个方面，深入剖析了其行为成因、行为特征、行为过程、行为影响因素及行为效果，在行为机理分析与行为模型构建方面产出了有创新性的成果。

在研究方法上，综合运用问卷调查法、访谈法、观察法、实验法、出声思维法、关键事件法、移植与隐喻分析、种群动力学分析等多种方法，并采用抓屏软件等工具记录用户的客观行为数据，从而实现了质性研究与定量研究的有机结合，保证了研究的客观性和全面性。

8.2.2 各章的创新与不足之处

本书试图从一个全新的视角来揭示与解释学术用户网络信息查寻行为的内在机理，所涉及的六个子课题均从行为生态学与认知科学的相关理论或方法切入，在研究内容、研究方法和创新点上各有侧重，也各自存在着不足之处，鉴于此，本章将各子课题的创新、不足及未来研究建议进行了归纳与梳理（表 8-1）。值得一提的是，各子课题的研究进度安排存在差别，这也正好为研究的改进提供了时间与空间，从表 8-1 中可见，逻辑上靠后的研究不同程度地采纳了前阶段研究的建议并加

以实施，如子课题1未考虑的用户个体背景特征，在认知失调研究中得以采纳；再如，子课题3中提到的方法运用缺陷，在试错行为采用的混合研究方法中得以落实。当然，各子课题的研究还有亟待加强之处，如样本问题，这几乎是困扰所有研究的问题，样本的代表性、样本的数量等问题会在今后的研究中受到更多关注。总体来看，相关课题未来的研究会朝着更加细化、深入、系统与全面的方向发展。

表8-1　各子课题的创新、不足及未来研究建议

子课题	研究创新	研究不足	未来研究建议
子课题1：基于觅食理论的学术用户网络信息查寻策略选择行为研究	• 在研究视角上，从行为生态学角度切入，对学术用户的网络信息查寻策略选择行为进行了研究； • 在研究内容上，借鉴觅食理论，有针对性对信息查寻技巧选择、离开信息资源斑块时机的把握及查寻食谱选择等进行了分析	• 样本的代表性有待优化； • 关于信息资源呈斑块状分布的假设，有可能未将信息偶遇考虑在内； • 个体背景特征的变量偏少； • 未能实现对学术用户信息查寻收益的动态测量，且未将时间因素纳入分析	• 扩大不同学科背景、不同学术水平的学术用户的样本量； • 纳入更多的学术用户个体背景特征，并对人格特质、认知风格等影响因素进行研究； • 对合作情境下的信息查寻策略选择行为进行研究
子课题2：合作情境下学术用户网络信息查寻中的模仿行为研究	• 在研究视角上，结合行为生态学与社会认知论进行研究，丰富了该领域研究的理论基础； • 在研究方法上，在自然情境下展开的观察和访谈，能够较为真实地反映学术用户的经验和感受，有利于对模仿行为机制的挖掘	• 对不同学科专业的用户未作差异分析； • 在建构扎根理论方面的效果有待进一步提高	• 扩充研究对象的数量； • 纳入用户的学科、课题性质等变量； • 注重质性研究与定量研究的有机结合
子课题3：学术用户网络信息查寻中的试错行为研究	• 在研究视角上，引入认知心理学、行为生态学中的“尝试错误”学习理论，有利于拓展该领域的研究视野； • 在研究情境上，基于学术用户真实学术研究任务的自然查寻情境，可较客观地反映学术用户试错行为的特点与规律； • 在研究方法上，采用混合研究方法，综合质性和定量数据，有利于对试错行为特征、影响因素等的全面揭示	• 样本量偏小，外部效度有待提升； • 对量化数据的分析可进一步挖掘； • 对不同学科领域学术用户在不同研究阶段的试错行为的研究有待进一步探讨	• 扩充样本量，改善样本代表性； • 对学术用户学术研究全过程的试错行为进行跟踪研究，以更深入地挖掘其特点与规律； • 对信息查寻系统反馈功能及设计进行实践应用研究

续表

子课题	研究创新	研究不足	未来研究建议
子课题4：学术用户网络信息查寻中的信息偶遇行为研究	• 对已有信息偶遇过程模型进行修订，细化了“注意”阶段和“检阅”阶段的行为组件，更加清晰地呈现了信息偶遇的一般过程； • 从四个维度测量信息偶遇行为，构建了信息偶遇行为的测量框架； • 探索了学术用户个体背景特征、人格特质和认知风格与偶遇行为之间的相关性；从认知科学、行为生态学等视角，对其行为机理进行了分析	• 样本尚欠丰富，代表性方面有待改善； • 个别测量项目的设置较为粗略； • 在实证调查中，由于问卷题项偏多且耗时较长，样本在填答过程中的疲劳和厌倦感可能会影响数据的信度	• 扩大样本量，丰富样本层次； • 进一步完善与细化测量项目，使其能更深入、具体地反映偶遇行为的实际情况
子课题5：学术用户网络信息查寻中的认知失调研究	• 基于行为生态学与认知心理学相关理论，对学术用户网络信息查寻中的认知失调进行研究； • 构建了学术用户网络信息查寻中认知失调测量框架和影响因素体系； • 深入分析了学术用户网络信息查寻中的认知失调与各影响因素之间的关系及影响程度，并对其认知失调发生机理进行了阐释	• 样本的代表性可进一步优化； • 质性研究部分的访谈样本数量偏少，在弥补定量研究不足方面存在一定的限制； • 未对个体背景特征、个体归因、信息系统与情境因素之间可能的交互作用进行研究； • 受研究难度所限，忽略了承诺、意志、责任感等因素对认知失调的影响	• 扩大教学科研用户的样本量，增加访谈样本的数量； • 进一步对各类影响因素之间的交互作用进行研究； • 将承诺、意志、责任感等因素纳入认知失调影响因素体系之中
子课题6：学术用户群的信息查寻生境研究	• 在研究视角上，从行为生态学的视角切入，首次将生境理论引入到学术用户群信息查寻行为研究中； • 综合运用移植与隐喻分析、进化博弈论、种群动力学等分析工具，阐述学术用户群信息查寻生境的基本理论问题； • 实现了对学术用户群内信息查寻的合作策略演化建模	• 对学术用户群信息查寻生境的基础理论的研究尚不全面； • 在研究学术用户群合作演化路径时，将社会关系收益简化为学术用户间相互的信誉评价； • 对收益的计算较简单，对相关因素的考虑欠全面	• 进一步深化基础理论分析； • 完善对学术用户合作收益因素的考虑与计算； • 进一步研究不同类型学术用户群信息查寻生境演化的异同

8.2.3 未来研究展望

总体来看，本书在行为生态学与认知科学整合视角下，初步搭建起了一个涵盖查寻策略选择行为、模仿行为、试错行为、信息偶遇行为、认知失调及查寻生境六个方面的学术用户网络信息查寻行为的分析框架，但该框架尚有细化、深入与拓展的空间，特别是新兴信息技术环境为学术用户的信息交流与科研合作提供了比以往更为便捷的研究手段与平台，用户信息查寻行为中的浏览与交互行为更加频繁与凸显，这也对学术用户信息查寻研究领域提出了新的研究课题，如学术用户在社会化搜索中的模仿与试错行为是否与传统信息查寻的模仿试错行为存在不同之处；移动设备支持下的搜索行为是否会有更多的信息偶遇情况；移动信息查寻的情境将更为随机与灵活，其用户的信息查寻行为情境将如何细分；上述新环境下的信息资源斑块是否发生了转变，学术用户信息查寻策略是否有所改变，查寻过程中是否会遭遇更大程度的认知失调；新环境下学术用户的信息查寻行为模式是否更易被普通用户所学习与模仿；新环境下的信息查寻生境应该如何营造等。为此，在本书基础上，将信息查寻行为研究从认知性、个体性研究进一步扩展到更为多元化、社会性的研究，在更为广泛的社会情境中考察学术用户的网络信息查寻行为，尚有许多开拓性工作要做。相信未来的学术用户信息查寻行为研究一定会在此基础上结出更为丰硕的果实。

附　　录

附录1　查寻任务书（信息查寻策略选择行为研究）

查寻任务书（计算机科学与技术组）

查寻情境：

假定您正处于学位论文的开题阶段，需要查寻与给定主题相关的已有研究信息，并对这一主题进行综述。现需要您使用至少四种学术信息查寻系统进行信息检索，并下载相关文献，以达到文献搜集的目的。查寻结束后我们会对您进行一个简短的访谈。

查寻任务：云计算环境中信息安全的理论与关键技术

云计算是什么？云计算环境下信息安全有哪些相关理论与关键技术？怎样才能解决云计算环境中信息安全的问题？请您针对这一主题进行相关文献的搜集，以解决上述问题。

查寻任务书（教育组）

查寻情境：

假定您正处于学位论文的开题阶段，需要查寻与给定主题相关的已有研究信息，并对这一主题进行综述。现需要您使用至少四种学术信息查寻系统进行信息检索，并下载相关文献，以达到文献搜集的目的。查寻结束后我们会对您进行一个简短的访谈。

查寻任务：MOOC在国内外教育中的应用对比

MOOC领域有哪些理论与关键技术？MOOC在国外的应用现状怎样？MOOC在国内的应用现状怎样？请您针对这一主题进行相关文献的搜集，以解决上述问题。

查寻任务书（文学组）

查寻情境：

假定您正处于学位论文的开题阶段，需要查寻与给定主题相关的已有研究信息，并对这一主题进行综述。现需要您使用至少四种学术信息查寻系统进行信息检索，并下载相关文献，以达到文献搜集的目的。查寻结束后我们会对您进行一个简短的访谈。

查寻任务：外国文学与文化对鲁迅创作的影响

鲁迅的作品与外国文学、文化有着怎样的关系？这一领域已经有了哪些研究？请您针对这一主题的相关文献进行搜集。

附录2　学术用户网络信息查寻策略选择行为实验前之调查问卷

尊敬的朋友：

您好！我们诚挚邀请您参与关于“学术用户网络信息查寻策略选择行为”的问卷调查。

为了能够比较系统地了解学术用户网络信息查寻的行为机制，以便能够为用户信息技能培训和信息服务提供有价值的参考意见，特进行此项调查，恳请您能够支持！您所填写的内容无标准答案，亦无对错之分，只要依您的实际情况作答即可。您的答案完全是匿名的，只用作统计分析，请放心作答！非常感谢您的支持与合作！祝身体健康，万事如意！

行为生态学视角下的学术用户网络信息查寻行为研究项目组

说明：

Ⅰ. 学术用户，指具有学术研究任务的、经常需要搜寻与科研课题或研究领域相关的学术性文献资料的信息用户群体。

Ⅱ. 学术信息，指与课题研究任务或者研究领域相关的文献信息资料。

Ⅲ. 信息查寻，指借助于互联网，通过使用学术数据库（如 CNKI、维普、Web of Science、Elsevier 等中外文数据库）、网络搜索引擎（如百度、Google 等），以及您熟知的一些专业门户网站，查寻学术信息的过程。

第一部分　背景资料调查

（填写说明：在没有特殊说明的情况下，以下题目均为单项选择，请在符合您情况的选项“□”中划“√”。）

1. 性别

□A. 男　□B. 女

2. 年龄：________

3. 您的身份

□A. 硕士研究生二年级　　□B. 硕士研究生三年级

4. 您的专业名称：____________

5. 您平均每天上网的时间：（T 为时间，以小时计算）

□A. $T=0$　□B. $0<T\leqslant 1$　□C. $1<T\leqslant 3$　□D. $3<T\leqslant 5$　□E. $T>5$

6. 您认为您的信息查寻与检索水平：

□A. 差　□B. 较差　□C. 一般　□D. 较好　□E. 很好

第二部分　学术用户网络信息查寻行为特征调查

1. 您进行学术信息网络查寻的频率为：（单选）

□A. 几乎每天都有　□B. 一周2～3次　□C. 一周1次　□D. 半月1次

□E. 一月1次及以上

2. 您在学术信息网络查寻中经常使用的系统有哪些：（可多选）

□A. 百度　　□B. Google（含谷粉学术、Glgoo学术搜索等替代品，下同）

□C. CNKI　　□D. 万方　　□E. 维普

□F. Elsevier　□G. Web of Science（WOS）　□H. EBSCO　□I. Springer

□J. ProQuest　□K. Taylor & Francis　□L. Wiley　□M. Nature

□N. Science　□O. Cell　□P. IEEE　□Q. 其他（请注明）________

3. 您在一次学术信息查寻中会使用几个数据库或搜索引擎：（单选）

□A. 1　□B. 2～3　□C. 4～5　□D. 更多

4. 您对检索系统高级检索功能的使用频率：（单选）

□A. 未使用过　□B. 偶尔使用　□C. 经常使用

□D. 不知道有高级检索功能

5. 我非常明晰自己需要什么样的信息：（单选）

□A. 非常不同意　□B. 比较不同意　□C. 一般　□D. 比较同意

□E. 非常同意

6. 我能用恰当的关键词表达出自己的信息需求：（单选）

□A. 非常不同意　□B. 比较不同意　□C. 一般　□D. 比较同意

□E. 非常同意

7. 对信息查寻的结果，您希望系统给出结果的排序方式：（单选）

□A. 按相关度排序　□B. 按时间排序　□C. 根据其他需要排序

□D. 其他（请注明）________

8. 对信息查寻输出的结果，您查看的记录数目一般为：（单选）

□A. 5条及以下　□B. 6～10条　□C. 11～20条　□D. 20条以上

9. 您认为外文文献对自己的学术研究很重要：

□A. 非常不同意　□B. 比较不同意　□C. 一般　□D. 比较同意

□E. 非常同意

10. 您倾向于将外文文献作为学术信息查寻的第一选择：

□A. 非常不同意　□B. 比较不同意　□C. 一般　□D. 比较同意

□E. 非常同意

11. 您对外文文献的处理能力：（单选）

□A. 差　□B. 较差　□C. 一般　□D. 较好　□E. 很好

12. 如果系统输出的结果不能满足你的需求，你最可能的反应是：

□A. 选择另外的系统重新查寻　　□B. 在该系统内再次查寻

□C. 放弃查找　　□D. 其他（请注明）________

13. 关于学术信息网络查寻，如果您还有其他看法、经验、建议等，请填写于后

____

问卷结束，再次感谢您的热情参与！

附录3 学术用户网络信息查寻策略选择行为实验后之访谈提纲

1. 您所选择的检索系统名称（依照实际查寻记录填写）：

____

2. 您选择这些检索系统的原因：__________（可多选）

A. 个人长期使用 B. 听他人说起过该系统 C. 该系统内容丰富全面

D. 该系统内容真实 E. 该系统权威性高 F. 该系统专业性强

G. 该系统知名度高 H. 该系统易于使用 I. 其他（ ）________

3. 您检索过程中选择的系统有先后顺序，排序的原因、依据是怎样的？

4. 从前一系统切换到后一系统的原因？（这里包括不再进入下一个系统，即直接终止查寻的情况）

5. 对各个系统反馈的查寻结果，您所选用的点击浏览方式是：______

A. 逐一顺次点击浏览 B. 扫描确定较为相关再点击浏览

C. 只点击浏览前面数页的内容 D. 随意点击浏览 E. 其他______

6. 您判断文献是否相关的主要依据是：________

A. 所查找到的结果的标题与检索课题相似

B. 通过阅读标题下的简要内容判断是相关的

C. 通过相关链接阅读全文后判断是相关的

D. 其他________

7. 您认为本次检索中各系统反馈的相关文献多不多？如果查寻中相关文献很多的话，您怎么进行相关文献的筛选？哪几个数据库、搜索引擎所返回的结果最多？请对您所用的数据库、搜索引擎进行重要程度排序。

8. 您是否满意本次检索结果：__________

9. 请再次评估您的信息查寻与检索技能水平是：

A. 差 B. 较差 C. 一般 D. 较好 E. 很好

附录4　知情同意书（模仿行为研究）

亲爱的老师和同学：

感谢您能阅读以下内容！请您根据以下内容，决定是否愿意参与本次研究。

本研究的主题为“合作情境下学术用户网络信息查寻中的模仿行为研究”，其目的是为了通过了解合作情境下的学术用户在网络信息查寻过程中是如何产生模仿行为的，模仿行为的过程及对模仿结果的评价与反馈，从而能够为查寻网站的建设和学术用户网络信息查寻习惯提供一些启示与建议。本研究的研究对象为在读硕、博士研究生和高校教师，本研究需要填写一些基本信息（您可以选择填写您方便给予的信息），同时，本研究会在观察与访谈过程中对相关内容进行录音。

研究者在整个研究过程中，会严格遵守相关的保密原则，不会公开您的真实姓名和身份。在论文中将使用编号形式的化名，不会对您造成任何影响。在本研究完成之后，研究者会向您提供论文草稿，您在阅读过程中发现的任何疑问与建议都会得到研究者认真的考虑与采纳。

通过参与本次研究，您可以获得关于质性研究的经验。同时，作为本研究的合作者，您也将有机会参与到对资料的分析工作中。通过参与此次研究，您还可以对合作情境下学术用户网络信息查寻中的模仿行为有更加深入的认识，能够更好地指导自己日后的网络信息查寻行为。

在认可本研究的性质和目的之后，请在知情同意书上签上您的姓名。您将获得一份本知情同意书的副本，以供保留。

参与者签名：

年　月　日

附录5 合作情境下学术用户网络信息查寻中的模仿行为观察记录表

模仿行为观察记录表

编号：____________

姓名：____________

性别：____________

学科专业：________

观察日期：________

观察时间：________

观察内容记录：

附录6　合作情境下学术用户网络信息查寻中的模仿行为访谈提纲

访谈日期：		访谈时间：	时　分——　时　分
访谈者：		受访者：	
	受访者简要情况		
性别：________		学科专业：________	
职业：________		学历：________	

准备工作：向受访者说明此次访谈的主题、目的及相关术语解释。

正式访谈：

第一部分：学术团队及个人信息

1. 您的课题是什么级别的？

2. 您在课题组中的角色是？(课题主持者、主研人员、普通研究人员)

第二部分：课题研究中的网络信息查寻行为基本情况

1. 您是否有网络信息查寻的经历？

2. 在您的网络信息查寻经历中，是否有过模仿行为？

第三部分：学术用户模仿行为的动机过程

1. 可以讲一下您为什么会产生模仿行为吗？

2. 您的模仿行为会发生在学术研究的哪个阶段呢？[确定研究课题、设计研究方案、资料或数据搜集（包括调查、观察、实验等)、资料或数据的汇总与分析、撰写研究成果]

3. 在这个过程中什么因素会对您产生影响呢？影响后的结果是什么样的呢？

第四部分：学术用户模仿行为的关注过程

1. 可以讲一下您在产生模仿这一想法之后会做些什么吗？

2. 在这个过程中，有什么因素会对您的行为或决定产生影响吗？是如何影响的呢？

第五部分：学术用户模仿行为的保持与再现过程

1. 可以具体描述一下您是如何进行模仿的吗？可以举例说明。

2. 您会通过哪些方式对模仿内容进行记忆呢？

3. 在这个过程中您会受到那些因素的影响呢？受到某些因素影响后的结果是什么呢？

第六部分：学术用户模仿行为结果评价

1. 您认为通过模仿可以达到什么样的效果呢？(包括积极的和消极的效果)
2. 面对模仿的不同效果，您会采取什么样的反馈行为或策略呢？

附录7　样本基本信息表（模仿行为研究）

	编号	性别	专业	受教育程度/职业	是否接受观察	是否接受访谈
团队一	Q-M-1	女	情报学	在读硕士研究生	√	√
	Q-M-2	女	情报学	在读硕士研究生	√	√
	Q-M-3	女	情报学	在读硕士研究生	√	√
	Q-M-4	女	情报学	在读硕士研究生	√	√
	Q-M-5	男	情报学	在读硕士研究生	√	√
团队二	J-M-1	女	教育技术学	在读硕士研究生	√	√
	J-M-2	女	教育技术学	在读硕士研究生	√	√
	J-M-3	女	教育技术学	在读硕士研究生	√	√
	J-M-4	女	教育技术学	在读硕士研究生	√	√
	J-M-5	男	教育技术学	在读硕士研究生	√	√
	J-M-6	男	教育技术学	在读硕士研究生	√	√
	J-M-7	男	教育技术学	在读硕士研究生	√	√
团队三	N-M-1	男	农业电气化与自动化	在读硕士研究生	√	√
	N-M-2	男	农业电气化与自动化	在读硕士研究生	√	√
	N-M-3	男	农业电气化与自动化	在读硕士研究生	√	√
	N-M-4	男	农业电气化与自动化	在读硕士研究生	√	√
其他团队的个体成员	G-D-1	女	化学工程与技术	在读博士研究生		√
	G-D-2	男	信息与通信工程	在读博士研究生		√
	L-T	女	微生物学	教师		√
	W-T	男	中共党史	教师		√

附录8　镶嵌图形测验及评分办法

第一部分　镶嵌图形测验材料（略）

镶嵌图形详见：谢斯骏，张厚粲．认知方式：一个人格维度的实验研究［M］．北京：北京师范大学出版社，1988：278-280.

第二部分　镶嵌图形测验操作说明

该测验可以个别施测，也可以集体施测。对于易于合作的被试可以团体施测，不易配合的被试最好还是采取个别施测。在集体施测时，若被试人数较多，主试可配 1 ~2 名助手。

第一步，施测前按人数准备好测验簿（就是测验图）和红色笔，并准备跑表一只。

第二步，分发测验簿和笔，主试指示："现在开始看说明，您对这个说明有任何不懂的地方都可以提问。当您看完说明后，请停下来，不要往下看。"在被试看说明期间，主试应随时解答被试提出的问题。

第三步，当所有被试都看完说明后，主试应进一步强调必须把简单图形的线条都画出来，并叉掉所有画错的线条（或在画错的线条上打"×"）。对于有阅读困难的被试，主试应口述说明并做些解释。

第四步，主试指示："所有的简单图形都在第 2 页。现在请翻到第 3 页开始描图，此页描图时间为4min，在描图过程中，您可以随时返回到第2 页查看简单图形。当您完成第一部分后，请停下来，等候进一步的指示。"同时，主试开动跑表。在被试做这一部分时，主试及助手应来回走动，给那些在这些练习题上有困难的被试以进一步说明。

第五步，4min 后，主试指示："不管您是否做完都请停下来。当我给指示时请再翻到下一页，开始做第二部分。在第二部分有十道题，给您 4min，您可能做不完所有的题，但应尽可能快而准确地做。准备——开始！"同时，主试开动跑表。

第六步，4min 后，主试指示："不管是否做完都停下来。当我给指示时，翻到下一页，开始做第三部分。第三部分有十道题，给您 4min 的时间，您可能做不完所有的题，但应尽可能快而准确地做。准备——开始！"同时，主试开动跑表。

第七步，时间到后，主试指示："不管您是否做完都请停下来，合上您的测验簿。"施测结束。

第三部分　镶嵌图形测验评分办法

测试的分数是第二部分与第三部分相加得来，第一部分仅是让被测者熟悉题型，因此注意不要将第一部分的得分计入。

成年总体的常模分数为：9.76　　常模标准差为：4.57

成年男性的常模分数为：9.86　　常模标准差为：4.45

成年女性的常模分数为：9.69　　常模标准差为：4.89

计算公式为

$$t=（统计分数-常模分数）/ 常模标准差$$

因为 t 一般为小数，有时为负数，为方便，期间进行如下转换

$$T=t\times 10+50$$

如果 T 大于50则表明倾向于场独立型，小于50则倾向于场依存型。

每部分限时4min，1、2题各0.5分，3、4题各1分，其余题各1.5分。

附录9　知情同意书（试错行为研究）

亲爱的老师和同学：

感谢您能阅读以下内容！

请您根据以下提供给您的信息，决定您是否愿意参与本项研究。

本研究的主题为“学术用户网络信息查寻中的试错行为机制研究”，其目的是为了通过了解学术用户在解决学术研究任务中遇到的问题，进行网络信息查寻过程中是产生试错行为的原因，如何选择和评价试错行为方式，以及试错行为的规律和内外影响因素，从而能够为查寻网站的建设和学术用户网络信息查寻习惯提供一些启示与建议。本研究的研究对象为在读硕、博士研究生和高校教师，本研究需要您填写一些基本信息（您可以选择填写您方便给予的信息），同时，本研究会在观察与访谈过程中对相关内容进行录音。

研究者在整个研究过程中，会严格遵守相关的保密原则，不会公开您的真实姓名和身份。在论文中将使用编号形式的化名，不会对您造成任何影响。在本研究完成之后，研究者会向您提供论文草稿，您在阅读过程中发现的任何疑问与建议都会得到研究者认真的考虑与采纳。

通过参与本次研究，您可以获得关于混合方法研究的经验。同时，作为本研究的合作者，您也将有机会参与到对资料的分析工作中。通过参与此次研究，您还可以对学术用户网络信息查寻中的试错行为有更加深入的认识，能够更好地指导自己日后的网络信息查寻行为。

在认可本研究的性质和目的之后，请在知情同意书上签上您的姓名。您将获得一份本同意书的副本，以供保留。

参与者签名：

年　月　日

附录10 学术用户网络信息查寻中的试错行为观察记录表

试错行为观察记录表

编号：______________

姓名：______________

性别：______________

学科专业：__________

观察日期：__________

观察时间：__________

观察内容记录：

附录11 学术用户网络信息查寻中的试错行为机制研究访谈提纲

访谈日期： 访谈时间： 时 分—— 时 分
访谈者： 受访者：

受访者简要情况

性别：________ 学科专业：________
职业：________ 学历：________
目前承担的研究课题的类型：________

准备工作：向受访者说明此次访谈的主题、目的及相关概念解释。

正式访谈：

第一部分：个人信息

1. 您对现在研究的课题相关的专业领域知识熟悉吗？（很不熟悉□1 很熟悉□5）

2. 您在课题组中的角色是？（课题主持者、主要研究人员、普通研究人员）

3. 您目前处于课题研究的哪个阶段？［确定研究课题、设计研究方案、资料或数据搜集（包括调查、观察、实验等）、资料或数据的汇总与分析、撰写研究成果］

4. 您认为自己的检索技能怎么样？（很差□1 很高□5）

5. 您在网络信息查寻的经历中，是否有过试错行为？

第二部分：学术用户进行试错的动机

1. 可以谈一下您为什么会进行试错吗？

2. 您在决定试错之后，如何确定试错行为的方式？

第三部分：学术用户试错行为的方式及影响因素

1. 可以具体描述一下您刚刚是如何进行试错的吗？可以举例说明。

2. 您在试错的过程中，思路是否越来越清晰？

3. 您认为什么因素会影响您对试错行为的选择？是如何影响的呢？

第四部分：学术用户试错行为结果评价与反馈行为

1. 您在刚刚的查寻试错的过程中是否改变了原来的查寻目标？

2. 您采用的试错行为达到您预期的查寻效果了吗？

3. 请结合您的查寻经历，描述一下您如何根据试错行为反馈的查寻结果选择进一步的反馈查寻行为或策略。

附录12　样本基本信息表（试错行为研究）

编号	性别	受教育程度/职业	专业	研究角色	课题研究阶段
J-M-01-c-Ⅱ-1	男	硕士研究生二年级	计算机软件与理论	一般研究人员	设计研究方案
J-M-02-c-Ⅰ-2	女	硕士研究生二年级	计算机应用技术	一般研究人员	确定研究课题
J-M-02-a-Ⅴ-3	女	硕士研究生三年级	计算机系统结构	课题主持者	撰写研究成果
J-M-01-a-Ⅲ-4	男	硕士研究生二年级	计算机系统结构	课题主持者	资料或数据搜集（包括调查、观察、实验等）
X-D-01-b-Ⅰ-1	男	博士研究生一年级	应用心理学	主要研究人员	确定研究课题
X-D-02-b-Ⅲ-2	女	博士研究生二年级	应用心理学	主要研究人员	资料或数据搜集（包括调查、观察、实验等）
X-T-02-a-Ⅲ-3	女	博士/教师	发展与教育心理学	课题主持者	资料或数据搜集（包括调查、观察、实验等）
X-M-01-c-Ⅲ-4	男	硕士研究生二年级	发展与教育心理学	一般研究人员	资料或数据搜集（包括调查、观察、实验等）
G-M-01-c-Ⅱ-1	男	硕士研究生二年级	机电系统工程	一般研究人员	设计研究方案
G-M-01-c-Ⅰ-2	男	硕士研究生一年级	机电系统工程	一般研究人员	确定研究课题
G-D-01-c-Ⅰ-3	男	博士研究生一年级	土木与建筑环境	一般研究人员	确定研究课题
G-D-01-c-Ⅳ-4	男	博士研究生一年级	土木与建筑环境	一般研究人员	资料或数据的汇总与分析
F-M-02-c-Ⅰ-1	女	硕士研究生一年级	民商法学	一般研究人员	确定研究课题
F-M-01-a-Ⅴ-2	男	硕士研究生三年级	民商法学	课题主持者	撰写研究成果
F-M-01-b-Ⅴ-3	男	硕士研究生三年级	民商法学	主要研究人员	撰写研究成果
F-M-02-b-Ⅱ-4	女	硕士研究生二年级	民商法学	主要研究人员	设计研究方案
Y-T-02-a-Ⅳ-1	女	博士/教师	英语语言文学	课题主持者	资料或数据的汇总与分析
Y-M-02-a-Ⅳ-2	女	硕士研究生三年级	英语语言文学	课题主持者	资料或数据的汇总与分析
Y-D-02-b-Ⅱ-3	女	博士研究生二年级	英语语言文学	主要研究人员	设计研究方案
Y-M-02-c-Ⅰ-4	女	硕士研究生二年级	英语语言文学	一般研究人员	确定研究课题
Q-T-01-a-Ⅱ-1	男	博士/教师	图书馆学	课题主持者	设计研究方案
Q-M-01-a-Ⅴ-2	男	硕士研究生三年级	图书馆学	课题主持者	撰写研究成果
Q-M-02-b-Ⅱ-3	女	硕士研究生二年级	情报学	主要研究人员	设计研究方案

续表

编号	性别	受教育程度/职业	专业	研究角色	课题研究阶段
Q-M-02-b-Ⅱ-4	女	硕士研究生二年级	情报学	主要研究人员	设计研究方案
E-M-01-b-Ⅲ-1	男	硕士研究生三年级	区域经济学	主要研究人员	资料或数据搜集（包括调查、观察、实验等）
E-M-02-a-Ⅴ-2	女	硕士研究生三年级	企业管理	课题主持者	撰写研究成果
E-M-02-a-Ⅴ-3	女	硕士研究生三年级	企业管理	课题主持者	撰写研究成果
E-D-01-b-Ⅲ-4	男	在职博士研究生二年级	区域经济学	主要研究人员	资料或数据搜集（包括调查、观察、实验等）
H-D-01-b-Ⅳ-1	男	博士研究生二年级	有机化学	主要研究人员	资料或数据的汇总与分析
H-M-02-c-Ⅰ-2	女	硕士研究生二年级	有机化学	一般研究人员	确定研究课题
H-M-01-c-Ⅳ-3	男	硕士研究生三年级	分析化学	一般研究人员	资料或数据的汇总与分析
H-D-02-b-Ⅳ-4	女	博士研究生二年级	分析化学	主要研究人员	资料或数据的汇总与分析

附录13　学术用户网络信息查寻中的信息偶遇行为调查问卷（正式）

尊敬的朋友：

您好！

我们诚挚邀请您参与“学术用户网络信息查寻中的信息偶遇行为”问卷调查。

为了能够更深入地了解学术用户网络信息查寻中的学术信息偶遇现象，特进行此项调查，恳请您能够支持。您所填写的内容无对错之分，只需依您的实际情况作答即可。您的答案完全是匿名的，只用作统计分析，请放心作答！

非常感谢您的支持与合作！祝身体健康，万事如意！

行为生态学视角下的学术用户网络信息查寻行为研究项目组

[相关概念说明]：

Ⅰ. 学术用户，指具有学术研究任务、需要查找与科研课题或研究领域相关的学术信息的个体或群体。

Ⅱ. 网络（网），指互联网。

Ⅲ. 网络信息查寻，指用户在互联网上检索或者浏览信息的活动。

[填卷说明]：

Ⅰ. 在没有特殊说明的情况下，以下各题均为单选题。

Ⅱ. 请在符合您情况的选项框□中划“√”（即☑），或在横线“____”上直接填写。另有个别题，请按题中的具体要求填答。

第一部分　学术用户个体背景资料调查

1. 您的性别：

□A. 男　　□B. 女

2. 您的年龄：______周岁

3. 您的专业（或二级学科）：______　研究方向（或研究领域）：______

4. 除了您在第3题中所填写的学科（专业，研究方向/研究领域）外，您所关注的其他学科（或专业，或研究方向/研究领域）还有哪些？（**请填写名称或数量；如没有，请填写“无”**）：________________________________

____

5. 您的身份（可多选）：

□A. 本科生　　□B. 硕士研究生一年级　　□C. 硕士研究生二年级

□D. 硕士研究生三年级　□E. 博士研究生　□F. 助教/实习研究员
□G. 讲师/助理研究员　□H. 副教授/副研究员　□I. 教授/研究员
□J. 其他（请注明）________

6. 您已经获得的最高学位：

□A. 博士　□B. 硕士　□C. 学士　□D. 无

7. 您是否会通过网络来检索或浏览信息？

□A. 是　□B. 否（若您选择“B. 否”，请停止作答后面的所有题项！再次感谢您的参与！）

8. 您平均每天上网的时间约为（T 为时间，以小时计算）：

□A. $0<T\leqslant1$　□B. $1<T\leqslant3$　□C. $3<T\leqslant5$　□D. $T>5$

9. 您的课题研究情况（如果目前您承担有多个课题，请仅就您目前投入精力最多的那一个课题的情况，回答以下问题）：

（1）您目前承担的这个课题的来源及您担任的角色是：

（请同时在符合您情况的“□”上和表格中划“√”；可多选。例如，如果您目前投入精力最多的课题是毕业（学位）论文，而该毕业（学位）论文的选题又来源于某个国家课题，那就请您同时在“国家课题”和“毕业（学位）论文”对应的位置划“√”。）

课题来源	担任角色			
	课题负责人	核心成员	一般成员	其他（请注明）
□国家课题				
□省部（或直辖市）级课题				
□地市级、厅局级课题				
□校级课题				
□学院级课题				
□横向或委托项目				
□其他（请注明来源）________				
□毕业（学位）论文				
□专业论文（如学术期刊论文、学术会议论文、课程论文、工作交流论文等）				
□以上课题均没有（若以上课题均没有，请直接跳转至第10题）				

（2）您目前承担的这个课题的研究性质是：

□A. 基础研究

□B. 应用研究

□C. 综合研究（基础研究与应用研究兼有）

□D. 其他（请注明）________

（3）这个课题在当前所处的研究阶段是：

□A. 确定研究课题

□B. 设计研究方案

□C. 资料或数据搜集（包括调查、观察、实验等）

□D. 资料或数据的汇总与分析

□E. 撰写研究成果

□F. 其他（请注明）______________

（4）您对这个课题所涉及的领域知识的熟悉程度：

□A. 很熟悉　□B. 较熟悉　□C. 一般　□D. 较不熟悉

□E. 很不熟悉

10. 您最近 3 个月内所承担的所有课题的总数目：______个（如果一个课题有多种来源，请勿重复计算）。

第二部分　学术信息偶遇行为测量

[相关概念说明]：

Ⅰ. 学术信息，指与学术研究任务或者研究领域相关的信息资料。

Ⅱ. 信息偶遇，用户在没有刻意去查找某（些）信息时，却意外地发现了这（些）信息，这种现象就是信息偶遇。

Ⅲ. 学术信息偶遇，在网上检索有关主题 A 的信息时，或者在网上无特定目标地浏览信息时，无意中却发现了自己或您所关心的熟人感兴趣的主题 B 相关的学术信息。例如，在网上检索或浏览生活、休闲信息时，无意中发现了对自己或熟人有用的学术信息；又如，在网上检索或浏览与课题 A 相关的学术信息时，无意中发现了与自己或熟人的课题 B 相关的学术信息；再如，在网上检索或浏览与学科领域 A 相关的学术信息时，无意中发现了与自己或熟人所关注的学科领域 B 相关的学术信息；或者，在网上无目标地随意浏览学术信息时，无意中发现了对自己或熟人有用的学术信息等。

[填卷说明]：

Ⅰ. 除特别说明之外，以下各题均为单选题。

Ⅱ. 除特别说明之外，以下各种描述均指您从事学术研究以来，在网上检索或浏览信息时所发生的学术信息偶遇情况。

1. 您在网上检索或浏览信息时，是否曾有过学术信息偶遇的经历？

□A. 有过　□B. 没有（若您选择“B. 没有”，请停止作答后面的所有题项！再次感谢您的参与！）

2. 您在网上检索或浏览生活、娱乐、休闲信息时，是否偶遇过自己感兴趣的学术信息？

□A. 经常　□B. 较常　□C. 一般　□D. 不常　□E. 从未

3. 您在网上检索或浏览与主题 A 相关的学术信息时，是否偶遇过自己感兴趣的主题 B 相关的学术信息？

□A. 经常　□B. 较常　□C. 一般　□D. 不常　□E. 从未

4. 您在网上检索或浏览生活、娱乐、休闲信息时，是否偶遇过您所关心的熟人（如老师、学生、同学、同事、朋友等，简称“熟人”）感兴趣的学术信息？

□A. 经常　□B. 较常　□C. 一般　□D. 不常　□E. 从未

5. 您在网上检索或浏览学术信息时，是否偶遇过熟人感兴趣的学术信息？

□A. 经常　□B. 较常　□C. 一般　□D. 不常　□E. 从未

6. 请根据您在网络上检索或浏览信息时所偶遇到的学术信息的实际情况，选择您对下面陈述的认可程度（每项题目后的数字代表了从“很不符合”到“很符合”的程度。其中，1＝“很不符合”，5＝“很符合”。请您在相应的数字上划“√”）

针对以下陈述，您的观点是：	很不符合	较不符合	一般	较符合	很符合
①我偶遇到的学术信息通常是很有用的	1	2	3	4	5
②我偶遇到的学术信息通常对自己有用	1	2	3	4	5
③我偶遇到的学术信息通常对熟人有用	1	2	3	4	5
④我偶遇到的学术信息激发了我的学术创新灵感	1	2	3	4	5
⑤我偶遇到的学术信息帮助我解决了学术研究中存在的问题或困惑	1	2	3	4	5
⑥我偶遇到的学术信息增加了我的知识储备	1	2	3	4	5
⑦我偶遇到的学术信息是偶遇发生之前所需要但是偶遇时已经不需要了的信息	1	2	3	4	5
⑧我偶遇到的学术信息是我之前已经查找过却一直没有找到的信息	1	2	3	4	5

7. 一般而言，您在网络上检索或浏览信息时所偶遇到的学术信息通常被应用于学术研究任务的哪些阶段？（可多选）

□A. 确定研究课题

□B. 设计研究方案

□C. 资料或数据搜集（包括调查、观察、实验等）

□D. 资料或数据的汇总与分析

□E. 撰写研究成果

□F. 其他阶段（请注明）____________

□G. 我偶遇到的学术信息还没有被应用到学术研究任务中

8. 在网上检索或浏览与主题 A 相关的信息时，我通常能够注意到自己感兴趣的主题 B 相关的学术信息

□A. 很不符合（若选择“A. 很不符合”，请跳转至第 11 题！）

□B. 较不符合　□C. 一般　□D. 较符合　□E. 很符合

9. 如果注意到的学术信息是自己感兴趣的，我通常会暂停当时正在执行的检索或浏览活动，转而去处理（如点击、继续查看、评估其价值、收藏、复制、保存、分享、利用等）该信息

□A. 很不符合（若选择“A. 很不符合”，请跳转至第 11 题！）

□B. 较不符合　□C. 一般　□D. 较符合　□E. 很符合

10. 如果暂停下来去处理偶遇到的自己感兴趣的学术信息，我通常会当场继续查看该信息以确认其是否有价值

□A. 很不符合　□B. 较不符合　□C. 一般　□D. 较符合

□E. 很符合

11. 在网上检索或浏览信息时，我通常能够注意到熟人感兴趣但自己不感兴趣的学术信息

□A. 很不符合（若选择“A. 很不符合”，请跳转至第 14 题！）

□B. 较不符合　□C. 一般　□D. 较符合　□E. 很符合

12. 如果注意到的学术信息仅仅是熟人感兴趣但自己不感兴趣的，我通常会暂停当时正在执行的检索或浏览活动，转而去处理（如点击、继续查看、评估其价值、收藏、复制、保存、分享、利用等）该信息

□A. 很不符合（若选择“A. 很不符合”，请跳转至第 14 题！）

□B. 较不符合　□C. 一般　□D. 较符合　□E. 很符合

13. 如果暂停下来去处理偶遇到的熟人感兴趣但自己不感兴趣的学术信息，我通常会当场继续查看该信息以确认其是否有价值

□A. 很不符合　□B. 较不符合　□C. 一般　□D. 较符合

□E. 很符合

（在第 10 题、第 13 题中，若您填答了其中的一题且答案不是 A，或者您填答了这两题且答案不同时为 A，请您依次作答第 14～17 题；否则，请您跳转至第 18 题！）

14. 我通常会利用自己已有的知识，当场去评估偶遇的学术信息是否有价值

□A. 很不符合　□B. 较不符合　□C. 一般　□D. 较符合

□E. 很符合

15. 我通常会当场查找更多与偶遇的学术信息相关的其他信息，来帮助自己评估偶遇的学术信息是否有价值

□A. 很不符合　□B. 较不符合　□C. 一般　□D. 较符合

□E. 很符合

16. 我通常会当场询问熟人（老师、同学、同事、朋友等），来帮助自己评估偶遇的学术信息是否有价值

□A. 很不符合 □B. 较不符合 □C. 一般 □D. 较符合

□E. 很符合

17. 对于偶遇的有用学术信息，我会立刻应用到我的学术研究中或者融入自己的知识结构中

□A. 很不符合 □B. 较不符合 □C. 一般 □D. 较符合

□E. 很符合

（在第9题、第12题中，若您填答了其中的一题且答案不是A，或者您填答了这两题且答案不同时为A，请您依次作答第18～20题；否则，请您跳转至第21题！）

18. 对于偶遇的有用学术信息，我会将之分享给可能需要它的其他用户

□A. 很不符合 □B. 较不符合 □C. 一般 □D. 较符合

□E. 很符合

19. 对于偶遇的有用学术信息，我会将之保存以备将来使用

□A. 很不符合 □B. 较不符合 □C. 一般 □D. 较符合

□E. 很符合

20. 处理完偶遇的学术信息后，我通常会立刻返回去继续完成之前被中断的检索或浏览活动

□A. 很不符合 □B. 较不符合 □C. 一般 □D. 较符合

□E. 很符合

（在第9题、第12题中，若您填答了其中的一题且答案不是E，或者您填答了这两题且答案不同时为E，请您依次作答下面的题；否则，请您跳转至第22题！）

21. 注意到偶遇的学术信息后，如果当时没有停下来去处理（如点击、继续查看、评估其价值、收藏、复制、保存、分享、利用等）该信息，那么等到手头上的网络检索或浏览活动结束后，我通常会返回去处理该信息

□A. 很不符合 □B. 较不符合 □C. 一般 □D. 较符合

□E. 很符合

22. 近3个月内，您在网上检索或浏览信息时，是否有过学术信息偶遇经历？

□A. 经常 □B. 较常 □C. 一般 □D. 不常 □E. 从未

23. 您在网上检索或浏览其他信息时，是否偶遇过与第一部分第9题表格中您所勾选的课题相关的学术信息？

□A. 经常 □B. 较常 □C. 一般 □D. 不常 □E. 从未

□F. 我目前没有承担课题

24. 在网上检索或浏览信息时，偶遇到学术信息后，我会因为意外获得有用的学术信息而感到惊喜或高兴

□A. 很不符合　□B. 较不符合　□C. 一般　□D. 较符合

□E. 很符合

25. 在网上检索或浏览信息时，偶遇到学术信息后，我会因为耽误了当时的检索或浏览任务而感到内疚或不安

□A. 很不符合　□B. 较不符合　□C. 一般　□D. 较符合

□E. 很符合

26. 在网上检索或浏览信息时，偶遇到学术信息后，我会因为偶遇到的学术信息质量低而感到烦躁或不快

□A. 很不符合　□B. 较不符合　□C. 一般　□D. 较符合

□E. 很符合

27. 您是否希望在网上检索或浏览信息时发生学术信息偶遇？

□A. 很不希望　□B. 较不希望　□C. 一般　□D. 较希望

□E. 很希望

28. 请结合您的实际情况，补充您在网上查寻信息时偶遇学术信息的其他情况（如情绪感受、想法、做法等）：

____

第三部分　认知风格测量

采用镶嵌图形测试（EFT）（见附录9；此处略）。

第四部分　人格特质测量

[填写说明]：

请选择您对下面描述的认可程度（每项题目后的数字代表了从“很不符合”到“很符合”的程度。其中，1＝“很不符合”；2＝“较不符合”；3＝“一般”；4＝“较符合”；5＝“很符合”。请您在相应的数字上划“√”）。

NEO 五因素简氏问卷（NEO-FFI-R）

针对以下陈述，您的观点是：	很不符合	较不符合	一般	较符合	很符合
1. 我不是一个容易忧虑的人	1	2	3	4	5
2. 我喜欢周围有很多朋友	1	2	3	4	5
3. 我很喜欢沉浸于幻想和白日梦中，去探索、发展其中所有可能实现的东西	1	2	3	4	5
4. 我尽量对每一个遇到的人彬彬有礼，非常客气	1	2	3	4	5

续表

针对以下陈述，您的观点是：	很不符合	较不符合	一般	较符合	很符合
5. 我让自己的物品经常保持整洁干净	1	2	3	4	5
6. 有时候我感到愤怒，充满怨恨	1	2	3	4	5
7. 我很容易笑	1	2	3	4	5
8. 我喜欢培养和发展新的爱好	1	2	3	4	5
9. 有时候，我会采用威胁或奉承等不同手段，去说服别人按我的意愿去做事	1	2	3	4	5
10. 我比较擅长为自己安排好做事进度，以便按时完成任务	1	2	3	4	5
11. 当面对极大的压力时，有时我会感到好像就要垮了似的	1	2	3	4	5
12. 我喜欢那些可以单独做事，不被别人打扰的工作	1	2	3	4	5
13. 我对大自然和艺术中蕴涵的美十分着迷	1	2	3	4	5
14. 有些人觉得我有些自我中心，不太考虑别人的感受	1	2	3	4	5
15. 许多时候，事到临头了，我才发现自己还没做好准备	1	2	3	4	5
16. 我很少感觉孤独和忧郁	1	2	3	4	5
17. 我很喜欢与别人聊天	1	2	3	4	5
18. 我认为让学生接触有争议的学说或言论只会混淆和误导他们的思想	1	2	3	4	5
19. 如果有人挑起争端，我随时准备好反击	1	2	3	4	5
20. 我会尽量认真地完成一切分派给我的任务	1	2	3	4	5
21. 我经常感到紧张而心神不定	1	2	3	4	5
22. 我喜欢置身于激烈的活动之中	1	2	3	4	5
23. 我对诗词基本上没有什么感觉	1	2	3	4	5
24. 我觉得自己比大多数的人都优秀	1	2	3	4	5
25. 我有一些明确的目标，并能以有条不紊的方式朝它迈进	1	2	3	4	5
26. 有时我感到自己完全一文不值	1	2	3	4	5
27. 我通常回避人多的场合	1	2	3	4	5
28. 对我来说，让头脑无拘无束地想象是一件困难的事情	1	2	3	4	5

续表

针对以下陈述，您的观点是：	很不符合	较不符合	一般	较符合	很符合
29. 受到别人粗暴无礼的对待后，我会尽量原谅他们，让自己忘记这件事	1	2	3	4	5
30. 开始着手学习或工作之前，我会浪费很多时间	1	2	3	4	5
31. 我很少感到恐惧或焦虑	1	2	3	4	5
32. 我常常感到自己精力旺盛，好像充满能量	1	2	3	4	5
33. 我很少留意自己在不同环境下的情绪或感觉变化	1	2	3	4	5
34. 我相信人性是善良的	1	2	3	4	5
35. 我努力做事以达到自己的目标	1	2	3	4	5
36. 别人对待我的方式常使我感到愤怒	1	2	3	4	5
37. 我是一个乐天开朗的人	1	2	3	4	5
38. 我经常体验到许多不同的感受或情绪	1	2	3	4	5
39. 很多人觉得我对人有些冷淡，经常和别人保持一定距离	1	2	3	4	5
40. 一旦做出承诺，我通常会贯彻到底	1	2	3	4	5
41. 很多时候，当事情不顺利时，我会感到泄气，想要放弃	1	2	3	4	5
42. 我不太喜欢和人聊天，很少从中获得太多乐趣	1	2	3	4	5
43. 阅读一首诗或欣赏一件艺术品时，我有时会感到非常兴奋或喜悦	1	2	3	4	5
44. 我是一个固执倔强的人	1	2	3	4	5
45. 有时候，我并不是那么可靠和值得信赖	1	2	3	4	5
46. 我很少感觉忧伤或沮丧	1	2	3	4	5
47. 我的生活节奏很快	1	2	3	4	5
48. 我对思考宇宙规律或人类生存状况没有什么兴趣	1	2	3	4	5
49. 我尽量对他人做到体贴周到	1	2	3	4	5
50. 我做事情总是善始善终，是一个很有做事能力的人	1	2	3	4	5
51. 我经常感觉无助，希望有人能帮助我解决问题	1	2	3	4	5

续表

针对以下陈述，您的观点是：	很不符合	较不符合	一般	较符合	很符合
52. 我是一个十分积极活跃的人	1	2	3	4	5
53. 我对许多事物都很好奇，充满求知欲	1	2	3	4	5
54. 如果我不喜欢某一个人，我会让他知道	1	2	3	4	5
55. 我好像总不能把事情安排得井井有条	1	2	3	4	5
56. 有时我会感到十分羞愧，以至于只想躲起来，不见任何人	1	2	3	4	5
57. 我宁愿自己独自做事，而不是领导指挥别人	1	2	3	4	5
58. 我喜欢研究理论和抽象的问题	1	2	3	4	5
59. 如果必要的话，我会利用别人来达到自己的目的	1	2	3	4	5
60. 对于每件事，我都力求做到最好	1	2	3	4	5

附录14 学术用户所属专业的抽样分布情况（偶遇行为研究）

学科门类	专业	人数/人
工学	力学、机械电子工程、机械设计、机械制造及其自动化、材料学、材料物理与化学、计算机应用技术、计算机软件与理论、计算机系统结构、结构工程、岩土工程、土木工程（未填写专业或方向）、地球探测与信息技术、农业机械化工程、环境科学、环境工程、农产品加工及贮藏工程、食品科学	147
理学	基础数学、计算数学、应用数学、运筹学与控制论、概率论与数理统计、原子与分子物理、凝聚态物理、光学、理论物理、无机化学、高分子化学与物理、分析化学、地图学与地理信息系统、人文地理学、植物学、动物学、水生生物学、微生物学、生物化学与分子生物学、统计学	95
文学	汉语言文字学、中国少数民族语言文学、中国古典文献学、文艺学、美术学、中国现当代文学、传播学、俄语语言文学、中国古代文学	41
管理学	管理科学与工程、会计学、企业管理、旅游管理、农林经济管理（未填写专业或方向）、行政管理、土地资源管理、教育经济与管理	41
经济学	世界经济、金融学、区域经济学、产业经济学、国际贸易学	32
教育学	教育技术学、课程与教学论、高等教育学、应用心理学、教育学（未填写专业或方向）	20
历史学	中国古代史、世界史、历史地理学	18
哲学	逻辑学、美学、宗教学、科学技术哲学、马克思主义哲学、中国哲学	14
农学	作物栽培学与耕作学、作物遗传育种、果树学、水产养殖	12
法学	国际政治、中共党史、政治学理论、科学社会主义与国际共产主义、社会学	6
医学	微生物与生化药学	3

附录15 学术用户网络信息查寻中的认知失调调查问卷（正式）

尊敬的朋友：

您好！

我们诚挚邀请您参与“学术用户网络信息查寻中的认知失调”问卷调查。

为了能够比较系统地了解学术用户网络信息查寻的行为机制，以便为用户信息技能培训和信息服务提供有价值的参考意见，特进行此项调查，恳请您能够支持。您所填写的内容无标准答案，亦无对错之分，只需依您的实际情况作答即可。您的答案完全是匿名的，只用作统计分析，请放心作答！

非常感谢您的支持与合作！祝身体健康，万事如意！

行为生态学视角下的学术用户网络信息查寻行为研究项目组

相关概念说明：

Ⅰ. 学术用户，指具有学术研究任务的、需要搜寻与科研课题或研究领域相关的学术性文献资料的信息用户个体或群体。

Ⅱ. 学术信息，指与学术研究任务或者研究领域相关的文献信息资料。

Ⅲ. 网络信息查寻，指用户借助于互联网，通过使用学术数据库（如CNKI、维普、Web of Science、Elsevier等中外文数据库）、网络搜索引擎（如百度、Google等），以及专业门户网站等，查寻学术信息的活动。

第一部分 用户个体背景资料调查

[**填写说明**] 在没有特殊说明的情况下，以下题目均为单项选择。请在符合您情况的选项前划“√”。

1. 您的性别：

□A. 男　□B. 女

2. 您的年龄：________周岁

3. 您的专业（或二级学科）：______　研究方向（或研究领域）：______

4. 您的身份：（可多选）

□A. 硕士研究生一年级 □B. 硕士研究生二年级 □C. 硕士研究生三年级

□D. 博士研究生 □E. 助教/实习研究员 □F. 讲师/助理研究员

□G. 副教授/副研究员 □H. 教授/研究员 □I. 其他（请注明）____

5. 您的最高学历：

□A. 本科以下 □B. 大学本科（包括在读本科生）

□C. 硕士研究生（包括在读硕士生）

□D. 博士研究生（包括在读博士生）

6. 您平均每天上网的时间：（T为时间，以小时计算）

□A. $T=0$　□B. $0<T\leqslant 1$　□C. $1<T\leqslant 3$　□D. $3<T\leqslant 5$　□E. $T>5$

7. 您的课题研究情况：（如果目前您承担有多个课题，请根据您目前正在集中完成的一个课题的情况回答以下问题）

（1）您目前承担的这个课题的来源及您担任的角色是：

（请同时在符合您情况的“□”上和表格中划“√”。如果您承担的同一个课题有两种不同的来源，请分别在对应的位置划“√”。例如，如果您的毕业（学位）论文选题来源于国家课题，请同时在“国家课题”和“毕业（学位）论文”对应的位置划“√”。）

课题来源	担任角色			
	课题负责人	核心成员	一般成员	其他（请注明）
□国家课题				
□省部（或直辖市）级课题				
□地市级、厅局级课题				
□校级课题				
□学院级课题				
□横向或委托项目				
□其他（请注明来源）________				
□毕业（学位）论文				
□课程论文				
□以上课题均没有（若以上课题均没有，请直接跳至第8题）				

（2）您目前承担的这个课题的研究性质是：

□A. 基础研究

□B. 应用研究

□C. 综合研究（基础研究与应用研究兼有）

□D. 其他（请注明）________

（3）您目前承担的这个课题研究所处的阶段：

□A. 确定研究课题

□B. 设计研究方案

□C. 资料或数据搜集（包括调查、观察、实验等）

□D. 资料或数据的汇总与分析

□E. 撰写研究成果

□F. 其他（请注明）____________

（4）为完成该课题，您采用的主要研究方法有（请您自由填答）：____

8. 在学术研究过程中，您是否需要通过互联网络来查找信息？

□A. 是 □B. 否（若选“B. 否”，请您停止答题。再次感谢您的合作！）

9. 您在网络上查寻学术信息（即与研究课题或研究领域相关的信息）的过程中，是否有过查寻不到所需信息或者所查寻的信息满足不了自己信息需求的经历？

□A. 经常 □B. 有时 □C. 偶尔

□D. 从不（若选“D. 从不”，请您停止答题。再次感谢您的合作！）

第二部分　认知失调测量量表（1）

［填写说明］以下是一些描述情绪状态的词汇。请根据您最近一段时间在网络上查寻学术信息时的真实情绪状况或感受，选择您对下面描述的认可程度（每项题目后的数字代表了从“很不符合”到“很符合”的程度。其中，1＝“很不符合”；2＝“较不符合”；3＝“一般”；4＝“较符合”；5＝“很符合”。请您在相应的数字上划“√”）。

请注意：①如果您目前承担有第一部分第7题表格中所述课题，请您依据自己在该课题相关的信息查寻过程中的情绪体验作答；②如果您目前暂时没有承担上述课题，则请您就自己日常学术研究中信息查寻过程的总体情绪体验作答。

量表1　学术用户网络信息查寻中的认知失调情绪测量量表

针对以下陈述，您的观点是：	很不符合	较不符合	一般	较符合	很符合
1. 总的来说是愉快的	1	2	3	4	5
2. 积极的	1	2	3	4	5
3. 自信的	1	2	3	4	5
4. 轻松的	1	2	3	4	5
5. 满足的	1	2	3	4	5
6. 感觉有点不舒服	1	2	3	4	5
7. 有点不安	1	2	3	4	5
8. 烦躁的	1	2	3	4	5
9. 焦虑的	1	2	3	4	5
10. 紧张的	1	2	3	4	5
11. 不确定的	1	2	3	4	5
12. 对自己生气的	1	2	3	4	5
13. 对自己厌恶的	1	2	3	4	5
14. 对自己失望的	1	2	3	4	5
15. 沮丧的	1	2	3	4	5

第二部分　认知失调测量量表（2）

[**填写说明**] 请根据您在网络上查寻学术信息过程中的实际情况，选择您对下面描述的认可程度（每项题目后的数字代表了从“很不符合”到“很符合”的程度。其中，1 =“很不符合”；2 =“较不符合”；3 =“一般”；4 =“较符合”；5 =“很符合”。请您在相应的数字上划“√”）。

请注意：①如果您目前承担有第一部分第 7 题表格中所述课题，请您依据自己在该课题相关的信息查寻过程中的实际情况作答；②如果您目前暂时没有承担上述课题，则请您就自己日常学术研究中信息查寻过程的实际情况作答。

量表 2　学术用户网络信息查寻中的认知失调自我调节行为测量量表

针对以下陈述，您的观点是：	很不符合	较不符合	一般	较符合	很符合
1. 在信息查寻遭遇失败和挫折时，您会抱怨几句，以表达您的不满	1	2	3	4	5
2. 在信息查寻遭遇失败和挫折时，您会向他人倾诉	1	2	3	4	5
3. 当您查寻不到相关性很高的信息时，您会选取相关性较低的信息	1	2	3	4	5
4. 当您通过一种方式查寻不到信息时，您会改变查寻策略（如更换查寻系统、查寻语言、检索式等）继续查寻	1	2	3	4	5
5. 当您通过自己的能力查寻不到信息时，您会向老师、同学、同事、同行或通过其他途径寻求帮助	1	2	3	4	5
6. 在信息查寻遭遇失败和挫折时，您认为是外在原因导致信息查寻失败（如查寻系统功能问题、网络信息资源问题等）	1	2	3	4	5
7. 在信息查寻遭遇失败和挫折时，您会承认是个人原因导致信息查寻失败（如查寻技能不足、外语水平不足等）	1	2	3	4	5
8. 在信息查寻遭遇失败和挫折时，您会降低对信息的要求（如降低对信息权威性、出版来源等方面的要求）	1	2	3	4	5
9. 在信息查寻遭遇失败和挫折时，您会暗示自己不是很需要这些信息	1	2	3	4	5

续表

针对以下陈述，您的观点是：	很不符合	较不符合	一般	较符合	很符合
10. 在信息查寻遭遇失败和挫折时，您会暗示自己研究任务不是很紧迫，可以后再查	1	2	3	4	5
11. 在信息查寻遭遇失败和挫折时，您会暂时放弃查寻	1	2	3	4	5
12. 请结合您的实际情况，补充您在网上查寻学术信息失败时采取的其他行为措施：					
①					
②					
③					

第三部分　认知失调影响因素测量

［**填写说明**］请根据您在网络上查寻学术信息过程中的实际情况，选择您对下面描述的认可程度（每项题目后的数字代表了从“很不符合”到“很符合”的程度。其中，1=“很不符合”；2=“较不符合”；3=“一般”；4=“较符合”；5=“很符合”。请您在相应的数字上划“√”）。

请注意：①如果您目前承担有第一部分第7题表格中所述课题，请您依据自己在该课题相关的信息查寻过程中的实际情况作答；②如果您目前暂时没有承担上述课题，则请您就自己日常学术研究中信息查寻过程的实际情况对第1～16题、第23题作答，而无须回答第17～22题。

量表3　学术用户网络信息查寻中的认知失调影响因素测量量表

针对以下陈述，您的观点是：	很不符合	较不符合	一般	较符合	很符合
1. 在信息查寻遭遇失败和挫折时，您通常认为这与自己不清楚信息需求有关	1	2	3	4	5
2. 在信息查寻遭遇失败和挫折时，您通常认为这与自己不能清楚表达信息需求有关（如不能选择合适的检索词、检索式）	1	2	3	4	5
3. 在信息查寻遭遇失败和挫折时，您通常认为这与自己不知道在哪里查寻信息有关	1	2	3	4	5
4. 在信息查寻遭遇失败和挫折时，您通常认为这与自己不能很好地利用信息查寻工具（如百度、Google、CNKI、Web of Science、专业门户网站等）有关	1	2	3	4	5

续表

针对以下陈述，您的观点是：	很不符合	较不符合	一般	较符合	很符合
5. 在信息查寻遭遇失败和挫折时，您通常认为这与自己不知如何从查寻结果中筛选出相关信息有关	1	2	3	4	5
6. 在信息查寻遭遇失败和挫折时，您通常认为这与自己不知如何下载相关文献的全文信息有关	1	2	3	4	5
7. 在查寻外文信息遭遇失败和挫折时，您通常认为这是自己的外语水平不足造成的	1	2	3	4	5
8. 在信息查寻遭遇失败和挫折时，您通常认为这是自己的努力程度不够造成的（如不能充分利用时间、查寻信息不够仔细、害怕麻烦不愿坚持查寻等）	1	2	3	4	5
9. 在查寻某一主题相关的学术信息时，您通常认为信息查寻结果不够全面，难以满足您的需要	1	2	3	4	5
10. 您常常在处理大量查寻结果时失去耐心	1	2	3	4	5
11. 您认为学术数据库（如 CNKI、维普、Web of Science，或其他专业数据库等）信息资源更新速度较慢，导致您查寻不到很多新信息	1	2	3	4	5
12. 您认为学术数据库（如 CNKI、维普、Web of Science，或其他专业数据库等）信息资源覆盖范围（如时间跨度、广度、深度等）较窄，难以满足您的信息需要	1	2	3	4	5
13. 您认为网络搜索引擎提供的学术信息质量较差（如缺乏准确性、权威性）	1	2	3	4	5
14. 您认为网络学术信息分类不够科学，总是让您不能在合适的类目下浏览您需要的信息	1	2	3	4	5
15. 在查寻某一主题相关的学术信息时，您总是被其他无关信息吸引，而忘记自己最初的查寻目标	1	2	3	4	5
16. 您认为网络学术信息组织不够系统，了解某一方面的信息总是需要多次检索、链接	1	2	3	4	5
17. 您对自己研究课题相关的专业领域知识不太熟悉	1	2	3	4	5

续表

针对以下陈述，您的观点是：	很不符合	较不符合	一般	较符合	很符合
18. 您目前所承担的课题研究比较复杂	1	2	3	4	5
19. 您的研究工作量比较大	1	2	3	4	5
20. 您认为您自身的研究能力有限，不能轻松解决研究中遇到的问题	1	2	3	4	5
21. 您目前的课题研究任务比较紧迫，时间压力较大	1	2	3	4	5
22. 您的课题研究受到较大的外界压力（如同行、同学、老师）	1	2	3	4	5
23. 您认为在网上查寻学术信息失败时所产生的不适心理或感受还受到其他哪些因素的影响：					
①					
②					
③					

问卷结束，再次感谢您的热情参与！

本研究还有后续调查，仍然需要您的热情参与和支持。在后续调查中，我们将对您的支持继续给予适当的报酬。因此，恳请您能留下联系方式，非常感谢！

电话：　　　　　　QQ：　　　　　　E-mail：

附录16　学术用户所属专业的抽样分布情况（认知失调研究）

学科门类或一级学科	二级学科（专业，含自设专业）	人数/人
管理学	管理科学与工程、技术经济及管理、会计学、旅游管理、企业管理、行政管理、图书馆学、情报学	55
计算机科学与技术	计算机应用技术、计算机软件与理论、计算机系统结构、计算机智能、软件工程	45
化学	无机化学、有机化学、分析化学、物理化学、应用化学	43
心理学	基础心理学、发展与教育心理学、应用心理学	40
物理学	理论物理、凝聚态物理、原子与分子物理、光学	34
农学	农药学、水产养殖、植物保护、植物学、作物遗传育种	32
教育学	比较教育学、高等教育学、教育原理、教育技术学、教育史、特殊教育、学前教育	28
文学	比较文学与世界文学、翻译理论与实践、现当代文学、英语语言文学、中国现当代文学	23
机械工程	机械制造及其自动化、机械设计及理论、机械电子工程	23
电气工程	电机与电器、电力系统及其自动化、电力电子与电力传动	23
历史学	史学理论及史学史、中国古代史、中国近现代史、考古学、世界史、专门史	17
政治学	科学社会主义与国际共产主义运动、政治学理论	15
数学	概率论与数理统计、基础数学、应用数学	14
哲学	科学技术哲学、逻辑学、马克思主义哲学、美学	9